東洋古典譯註叢書 26

譯註 通鑑節要 1

成百曉 譯註

傳統文化研究會

東洋古典譯註叢書를 발간하면서

우리의 古典國譯事業은 민족문화진흥의 기초사업으로 1960년대부터 政府 支援으로 古文獻 現代化 작업을 추진하여 많은 成果를 거두었다. 당시 이 사업 추진의 先行課題로 東洋古典이라 일컬어지는 중국의 基本古典을 먼저 飜譯하여야 한다는 學界의 주장이 있어 왔음에도 불구하고 우리 고전이 아니라는 일부의 偏狹한 視角과 財政 事情 등으로 인하여 배제되어 왔다.

전통적으로 중국의 기본고전은 우리 歷史와 함께 숨쉬며 각종 교육기관의 教科書로 활용됨은 물론이고 지식인들의 必讀書가 되어 왔으며, 우리 文化의 基底에 자리잡고 거의 모든 방면의 體系와 根幹을 형성하여 왔다. 그래서 학문연구의 기본서 역할을 해 왔을 뿐만 아니라 오늘날에도 우리의 國學徒 및 東洋學 研究者들에게 같은 역할을 하고 있음은 주지의 사실이다. 그럼에도 불구하고 中國古典은 우리 것이 아니라 하여 專門機關의 飜譯對象에 포함하지 않음으로써 대부분 原典에서의 직접 번역이 아닌 重譯이나 拔萃譯의 방식이 주를 이루면서 教養水準으로 出版되어 왔다.

오늘날 東洋三國 중에서 우리의 東洋學 연구가 가장 부진한 이유는 東洋基本古典에 대한 폭넓은 이해의 부족과 漢文古典 讀解力의 저하에 기인함을 우리는 솔직히 인정하여야 한다. 따라서 이들 중국고전에 대한 신뢰할 만한 國譯이 이루어지는 것이 한국학 연구를 촉진시키는 시급한 先行課題라 할 수 있다.

이에 韓國學 및 東洋學의 연구와 古典現代化의 基盤構築을 위해서는 전문기관으로 하여금 동양고전을 단기간에 각 분야의 專門 研究者와 漢學者가 상호협동하여 연구번역하여 飜譯의 傳統性과 效率性, 研究의 專門性을 높일 수 있도록 政策的 配慮가 있어야 한다.

이에 本會에서는 元老 및 中堅 漢學者와 斯界의 專攻者로 하여금 協同研究飜譯하여 공부하는 사람들이 믿고 引用하거나 깊이 있는 註釋 등을 활용할 수 있게 하고, 知識人들의 教養을 증진시켜 줄 수 있는 東洋古典의 國譯書 간행을 지속적으로 추진해 왔다. 근래에 다행히 이 사업에 대하여 각계 지도층의 폭넓은 이해와 지원에 힘입어 2001년도부터 國庫補助를 받아 東洋古典譯註叢書를 간행하게 되었다. 이를 계기로 우리 先學의 註釋과 見解를 반영하는 등 국역사업의 內實을 기하게 되었음을 이 자리를 빌어 衷心으로 감사드리며, 아울러 國譯에 參與하신 관계자 여러분의 勞苦에 깊은 謝意를 표한다.

끝으로 우리의 이러한 작업은 오랜 역사 위에 축적된 先賢들의 業績과 現代學問을 이어주는 튼튼한 架橋와 礎石이 되어 진정한 韓國學과 東洋學 발전에 기여할 것을 굳게 믿으며, 21세기를 우리 文化의 世紀로 열어 가는 밑거름이 되도록 우리의 力量을 本 事業에 경주하고자 한다. 江湖諸賢의 부단한 관심과 지원을 기대해마지 않는다.

社團法人 傳統文化研究會 會長 李 啓 晃

이 책에 대하여

1. 序 說

《通鑑節要》는 少微先生으로 알려진 江贄가 司馬光의 《資治通鑑》을 節要하여 편집한 것이다. 江贄는 北宋 때 崇安縣 사람으로 字가 叔圭인데, 생몰 연대는 자세히 알 수 없다. 일찍이 上庠에서 수학하였고 《易經》에 조예가 깊어 명성이 있었으나 隱居하여 皇帝가 부르는데도 나아가지 않았다. 徽宗 政和(1111~1117) 연간에 太史가 處士星인 少微星이 나타났다고 上奏하자, 徽宗은 遺逸인 處士를 천거하게 하였다. 그리하여 江贄가 세 번 초빙되었으나 끝내 나아가지 않으니, 徽宗은 그에게 少微先生이라는 칭호를 하사하였다. 이 때문에 그가 엮은 《通鑑節要》를 《少微通鑑》이라 하고 또 《江氏史》라고도 칭했다 한다.

2. 《資治通鑑》의 著者와 編纂 과정 및 체재

가. 司馬光의 生涯

먼저 《通鑑節要》의 바탕이 된 《資治通鑑》에 대하여 살펴보기로 하겠다. 宋代는 극도로 혼란했던 唐末 五代의 무신정권의 병폐를 바로잡기 위하여 重文輕武의 정책을 채택하였다. 그 결과 儒敎 부흥운동이 크게 일어났는데, 經學에서는 理氣心性을 논하는 性理學이 제창되어 程朱學이 나왔으며, 史學에 있어서도 歐陽脩의 《新唐書》 등 특색 있는 史書들이 많이 저술되었다. 그중에서도 가장 대표적인 저작이 바로 《資治通鑑》이다.

司馬光은 司馬溫公으로 더 잘 알려진 인물로 송나라 英宗·神宗·哲宗 연대의 名臣이다. 그는 '내가 평소 한 일은 남에게 말할 수 없는 것이 없다.'고 말하여 자신의 公明正直함을 자부하던 전형적인 유학자요 정치가였다. 그에 대한 行錄은 《宋史 列傳》과 《宋名臣言行錄》 등에 자세히 보이는데, 그 대략을 간추려 보면 다음과 같다.

司馬光은 字가 君實이며 陝州 夏縣 涑水鄕 사람으로 지금의 山西省 남부에 해당한다. 天章閣待制 池의 아들로, 태어나면서부터 총명하여 7세에 《春秋左傳》 강의를 듣고 大義를 깨우쳤으며, 그 후 寒暑와 飢渴을 잊은 채 손에서 책을 놓지 않았다한다. 하루는 여러 아이들과 뜰에서 놀고 있었는데, 한 아이가 물독 위에 올라갔다가 그만 미끄러져 물독에 빠지고 말았다. 이에 다른 아이들은 모두 놀라 도망갔으나 司馬光은 돌로 독을 깨어 그 아이를 구출하였다. 그리하여 후세에는 '小兒擊甕圖'를 그려 그의 奇智와 勇氣를 아이들을 교육하는 표본으로 삼기까지 하였다.

仁宗 寶元 元年(1038) 司馬光은 弱冠 20세로 進士試에 장원하였다. 본래 급제하면 황제가 御賜花를 내리고 이것을 紗帽에 꽂는 것이 하나의 관례였으나 사치와 화려함을 싫어한 司馬光은 이것을 꽂지 않고 축하연에 들어갔다가 "임금께서 내린 것이니, 어겨서는 안 된다."는 친구의 권고에 못 이겨 겨우 한 송이만 꽂았음을 스스로 밝힌 바 있다. 이어 奉禮郎에 제수되고 여러 번 관직을 거쳐 仁宗 嘉祐 6년(1061) 天章閣待制 兼 侍講 知諫院이 되었으며, 英宗 연간에 龍圖閣直學士로 승진하고, 1068년에 神宗이 즉위하자 翰林學士에 발탁되었다.

이때 재상인 王安石이 新法을 만들어 개혁을 단행하려 하자, 司馬光은 그의 불가함을 극론하였다. 王安石이 국가의 재정을 풍족히 할 것을 주장하며 '재정이 부족한 것은 재정관리를 잘못하는 닷'이라고 말하자, 司馬光은 "재정관리를 살한다는 것은 결국 백성에게 세금을 혹독하게 거둔다는 뜻이다."라고 반박하였으며, 神宗에게 "나라를 다스리는 일은 마치 집을 다스리는 것과 같아서 집이 헐면 수축만 할 것이지 크게 무너지지 않는 한 개조하지 말아야 합니다." 하여 新法의 시행에 반대하였다. 神宗이 자신의 반대를 무릅쓰고 王安石을 신임하자 司馬光은 樞密副使에 제수되었으나 "臣이 한갓 높은 지위에 올라 영화를 누리고 백성들의 폐해를 구원하지 못한다면 이는 名器를 도둑질하여 자신만 이롭게 하는 것입니다." 하고 끝내 사양하였다.

그 뒤 端明殿學士로 知永興軍 宣撫使가 되었으나 취임하지 않았으며, 閒職인 判西京御史臺가 되어 洛陽으로 돌아와 15년간을 머물렀다. 이 기간에 그는 緘口하고 時事를 논하지 않았으나 그의 聲望은 날로 높아져 천하에 참다운 재상이라 일컬어지고 田夫野老들까지도 司馬相公이라고 불렀다 한다. 뿐만 아니라 東坡 蘇軾이 지은 司馬君實獨樂園詩에는 "아동들이 君實을 외고 병졸이 司馬를 아네.(兒童誦君實 走卒知司馬)"라고 하였으니, 이로써 司馬光의 명성이 얼마나 대단했는지 알 수 있다.

神宗이 별세하여 그가 대궐에 나오자, 도처에서 백성들이 길을 막고, "相公께서는 洛陽으로 돌아가지 말고 새 天子를 보필하여 백성을 살리소서." 하고 간청하였다. 이때 나이 어린 哲宗이 즉위하여 女中堯舜으로 일컬어지는 太皇太后(高皇后)가 수렴청정하였는데, 司馬光에게 門下侍郎을 제수하고 國政을 맡겼다. 이 시기는 司馬光이 가장 득의한 때로 이른바 元祐之政이란 것이다. 司馬光은 즉시 王安石의 新法을 모두 폐지하고 옛 제도로 환원하는 재개혁을 단행하였다. 그러나 얼마 후 병이 나서 향년 68세로 세상을 떠나니, 바로 元祐 元年(1086)이었다. 太皇太后는 통곡하며 哲宗과 함께 그의 喪에 임하였다. 뒤이어 太師 溫國公을 추증하고 文正의 시호를 내렸으며, 직접 비문을 내려 '忠淸粹德'이라 銘하였다. 그리하여 그를 溫公이라 부르게 되었다. 백성들은 지나가는 그의 상여를 붙잡고 친척이 죽은 것처럼 통곡하였으며, 장례를 마친 뒤에도 그의 肖像을 모셔놓고 제사를 지냈다 한다.

司馬光은 名臣에 그치지 않고 宋朝 儒賢으로도 크게 추앙받았다. 朱子는 그를 '涑水先生'이라 불러 濂溪 周敦頤·明道 程顥·伊川 程頤·橫渠 張載·康節 邵雍과 함께 '六先生'이라 칭하고 다음과 같은 畫像讚을 지었다.

"학문에 독실하고 행실을 힘써 淸苦한 절개 닦으셨네. 훌륭한 德과 글을 남기시고 드높은 功烈 세우셨도다. 深衣에 큰 띠 두르고 두 팔 단정히 하여 서서히 걸어가셨네.〔遺像이 늠름하니 경박한 사람들 숙연해지네.〔篤學力行 淸修苦節 有德有言 有功有烈 深衣大帶 張拱徐趨 遺象凜然 可肅薄夫〕"

立德과 立功, 立言을 三不朽라 한다. 즉 드높은 德望과 뛰어난 功業, 훌륭한 文章은 없어지지 않고 후세에 길이 남는다는 뜻이다. 그의 憂國精忠과 經綸은 力作인 ≪資治通鑑≫과 함께 萬古不滅하여 길이 전할 것임을 의심하지 않는다.

나. ≪資治通鑑≫의 편찬 과정

司馬光은 역대의 史書가 번잡하여 人主들이 두루 볼 수 없음을 근심한 나머지 戰國時代부터 秦나라 二世까지를 ≪春秋左傳≫의 체재를 본받아 지은 ≪通志≫ 8권을 英宗에게 바쳤다. 그러자 英宗은 크게 기뻐하여 그가 본격적으로 史書를 편찬할 수 있도록 적극 지원하였다. 崇文院에 編修局을 설치하고 龍圖閣·天章閣·秘閣 등에 소장된 자료를 참고하게 하였으며, 編修員도 마음대로 천거하여 쓰도록 주선해 주었다. 뿐만 아니라 수시로 筆墨과 비단을 하사하고 司馬光이 外地로 나가면 편수국을 옮기게 하였다. 神宗이 즉위하자 ≪通志≫를 올리게 하여

읽어보고는 ≪資治通鑑≫이라고 명명하였으며, 아울러 序文을 친히 써주는 영광
을 베풀었다.

司馬光은 英宗 治平 3년(1066)부터 神宗 元豐 7년(1084)까지 19년간 밤낮을
가리지 않고 ≪資治通鑑≫의 편찬에 매달렸다. 이 편찬 사업에는 수많은 碩學들이
동원되었는데, 劉攽은 ≪史記≫·≪前漢書≫·≪後漢書≫를, 劉恕는 ≪三國志≫·
≪南北史≫·≪隋書≫를, 范祖禹는 ≪唐書≫·≪五代史≫를 각각 분담하였고, 司馬
光의 아들 康도 이를 도왔다 한다.

편수 작업은 세 단계로 나누어 진행되었다. 먼저 전래하는 史籍에서 年月日別로
사건의 조목을 뽑아 總目을 만들고 出典을 附注하였으며, 그 總目에 따라 여러 史書
를 取捨하고 史實을 考覈하여 長篇을 만들었다. 그런 다음 다시 長篇을 刪削하여 本
書를 만들었다. 司馬光은 이 작업의 어려움을 宋治道에게 준 편지에서 다음과 같이
밝히고 있다.

"나는 洛陽에 온 이래로 오로지 ≪資治通鑑≫ 編修에만 전념하고 있으나 이제 겨
우 晉·宋·齊·梁·陳·隋 6代의 奏御만을 마쳤다. 그러나 唐紀는 더욱 많아서 6,
700권이 되니, 과거의 진도로 보면 앞으로 3년은 더 걸릴 것이다. 완전히 刪削하고
나면 남는 것은 몇 권에 불과할 것이다."≪高似孫의 緯略≫

이는 范祖禹가 성리한 唐紀 長篇 600권을 司馬光이 81권으로 산삭한 경우를 말
한 것이라 한다. 劉恕의 아들 義仲은 "先親이 편수국에서 하신 일은 史蹟을 類別로
모아 長篇을 만들었을 뿐, 筆削에 있어서는 모두 司馬公이 하였다."라고 밝힌 바 있
다. 그리고 참고서적은 正史 이외에 雜史만도 322종이라 하며, 草藁가 자그마
치 집 두 채에 가득했는데, 黃庭堅이 수백 권을 열람해 보았으나 草書로 쓴 것
은 단 한 자도 없었다 한다. 그만큼 여러 책을 두루 참고하면서도 字句까지 정
확성을 기한 것이다.

司馬光은 ≪資治通鑑≫을 올리는 表文에서 "煙海와 같이 산적한 사료들을 소소한
것까지도 모두 상고하였습니다.……신의 평생의 정력을 이 한 책에 다 쏟았습니다."
라고 말하였다.

다. ≪資治通鑑≫의 체재와 평가

≪資治通鑑≫은 周 威烈王 23년(B.C. 403)에서 시작하여 五代의 周 世宗 顯德
6년(959)에 걸친 1362년간의 史蹟을 編年體로 엮은 一大通史이다. 그 내용은 周

나라에서 秦·漢을 거쳐 後周에 이르기까지 王朝 一代를 1紀로 하여 모두 16紀로 나누어 軍國大事와 君臣言行을 年月日에 따라 기록하였다. 이를 통해 중국 역사의 전체적 윤곽을 파악할 수 있을 뿐만 아니라 수많은 故事成語와 史實을 통해 역사의 현재성과 살아있는 교훈을 얻을 수 있게 하였다.

내용을 살펴보면 周紀(戰國) 5권, 秦紀 3권, 漢紀 60권, 魏紀 10권, 晉紀 40권, 宋紀(南北朝) 16권, 齊紀 10권, 梁紀 22권, 陳紀 10권, 隋紀 8권, 唐紀 81권, 後梁紀 8권, 後唐紀 8권, 後晉紀 6권, 後漢紀 4권, 後周紀 5권인데, 모두 16紀 113主, 294卷의 本書와 目錄 30권, 考異 30권을 합하여 354권이 되는 大作이다. 연월일을 따라 軍國大事와 君臣言行을 서술하고 사이사이에 '臣光曰'이라 하여 論贊을 삽입하여 治亂興亡의 자취를 밝혔으며, 역대의 正史를 위주로 하되 野史로부터 百家의 文籍에 이르기까지 널리 취하였다.

≪資治通鑑≫을 높이 평가한 것은 여러 기록에 무수히 보인다. 金都鍊 氏는 ≪資治通鑑≫의 우수성을 다음과 같이 밝히고 있다.

"正史는 내용이 너무 많을 뿐만 아니라 記事에 있어서도 서로 중복되거나 차이가 나는 곳이 많다. 예를 들어 戰國時代에 六國이 秦과 交戰한 記事는 本紀와 世家에 기록하고 또 그 전투에 참여한 인물들의 列傳에 모두 실어서 한 사실이 몇 곳에 기록되어 있다. 뿐만 아니라 같은 사건을 두고도 달리 기록한 경우가 적지 않다. 예를 들면 三國時代 黃忠이 夏侯淵을 벤 사실이 〈黃忠傳〉, 〈夏侯淵傳〉, 〈蜀先主紀〉에 각각 달리 기록되어 있다. 陳壽의 ≪三國志≫라고 하면 근엄하기로 이름이 났는데도 한 사실이 서로 달라 이처럼 독자를 당황하게 하는 부분이 있으니, 다른 책은 말할 나위가 없다. ≪資治通鑑≫은 이러한 약점을 서너 곳의 出處를 참고해서 깎고 다듬어 보완하였다. 이밖에 正史에 나오지 않는 사실인데도 ≪資治通鑑≫에 나온 곳이 있다. 梁任公은 그의 ≪中國歷史研究法≫에서 '玄奘法師가 出國한 연대를 ≪新唐書≫와 ≪舊唐書≫를 모두 열람하였으나 찾지 못하였는데, ≪資治通鑑≫에 나와 있다.'고 한 것이 그 좋은 예이다. 여기에서 ≪資治通鑑≫은 내용이 간결하면서도 중요한 사실을 두루 구비하였음을 알 수 있다. 또한 ≪資治通鑑≫은 鑑戒를 두었음에도 불구하고 역사 사실을 객관화함으로써 ≪春秋≫처럼 褒貶의 法을 써서 撥亂反正하려는 의도를 나타내지 않았다. 이러한 객관적 修史 태도는 주관적인 ≪春秋≫나 반주관적인 ≪史記≫보다는 확실히 진일보한 것이다."

中國에는 역대로 두 가지 종류의 史書가 있었다. 그 하나는 ≪春秋≫를 元祖로 하는 編年體의 史書이고, 또 다른 하나는 司馬遷의 ≪史記≫를 표본으로 하는 紀傳體의 史書이다. 그러나 후대에는 紀傳體의 正史가 더욱 유행하였다. ≪春秋≫가 비록 편년체 역사서라고는 하지만 여기에는 褒貶의 大義를 隱言微辭에 붙여 주관적임을 면치 못하였다. 그 후 편년체를 뒤이어 엮은 자가 있으나 대체로 완비하지 못하였는데, ≪資治通鑑≫은 기간으로 보나 분량으로 보나 타의 추종을 불허하며, 또한 객관적인 史實 기술로 더욱 추앙받고 있는 것이다.

라. ≪資治通鑑≫의 오류

하지만 ≪資治通鑑≫의 오류를 지적한 先人들도 없지 않았다. 明朝의 대학자인 顧炎武는 그의 저서인 ≪日知錄≫ 권24 通鑑에서 "≪史記≫의 〈商君 本傳〉에는 '不告姦者腰斬 告姦者與斬敵首同賞 匿姦者與降敵同罰'이라 하였는데, ≪資治通鑑≫에는 '告姦者與斬敵首同賞 不告姦者與敵同罰'이라 하여 '不告姦者' 한 句를 삭제하여 匿姦의 罪가 不告姦의 罪가 되었다."라고 하였는데, 이는 呂祖謙의 ≪大事記≫를 인용한 것이다. 또 ≪孟子≫의 일을 들어 다음과 같이 밝히고 있다.

"≪孟子≫에는 燕나라를 정벌한 것을 宣王의 일이라 하였고 ≪史記≫에는 宣王의 아들 湣王의 일이라 하여 서로 다른데, ≪資治通鑑≫에서는 威王과 宣王의 죽음을 각각 10년 후로 옮겨 놓아 ≪孟子≫의 기록에 부합하였다. 이제 ≪史記≫를 살펴보면 湣王 元年은 周나라 顯王 46년으로 戊戌年이며, 湣王 8년에 燕王 噲가 나라를 정승인 子之에게 禪讓하였고, 그 후 2년에 齊나라가 燕나라를 격파하여 燕王 噲를 죽였으며, 또 2년 후에 燕나라 사람들이 太子 平을 세워 왕으로 삼았으니, 그렇다면 이때는 이미 湣王 12년이다. 그런데 ≪孟子≫에는 燕나라 사람들이 배반하자, 齊나라 宣王이 '孟子에게 심히 부끄럽다.' 하였으니, 宣王의 죽음을 12, 3년 후로 옮겨 놓았다면 ≪孟子≫의 기록과 부합하지 않음이 없을 터인데, 어찌하여 단지 10년이란 숫자에만 구애하였는가."

이외에도 몇 가지 오류를 더 들고 있다. 또한 ≪資治通鑑≫의 앞부분은 대체로 정밀하나 뒷부분은 시일에 쫓겨 정밀하지 못하다는 비판도 없지 않다.

마. ≪資治通鑑≫이 우리나라에 끼친 영향

≪資治通鑑≫이 우리나라에 전래되어 판각된 것은 高麗 明宗 이전으로 보인다. ≪高麗史≫ 明宗 22년 4월조에 다음과 같은 내용이 보인다.

"이부상서 鄭國儉, 판비서성사 崔詵에게 명하여 書筵의 여러 유신들을 寶文閣에 집합시키고 ≪增續資治通鑑≫을 교정하게 하였다. 이것을 여러 州縣에 나누어 보내어 판각 인쇄해서 대궐로 올리게 한 다음 侍從하는 儒臣들에게 나누어 주었다."

明宗 22년은 1192년이다. 이때 이미 ≪增續資治通鑑≫이 들어와 발간된 것으로 보아 ≪資治通鑑≫이 이보다 훨씬 앞서 전래되었을 것임을 추측할 수 있다. 이후 ≪資治通鑑≫이 읽혀진 기록은 ≪高麗史≫와 ≪朝鮮王朝實錄≫을 비롯하여 여러 곳에 보이므로 일일이 다 열거할 필요가 없겠다.

朝鮮 世宗 때에는 ≪資治通鑑≫ 주석의 미비점을 보완하는 작업이 이루어졌으니, ≪資治通鑑訓義≫가 바로 그것이다. 이는 '思政殿訓義'라고도 하는데, 세종 17년(1435) 6월에 작업이 이루어졌다. ≪增補文獻備考≫ 권243 歷代著述에 보면 ≪資治通鑑訓義≫의 편찬 과정이 다음과 같이 나와 있다.

"世宗은 尹淮, 權蹈, 偰循에게 명하여 文臣 40여 명을 集賢殿에 모아 ≪資治通鑑訓義≫를 편찬하게 하였다. 친히 교열을 하시면서 혹은 밤중까지 하기도 하였는데, 책이 이루어지자 이름을 '思政殿訓義'라고 내렸다. 당초 世宗은 ≪資治通鑑≫에 유념하시고 箋注가 미진하며 句讀가 명확하지 못함을 염려하신 나머지 여러 책을 널리 채택하여 일에 따라 夾註하였다.……世宗은 尹淮에게 말씀하기를 '요사이 이 책을 읽어보니 독서에 매우 유익하여 총명이 날로 진전되고 잠이 갑자기 줄어듦을 깨닫겠다.' 하였다."

이 작업에는 文臣뿐만 아니라 世宗이 직접 참여하였는데, 특히 讀音·句讀·義釋 등에 노력을 기울였다. 元나라 胡三省의 音注 등이 참고된 이 저술은 中國本에는 없는 注釋까지 발굴하여 덧붙인 것도 있으므로 보다 완벽한 注釋書가 되었다. 이에 대하여 徐居正은 ≪筆苑雜記≫에서 이 訓義本이 가장 훌륭한 것이라고 논평한 바 있다.

"世宗은 일찍이 司馬溫公의 ≪資治通鑑≫에 유념하셨는데, 해석이 미비하고 句讀가 분명치 못함을 염려하신 나머지 儒臣들에게 명하여 여러 책을 널리 採集해서 일에 따라 小字雙行으로 間註를 달아 보기에 편리하게 하였다. 이에 胡三省의 ≪資治通鑑音注≫와 ≪通鑑源委≫, ≪通鑑釋文≫, ≪綱目集覽≫ 등의 책에 근거하여 加減하였으며, 미진한 부분이 있으면 다른 책을 널리 채집하여 보완하였다. 또 심오하고 난해한 부분은 곧 本史의 全句를 註記하였으며, 혹 句字를 句 아래에 써서 구두를 알기에 편리하게 하였고, 글자의 訓과 音에 이르러서도 모두 자세히 구비하였다. 이것은 모두 世宗의 裁可를 받았는 바, 명칭을 '思政殿訓義'라 하였다. '訓義'의 정밀함은 고금에 없는 바이다. 근래 명나라에서 편찬한 ≪綱目通鑑輯覽≫을 보니, 소략한 부분이 꽤 있으며 또 註를 句 아래에 雙行으로 달지 않고 每卷의 끝에 붙여놓아 보기에도 불편하였다. 나의 망령된 생각으로는 마땅히 우리나라의 '訓義'를 제일로 쳐야 할 듯하다. 또 '訓義'가 완성된 것은 正統 병진년(1436)이었는데 ≪綱目通鑑輯覽≫이 이루어진 것은 근래이니, 중국에서 ≪綱目通鑑輯覽≫을 만들 때에 우리나라의 '訓義'를 보았더라면 반드시 감탄하여 마지 않았을 것이다."

이후 ≪資治通鑑訓義≫를 바탕으로 ≪通鑑綱目訓義≫가 이루어졌다.

당시에는 道德史觀을 위주로 한 朱子의 正統論이 크게 유행한 관계로 ≪資治通鑑≫보다는 ≪通鑑綱目≫이 더 많이 읽혀졌다. 一例로 英祖는 司馬光이 三國時代의 蜀漢을 正統으로 보지 않은 것을 꼬집어 "諸葛亮이 魏나라를 정벌했다."고 표현하지 않고 "魏나라로 入寇하였다."고 표현한 것은 書法의 잘못이라고 하였다.(英祖實錄 20년 12월 정묘) 이러한 道德史觀은 潘榮의 〈通鑑節要總要通論〉에도 보인다.

3. ≪通鑑節要≫의 著者와 編輯 체재

≪通鑑節要≫는 앞서 언급한 바와 같이 司馬光이 편찬한 294권의 ≪資治通鑑≫을 50권으로 요약한 것이다. ≪資治通鑑≫은 周나라 威烈王 23년(B.C. 403)부터 五代時代 周나라가 망하던 顯德 6년(959)까지 장장 1362년 동안의 역사를 총망라한 編年體 史書로 높이 평가되고 있다. 하지만 내용이 워낙 방대하여 후인들이 쉽게 읽을 수 없었다. 江贄는 이를 염려하여 ≪通鑑節要≫를 지었다 한다. 江鎔은 ≪通鑑節要≫ 서문에서 다음과 같이 밝히고 있다.

"≪資治通鑑≫ 한 책은 紀傳體를 바꾸어 編年體로 만들어서 수천 년 동안의 興亡과 治亂이 환하게 눈앞에 나와 있으니, 진실로 歷史學의 綱領이라 할 것이다. 그러나 編帙이 매우 많아 두루 보기가 쉽지 않다. 후세의 君子들이 일찍이 너무 많은 것을 줄여 요점을 취했으나 그 사이에 상세한 것은 오히려 너무 많아서 문제이고 간략한 것은 또 너무 소략해서 문제였으니, 배우는 자들이 나쁘게 여겼다. 少微先生 江氏의 家塾에 ≪通鑑節要≫가 있는 바, 상세하고 간략함이 적당하여 兩漢과 隋·唐에 있어서는 精華가 다 구비되었고 六朝와 五代에 있어서는 本末이 모두 나와 있다. 그 후 建寧公 默이 晦庵先生(朱熹)의 문하에서 受學할 적에 일찍이 이 책을 가지고 질정하니, 朱先生은 크게 감탄하고 칭찬하였다. 이로부터 士友들이 다투어 서로 傳寫해서 더욱더 소중하게 여겼다. 지금 南山主人 淵은 다시 이 책을 취하여 더 보태고 潤色하며, 각종 史書의 表와 志, 序와 贊을 더 넣고 名公들의 논평과 音註를 더 넣어서 간략하고 명백하며 得失이 분명하니, 이것을 家庭에서 가르치는 책으로 삼았다."

축약한 내용을 살펴보면 周紀 5권을 2권으로, 秦紀 3권을 1권으로, 漢紀 60권·魏紀 10권을 22권으로, 晉紀 40권을 5권으로, 宋紀 16권·齊紀 10권을 1권으로, 梁紀 22권을 1권으로, 陳紀 10권을 1권으로, 隋紀 8권을 1권으로, 唐紀 81권을 14권으로, 後梁紀 8권·後唐紀 8권·後晉紀 6권을 1권으로, 後漢紀 4권·後周紀 5권을 1권으로 하여 도합 50권으로 엮었다. 이 중 漢紀 22권과 唐紀 14권이 거의 대부분을 차지하여 漢·唐 위주로 엮어졌으며, 六朝와 五代에 있어서는 큰 사건이나 열거하는 데 그쳤음을 알 수 있다. 이 때문에 江鎔의 서문에 "兩漢과 隋·唐에 있어서는 精華가 다 구비되었고 六朝와 五代에 있어서는 本末이 모두 나와 있다."라고 표현한 것으로 보인다.

위에서도 언급한 바와 같이 이 책의 저자인 江贄는 비록 황제로부터 少微先生이라는 칭호를 받았다고 하나 그리 알려진 인물이 아니다. 李德懋의 ≪靑莊館全書≫ 제51권 〈耳目口心書〉에 보면 다음과 같은 내용이 보인다.

"지금 세상에서 흔히들 少微의 ≪通鑑節要≫를 읽는데 少微가 어떠한 사람인지는 모르고 있다. 상고해 보니 江贄는 宋나라 建寧府 崇安 사람이다. 은거하여 벼슬하지 않았는데, 少微星이 나타났다는 太史의 上奏에 따라 遺逸을 천거하게 할 때에 세 차례나 초빙하였으나 응하지 않으므로 少微先生의 號를 내렸다."

江鎔의 서문을 보면 建寧公 江默이 朱子의 門下에 출입하면서 이 책을 朱子에게 질정하였고 그 후 南山主人 江淵이 다시 윤색을 가하여 여러 史書의 表·志·序·贊과 유명한 분들의 論評 및 音註를 붙인 것으로 되어 있다. 원래 이 책은 ≪資治通鑑≫을 따라 蜀漢이 망하자 魏나라의 曹丕에게 정통을 주었으나 뒤에는 朱子의 ≪資治通鑑綱目≫의 체재를 따라 이를 바꾸었으며, 新의 王莽과 女主인 漢의 呂后, 唐나라를 周나라로 개칭한 則天武后에 대해서도 정통성이 결여되었다 하여 연도를 표기할 적에 干支 아래에 小字雙行으로 표기하였다. 뿐만 아니라 한 술 더 떠서 周나라가 망한 뒤에 곧바로 秦紀로 쓰지 않고 東周君 7년을 더 넣고 東周가 망한 뒤에야 비로소 周나라가 망한 것으로 표기하였다. 이는 南宮靖一의 의견을 따른 것이라 하나 ≪資治通鑑綱目≫에도 없는 것이다. 이상으로 볼 때 ≪通鑑節要≫는 그 후 여러 번 修正과 潤色을 가하여 비로소 완전한 책이 된 것으로 보인다.

朱子에게 수학하였고 《通鑑節要》의 우수성을 인정받았다는 江默 역시 《宋元學案》 69권 滄洲諸儒의 學案에 "宋나라 崇安 사람으로 字가 德功이다. 乾道 연간에 進士에 급제하고 知建寧府事를 지냈으며, 일찍이 朱文公(朱熹)에게 수학하였다. 저서로 《易訓解》와 《四書訓詁》 각각 4권이 있다."라고 보일 뿐이며, 윤색을 가했다는 南山主人인 江淵과 서문을 쓴 江鎔은 史書에 보이지 않는다. 이것으로 미루어 볼 때 이 책은 江氏 집안에서 자제들을 가르치는 책으로 이용되었을 뿐 중국에서는 크게 유행하지 않았으며, 또한 없어진 지 이미 오래인 것으로 보인다.

李德懋는 《青莊館全書》 제3권에 실려 있는 福建의 商人 黃森과의 問答記에서 "'《通鑑》이나 《史略》을 읽었습니까?' 하고 물었더니, '알지 못합니다.'라고 대답하였다. 《通鑑》은 바로 《少微通鑑節要》이니, 우리나라에서는 蒙學에게 반드시 《通鑑節要》와 《史略》을 먼저 가르치기 때문에 물은 것이다. 於于堂 柳夢寅은 '《通鑑節要》나 《史略》은 우리나라에서는 숭상하지만 중국에서는 숭상하는 일이 거의 없다.' 하더니, 지금 이 사람의 답변을 들어보니, 과연 그렇다." 하였다.

《通鑑節要》는 《資治通鑑》을 뽑아 만든 것이지만 《通鑑節要》의 내용이 《資治通鑑》에 모두 들어 있는 것은 아니다. 극히 일부지만 《通鑑節要》에는 《資治通鑑》 이외의 문헌에서 채택하여 수록한 것도 보인다. 우선 연도에서 《通鑑節要》가 1년이 더 많다. 《資治通鑑》은 後周 世宗 顯德 6년에서 마쳤는데 《通鑑節要》는 恭帝를 별도로 뒤에 붙이고 顯德 7년으로 마쳤다. 그리고 중간에 다른 것 몇 곳을 들면 다음과 같다.

〔漢紀 太祖高皇帝 12년〕 張良傳云　呂后使建成侯呂澤 劫良 爲我畫計……

〔漢紀 太宗孝文皇帝 下 後元年〕 本紀曰 二年 匈奴和親……

〔漢紀 世宗孝武皇帝 元光 2년〕 食貨志云 帝承文景之蓄……

〔唐紀 太宗皇帝 上 貞觀 4년〕 帝謂群臣曰 此魏徵勸我行仁義 旣效矣 惜不令封德彛 見之(出魏徵傳及諫錄)

위의 것들은 《資治通鑑》에 없는데, 《通鑑節要》에 종종 보이는 것인 바, 이는 本史 등에서 뽑아 보충한 것으로 보인다.

4. ≪通鑑節要≫가 板刻된 연도와 板本 소개

위에서도 말한 바와 같이 ≪通鑑節要≫는 중국에서 없어진 지 이미 오래이므로 우리나라에 유행하는 板本을 기준으로 삼을 수밖에 없다.

≪通鑑節要≫가 우리나라에 언제 어떤 경로로 들어왔는지는 알 수 없으나 李詹 (1345~1405)의 ≪雙梅堂集≫ 권25에 少微通鑑跋이 있어 고려시대에 이미 간행되었음을 확인할 수 있다. 이에 의하면 禑王 7년(1381) "朴某가 江州兵馬使로 있으면서 河崙에게 ≪少微通鑑≫을 빌어다가 판각을 시작하였으나 마치지 못한 채 전임되고, 그 뒤에 崔云嗣·林子安이 작업을 계속하여 마쳤다." 하였다.

≪通鑑節要≫의 판각 연구가 별로 없어 자세히 알 수 없으나 위에서 말한 판본은 이미 없어진 것으로 보이며, 현재 여러 종류가 있지만 내용을 살펴보면 대체로 두 가지로 요약할 수 있다. 하나는 甲寅字本이고 하나는 春坊藏板의 春坊本으로 이 중에도 본서에서 底本으로 사용한 甲寅字本이 가장 善本으로 보인다. 이 책의 정식 명칭은 '少微家塾點校附音通鑑節要'로, 眉山 史炤가 音釋하고 鄱陽 王逢이 輯義하고 京兆 劉剡이 增校하여 明나라 宣德 3년(1428)에 간행하였는 바, 이를 朝鮮에서 重刊한 것이나 刊年은 미상이다. 史炤는 宋나라 사람이고 王逢과 劉剡은 明나라 사람으로 특히 劉剡은 ≪通鑑節要續編≫을 지은 인물이다.

이 책을 간행하게 된 동기를 劉應康은 序文에서 다음과 같이 밝히고 있다.

"少微先生이 지은 ≪通鑑節要≫는 세상에 유행한 지가 오래되었으나 訓釋이 빠져있고 의론이 간략하니, 보는 자들이 유감으로 여겼다. 이제 松塢 王先生(王逢)의 ≪通鑑釋義≫ 善本을 구하니, 訓釋이 자세히 갖추어져 있고 구두가 명백하였다. …… 또 〈三皇世紀〉를 앞에 붙이고 이어서 宋·遼·金·元의 ≪續通鑑節要≫를 뒤에 붙여서 배우는 자들로 하여금 책을 펴서 한 번 보면 다 알게 하였으니, 어찌 상쾌하지 않겠는가. 목판에 새겨 海內의 군자들과 함께 함을 가상하게 여기노라."

이 甲寅字本의 특징은 史論이 많이 첨부되었다는 점이다. 즉 史實 기술의 사이사이에 그와 연관된 논평을 가한 것이다. 뒤에 다시 소개하겠지만 柳希春과 李德懋도 ≪通鑑節要≫의 史論을 높이 평가한 바 있다. 이 史論에는 班固의 ≪漢書≫와 范曄의 ≪後漢書≫에 나오는 論贊은 물론이고, 東萊 呂祖謙과 致堂 胡寅, 老泉 蘇洵과 東坡 蘇軾, 龜山 楊時, 南軒 張栻, 尹起莘 등 유명한 史家와 文章家 및 性理學者들의 논평이 상당수 실려 있다. 뿐만 아니라 頭註에 글자의 뜻풀이와 참고가 될 만한 사항을 간략히 소개하였다.

이에 비하여 春坊本은 체재는 대동소이하나 책 앞에 劉應康의 서문이 실려 있지 않으며, 史論에 溫公의 논평만 싣고 기타의 것은 모두 빠져 있다. 또한 頭註가 없고 小字雙行의 註와 附註에는 오류가 너무 많아 제대로 독해할 수가 없을 정도이다. 특히 附註에는 史論을 주석한 부분이 있는데, 史論은 삭제하였으나 주석은 甲寅字本을 따라 그대로 두었으므로 주석의 내용이 어디에 소속되는지를 알 수 없는 곳이 있다.

이 밖에 甲寅字本을 그대로 따랐으나 頭註가 훨씬 더 많은 木版本이 있다. 頭註는 중요한 사항이나 제도·글자의 뜻 등을 간략히 해석한 것이다. 頭註는 누가 어떻게 단 것인지 확실하지 않으나 甲寅字本은 그 일부만을 실었는데, 그 이후의 木版本에는 이를 增補하여 실었다. 이러한 사실은 甲寅字本 및 여러 木版本을 《通鑑要解》와 비교해 보면 확연히 드러난다. 《通鑑要解》는 甲寅字本의 頭註 등을 참고하여 편찬되었으나 甲寅字本 이후에 간행된 木版本들은 도리어 《通鑑要解》의 내용에서 뽑아 頭註로 編入하였음을 알 수 있다. 다만 일부 내용은 加減과 同異가 없지 않다. 一例로 潘榮의 〈資治通鑑總要通論〉에는 頭註가 없으나 《通鑑要解》에는 이 부분에 대한 註解가 실려 있다.

《通鑑要解》의 정식 명칭은 《通鑑五十篇詳節要解》로 九淵禪師가 편찬하였고 李在璣가 序文을 지었는데, 그 序文에 다음과 같은 내용이 보인다.

"우리나라 풍속은 어린이들에게 반드시 먼저 《小微通鑑》을 가르치는데, 시골 스승들은 聞見이 적어 대부분 句讀를 잘못 떼거나 혹은 잘못 해석하여 本旨를 그르친다. 九淵禪師는 이것을 걱정하고 《要解》 두 권을 지어 事實을 증명하고 字義를 해석하였다.……九淵禪師는 湖南의 閥閱出身으로서 弱冠에 出家하여 鏡巖과 함께 秋波의 門下에서 배웠다.……丙寅九日 下澣에 通訓大夫 行吏曹佐郎 兼實錄記奏官 完山 李在璣는 쓰다."

李在璣에 대한 자세한 기록은 없으나 《文科榜目》과 《純祖實錄》을 살펴볼 때 이 序文은 純祖 6년(1806)에 지었을 것으로 추정된다. 李在璣는 1769년에 태어났으며 본관은 全州로 正祖 24년(1800)에 別試 甲科에 합격하였고 獻納을 역임하였다.

甲寅字本·春坊本·木板本 세 본은 별도의 표시가 없는 註와 陰刻으로 표시된 釋義의 註 및 卷마다 끝에 연도별로 붙인 附註가 있다. 劉應康의 序文과 甲寅字本의 표시로 보아 별도의 표시가 없는 註는 史炤가 단 것이고, 輯義(釋義)는 王逢이

단 것이며, 新增 등의 표시가 있는 史論은 劉剡이 단 것으로 보인다.

이들 주석은 ≪資治通鑑訓義≫보다도 훨씬 상세하여 독해에 큰 도움을 준다. 다만 釋義를 비롯해서 註에 誤字가 상당수 있는 것이 흠이다. 체재 역시 통일이 되어 있지 않은 것이 보이며, 釋義 역시 중복된 것이 있는가 하면 앞과 뒤가 각각 다른 것도 간혹 보인다. 釋義에 나오는 慈湖王氏 역시 1권에 여러 번 보이는데, 2권 東周君 辛亥 6년 註에 "慈湖王氏는 이름이 幼學이고 字가 行卿으로 이후에는 王氏라고 칭한다."라고 기록하였으니, 이 역시 첫 번째 나오는 곳에 표시해야 하는 것을 2권에 가서야 표시한 것이다. 王幼學은 字가 行卿이며 安慶 望江 사람으로 宋나라 말엽에 태어났다. 元나라 至元 연간(1264~1294)에 慈湖坂에서 몸소 농사지으며 학문에 힘썼으므로 당시 배우는 자들이 慈湖先生이라고 칭했다. 그는 일찍이 朱子의 ≪資治通鑑綱目≫을 읽고 出典의 분명하지 못함과 구두가 의심스러운 곳이 있음을 병통으로 여겨서 ≪史記≫·≪漢書≫·≪後漢書≫ 등 여러 經傳을 널리 참고하여 ≪資治通鑑綱目集覽≫을 편찬하였다.

輯義를 단 王逢의 行蹟은 ≪江西通志≫에 자세하다.

"王逢은 字가 原夫로 樂平 사람이다. 어려서부터 총명하였으며, 장성하자 野谷 洪初를 사사하였다. 洪初의 학문은 朱公遷에게서 나왔고 朱公遷은 吳準軒에게서 나왔고 吳準軒은 性理學者인 饒雙峰(饒魯)에게서 나왔는 바, 王逢은 道學의 學脈을 마음속에 터득하였다. 일찍이 벼슬을 내렸으나 직책에 나아가지 않았으며, 宣德 3년에 황제가 또다시 明經으로 불러 보았으나 취임하지 않고 다시는 도성에 들어가지 않았다. 저서로 ≪言行志≫가 있으며 자기 집을 松塢라 이름하니, 배우는 자들이 松塢先生이라 칭했다."

甲寅字本은 明本을 근거하여 點校라고 표시하였다. 劉應康의 序文에는 구두가 명백하다고 하였으나 우리나라 板本에는 이러한 것이 보이지 않으며, 앞뒤에 붙였다는 三皇世紀와 ≪續通鑑節要≫ 역시 빠져 있다. 이상으로 살펴볼 때 甲寅字本은 조선 중기 壬亂 이후에, 春坊本은 후기에 유행한 것으로 보인다. 甲寅字本은 모두 책이 낡았으며 후기에 나온 책들은 대부분 春坊本을 대본으로 하였다. 지방에서 상인들이 만든 木版本은 이 두 판본을 複刻하였거나 별도로 頭註를 追加하여 板刻한 것으로 紙質과 상태가 매우 좋지 못하며 誤字도 훨씬 많다.

이밖에 또 大正 2년(1913) 9월에 初版으로 나온 諺解本이 있다. 이에 대하여 李忠九 氏는 그의 譯本 解題에서 다음과 같이 밝히고 있다.

"諺解本은 원문에 讀音은 없이 口訣과 한문 주석 및 頭註를 가하고 각 章別로 번역을 달았다. 그러나 諺解로서 번역의 정밀도는 經書 등에 크게 미치지 못하고, 章句 分節의 부적절, 誤譯 및 誤字 등 疏漏한 곳이 종종 보인다. 諺解本은 春坊藏板과 체재에 차이를 보이는 것이 있다. 春坊藏板은 漢紀 惠帝 다음에 바로 文帝로 연속되는데, 諺解本은 그 사이에 高皇后를 별도의 단락으로 잡고 있다. 원문의 내용은 두 본이 같으나 卷數는 諺解本이 15책으로 되어 있다. 또한 溫公의 논평을 실은 것에 차이가 있다. 漢紀 太宗孝文皇帝 10년에는 두 본에 '溫公曰…'이 모두 있으나 漢紀 太祖高皇帝 5년에는 春坊藏板에만 '溫公曰…'이 있고 諺解本에는 없다. 이러한 차이는 여러 곳에 보인다. 註에 있어서도 두 본에 同異가 있다. 본문에 달린 註는 두 본이 같으나 언해본은 頭註가 더 있고 本文과 諺解文 뒤에 이따금 참고될 만한 논평 등을 註(小字)로 제시하고 있다. 이러한 추가 주석은 諺解本에 종종 나타난다. 그러나 春坊藏板에 註가 더 있는 경우도 없지 않다."

이 언해본 역시 木版本의 頭註를 참고하여 일부 수록한 것으로 보이며, 첨부한 史論은 甲寅字本에 있는 것을 넣었으면서도 甲寅字本을 그대로 따르지 않고 原本을 일부 刪削하여 甲寅字本과 대조해 보면 종종 다른 것이 발견된다.

本書는 위의 세 本을 모두 참고하여 甲寅字本을 底本으로 하되 木版本의 頭註와 ≪通鑑要解≫를 추가하였으며, 현새 春坊本이 流行힘을 감인하여 溫公의 논평은 本文과 같이 大字로 표기하였으나 기타의 史論은 글자 크기를 약간 줄였다. 그리고 글자의 간단한 훈이나 음은 모두 싣지 않았으며, 小字雙行으로 중간에 실려 있는 주석은 단락이 끝나는 곳에 붙였음을 밝혀둔다.

5. ≪通鑑節要≫의 장점

≪通鑑節要≫는 ≪資治通鑑≫의 방대한 내용을 초학자들이 읽기 쉽게 節要하여 좋은 평판을 받은 것으로 보인다. 우리 선인들이 이 책을 얼마나 정독했는지는 여러 기록에 보인다.

蘇世讓은 ≪陽谷集≫ 권14 雜著에서 "圃亭은 나의 형인 敬之(世恭)씨의 호이다. 형은 어려서부터 仲兄인 困庵公(世良)에게 수학하였는데, 독서를 열심히 하여 ≪孟子≫와 韓文(韓愈의 ≪韓昌黎文集≫), ≪少微通鑑≫에 더욱 익숙하여 모두 背誦했다."하였다. 또한 眉巖 柳希春도 ≪眉巖集≫ 권4 庭訓에서 "선친은 총명이 뛰어나 문리가 通透하셨다. 四書와 ≪詩經≫·≪書經≫·≪禮記≫·≪少微通鑑≫을 정밀하게 연구하여 외지 못하는 글이 없었다." 하였다.

특히 이 책은 문리 터득에 더욱 좋은 것으로 알려져 있었다. 柳希春은 庭訓에서 "나는 9세 때부터 ≪通鑑節要≫를 배웠는데 11세에 이르러 처음으로 文勢와 語脈을 알아 여러 책을 볼 적에 막히는 것이 드물었으니, 이는 재주가 뛰어나서 그러한 것이 아니고 敎導를 잘한 덕분이었다." 하였으며, 또 "우리나라 아동들은 먼저 字類(≪千字文≫ 따위)를 배우고 다음에 ≪聯珠詩格≫을 배우고 다음에 ≪少微通鑑≫을 읽어 문리를 터득한다." 하였다.

≪栗谷全書≫ 32권 語錄 下에도 다음과 같은 내용이 보인다.

"栗谷先生이 李成春에게 말씀하였다. '너는 아직 문리가 통투하지 못하니, 잠시 ≪聖學輯要≫를 중단하고 ≪通鑑≫을 읽는 것이 좋겠다. 학문을 하는 방법은 반드시 문리를 통한 뒤에야 지식이 날로 진전되고 소견이 날로 밝아지므로 공부하기가 쉽고 自得하게 되는 것이다. 만약 글 뜻을 통달하지 못하고 먼저 道를 찾으려고 하면 마음이 막히고 식견이 어두워져서 비록 道를 찾으려 하나 할 수 없다.'"

栗谷이 말씀한 通鑑은 역시 ≪通鑑節要≫를 가리킨 것으로 보인다.

이 책은 또한 史評을 많이 실어 학자들의 史觀을 정립하는 데 도움을 주었다. 李圭景은 ≪五洲衍文長箋散稿≫에서 자기 할아버지인 李德懋의 ≪靑莊館全書≫〈耳目口心書〉에 "≪少微通鑑節要≫가 글은 비록 소략하지만 기록된 史論이 매우 좋은 것이 많은데 중국에는 이 책이 모두 없어졌다."라고 한 말을 인용하였다.

6. ≪通鑑節要≫의 문제점

첫째 300권에 가까운 ≪資治通鑑≫을 5, 6분의 1로 節要하였기 때문에 문장을 생략하거나 변형시켜서 문맥이 서로 이어지지 못하는 부분이 많으며, 심지어는 웬만한 사건이 거의 모두 통째로 빠져있기도 하다. 예를 들면

① 〔後秦紀 始皇帝 下 壬午 28년〕方士徐市等 上書 請得與童男女 入海 求三神山 不死藥 浮江至湘山祠 逢大風

② 〔漢紀 中宗孝宣皇帝 上 丙辰 元康 元年〕上甚悅 議封奉世 蕭望之曰 奉世矯制 發兵 要功萬里之外 爲國生事於夷狄……

①은 ≪資治通鑑≫에 "(始皇帝 28년)……於是 遣徐市 發童男女數千人入海求之……始皇還……浮江至湘山祠 逢大風"이라 하여 '浮江'의 주체가 秦始皇인데, ≪通鑑節要≫는 '浮江'의 주체가 명확하지 않다. ②는 ≪資治通鑑≫에 "蕭望之以爲奉

世……卽封奉世 開後奉使者利 以奉世爲比 爭逐發兵 要功萬里之外 爲國家生事于夷狄……"이라고 하여 '要功萬里之外'는 '後奉使者'의 일인데, ≪通鑑節要≫에는 '奉世'의 일로 되어 있다.

이러한 이유로 先人들 중에는 ≪通鑑節要≫를 비판한 분이 많다.

眉巖 柳希春은 ≪眉巖集≫〈經筵日記〉에서 ≪少微通鑑≫에 오류가 많음을 말하고 특히 釋義에 오류가 많음을 지적하였으며, 또 "≪少微通鑑≫은 비록 매우 좋은 책은 아니어서 글자에 誤脫이 있고 註에 잘못된 부분이 있으나 또 알지 않으면 안 되는 史論이 있다." 하여 오류를 비판하면서도 史論은 인정하였다.

李德懋 또한 〈耳目口心書〉에서 다음과 같이 밝히고 있다.

"우리나라 사람들은 또 말하기를 '史書의 자세하고 간략함이 모두 구비된 것이 이 ≪通鑑節要≫보다 나은 것이 없다.' 하니, 가소로운 일이다. 나는 근일에 이웃 아이들에게 이 글을 가르쳐 보고 비로소 완전하지 못한 책임을 알았다. 그러므로 중국에서는 벌써부터 ≪史略≫과 ≪通鑑節要≫가 모두 없어진 것이다."

≪通鑑節要≫를 가장 신랄히 비판한 학자는 茶山 丁若鏞이다. ≪與猶堂全書≫ 제1집 通鑑節要評에 다음과 같은 내용이 보인다.

"이 책은 司馬溫公의 ≪資治通鑑≫을 藍本으로 삼았으나 그 義例는 도리어 朱子의 ≪資治通鑑綱目≫을 기준하였다. 그리하여 三國에 있어 正統은 蜀漢에 주고 記事는 曹魏를 위주로 하여 주객이 바뀌고 王賊이 전도됨으로써 의리에 온당치 못하다. 기타 연월의 착오와 사실의 와전은 이루 헤아릴 수 없어 논란할 필요조차 없다."

7. 先祖들의 漢文敎育의 실상과 폐해

茶山은 ≪通鑑節要≫의 문제점을 여러 번 거론하며 우리나라 漢文 敎育의 잘못된 점을 다음과 같이 지적하고 있다.

"어린이가 글을 읽는 기간은 대략 9년간으로 8세부터 16세 사이가 곧 그 시기이다. 그러나 11세까지는 대개 철이 들지 않아 글을 읽어도 그 의미를 제대로 모르며 15, 16세에는 이미 사춘기로 물욕에 마음이 갈리게 되니, 실상은 12세부터 14세까지의 3년간이 진짜 독서하는 기간이 된다. 그러나 이 3년 중에도 여름은 몹시 덥고 봄과 가을은 좋은 날이 많아 어린이들이 놀기를 좋아하므로 제대로 독서하지 못하며, 오직 9월부터 이듬해 2월까지 180일이 글을 읽는 날짜가 된다. 이 3년을 통계하면 540일이 되는데, 여기에 설 등의 名節과 질병 우환의 날짜를 제하면 실제로 글을 읽는 기간은 300일쯤 된다. 그러고 보면 이 300일은 하루하루가 모두 주옥같이 귀중한 시간인데, 우리나라 아동들은 모두 少微先生의 ≪通鑑節要≫ 15책을 이 기간의 독서량으로 충당한다. 그러므로 평생의 독서가 이 ≪通鑑節要≫ 한 질에 그치며, 그 여가에 비록 다른 글을 읽는다 하더라도 모두 放過하여 專心하지 못하니, 독서로 칠 것이 못 된다. 少微先生은 道學과 文章으로 일컬어지는 인물이 아니요, 평범한 스승에 불과하다. 그런데 그가 지은 ≪通鑑節要≫를 우리나라는 200년 동안 六經처럼 존중함은 이 무슨 뜻인가? 내 일찍이 朴次修의 말을 들으니, 그가 燕京에 들어가 온 서점을 돌아다니면서 曾先之의 ≪史略≫과 江氏가 쓴 ≪通鑑節要≫를 찾아 보았으나 볼 수 없었으며, 중국의 유명한 선비들도 모두 무슨 책인지 모른다 하였다. 이를 보면 중국에서도 없어진 지 이미 오래된 것인데, 언제 이 책이 우리나라에 들어와 六經을 능가하고 百家를 어지럽혀 끝내 헛되이 일생을 보내게 하는지 모르겠다." ≪文集第二十二卷 雜評 通鑑節要評≫

茶山의 윗글은 아동이 학습할 수 있는 귀중한 시간을 ≪通鑑節要≫ 15책에만 전력할 것이 아니라 經書에 근간을 두고 博學해야 함을 강조한 것이다. 또 盤山 丁修七에게 준 편지에서는 또다시 ≪史略≫과 함께 ≪通鑑節要≫를 비판하고, 역시 ≪詩經≫의 〈國風〉과 ≪論語≫·≪大學≫·≪中庸≫·≪孟子≫·≪禮記≫·≪春秋左傳≫ 등을 읽고 다음으로 ≪詩經≫의 雅·頌과 ≪周易≫·≪書經≫을 마친 다음 ≪史記≫와 ≪漢書≫를 읽고서 비로소 ≪資治通鑑≫을 읽을 것을 권하고 있다.

尹愭의 ≪無名子集≫에는 당시 어린이들을 공부시키는 과정과 그 폐해를 말한 뒤에 다음과 같이 가르칠 것을 주장하였다.

"어린이를 가르치는 자들은 아이가 말을 할 정도가 되면 반드시 周興嗣의 ≪千字文≫을 가르친다. 그러다가 글자를 붙여 읽을 정도가 되면 바로 ≪史略≫ 1권(1책)이나 ≪通鑑節要≫ 1권(1책)을 가르치는데 많이 읽히는 경우가 西漢紀까지, 더 많이 읽히는 경우는 東漢紀나 蜀漢紀까지이다. 그리고 ≪孟子≫와 ≪詩經≫의 〈國風〉을 가르치다가 여름이 되면 ≪唐音≫ 중의 絶句를 가르치고 다음에 ≪唐音≫ 중 長篇詩를 가르친다. 그러면서 글을 짓게 하여 五言詩와 七言詩, 장문을 몇 줄 써보게 한다. 15세가 넘어 장가를 들면 우둔한 자는 여기에서 글공부를 그만두고, 조금 재주가 있는 자는 ≪事文類聚≫를 섭렵하며 과거공부를 한다. 그리하여 과거에 급제하면 자신의 할 일을 다했다고 여긴다. 이 때문에 비록 글을 잘한다는 명성이 있어 소년에 登科한 자라 하더라도 옛사람의 문자를 인용하면서 그것이 어떤 책에서 나왔는지 본래 무슨 뜻인지 모르며 誤字를 쓰기 일쑤이고 句讀를 잘못 붙이는 경우가 허다하다. …… 어린이가 글을 입에 익히려면 《史略》 첫 권을 배우는 것이 실로 필수적인 과정이지만 그 가르치는 순서는 먼저 《小學》을 읽어 立教・明倫・敬身이 학문의 근본임을 알고, 다음으로 《大學》・《論語》・《孟子》・《中庸》을 읽으며, 《詩經》・《書經》・《易經》・《春秋》・《禮記》를 읽어야 한다. 《小學》을 읽을 때에는 《孝經》을 같이 읽고, 四書를 읽을 때에는 《或問》을 같이 읽고, 《周易》을 읽을 때에는 《易學啓蒙》을, 《春秋》를 읽을 때에는 三傳과 《國語》를, 《禮記》를 읽을 때에는 《周禮》・《儀禮》・《家禮》를 같이 읽어야 한다. 그리고 《孔子家語》・《近思錄》・《心經》・《二程全書》・《朱子大全》・《朱子語類》・《性理大全》 등의 책을 읽어서 완전히 꿰뚫으며, 또한 반드시 예전에 배운 것을 되새겨보고 연역하여야 한다. 역사서도 반드시 읽어야 할 부분이므로 朱子의 《資治通鑑綱目》, 司馬遷의 《史記》, 班固의 《漢書》 등과 이후 역대의 중국 史書로부터 우리나라 역사서까지 보아야 한다. 문장가에 대해서도 알아야 하므로 《楚辭》와 《戰國策》・《文選》, 李白과 杜甫의 詩, 《唐宋八家文》을 보고 諸子百家의 책들까지 섭렵하여 그 학문의 범주를 넓혀야 한다.”

尹愭의 공부하는 차례는 栗谷의 《擊蒙要訣》에 나오는 讀書法과 유사하다. 茶山과 尹愭 모두 우리나라 한문 교육의 불합리한 실태와 폐해를 말하고 공부하는 방법을 제시했다는 점에서 지루함을 무릅쓰고 全文을 거의 그대로 게시하였다.

《通鑑節要》를 이처럼 많이 읽는 이유를 金都鍊 氏는 다음과 같이 밝히고 있다.

“《通鑑節要》는 과거 우리 先賢들이 四書三經 이상으로 즐겨 읽었던 고전 중의 고전이다. 우리나라에서는 조선 개국 이후로 朱子의 말이면 무조건 신봉하던 터라 《資治通鑑》은 正統論에 위배된다 하여 점점 도외시하고 그 대신 《通鑑節要》를 많이 읽게 되었다. 특히 朱子를 절대 존숭하던 조선 중기 이후에는 선비치고 이 책을 보지 않은 사람이 거의 없었고, 武將들도 兵書로 읽기까지 하였다. 이 책은 역사 지식으로서 뿐만 아니라 功令文 著作의 필독서가 되었다.”

그러나 金忠烈 氏는 이와는 다른 시각에서 《通鑑節要》가 애독된 배경을 설명하였다. 그는 《通鑑節要》 譯序에서 《通鑑節要》는 經書에 들어가기 전 초학들에게 읽히던 책임을 다음과 같이 밝히고 있다.

“《通鑑》이 중시되기 시작한 것은 조선 초기의 일이고 따라서 경서와 함께 널리 서당에 보급되어 익혔던 듯하다. 역자가 어려서 家塾에서 한문을 배울 때만 해

도 《通鑑》은 초학 아동들에게 경서에 들어가기 전 반드시 읽어야 하는 기본 교과
서였다. 그리하여 《通鑑》 제 7권 梁太傳 賈誼 上疏에서 문리가 트여야 총명하다
고 인정되어 계속 공부를 시키고, 문리를 얻지 못하면 둔재라 하여 재산이 넉넉하지
못한 집 자식은 아예 지게를 지기 마련이었다. 그 만큼 《通鑑》은 옛날 서당의 필독
물이었고 재질을 판가름하는 기준이 되었던 것이다. 그러나 《史略》이나 《通鑑》은
아이들에게 漢文 文理를 얻게 하는 준비 과정으로 취급되었을 뿐 정작 智略을 기르
고 意識을 갖게 하는 本科로 이용되지 못하였다. 그저 문리만 나면 거기서 《通鑑》
을 읽는 것은 그만두고 《小學》, 四書를 읽는 과정으로 들어갔다."

金忠烈 氏는 이어서 《通鑑》을 문리 터득의 기초 단계로만 이용한 실태를 비판
하면서 "여기에는 물론 과거준비를 위한 공부에 치우친 당시의 학풍 때문이기도 했
지만 백성들에게 역사 의식을 갖지 않게 하고 儒家의 道德倫理, 그것도 복종윤리를
주입시키기 위한 爲政者들의 의도가 어느 정도는 작용했기 때문이다. 이러한 사실
은 중국이 우리에게 역사 서적을 주기를 꺼려했던 것과도 상통하는 것이다." 하였
다. 그는 高麗에 《冊府元龜》를 주는 것을 반대했던 蘇東坡를 例로 들어 경서 위주
의 도덕윤리를 주입시킨 잘못을 다음과 같이 비판하였다.

"옛사람들의 학문은 크게 나누어 두 가지 연구에 목표를 두었다. 하나는 자연과
인간의 관계를 연구하는 經學과 諸子學이고, 하나는 고금의 변화를 통관하는 史籍
과 文集이다. 이러한 학문의 大體를 당시 위정자들이 불변의 이치를 알리는 經書에
만 두고, 변화에 대응하는 슬기를 기르는 史書를 제한한 저의는, 중국이 변방민족을
대한 태도나 당시 우리나라 지배 계급이 백성들을 대한 저의와 다를 것이 없다. 이
러한 학풍으로 인해 옛날 우리나라 학자들은 역사를 공부하는 데에 소홀하였다. 따
라서 중국을 이해함에 있어서도 경서를 배운 즉 儒教의 教理를 통한 안목밖에 가질
수 없었다."

그러나 역자는 두 분의 주장에 대하여 전적으로 동의하지만은 않는다. 史書는 朱
子學을 주장하는 학파에서는 오히려 가르치지 않았다. 소위 性理學派에서는 대부분
《史略》이나 《通鑑節要》를 가르치지 않는 것이 보통이었다. 본인이 寡聞한 탓으
로 영남 지방은 자세히 모르겠으나 충청도와 전라도 지방은 거의 모두 그러하였다.
그 이유는 聖人의 經傳을 배워 心性을 순화해야 할 나이에 잔인한 살상과 패역을 자
행하는 史書의 내용을 가르치는 것은 옳지 않다고 보았기 때문이다. 栗谷의 독서법
에도 《小學》·《大學》·《論語》·《孟子》·《中庸》·《詩經》·《書經》 등

의 순서로 되어 있으며, 역사책은 맨 뒤에 배우는 것으로 되어 있다. 물론 이처럼 ≪通鑑節要≫를 가르치지 않는 性理學派가 그리 많은 것은 아니었으며, 일반적으로 과거급제를 위한 科文學派가 절대적으로 많았던 것이 사실이다. 또한 위의 두 부류에 끼지 못하고, 그저 한문의 문리 터득과 行文을 위한 교습으로 사용한 것이 대부분이었다. 즉 별다른 의식 없이 ≪通鑑節要≫를 가르쳤다고 보아야 할 것이다. 茶山이나 尹愭 역시 경서를 가르쳐야 함을 주장하고 있지만 이분들이 과연 우민정책의 의도에서 복종윤리를 강조한 것이라고 보여지지는 않는다.

그러면 이러한 문제점이 있는데도 왜 우리나라에서는 이 ≪通鑑節要≫가 ≪史略≫과 함께 이처럼 많이 읽혔을까. 그 이유는 역시 한문 문리 터득을 위해서이며, 또한 ≪資治通鑑≫ 등을 쉽게 접할 수 없는 사회적 환경 때문이라고 생각한다. 본인이 경험한 바에 의하면 9, 10세 때에 대부분 15책으로 엮어진 ≪通鑑節要≫를 읽는데, 대체로 3책까지를 읽는다. 이 3책에서 문리가 나지 않으면 안 된다고 깊이 믿고 있었다. 이 때문에 몇 년을 걸려서도 再讀 三讀하는 분을 보았다. 또한 서책이 귀했던 관계로 4책 이후는 구하기가 매우 어려웠다. 茶山의 주장처럼 ≪通鑑節要≫ 15책을 다 읽는 경우는 거의 없었다. 읽고 싶어도 서책이 없어 읽을 수가 없었던 것이다. 인사동 古書店에 나와 있는 漢籍들 중에서도 제일 많은 것이 바로 ≪通鑑節要≫의 落卷들이다. 하지만 뒷부분은 거의 없는 실정이다. 이것은 1·2·3책만 판각하고 4책 이후는 수요가 없어 대부분 판각하지 않았음을 증명해 준다.

사실 당시의 실정은 1책과 2책도 구하지 못하여 대부분 謄書해서 배울 정도로 열악하였다. 뿐만 아니라 기초한문 교재 대부분이 그러하였다. 肅宗 때 강원도 高城에 살던 景魯齋 權絿가 제생들을 대신하여 암행어사인 趙錫命에게 올린 글에 다음과 같은 내용이 보인다.

"엎드려 아룁니다. 저희들은 궁벽한 시골에서 생장하여 고루해서 문견이 적으므로 무식한 한탄을 면할 수 없으니, 이는 지방에 서적이 미비하기 때문입니다. ≪禮記≫와 ≪資治通鑑綱目≫은 궁벽한 지방에 구비하기 어려운 책자입니다. 그러므로 嶺東지방에서 태어난 자들은 비록 老師宿儒라 하더라도 서울에 가서 공부한 자가 아니면 끝내 이 두 책이 어떤 내용인지를 알지 못하니, 어찌 이보다 더 심한 고루함이 있겠습니까." ≪灘村遺稿 권6≫

이와 같은 내용은 다른 문집에도 자주 보인다. 당시 전국에 ≪資治通鑑≫과 ≪資治通鑑綱目≫을 보유한 기관이나 가정이 과연 몇이나 있었을까. 그토록 많이 읽었다는

四書도 諺解까지 구비한 집이 거의 없었으며, 소위 七書(四書三經)는 더더욱 희귀하였다. 고작해야 ≪通鑑節要≫ 몇 권, ≪小學≫, ≪古文眞寶≫ 몇 권이 있을 뿐이었다. ≪唐音≫도 거의 모두 謄書하여 배웠다. 뿐만 아니라 사전을 구비한 집이 매우 드물었다.

근대화 교육제도가 도입되기 이전에는 거의 모두가 서당에서 한문을 익혔으며, 여기에서 어느 정도 문리가 진전되어야 鄕校나 書院에서 큰 선생을 모시고 공부할 수 있었다. 생계유지를 위하여 시골에서 蒙學을 가르치는 선생을 村學究라 하였는데 이분들의 수준은 특별한 경우를 제외하고는 한심한 정도였다. 여건상 대개 ≪通鑑節要≫ 3책까지를 읽는 것이 통례였던 관계로 촌학구들의 실력 역시 3책을 넘어가면 제대로 가르칠 능력을 갖춘 분이 별로 없었을 것이라고 생각한다.

8. 結 論

이상 여러 가지를 종합해 볼 때 ≪通鑑節要≫는 우리나라에서 일부 성리학자들을 제외하고는 대부분 초학자들의 기초한문 교재로 널리 읽혔으나 書誌學的으로 볼 때 그리 좋은 책이라고 말할 수는 없을 듯하다. 하지만 한문 문리도 터득하고 중국의 역사도 대강이나마 접할 수 있다는 점에서 金科玉條처럼 여겨진 것이 아닌가 생각한다. 시골에서 한문을 배운 분들은 대부분 '通鑑'이라고 하면 으레 ≪通鑑節要≫라고 생각했지 ≪資治通鑑≫이 있다는 사실조차 알지 못하였다. 이는 '三國志'라고 하면 ≪演義三國志≫를 떠올리는 것과 다를 바 없다. 뿐만 아니라 ≪資治通鑑≫은 커녕 ≪少微通鑑≫도 잘 알지 못했다. 이에 대해 李德懋도 〈耳目口心書〉에서 다음과 같이 밝힌 적이 있다.

"우리나라 사람의 고루함이야 이루 말할 수 있겠는가. ≪資治通鑑≫이 ≪通鑑≫인 것을 알지 못하고, 少微의 ≪通鑑節要≫를 ≪通鑑≫이라 하여 그 제목을 通鑑이라고 쓰니, 진짜 通鑑(資治通鑑)은 무슨 이름으로 부르겠는가. 혹은 ≪少微節要≫라고 부르면 본래 무슨 글인지 알지 못할 것이다."

李德懋의 지적대로 菲才薄學의 고루한 선비도 많이 있었다. ≪詩傳≫, ≪書傳≫이 ≪詩經≫, ≪書經≫과 어떻게 구별되는지 모르는 분도 없지 않았다. 본인이 경험한 바로는 ≪通鑑節要≫를 읽어도 앞에 나오는 序文과 溫公曰 등의 史評은 아예 읽지 않는다. 실정이 그러하니 이것이 누구의 저작인지 알 리가 없다.

하지만 모두가 그러했던 것은 또한 아니다. 어려운 여건을 무릅쓰고 博學한 분들도 얼마든지 있었다. 이분들은 서책을 구하기 어려워 손수 謄書해서 날마다 외고 익혔다. 오늘날처럼 수박 겉핥기 식으로 넘어가는 것이 아니었다. 蘇東坡는 李君山房記에서 서책을 구하기 쉬운 당시에 학자들이 서책을 묶어놓고 보지 않는 잘못을 다음과 같이 비판하였다.

"나도 오히려 老儒선생들이 스스로 말씀하기를 '그들이 젊었을 때에는 ≪史記≫와 ≪漢書≫를 구하고자 하여도 얻지 못하여, 다행히 얻으면 모두 손수 써서 밤낮으로 외고 읽어 행여 미치지 못할까 두려워하였다'고 하는 것을 보았었다. 근세에는 시장 사람들이 돌려 가면서 서로 模刻하여 諸子百家의 책이 하루에도 만 장의 종이가 전해진다. 배우는 자들이 서책에 있어 많고 또 구하기 쉬움이 이와 같으니, 그 文辭와 學術이 옛사람보다 倍가 되고 5배가 되어야 할 터인데, 오늘날 과거보는 선비들이 모두 서책을 묶어두고 보지 않으며 근거 없는 것을 遊談하니, 이는 또 어째서인가.……이에 나는 한 마디 말을 하여 後世로 하여금 옛날 君子들은 책을 보기가 어려웠고, 지금의 學者들은 책이 있어도 읽지 않는 것이 애석한 일이 됨을 알게 하노라."

蘇東坡의 이 글은 오늘날 우리들의 실태를 꾸짖는 듯하여 自愧의 마음을 금할 길 없다.

茶山이나 尹愭의 말씀처럼 博學을 하면 좋지만 누구나 모두 그렇게 하기는 어려운 것이다. 茶山이 제시한 독서법은 자신과 같은 천재를 기준한 것으로 일반인은 도저히 실현할 수 없는 것이다. 옛날 한문 공부는 많이 읽어 줄줄 외는 것을 기본으로 하였다. 무슨 천재이기에 그 어린 나이로 300일 동안에 六經과 四書를 가르치고 九流百家를 곁들이며 ≪資治通鑑≫이나 朱子의 ≪通鑑綱目≫을 가르친단 말인가. 尹愭의 공부하는 차례 역시 일반인은 따라하기 힘든 수준이다.

≪通鑑節要≫만 제대로 읽어도 문리가 나고 중국의 역사 지식을 어느 정도 얻을 수 있어 상당히 유식한 학자가 될 수 있었다. 반면에 ≪通鑑節要≫를 읽지 않은 분들은 중국 역사를 까맣게 모르는 경우도 없지 않았다. 呂政을 몰라 묻는 자도 있었다 한다. 呂政은 秦始皇을 가리킨다. 秦始皇은 이름이 政인데 呂不韋의 아들이라 하여 이렇게 칭한 것이다. 이 내용은 ≪通鑑節要≫ 2권에 나온다. 이 책을 읽었다면 이것을 모를 리가 없는 것이다.

우리 선조들은 어려서부터 ≪通鑑節要≫를 배우다 보니 장성하여서도 자연 여기에 나오는 成語나 故事를 자주 사용하게 되었다. 金都鍊 氏도 밝힌 바 있지만 오늘날 사용하는 문자는 대부분 이 ≪通鑑節要≫에서 유래하였다. 이와 관련된 野談을 소개하겠다.

　선비 몇 명이 길을 가다가 마침 시신을 담는 棺을 지고 가는 사람을 만나게 되었는데, 일행 중 王氏姓을 가진 분이 있었다. 그 중 한 사람이 王氏를 놀려줄 심산으로 "저 棺에는 누가 먼저 들어갈꼬?" 하고 묻자, 다른 한 사람이 즉시 알아듣고 "先入關中者王이니 王氏겠지." 하고 맞받았다. 關中은 지금 中國의 西安으로 당시 秦나라의 도성이었다. 이는 秦나라 말기 楚나라 懷王이 여러 장수들에게 먼저 秦나라를 공격하여 도성인 關中에 들어가는 자에게는 王을 시키겠다고 약속한 말로, ≪通鑑節要≫ 3권에 보인다. 그런데 關中은 棺中과 음이 같으므로 王氏를 놀리기 위하여 '먼저 죽어 棺 속에 들어갈 자는 王氏이다.〔先入棺中者王〕'라고 말한 것이다. 그 말을 들은 王氏는 몹시 언짢았다. 그는 자신이 곧 죽게 될 讖言이라고 생각하고, 이를 고민한 나머지 마침내 병석에 누웠는데 百藥이 無效였다. 자신의 失言으로 친구가 병석에 누웠다는 말을 들은 그의 친구는 즉시 수수떡을 해 가지고 가서 병석에 누운 친구를 위로하고, 이 수수떡을 먹으면 병이 당장 나을 것이라고 말하였다. 그러나 王氏는 죽을 병이 들었는데 수수떡이 무슨 소용이냐며 거들떠보지도 않았다. 이에 그 친구는 "王之命懸於遂手 아니냐?"고 반문하였다. 이는 毛遂가 자신을 꾸짖는 楚王에게 '임금님의 목숨이 이 毛遂의 손에 달려 있다.'고 말한 것으로 이 내용은 1권 끝 부분에 보인다. 그런데 毛遂의 손이란 뜻의 '遂手'는 우리말의 '수수'와 같으므로 '王氏의 목숨이 이 수수떡에 달려 있다.〔王之命懸於수수〕'고 빗대어 말한 것이다. 王氏는 이 말을 듣자, 희색이 만면하여 수수떡을 맛있게 먹고 병이 말끔히 나았다고 한다.

　이와 유사한 이야기는 매우 많이 전해진다. 이처럼 ≪通鑑≫에 나오는 故事成語는 識者들이 유머로 즐겨 사용하였음을 알 수 있다.

　실제로 우리나라에서 많이 읽힌 ≪通鑑節要≫와 ≪史略≫ 및 ≪古文眞寶≫는 中國에서는 거의 유행하지 않은 책들이다. 中國에서는 상대적으로 古文의 文理 터득이 쉬웠던 관계로 史書에 있어서는 正史나 ≪資治通鑑≫을, 문장에 있어서는 文集을 읽었으며, 축약한 책은 선호하지 않았던 것으로 생각한다. 한편 日本에서는 ≪史略≫과 ≪古文眞寶≫가 흥행한 반면 ≪通鑑節要≫는 잘 읽혀지지 않은 것으로 보인다. ≪史略≫과 ≪古文眞寶≫는 漢文大系에 들어 있으나 ≪通鑑節要≫를 연구한 기록은 보이지 않기 때문이다.

茶山을 위시한 여러 선인들은 많은 책을 학습하기 위하여 ≪通鑑節要≫나 ≪史略≫보다는 ≪資治通鑑≫을 읽을 것을 권하였다. 또한 ≪古文眞寶≫보다는 여러 文章家의 文集을 두루 읽을 것을 강조하였다. 하지만 지금 우리의 현실은 어떠한가? 다시 이들 책이 필요한 시대가 되었다. 한문을 전공한 자들도 실제 이들 책을 다 읽은 자가 거의 없으며, 번역본을 보거나 아예 대하지 않은 자들도 상당수 있으리라. 본인이 강의하고 있는 국역연수원에서도 ≪通鑑節要≫는 西漢 文帝紀까지, ≪古文眞寶≫는 5분의 3 정도를 간추려 읽히며, ≪史略≫은 아예 교과과목에 들어 있지 않다.

다시 한번 강조하거니와 중국에는 ≪史略≫이나 ≪通鑑節要≫, ≪古文眞寶≫ 등이 유행하지 않아 이미 없어진 지 오래인데, 어찌하여 우리나라에는 이러한 책들이 필독서로 각광을 받은 것일까. 그 이유는 첫째 한문이 난해하여 문리 터득이 어렵기 때문이며, 둘째 서적이 구비되어 있지 않았기 때문이라고 생각한다. ≪史略≫과 ≪通鑑節要≫는 책수가 적어 쉽게 읽을 수 있고 또한 중국의 역사를 상당수 알 수 있으며, ≪古文眞寶≫ 역시 중국의 여러 名文을 대강이나마 섭렵할 수 있는 장점이 있기 때문이었을 것이다.

끝으로 독자들에게 한 말씀 당부할까 한다. 栗谷先生도 말씀하였듯이 한문은 문리 터득이 이루어져야 한다. 글 뜻을 제대로 알고 많이 읽어야 올바른 평가가 나오고 좋은 논문을 쓸 수 있는 것이다. 그러나 현실은 그렇지 못하다. 많이 읽기는커녕 구두도 제대로 떼지 못하고 그저 어림짐작으로 대충 꿰어 맞추는 실정이다. 원문이 어느 고전에서 나왔는지 모르며 설령 안다 하더라도 제대로 소화하지 못한다. 게다가 漢·唐의 史實은 더더욱 알지 못한다. 이는 배워야 할 학문이 다양해져서 한문 공부에만 전념할 여유가 없으며, 원전의 해석을 중요시하지 않는 일부 학풍 때문이기도 하다. 이러한 현실 속에서 史論을 많이 실은 이 역주본이 東洋學徒들에게 문리 터득과 역사 지식에 다소나마 보탬이 된다면 더 이상 바람이 없겠다.

끝으로 시종 원고 정리를 도와준 朴勝珠 研究員과 註釋 整理 및 潤文에 수고해 준 金希宣, 李라나, 裵美貞 孃에게 감사의 뜻을 표한다.

公元 2005년 歲在 乙酉 冬至節에 昌山 成百曉는 洌上의 觀一軒에서 쓰다.

凡 例

1. 本書는 東洋古典譯註叢書 ≪通鑑節要≫ 중 제1책이다.

2. 本書는 가장 善本으로 보이는 甲寅字本 ≪少微家塾點校附音通鑑節要≫(國立中央圖書館 所藏本, 刊年未詳)를 底本으로 하되 木版本 ≪少微家塾點校附音通鑑節要≫(高麗大學校 圖書館 所藏本 및 서울大學校 奎章閣 所藏本)를 참고하였다. 이 책은 眉山 史炤가 音釋하고 鄱陽 王逢이 輯義하고 京兆 劉剡이 增校한 것이다.

3. 本書는 甲寅字本 ≪少微家塾點校附音通鑑節要≫를 底本으로 하되 현재 春坊本 ≪通鑑節要≫가 流行되고 있음을 감안하여 溫公의 史評은 本文과 같이 大字로 표기하였으며 기타 史論은 글자 크기를 약간 줄였다. 그리고 底本의 史評 외에 ≪二十史略≫의 史評을 추가하여 '〔史略 史評〕'이라고 표시하였다.

4. 底本에는 연도별로 干支를 陰刻하고 별행하지 않았으나 本書에서는 이를 別行하고 괄호 속에 西紀 연도를 표시하였다. 또 ≪資治通鑑≫은 東周가 망한 丙午年(B.C.255)을 秦 昭襄王 52년이라 하였으나 ≪通鑑節要≫는 이를 東周君 元年이라 하고 그 아래에 列國王의 在位年을 分註하였으므로 本書는 이 체재를 따라서 別行하였다.

5. 原文은 이해를 돕기 위해 懸吐하고 특별한 音이나 어려운 한자는 ( ) 안에 音을 병기하였다.

6. 飜譯은 原義에 充實하도록 노력하였다. 다만 難解한 부분은 意譯, 또는 補充譯을 하였다.

7. ≪資治通鑑≫은 원래 司馬光이 황제의 명령을 받고 지어 올린 것이므로 論評에 자신의 의견을 아뢰면서 모두 '臣光曰'이라고 하였으나 本 譯書에서는 특별한 경우를 제외하고는 대부분 '臣'이라 하지 않고 '나'라고 해석하였으며, 기타 史家의

論評 역시 이와 같이 하였다.

8. 註釋은 原註와 釋義 및 附註를 현토하고 해석하되 글자의 간단한 訓이나 音은 모두 싣지 않았다. 頭註는 底本의 상단에, 原註와 釋義는 原文의 중간에 小字雙行으로, 附註는 卷末에 실려 있는데, 본서에서는 이를 모두 문단이 끝나는 곳에 함께 실었으며, 아울러 ≪通鑑要解≫도 참고하여 실었음을 밝혀둔다.

9. 오늘날 흔히 사용하는 成語나 故事는 ≪通鑑節要≫에서 유래한 것이 많다. 이에 독자들이 이용하기에 편리하도록 成語와 故事를 뽑아 책의 말미에 해설과 함께 부록하였고, 原文에는 字句 위에 강조점을 찍어 표시하였다.

10. 本書는 독자의 이해를 돕기 위해 圖表를 첨부하였는바, 歷代帝王傳授總圖는 江鎔의 序文 앞에 싣고 각 시대에 해당하는 世系圖와 地圖는 책의 말미에 부록하였다.

11. 본서에 사용된 주요 符號는 다음과 같다.

    " " : 對話, 각종 引用

    ' ' : 再引用, 強調

    「 」 : ' ' 안에서 再引用

    ( ) : 原文 중의 괄호는 漢字의 音, 同字(통용자), 俗字의 正字

           번역문 중의 괄호는 간단한 註釋

    ≪ ≫ : 書名, 出典

    〈 〉 : 篇章節名, 作品名, 補充譯, 원문의 補充字

    〔 〕 : 원문의 倂記, 音이 다른 漢字, 註釋 표시

    { } : 원문의 衍文　例) 非{吏而得興}吏比者

    *) : 補註

    ※ : 題目註

    ( )〔 〕: (誤字)〔正字〕　例) 然(則)〔而〕餓死臺城

           단 史論이나 註釋 등에는 誤字가 많은 바, 이를 모두 표시할 경우 보기에 불편하므로 일부는 별도로 표시하지 않고 곧바로 수정하였음을 밝혀둔다.

參考圖書

〔原 典〕

≪文白對照 資治通鑑輯覽≫ 1-36冊 文白對照御批歷代通鑒輯覽編委會 編 馬建石 主編
　　國際文化出版公司 2002

≪文白對照全譯 資治通鑑≫ 全3冊 張宏儒 沈志華 主編 改革出版社 1991

≪詳密註釋 通鑑諺解≫ 學民文化社 1992

≪集註 通鑑節要1·2≫ 金都鍊 編註 亞細亞文化史 1982·1986

≪標點索引 少微通鑑節要≫ 뿌리문화사 1999

≪綱目續麟≫ 文淵閣四庫全書 第323冊 史部81 臺灣商務印書館 1984

≪綱目訂誤≫ 文淵閣四庫全書 第323冊 史部81 臺灣商務印書館 1984

≪大事記≫ 呂祖謙 撰 文淵閣四庫全書 第324冊 史部82 臺灣商務印書館 1984

≪史記≫ 司馬遷 撰 中華書局 1999

≪史記集解≫ 文淵閣四庫全書 第245-246冊 史部3-4 臺灣商務印書館 1984

≪史記索隱≫ 文淵閣四庫全書 第246冊 史部4 臺灣商務印書館 1984

≪史記正義≫ 文淵閣四庫全書 第247-248冊 史部5-6 臺灣商務印書館 1984

≪少微家塾點校附音通鑑節要≫ 高麗大學校 圖書館 所藏本

≪少微家塾點校附音通鑑節要≫ 서울大學校 奎章閣 所藏本

≪御批資治通鑑綱目≫ 朱熹 撰 聖祖 批 文淵閣四庫全書 第689-692冊 史部447-450
　　臺灣商務印書館 1984

≪二十史略≫ 民昌文化社 1990

≪資治通鑑≫ 胡三省 音注 中華書局 1992〔제5판〕

≪資治通鑑綱目≫ 朱熹 撰 國立中央圖書館 所藏本

≪資治通鑑綱目集覽鐫誤≫ 瞿佑 撰 韓國學中央研究院 1980

≪資治通鑑綱目訓義≫ 思政殿 訓義 國立中央圖書館 所藏本

≪資治通鑑釋文≫ 史炤 撰 臺灣商務印書館 1980

≪資治通鑑地理今釋≫ 吳熙載 撰 江蘇書局 1882

≪資治通鑑訓義≫ 思政殿 訓義 國立中央圖書館 所藏本

≪通鑑釋文辯誤≫ 胡三省 撰 文淵閣四庫全書 第312冊 史部70 臺灣商務印書館 1984

≪通鑑五十卷詳節要解≫ 九淵禪師 著 國立中央圖書館 所藏本

≪通鑑地理通釋≫ 王應麟 撰 文淵閣四庫全書 第312冊 史部70 臺灣商務印書館 1984

≪漢書≫ 班固 撰 中華書局 2002

≪後漢書≫ 范曄 撰 中華書局 1996

≪漢書補註≫ 王先謙 補注 王雲五 主編 臺灣商務印書館 1968

≪後漢書集解≫ 王先謙 集解 臺灣商務印書館 1968

〔譯 書〕

≪國譯 資治通鑑≫ 加藤繁·公田連太 共譯 註 景仁文化社 1996

≪新譯 通鑑≫ 趙洙翼 弘新文化史 1989

≪懸吐註解 通鑑節要1·2≫ 金都鍊 鄭珉 共譯 註 傳統文化研究會 1995

≪史記註譯≫ 王利器 三秦 1997

≪資治通鑑全譯≫ 李國祥 等 主編 貴州人民出版社 1994

≪通鑑節要1≫ 李忠九 譯註 뿌리출판사 1993

≪通鑑節要 天·地·人≫ 金忠烈 譯解 三省出版社 1987

≪漢書全譯≫ 劉華淸 貴州人民出版社 1994

〔辭 典〕

≪中國歷代官制大辭典≫ 呂宗力 主編 北京出版社 1994

≪資治通鑑大辭典 上·下≫ 施丁·沈志華 共譯 吉林人民出版社 1994

≪漢書辭典≫ 倉修良 山東教育出版社 1996

≪史記辭典≫ 倉修良 主編 山東教育出版社 1991

〔索引 및 年表〕

≪漢書人名索引≫ 魏連科 編 中華書局 1979

≪漢書及補註綜合引得≫ 洪業 等 編纂 上海古籍出版社 1988

≪漢書人表考≫ 梁玉繩 撰 臺灣商務印書館 1968

≪史記索引≫ 李曉光·李波 主編 中國廣播電視出版社 1989

≪史記人名索引≫ 鍾華 編 中華書局 1977

≪春秋戰國異辭≫ 陳厚耀 撰 文淵閣四庫全書 第403冊 史部161 臺灣商務印書館 1984

目 次

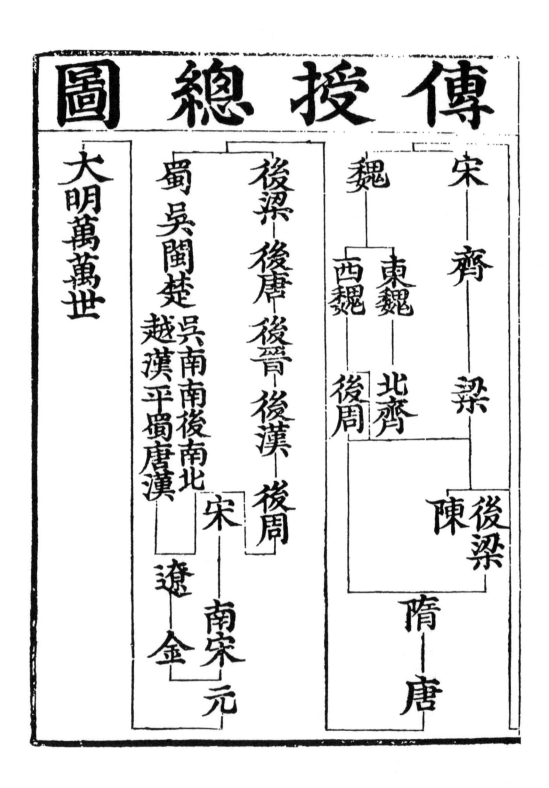

圖總授傳

宋——齊——梁

魏

東魏——北齊

西魏——後周

　　　　陳——後梁

　　　　隋——唐

後梁——後唐——後晉——後漢——後周

蜀吳閩楚——越漢平蜀唐漢

吳南南後南北

　　　　　宋——南宋——元

　　　　　遼——金

大明萬萬世

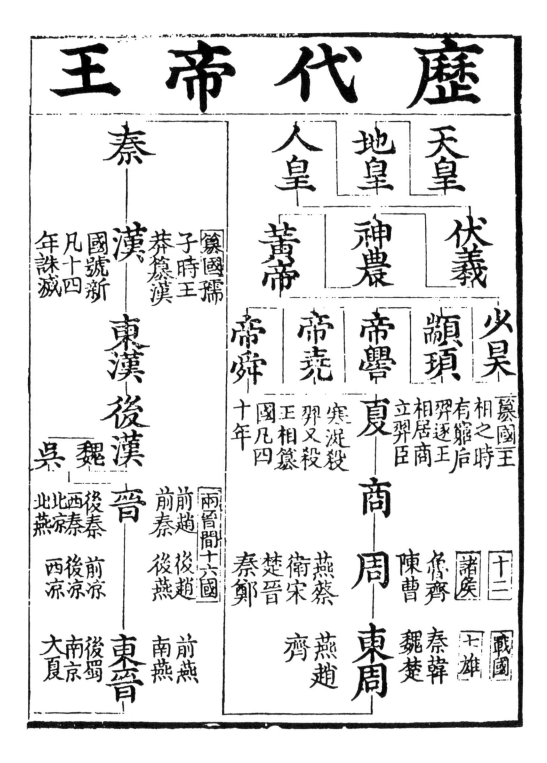

序

通鑑一書는 易紀傳而爲編年[1]하야 上下數千百載의 興亡治亂이 暸然在目하니 誠史學之綱領也라 然編帙甚繁하야 未易周覽하니 後之君子 固嘗節其繁而取其要矣나 其間에 詳者는 猶失之泛하고 略者는 又失之疎하니 學者病焉이라 少微先生[2]의 江氏家塾에 有通鑑節要하니 詳略適宜하야 於兩漢·隋·唐엔 則精華畢備하고 於六朝五代엔 則首末具存이라 點抹以擧其綱하고 標題以撮其要하니 識者寶之러니 其後에 建寧公默이 游晦庵先生門할새 嘗以此書質之하니 先生이 深加賞嘆이라 自是로 士友爭相傳錄하야 益增重焉하니라 今南山主人淵이 力學淸修하야 有光前烈이라 復取此書하야 附益而潤色之하야 增入諸史表志序贊하고 參以名公議論音注하야 簡嚴明白하고 得失曉然하니 以爲庭下訓이라 客有過之曰 善則善矣나 與其襲珍以私於家론 孰若鋟梓以公於世오하니 主人笑曰 少微先生이 養高林泉하야 名動京闕이라 皇帝三使人聘之호되 終不能移其嚻嚻樂道之志하시고 凡著書立言에 亦惟自明其心이요 非欲求知於人也라 先世有書에 惟恐人知어시늘 余得其書하고 顧乃恐人不知耶아 客固請이어늘 予嘉其言하야 以贊其請하니 主人曰 諾다 於是乎書하노라

嘉熙丁酉良月[3]朔에 迪功郞新邵武郡南尉巡捉私茶鹽礬私鑄銅器兼催綱江鎔은 謹序하노라

《資治通鑑》 한 책은 紀傳體를 바꾸어 編年體로 만들어서 상하 수천 년

동안의 興亡과 治亂이 환하게 눈앞에 나와 있으니, 진실로 歷史學의 綱領이라 할 것이다. 그러나 編帙이 매우 많아 두루 보기가 쉽지 않다. 후세의 君子들이 진실로 일찍이 번다한 것을 줄여 요점을 취했으나 그 사이에 상세한 것은 오히려 너무 많아서 문제이고 간략한 것은 또 너무 소략해서 문제였으니, 배우는 자들이 병통으로 여겼다.

少微先生 江氏의 家塾에 ≪通鑑節要≫가 있는 바, 상세하고 간략함이 적당하여 兩漢과 隋·唐에 있어서는 精華가 다 구비되었고 六朝와 五代에 있어서는 本末이 모두 나와 있다. 評點을 찍어 綱領을 들고 標題하여 요점을 뽑으니, 식자들이 보배로 여겼다. 그 후 建寧公 默이 晦庵先生(朱熹)의 문하에서 受學할 적에 일찍이 이 책을 가지고 질정하니, 朱先生은 크게 감탄하고 칭찬하였다. 이로부터 士友들이 다투어 서로 전하여 기록해서 더욱더 소중하게 여겼다.

지금 南山主人 淵은 학문에 힘쓰고 행실을 깨끗이 닦아 前代의 업적을 빛나게 하였다. 그가 다시 이 책을 취하여 더 보태고 潤色해서 여러 역사책의 表와 志, 序와 贊을 더 넣고 名公들의 논평과 音注를 더 넣어서 간결하고 명백하며 得失이 분명하니, 이것을 家庭에서 가르치는 책으로 삼았다.

객이 그를 방문하여 말하기를 "좋기는 좋으나 소중하게 잘 간직하여 집에 사사로이 두는 것이 어찌 板刻하여 세상에 공공연히 전하는 것만 하겠는가." 하니, 주인이 웃으며 말하기를 "少微先生은 山林에서 고상한 뜻을 길러 명성이 서울의 대궐에 진동하였다. 그리하여 皇帝가 세 번이나 사람을 보내어 초빙하였으나 끝내 스스로 만족하게 여겨 道를 즐거워하는 뜻을 바꾸지 못하였고, 무릇 책을 짓고 글을 씀에 또한 자신의 마음을 밝힐 뿐 사람들에게 알려지기를 구하고자 하지 않았다. 先代에 책을 지을 적에 행여 사람들이 알까 두려워하셨는데, 내가 그 책을 얻고는 도리어 사람들이 알지 못할까 두려워한단 말인가." 하였다.

객이 굳이 板刻할 것을 청하므로 내(江鎔)가 그 말을 가상히 여겨 그 청을 도와 권하니, 주인이 "그렇게 하겠다." 하였다. 이에 쓰노라.

嘉熙 丁酉年(1237) 良月(10월) 초하루에 迪功郎 新邵武郡南尉 巡捉私茶鹽礬私鑄銅器 兼催綱 江鎔은 삼가 序하다.

1) 〔譯註〕易紀傳而爲編年 : 紀傳은 本紀와 列傳으로, ≪史記≫나 ≪漢書≫와 같이 人物 중심으로 엮은 역사책을 이르며, 編年은 ≪春秋≫와 같이 연도순으로 엮은 역사책을 이른다. ≪春秋≫는 원래 편년체 史書의 元祖인데, 기전체인 司馬遷의 ≪史記≫가 나오면서 대부분의 史書들이 이 체제를 따랐다. 그런데 司馬光의 ≪資治通鑑≫이 다시 편년체로 엮었기 때문에 이렇게 말한 것이다.

2) 〔譯註〕少微先生 : 徽宗 政和 연간에 太史가 處士星인 少微星이 나타났다고 上奏하자, 徽宗은 遺逸인 處士를 천거하게 하였다. 그리하여 江贄가 세 번 초빙되었으나 끝내 나아가지 않으니, 徽宗은 그에게 少微先生이라는 칭호를 하사하였다. 이 때문에 그가 엮은 ≪通鑑節要≫를 ≪少微通鑑≫이라 칭한다.

3) 〔譯註〕嘉熙丁酉良月 : 嘉熙는 南宋 理宗의 연호로 丁酉年은 嘉熙 元年이다. 良月은 좋은 달, 길한 달이란 뜻으로 음력 10월의 異稱인 바, 옛사람은 가득찬 數(盈數)를 길하게 여겼는데, 숫자는 1에서 시작하여 10에서 끝나므로 10이라는 숫자가 꽉 찼다는 의미에서 吉月의 뜻으로 쓰인다.

序

少微先生通鑑節要一書는 行世久矣라 然이나 訓釋闕略하고 議論簡少하니 覽者憾焉이라 今敬求到松塢王先生釋義善本하니 訓釋詳備하고 句讀明白이라 於引援則標其語之詳하고 於斷語則采其義之精하고 於統紀則別其正朔閏位之分하고 於承繼則判嬴呂姓系混亂之殊하며 而又附之以三皇世紀於前하고 繼之以宋遼金元續節要하야 刊附于後하야 使學者로 開卷一覽而盡得之하니 豈不快哉아 敬刻諸梓하야 嘉與海內君子共之하노니 幸鑑이어다 宣德戊申六月甲中書林에 京兆劉應康은 敬識하노라

少微先生이 지은 《通鑑節要》 한 책은 세상에 유행한 지가 오래되었다. 그러나 訓釋이 빠져 있고 의론이 간략하니, 보는 자들이 유감으로 여겼다. 이제 공경히 松塢 王先生(王逢)의 《通鑑釋義》 善本을 구하니, 訓釋이 자세히 갖추어져 있고 구두가 명백하였다. 인용에 있어서는 그 말의 상세한 것을 표시하고, 결단하는 말에 있어서는 그 뜻의 정미한 것을 채집하고, 統紀에 있어서는 正朔과 閏位의 구분을 분별하고, 承繼에 있어서는 嬴氏와 呂氏의 姓氏와 系統의 혼란한 차이를 판단하였으며, 또 〈三皇世紀〉를 앞에 붙이고 이어서 宋・遼・金・元의 《續通鑑節要》를 뒤에 붙여서 배우는 자들로 하여금 책을 펴서 한 번 보면 다 알게 하였으니, 어찌 상쾌하지 않겠는가. 공경히 목판에 새겨서 海內의 군자들과 함께 함을 가상하게 여기노니, 부디 볼지어다.

宣德 戊申年(1428) 6월 갑신에 書林에서 京兆 劉應康은 삼가 쓰다.

資治通鑑總要通論

陽節潘氏榮[1]曰 治天下有道하니 親賢遠姦을 明而已矣요 治天下有法하니
信賞必罰을 斷而已矣요 治天下有本하니 禮樂敎化를 順而已矣니 明則君子
進而小人退하고 斷則有功勸而有罪懲하고 順則萬事理. 人心悅하야 而天下
和라 三者之要는 在身하니 身端心誠이면 不令而行矣라 故로 唐虞三代之治는
純用禮樂하야 敎化大行하야 不言而信하고 不怒而威하야 無爲而治하니 如斯而
已러니 及其衰也하야는 夏以妺(말)喜하고 商以妲(달)己하고 周以褒姒하니 是는 佚
欲之亡人하야 而百令不從矣라

陽節潘氏(潘榮)가 다음과 같이 말하였다.

"천하를 다스림에 道가 있으니 賢者를 가까이하고 간사한 자를 멀리함을
분명하게 할 뿐이요, 천하를 다스림에 法이 있으니 상과 벌을 공정하고 엄중
하게 결단할 뿐이요, 천하를 다스림에 근본이 있으니 禮樂과 敎化를 순하게
할 뿐이다. 賢者를 가까이하고 간사한 자를 멀리함을 분명히 하면 군자가 등
용되고 소인이 물러나며, 상과 벌을 공정하고 엄중하게 결단하면 공이 있는
자가 권면되고 죄가 있는 자가 징계되며, 禮樂과 敎化를 순하게 하면 萬事가
다스려지고 人心이 기뻐하여 천하가 화목해진다. 세 가지의 요점은 군주 자
신에게 있으니, 몸이 바르고 마음이 성실하면 명령하지 않아도 행해진다. 그
러므로 唐·虞와 三代의 정치는 순전히 禮樂을 써서 敎化가 크게 행해져 말
하지 않아도 믿고 성내지 않아도 두려워해서 함이 없이 저절로 다스려졌으
니, 이와 같이 할 뿐이다. 그런데 나라가 쇠퇴함에 미쳐서 夏나라는 妺喜로,

商나라는 妲己로, 周나라는 褒姒로 인해 망하였으니, 이는 안일함과 욕망이
사람을 망쳐서 모든 명령을 따르지 않게 된 것이다.

1) 〔譯註〕陽節潘氏榮 : 元나라 婺源 사람으로 字가 伯誠이다. 박학하여 여러 경전
   을 통달하였으며, 史書에 더욱 뛰어나니, 배우는 자들이 節齋先生이라 칭하였
   다. 이 總論은 ≪資治通鑑≫에 대한 것으로 眉巖 柳希春은 ≪眉巖集≫〈經筵日
   記〉에서 다음과 같이 말하였다. "陽節 潘榮은 元나라 사람으로 그가 지은 總論이
   매우 좋습니다. 다만 종종 크게 잘못된 부분이 있습니다. 漢나라 文帝는 諸侯王
   으로 들어와 大統을 잇게 되자, 남향하여 세 번 사양하고 서향하여 두 번 사양하
   였는 바, 공손하고 겸손한 행동이 진심에서 나왔는데, 潘榮은 도리어 '백성들에
   게 속임을 보였다.'고 하였습니다. 그리고 趙普, 蘇軾, 蘇轍, 張方平은 모두 小人
   인데 도리어 이들을 모두 大賢이라 하였으니, 이런 부분이 바로 잘못된 것입니
   다. 기타 논평한 것은 명백하고 정대하며, '성패로써 영웅을 논할 수 없다.'고 말
   한 것은 더더욱 좋습니다.〔陽節潘榮 元時人 總論亦甚好 但往往有大謬處 漢文帝
   以藩王入承大統 南向讓三 西向讓再 恭謙之擧 發於中心 而榮乃謂示民以詐 趙普
   蘇軾蘇轍張方平 皆小人 乃皆以爲大賢 此等處是謬也 其他所論 明白正大 而所論
   不可以成敗論英雄者 尤善〕" 다만 여기에 蘇軾과 蘇轍을 소인이라 한 것은 문제
   가 있다고 생각한다. 東坡 蘇軾은 伊川 程頤와 당쟁관계에 있어 사이가 나빴으
   므로 伊川의 學派인 朱子는 東坡 형제를 나쁘게 평하였는 바, 眉巖 역시 朱子의
   영향을 받아 이렇게 비하한 것으로 보인다.

周室東遷之後에 王政不行하야 諸侯多僭이라 故로 夫子自衛反魯하사 作春秋
以正王化러시니 至於戰國하야는 王室陵夷하야 分崩離析이라 故로 孟子去魏適
齊하사 陳王道以正人心하시니 是皆聖賢爲萬世生民而發也라 自兹以還으로
迹熄澤竭하야 人私其身하고 士私其學하야 異論蜂起하야 聖學榛蕪라 秦. 漢而
下로 安危不一하야 難以悉擧일새 姑取其最關於綱紀者而論之하노라

　周나라 王室이 동쪽(洛陽)으로 遷都한 뒤에는 王者의 정사가 행해지지 못
하여 諸侯들이 참람한 자가 많았다. 그러므로 夫子(孔子)께서 衛나라에서 魯

나라로 돌아오셔서 ≪春秋≫를 지어 王化를 바로잡으셨는데, 戰國時代에 이르러서는 왕실이 침체하여 국토가 분열되고 君臣間이 이산되었다. 그러므로 孟子께서 魏나라를 떠나 齊나라에 가시어 王道를 말씀해서 人心을 바로잡으셨으니, 이는 모두 聖賢이 萬世의 生民을 위하여 하신 것이다.

이로부터 이후로 王者의 자취가 終熄되고 은택이 다하여 사람들은 자신의 몸을 사사로이 하고 선비들은 자신의 학문을 사사로이 해서 異論이 蜂起하여 聖學이 황폐해졌다. 秦·漢 이후로는 국가의 편안함과 위태로움이 한결같지 않아 다 들기가 어렵기에 우선 紀綱에 가장 관계되는 것을 취하여 논하려 한다.

漢高之興은 去古未遠하고 豁達大度하야 從諫如流하니 可與有爲之君也라 然以輕士嫚罵하고 凌辱大臣하야 張良이 托以辟穀하고 何, 參, 平, 勃이 以詐以力하니 天下雖安이나 而古禮不復하고 古樂不作이 從茲始矣니 可勝惜哉아 漢文은 沈潛而不能剛克하고 漢武는 高明而不能柔克[1]이라 西向讓三하고 南向讓再[2]하니 夫何踐祚之初에 示民以詐오 短喪之制를 又安用之리오 故로 民雖富庶나 而修己立誠之道 幾乎息矣요 窮兵黷武하고 虐民事神하야 而海內虛耗러니 至輪臺之詔[3]하야 天理藹然하니 其悔心之萌乎인저 不然이면 則亦亡秦之續耳리라 漢昭는 十四而識上官桀之詐[4]하니 似可有爲로되 惜霍光不學無術하야 不能以道事君하고 光武는 有志於治나 而輔相亦非其人이라 孔明은 有王佐之才로되 而當姦雄僭竊之際하고 董子는 雖有大意[5]나 而亦不得其位하며 鄧騭(즐)·楊震之徒는 不識保身之機하야 外戚之禍와 內豎(竪)之變으로 中移於王莽하고 卒壞於董卓하고 曹操承之하야 以移漢祚하니 又何言哉아

漢나라 高祖가 일어남은 옛날과의 거리가 멀지 않고 성품이 활달하고 도량이 커서 諫言을 따르기를 물 흐르듯이 하였으니, 더불어 훌륭한 일을 할 수 있는 군주였다. 그러나 선비를 경시하여 함부로 꾸짖고 대신들을 능욕하였

다. 그리하여 張良은 辟穀을 하여 신선이 된다고 칭탁하고 떠나갔으며 蕭
何·曹參·陳平·周勃은 속임수와 힘을 사용하였으니, 천하가 비록 편안하
였으나 옛 禮가 회복되지 못하고 옛 음악이 일어나지 못함이 이로부터 시작
되었으니, 애석함을 이루 다 말할 수 있겠는가.

　　文帝는 沈潛하였으나 剛克하지 못하였고, 武帝는 高明하였으나 柔克
하지 못하였다.〈文帝가〉西向하여 세 번 사양하고 南向하여 두 번 사
양하였으니, 어찌 즉위하는 초기에 백성들에게 거짓을 보인단 말인가.
부모의 喪期를 단축하는 제도를 또 어찌 쓴단 말인가. 그러므로 백성
들이 비록 풍족하였으나 군주가 몸을 닦아 성실함을 세우는 道가 거의
무너지게 되었다.〈武帝는〉兵難을 궁극히 하여 무력을 함부로 사용하
며 백성들을 모질게 대하고 神을 섬겨서 海內가 텅 비었는데 輪臺의
詔書에 이르러 天理가 성하게 일어났으니, 이는 후회하는 마음이 싹튼
것이다. 그렇지 않다면 또한 망한 秦나라의 연속일 뿐이다.

　　昭帝는 14세에 上官桀의 속임수를 알았으니 훌륭한 일을 할 수 있
을 것 같았으나 애석하게도 霍光이 배우지 않아 무식해서 道로써 군주
를 섬기지 못하였고, 後漢의 光武帝는 정치에 뜻을 두었으나 보필하는
자들이 또한 훌륭한 사람이 아니었다.

　　諸葛孔明(諸葛亮)은 王者를 보좌할 만한 재주가 있었으나 姦雄(曹操)
이 참람하여 도둑질하는 즈음을 당하였고, 董子는 비록 王道를 행하려
는 큰 뜻이 있었으나 또한 그 지위를 얻지 못하였으며, 鄧騭과 楊震의
무리는 몸을 보존하는 기미를 알지 못하였다. 그리하여 外戚(王莽)의
禍와 內竪(宦官)의 변고로 중간에〈天子의 자리가〉王莽에게 옮겨 가
고 마침내 董卓에게 파괴되었으며, 曹操가 이를 이어 漢나라의 國運을
바꾸었으니, 또다시 무엇을 말하겠는가.

1)〔譯註〕沈潛而不能剛克……高明而不能柔克 : 沈潛은 자품이 침착하고 겸손하여
　　中道에 미치지 못하는 자이고 剛克은 강함으로 다스리는 것이며, 高明은 자품
　　이 높고 명랑하여 中道에 지나치는 자이고 柔克은 유순함으로 다스리는 것이

다. ≪書經≫〈洪範〉에 "沈潛한 자는 剛으로 다스리고 高明한 자는 柔로 다스린다.〔沈潛剛克 高明柔克〕"라고 하였다.

2) 〔譯註〕 西向讓三 南向讓再 : 서향은 주인의 자리이고 남향은 군주의 자리로, 文帝가 처음 황제로 추대되었을 때의 일을 말한 것이다.

3) 〔譯註〕 輪臺之詔 : 輪臺는 縣의 이름으로 西域의 땅이었는 바, 지금의 廣西省 庭州 서북 지역이라 한다. 武帝는 征和 4년에 그동안 사방을 정벌하여 백성들을 괴롭힌 잘못을 깊이 뉘우치고 조서를 내리기를 "관리들이 멀리 輪臺에서 屯田을 경작하고 亭障을 일으킬 것을 청하니, 이는 천하의 사람들을 수고롭게 하는 것이지 백성을 편안히 하는 방법이 아니다." 하였다.

4) 〔譯註〕 十四而識上官桀之詐 : 上官桀이 그의 아들 安, 御史大夫 桑弘羊 등과 함께 昭帝의 형인 燕王 旦으로 하여금 霍光이 두 마음을 품고 있다는 내용으로 上書하게 하였다. 당시 昭帝는 14세의 어린 나이임에도 불구하고 그 말이 誣告라는 것을 금방 알아차리고는 霍光의 嫌疑를 풀어주고 上書한 자를 잡아들이라고 명하였다.

5) 〔通鑑要解〕 董子 雖有大意 : 董子는 蜀漢董和也라 昭烈이 以和爲邑宰러니 以禮樂敎民이라 一說에 卽仲舒也라 大志는 謂王道也라
　董子는 蜀漢의 董和이다. 昭烈皇帝(劉備)가 董和를 邑宰로 삼았는데, 禮樂으로 백성을 가르쳤다. 一說에는 董仲舒라 한다. 큰 뜻은 王道를 행하는 것이다.

唐之太宗은 號爲英主라 百戰而有天下하야 偃武修文하고 勵精求治하야 身致太平하고 刑措不用하니 亦希世之賢君也라 然以君德論之하면 則用宮人私侍하야 以劫其父[1]하고 納巢剌王妃而封子明하니 其謬已甚이라 若非魏徵辰嬴之喩[2]면 則明母又繼文德而后矣라 閨門如此하니 其子孫이 又烏得有正家之法乎아 是故로 武氏經事先帝하고 太眞已配壽王하며 中宗이 親爲點籌於韋后[3]하고 明皇이 賜洗兒錢於貴妃하야 卒爲天下後世非笑하니 豈不皆由太宗垂統之所致歟아 房‧杜‧王‧魏‧無忌‧遂良‧狄仁傑‧張九齡‧姚崇‧宋璟‧李泌‧裴度之賢으로도 猶不能救其君於蕩敗禮義之際하야 而或以見疏하

며 張柬之, 桓彦範, 崔玄暐, 袁恕己, 敬暉等은 討武氏之亂하고 反正廢主하야 有大功於唐이로되 而凌辱以死하며 韓愈, 陸贄는 勤勤懇懇於章奏之間이로되 而亦以獲罪하니 它(他)尙何說哉아 蓋唐之亂也 始於武, 韋하야 危於貴妃하고 壞於藩鎭하고 亡於宦官이라 而李勣, 李義府, 許敬宗, 鄭愔, 崔湜, 武三思, 李林甫, 楊國忠, 李輔國, 盧杞, 元載之流가 與后妃宦竪로 內外交締하야 始終爲難하니 非一朝一夕之故라

唐나라 太宗은 영특한 군주로 이름이 났다. 백번 싸워 천하를 소유하고는 武를 억제하고 文을 닦으며, 정신을 가다듬어 정치를 해서 몸소 태평을 이룩하고 형벌을 폐지하여 사용하지 않았으니, 또한 세상에 드문 賢君이다. 그러나 군주의 德을 가지고 논한다면 사사로이 모시는 宮人을 사용하여 자기 아버지(高祖)를 위협하였고, 巢刺王妃를 받아들여 아들 明을 봉하였으니, 그 잘못이 너무 심하다. 만약 魏徵의 辰嬴의 비유가 없었더라면 明의 어미가 또다시 文德皇后를 이어 后妃가 되었을 것이다. 閨門이 이와 같으니 그의 자손들이 또 어찌 집안을 바로잡는 법도가 있었겠는가. 이 때문에 武氏(則天武后)는 先帝인 太宗을 섬긴 적이 있었고 太眞(楊貴妃)은 이미 壽王의 배필이었으며, 中宗은 친히 韋皇后를 위하여 주판을 놓아 주었고 明皇(玄宗)은 安祿山의 洗兒錢을 楊貴妃에게 하사하여 마침내 天下와 後世의 비웃음거리가 되었으니, 이는 어찌 모두 太宗이 나쁜 전통을 드리운 소치가 아니겠는가.

房玄齡, 杜如晦, 王珪, 魏徵, 長孫無忌, 褚遂良, 狄仁傑, 張九齡, 姚崇, 宋璟, 李泌, 裴度의 어짊으로도 오히려 禮義가 무너지는 즈음에 그 군주를 구하지 못하여 혹은 군주에게 소원시 당하였으며, 張柬之, 桓彦範, 崔玄暐, 袁恕己, 敬暉 등은 武氏의 亂을 토벌하고 反正하여 새 군주를 세우고 옛 군주를 폐위하여 唐나라에 큰 공이 있었으나 능욕을 당하여 죽었으며, 韓愈와 陸贄는 글을 올려 아뢰는 사이에 부지런하고 간곡하였으나 또한 죄를 얻었으니, 다른 것이야 오히려 어찌 말할 나위가 있겠는가.

唐나라의 亂은 武氏와 韋后에게서 시작되고 貴妃에게서 위태로워졌으며,

藩鎭에게 파괴당하고 宦官에게 망하였다. 李勣, 李義府, 許敬宗, 鄭愔, 崔湜, 武三思, 李林甫, 楊國忠, 李輔國, 盧杞, 元載의 무리가 后妃와 宦官들과 안팎으로 결탁하여 시종 難을 일으켰으니, 하루아침 하루저녁에 일어난 변고가 아니다.

1) 〔譯註〕用宮人私侍 以劫其父 : 隋나라 말기 李淵은 晉陽宮監으로 있었는데, 반란이 사방에서 일어나자 李淵의 둘째 아들인 世民은 부친에게 군대를 일으켜 독립할 것을 청하였으나 李淵은 듣지 않았다. 이에 世民은 李淵에게 毒酒를 먹여 몹시 취하게 한 다음 宮女를 들여보내어 모시고 자게 하였는 바, 이는 大逆罪에 해당하는 것이었다. 다음날 李淵은 자신이 宮女를 데리고 잔 것을 알고는 하는 수 없이 隋나라를 배반하고 군대를 일으켜 國號를 唐이라 하였다. 世民은 바로 太宗이다.

2) 〔譯註〕納巢剌王妃而封子明……若非魏徵辰嬴之喩 : 巢剌王은 太宗 李世民의 아우인 元吉의 봉호이며 妃는 楊氏이다. 魏徵은 直諫을 잘한 명재상이며 辰嬴은 춘추시대 秦나라 穆公의 딸로 晉나라의 太子인 圉가 秦나라에 인질로 와 있자 穆公은 그녀를 圉에게 시집보냈는데, 圉가 도망하여 晉나라로 돌아가 즉위하니, 이가 바로 懷公이다. 辰嬴은 미처 남편을 따라가지 못하고 秦나라에 남아 있었는데, 懷公의 叔父인 重耳가 다시 秦나라에 오자, 穆公은 그에게 秦나라 여자 다섯 명을 시집보냈는 바, 辰嬴이 여기에 포함되니, 즉 조카며느리를 叔父에게 시집보낸 것이었다. 太宗이 元吉을 죽이고 그의 妃인 楊氏를 받아들여 아들 明을 낳고 曹王에 봉한 다음 后로 삼으려 하자, 魏徵이 辰嬴의 故事를 들어 간하였으므로 后로 세우려던 계책을 중지하였다. 뒤에 나오는 文德皇后는 太宗의 后인 長孫氏인데 일찍 죽었다.

3) 〔譯註〕太眞已配壽王 中宗親爲點籌於韋后 : 太眞은 楊貴妃이며 壽王은 玄宗의 아들로, 玄宗은 결국 며느리를 皇后로 삼았다. 韋后는 中宗의 妃인데 武三思와 간통하여 함께 雙陸을 두면 中宗은 이들을 위해 주판을 놓아 주었다. 그 후 韋后는 中宗을 독살하고 정치에 간여하다가 中宗의 조카인 李隆基에게 토벌당하였으니, 隆基가 바로 玄宗이다.

暴秦이 以呂易嬴하니 是嬴亡於莊襄之手요 弱晉이 以牛易馬¹⁾하니 是馬滅於

懷愍之時라 隋楊廣은 弑其父而自立하야 卽以敗亡하니 又何足與論治天下
之道乎아 蓋以趙高, 楊素之姦으로 而致扶蘇, 楊勇2)之死하니 是天所以速
秦, 隋之滅也라 且秦政之暴가 過於隋堅하고 楊廣之惡이 浮於胡亥하니 覆宗
絶祀가 不亦宜乎아 宋, 齊, 梁, 陳으로 至於五季히 禍亂相尋하야 戰爭不息하니
名爲君臣이나 實爲仇敵이라 世降至此하야 壞亂極矣라 惟柴世宗은 粗有三代
之風이나 而使之不壽하니 豈天將啓宋世之治也歟아 且自晉武之後로 惠懷
無親하야 骨肉相殘하고 群胡乘釁하야 濁亂中原하니 生民塗炭이 未有甚於此
時者也라 王, 謝, 陶, 阮의 富貴風流와 節行標致가 沛乎有餘하야 江左3)之民
이 亦賴以安이라 然이나 朝廷之得失과 姦雄之篡弑는 則亦邈乎其不能正也라
逮拓跋氏興하야 佐以崔浩, 高允之徒하야 旣治且安하고 至於孝文하야 風移俗
易하야 庶幾爲禮義之邦矣라 宇文高祖와 完顔世宗이 其亦賢乎인저 江左君
臣이 寧不知愧리오

　포악한 秦나라는 呂氏로 嬴氏를 바꾸었으니 이는 嬴氏가 莊襄王의 손에 멸
망한 것이요, 약한 晉나라는 牛氏로 司馬氏를 바꾸었으니 이는 司馬氏가 懷
帝와 愍帝의 때에 멸망한 것이다. 隋나라 楊廣은 그 아버지를 시해하고 스스
로 즉위하여 즉시 패망하였으니, 또 어찌 천하를 다스리는 방도를 함께 논할
수 있겠는가. 趙高와 楊素의 간악함으로 扶蘇와 楊勇을 죽게 만들었으니, 이
는 하늘이 秦나라와 隋나라의 멸망을 재촉한 것이다. 또 秦政(始皇帝)의 포
악함이 隋나라 楊堅보다 더하고 楊廣의 죄악이 胡亥보다 더하였으니, 宗族을
전복시키고 後嗣를 끊은 것이 당연하지 않은가.

　宋·齊·梁·陳으로부터 五季(五代)에 이르기까지 禍亂이 서로 이어져서
전쟁이 그치지 않았으니, 명색은 군신간이나 실제로는 원수와 적이었다. 세
상이 나빠져서 이에 이르러 파괴되고 혼란함이 지극하였다. 오직 周나라 柴
世宗은 다소 三代의 遺風이 있었으나 하늘이 장수를 누리지 못하게 하였으
니, 아마도 하늘이 장차 宋나라의 다스림을 열려고 한 것이 아니겠는가. 또

晉나라 武帝 이후로 惠帝와 懷帝가 친애함이 없어서 골육간에 서로 해치고 여러 오랑캐들이 틈을 타고서 中原을 혼란하게 하니, 生民들이 塗炭에 빠짐이 이때보다 더 심한 적이 있지 않았다.

王氏·謝氏·陶氏·阮氏의 부귀와 風流, 뛰어난 節行과 標致(높은 운치)가 크게 여유가 있으니, 江左의 백성들이 또한 이에 힘입어 편안하였다. 그러나 조정의 得失과 姦雄의 篡弑는 또한 아득히 바로잡지 못하였다.

〈北朝는〉拓跋氏가 일어남에 崔浩와 高允의 무리가 보좌해서 이미 다스려지고 또 편안하였으며, 孝文帝에 이르러 풍속이 크게 바뀌어 거의 禮義의 나라가 되었다. 北周의 宇文高祖와 金나라의 完顔世宗은 또한 어질었으니, 江左(南朝)의 君臣이 어찌 부끄러움을 모른단 말인가.

1) 〔譯註〕以呂易嬴……以牛易馬：秦나라는 원래 嬴氏였는데 莊襄王이 呂不韋의 아들을 임신한 여인을 아내로 맞이하여 政을 낳으니 이가 곧 始皇帝이며, 東晉을 세운 司馬睿는 皇子가 아니고 牛金의 아들이라 하므로 이렇게 말한 것이다.
2) 〔譯註〕楊勇：隋나라 文帝의 長子로 太子가 되었으나 아우인 廣에게 살해되었다. 결국 廣이 즉위하니, 바로 煬帝이다.
3) 〔譯註〕江左：江東 지방으로 곧 南朝를 가리킨다.

夫三年之喪은 自天子로 達於庶人이어늘 文·景以後로 能行之者 惟晉武帝·魏孝文·周高祖數君而已니 此夫子所謂不如諸夏之亡(무)也라 然自晉至隋히 南北之君이 率多不得其死하야 盡以國亡族滅하니 其故는 何也오 蓋得之以不仁하니 上行而下效라 身爲天子하야 死無噍類하니 嗚呼哀哉라 至於宋祖하야는 未嘗爲學이러니 晩好讀書라 歎曰 堯舜之世에 四凶之罪가 止於投竄하니 何近代法網之密邪아하고 於是立法에 鞭扑이 不行於殿陛하고 罵辱이 不及於公卿이라 故로 臣下得以有爲하야 而忠君愛國之心이 油然而興矣라 命曹彬下江南엔 則戒以切勿暴掠生民이라 故로 彬至城下에 焚香約誓하야 一不妄殺하고 凱還(개선)之日에 行李蕭然하며 遣吳越歸國而使知不留之意라 處將相之

間엔 則喩以相安之情하고 待諸降主以賓禮하며 易諸節鎭以儒臣하고 使擧德
行孝悌之士하야 以隆禮義廉恥之風하니 嗚呼라 人主如是면 亦庶乎其知九
經[1]之義哉인저 且曰 洞開重門하야 正如我心하야 少有邪曲이면 人皆見之라하니
蕩蕩平平之道 不外是矣라

　三年의 父母喪은 天子로부터 庶人에 통용되는데 漢나라 文帝와 景帝 이후
로 이것을 행한 자는 오직 晉나라 武帝와 北魏의 孝文帝, 北周의 高祖 등 몇
명의 군주일 뿐이니, 이는 孔子의 이른바 '〈夷狄에게도 君主가 있으니〉 諸夏
(中國의 여러 諸侯國)에 없는 것과는 같지 않다.'는 것이다. 그러나 晉나라로
부터 隋나라에 이르기까지 南北朝의 군주가 대부분 제대로 죽지 못하여 모두
나라가 망하고 종족이 멸망하였으니, 그 까닭은 어째서인가? 不仁함으로써
천하를 얻어 윗사람이 이것을 행함에 아랫사람들이 본받았기 때문이다. 자신
은 天子가 되었으나 죽은 뒤에는 후손들이 남은 무리가 없이 다 죽었으니,
아! 애통하다.

　宋나라 太祖에 이르러서는 일찍이 학문을 하지 않았는데, 말년에 독서하기
를 좋아하며 한탄하기를 '堯舜의 세대에 四凶의 죄가 귀양가는 데 그쳤는데,
어찌하여 근대에는 法網이 이처럼 치밀하단 말인가?' 하고는 이에 법을 제정
할 적에 채찍과 매질이 殿陛에서 행해지지 않고 꾸짖음과 욕이 公卿에게 미
치지 않게 하였다. 그러므로 신하들이 훌륭한 일을 할 수 있어서 군주에게
충성하고 나라를 사랑하는 마음이 크게 일어났다.

　曹彬에게 명하여 江南을 정벌할 때에는 절대로 生民들을 모질게 대하거나
노략질하지 말라고 경계하였다. 그러므로 曹彬은 성 아래에 이르자 焚香하고
맹세하여 한 사람도 함부로 죽이지 않고 개선하는 날에 행장이 초라하였으
며, 항복한 吳越王을 본국으로 돌려보내어 억류하지 않겠다는 뜻을 알게 하
였다. 將相들을 대처함에 있어서는 서로 편안한 마음으로 깨우치고 항복한
여러 군주들을 賓客의 禮로 대우하였으며, 여러 節鎭(鎭의 節度使)들을 儒臣
으로 바꾸고 德行이 있고 孝悌하는 선비들을 천거하여 禮義와 廉恥의 기풍을

높이게 하였으니, 아! 군주가 이와 같다면 또한 九經의 뜻을 거의 알았다고
할 것이다. 그리고 또 말하기를 '궁궐문을 크게 열어 바로 내 마음과 같게 해
서 조금이라도 간사하거나 굽음이 있으면 사람들이 모두 보게 하라.' 하였으
니, 넓고 공평한 道가 여기에서 벗어나지 않는다.

1) 〔譯註〕 九經 : 천하와 국가를 다스리는 아홉 가지의 법으로 곧 몸을 닦는 것〔修
身〕, 賢者를 높이는 것〔尊賢〕, 친척을 친애하는 것〔親親〕, 大臣을 존경하는 것
〔敬大臣〕, 신하들의 마음을 체찰하는 것〔體群臣〕, 백성들을 사랑하는 것〔子庶
民〕, 工人들을 우대하는 것〔來百工〕, 먼 곳의 사람을 회유하는 것〔柔遠人〕, 제
후들을 품어주는 것〔懷諸侯〕으로 ≪中庸≫에 보인다.

太宗은 卽位之初에 首開崇文館하고 與諸王宰相으로 繙閱書籍하며 次選文章
有德之士하야 敎道(導)王子하고 且戒之曰 必以忠孝爲先하라하며 又能作興
文學하야 以風四方하니 而人才於是乎出矣라 至於仁宗하야는 力行恭儉하고 正
身率人하야 終始如一이라 升(昇)遐之日에 雖深山窮谷이라도 亦莫不奔走悲
號하야 如喪考妣하니 非有得於人心而能如是乎아 英宗은 氣質尤美하야 謙恭
以任賢臣하야 而天下無事하고 暨于哲宗之初하야는 寔爲垂簾之政이라 宣仁有
言曰 苟有利於社稷이면 吾無愛於髮膚라하야 任賢不貳하고 去讒不疑라 故自
建隆으로 至於元祐히 號稱治平之世하고 而人才之盛도 亦莫過於宋矣라

太宗은 즉위하던 초기에 崇文館을 개설하고 여러 왕과 재상들과 함께 서적
을 열람하였으며, 다음으로 文章과 德行이 있는 선비를 뽑아 王子들을 가르
치고 敎導하게 하였고, 또 경계하기를 '반드시 忠孝를 우선하라.' 하였으며,
또 文學을 振作하여 사방을 風動하니 인재가 이에 크게 배출되었다. 仁宗에
이르러서는 공손함과 검소함을 힘써 행하고 몸을 바루어 사람들에게 솔선을
보여서 始終如一하였다. 그리하여 升遐한 날에 비록 깊은 산과 궁벽한 골짜
기에 사는 백성들도 모두 분주히 달려와 슬피 울부짖어 父母의 喪을 당한 듯
이 슬퍼하였으니, 人心을 얻지 않고 이와 같을 수 있겠는가?

英宗은 氣質이 더욱 아름다워 겸손하고 공손하여 賢臣에게 국정을 맡겨서 天下가 무사하였으며, 哲宗 초년에 이르러서는 실로 垂簾聽政하는 시기였다. 宣仁皇后가 말씀하기를 '만일 社稷에 이로움이 있다면 내 털과 살도 아끼지 않겠다.' 하여, 賢者에게 맡김에 두 마음을 품지 않고 참소하는 자를 제거함에 의심하지 않았다. 그러므로 建隆(太祖의 연호) 연간으로부터 元祐(哲宗의 연호) 연간에 이르기까지 나라가 잘 다스려지고 태평한 세상이라고 일컬어졌으며, 人才의 성함도 또한 宋나라보다 더한 적이 없다.

初有趙普‧范質‧李沆‧張齊賢‧向(상)敏中‧寇準‧蔡襄‧晏殊‧王旦‧王曾‧杜衍‧趙抃‧諸呂之輩하고 復有韓‧范‧富‧歐陽‧蘇‧張‧文‧呂‧司馬之徒하니 俱爲大賢이라 文章德業이 前世無比어늘 相繼以興하야 爲之輔相하니 當此之時하야 君君臣臣父父子子夫夫婦婦하야 百姓謳歌하야 謂之太平天子요 又稱宣仁하야 爲女中堯舜이라하니 嗚呼休哉라

초기에는 趙普‧范質‧李沆‧張齊賢‧向敏中‧寇準‧蔡襄‧晏殊‧王旦‧王曾‧杜衍‧趙抃과 여러 呂氏의 무리가 있었고, 또 韓琦‧范仲淹‧富弼‧歐陽脩‧蘇軾‧張栻‧文彦博‧呂公著‧司馬光의 무리가 있었는데, 이들은 모두 大賢이었다. 文章과 德業이 前代에서는 비견할 만한 자가 없었는데, 이분들이 서로 이어 일어나서 輔相이 되니, 이때를 당하여 군주는 군주답고 신하는 신하다우며 아버지는 아버지답고 자식은 자식다우며 남편은 남편답고 아내는 아내다워서 백성들이 謳歌하여 太平天子라 일렀고, 또 宣仁皇后를 일컬어 女中堯舜이라 하였으니, 아! 아름답다.

神宗은 刻意圖治하야 上慕唐虞하고 傾心安石이라 君臣之間에 求濟斯道하야 未嘗不以堯舜相期하니 東周以來로 未之有也라 世方仰其有爲하야 庶幾復見都兪吁咈之治[1]러니 惜安石之學이 旣執而蔽하고 引用凶邪하야 反治爲亂하야

使天下之人으로 囂然喪其樂生之心하고 卒之群姦繼進하야 釀成靖康之禍[2]하니 用人을 可不謹哉아

神宗은 뜻을 다하여 훌륭한 정치를 이룩할 것을 도모하여, 위로 唐虞(堯舜)를 사모하고 王安石에게 마음을 쏟았다. 君臣間에 이 道를 이루려 하여 일찍이 堯‧舜으로 기약하지 않은 적이 없었으니, 東周 이래로 일찍이 없었던 일이다. 세상에서는 막 훌륭한 정치를 기대하여 행여 다시 都俞吁咈의 정치를 볼까 하였는데, 애석하게도 王安石의 학문이 이미 고집스러워 가리워졌고, 흉악한 자와 간사한 자들을 등용하여 다스려짐을 뒤집어서 혼란함으로 만들어 놓았다. 그리하여 천하 사람들로 하여금 소란스러워 사는 것을 좋아하는 마음을 잃게 하였으며, 마침내 여러 姦臣들이 뒤이어 등용되어서 靖康의 禍를 빚어냈으니, 인물을 등용함을 삼가지 않을 수 있겠는가.

1) 〔譯註〕都俞吁咈之治 : 都와 俞는 상대방의 좋은 말을 칭찬하는 감탄사이고 吁와 咈은 약간 부정하는 뜻의 감탄사인데, 이 네 가지는 堯‧舜 시대에 군주와 신하가 기탄없이 의견을 교환한 것으로 《書經》〈虞書〉에 자세히 보인다.

2) 〔譯註〕釀成靖康之禍 : 靖康은 宋나라 欽宗의 연호로, 靖康 2년 宋나라는 金나라의 침공을 받고 수도인 汴京이 함락되었으며 徽宗과 欽宗이 金나라로 잡혀가 죽었다. 이에 高宗이 江南으로 쫓겨가 南宋을 세웠다.

當此之時하야 上有好治之君하고 下有慕治之民이어늘 而濂洛群哲[1]이 曾無一人登相臣之位者하니 是宋不得與於斯文也라 豈天未欲使玆世躋堯舜之域歟아 何道之不行也오 嗚呼라 眞儒輩出이 悉皆王佐之才어늘 哲宗以後와 寧宗以前에 指以朋黨하고 斥爲僞學[2]하야 竄逐禁錮가 殆無虛日이라 姦邪疊興하야 爲國大蠹하야 始於呂惠卿하고 終於賈似道하야 互爲汲引하야 相繼升于廟堂하니 用舍如此면 安得不亡乎아

이때를 당하여 위에는 훌륭한 정치를 좋아하는 군주가 있었고 아래에는 훌

룽한 정치를 사모하는 백성이 있었으나, 濂洛의 여러 賢哲들이 일찍이 한 사람도 相臣의 지위에 오른 자가 없었으니, 이것이 宋나라가 斯文에 참여하지 못한 이유이다. 아마도 하늘이 이 세상으로 하여금 堯·舜의 경지에 오르기를 바라지 않았는가 보다. 어찌하여 道가 이처럼 행해지지 않았단 말인가.

아! 배출된 眞儒들이 모두 王者를 보좌할 만한 재주였는데, 哲宗 이후와 寧宗 이전에는 이들을 朋黨이라고 지목하고 僞學이라고 배척하여, 귀양보내고 禁錮함이 없는 날이 거의 없었다. 간사한 자들이 거듭 나와서 국가의 큰 좀이 되어 呂惠卿에서 시작되고 賈似道에서 끝마쳐, 서로 끌어들여 계속해서 廟堂에 올랐으니, 인물을 쓰고 버림이 이와 같다면 어찌 망하지 않을 수 있겠는가.

1) 〔譯註〕濂洛群哲 : 濂溪 周敦頤와 洛陽에 살았던 明道 程顥, 伊川 程頤 등의 儒賢을 가리킨다.
2) 〔譯註〕指以朋黨 斥爲僞學 : 北宋의 徽宗 때에 간신인 蔡京이 司馬光과 程伊川 등 名賢을 黨人이라고 지목하여 금고시켰으며, 南宋 寧宗 때에는 朱子(朱熹)와 그 제자들을 僞學黨이라고 배척하였다. 僞學은 거짓 학문이란 뜻으로 韓侂胄 등은 여색과 재물을 멀리하라는 朱子의 說을 거짓이라고 비판하였다.

蓋宋之人君은 仁厚有餘而剛斷不足하고 宋之人臣은 德業有加而道則未盡이요 明乎二帝三王1)之道하야 以接夫孟氏之傳者는 又謹其進退之義라 故로 終宋之世토록 亦只如此而已하니 使學者로 不能無遺恨於斯世也라 且眞宗이 不知寇準之貶하고 神宗이 不識惠卿之姦하니 又豈不爲明君之累邪아 至於哲宗하야는 昏庸尤甚하야 信任姦慝하고 屛逐忠賢이라 却問 大防이 何以至虔州오한대 左右不對하니 亦可羞也라 岳飛破虜하야 幾還兩宮이어늘 秦檜矯詔하야 班師而殺之로되 高宗이 若不聞也하니 通天之罪를 尙忍言哉아 張浚·趙鼎·眞德秀·魏了翁之賢은 立朝未久하야 非惟不能以正群邪之罪요 而反有貶責竄逐之冤이라

宋나라의 임금은 仁厚함은 유여하였으나 剛斷이 부족하였고, 宋나라의 신하는 德業은 유여하였으나 道가 미진하였으며, 二帝 三王의 道에 밝아서 孟氏(孟軻)의 전함을 이은 자들은 또 進退하는 義理를 삼갔다. 그러므로 宋나라를 마치도록 또한 다만 이와 같았을 뿐이니, 배우는 자들로 하여금 宋나라 시대에 遺恨이 없지 못하게 하였다.

또 眞宗은 寇準이 좌천됨을 알지 못하였고 神宗은 呂惠卿의 간악함을 알지 못하였으니, 또 어찌 현명한 군주의 累가 되지 않겠는가. 哲宗에 이르러서는 어둡고 용렬함이 더욱 심하여 간사한 자들을 신임하고 忠賢들을 쫓아내었다. 그리고는 도리어 '呂大防이 어찌하여 虔州에 귀양을 갔는가?' 하고 묻자, 左右의 신하들이 대답하지 못하였으니, 또한 수치스러울 만하다.

岳飛가 오랑캐인 金나라를 격파하여 거의 두 宮(徽宗과 欽宗)을 돌아오게 하였는데, 간신인 秦檜가 詔勅을 위조해서 回軍하게 하여 죽였으나 高宗은 마치 못 들은 것처럼 하였으니, 하늘에 통하는 죄를 오히려 차마 말할 수 있겠는가.

張浚, 趙鼎, 眞德秀, 魏了翁의 賢者들은 조정에서 벼슬한 지가 얼마되지 않아, 姦臣들의 죄를 바로잡지 못하였을 뿐만 아니라 도리어 폄하되고 견책당하여 쫓겨나고 유배가는 억울함이 있었다.

1) 〔譯註〕二帝三王 : 二帝는 唐의 堯帝와 虞의 舜帝이고 三王은 夏의 禹王, 殷의 湯王, 周의 文王과 武王을 이른다.

秦檜, 韓侂(탁)冑, 史彌遠, 賈似道는 以元凶으로 居首相하야 登進同類하야 布滿朝廷하야 祇爲身謀하야 卒以誤國이어늘 而人主方以爲忠하니 豈復望其有三代之治乎아 文天祥은 拜相於國事旣去之餘하야 而能以身任三百年綱常之重하야 從容就義於顚沛流離之際하야 爲國之光하니 是亦豈非祖宗尊賢敬士之報歟아 蓋其興也에 以大臣之賢이요 其亡也에 以大臣之姦이라 故로 雖有大臣之誤나 而亦有大臣之報하니 爲人君者 可不辨其邪正而端其本原

哉아 夫正身以正朝廷하고 正朝廷以正百官이니 百官正이면 則萬民莫敢不正
이요 萬民正이면 則四夷賓服하야 而天下安矣리라

　秦檜, 韓侂胄, 史彌遠, 賈似道는 元兇으로서 首相의 지위에 있으면서 同類
들을 등용하여 온 조정에 가득 채우고는 다만 자기 한 몸의 계책만 세워 끝
내 나라를 망쳤는데도 군주는 이들을 忠臣이라고 여겼으니, 어찌 다시 三代
의 훌륭한 정치를 기대할 수 있었겠는가.

　文天祥은 國事가 이미 틀려버린 뒤에 정승에 임명되어 자기 한 몸으로 3백
년 綱常의 무거운 책임을 맡아서 顚沛하고 流離하는 즈음에 조용히 義理를
따라 죽어서 국가의 광채가 되었으니, 이 또한 어찌 祖宗朝에 현자를 높이고
선비를 공경한 보답이 아니겠는가.

　宋나라가 일어난 것은 大臣의 어짊 때문이었고, 宋나라가 망한 것은 大臣
의 간악함 때문이었다. 그러므로 비록 大臣이 나라를 그르침이 있었으나 또
한 大臣의 보답이 있었던 것이니, 人君이 된 자가 邪와 正을 분별하여 그 근
본을 바르게 하지 않을 수 있겠는가.

　몸을 바루어 朝廷을 바로잡고 朝廷을 바루어 百官을 바로잡으니, 百官이
바루어지면 萬民이 감히 바르지 않을 수 없고 萬民이 바루어지면 사방 오랑
캐들이 공물을 바치고 복종하여 天下가 평안해지는 것이다.

東夷, 西戎, 南蠻, 北狄이 自古有之라 舜은 生於諸馮하시니 東夷之人也요 文
王은 生於岐周하시니 西夷之人也라 匈奴, 突厥, 五胡, 北魏, 契丹, 女眞이 世
有位號하니 若使吾無間而可入이면 則幽王이 不死於犬戎이요 明皇이 不敗於
祿山이며 呼延晏, 劉曜不能以陷晉都하야 而懷, 愍이 不辱於强虜矣요 幹离
不粘罕이 不能以犯宋京하야 而徽, 欽이 不死於漠北矣리라

　東夷, 西戎, 南蠻, 北狄은 예로부터 있었다. 舜임금은 諸馮에서 출생하시
니 東夷의 사람이었고, 文王은 岐周에서 출생하시니 西夷의 사람이었다. 匈

奴, 突厥, 五胡, 北魏, 契丹, 女眞이 대대로 지위와 칭호가 있었으니, 만약 우리 中華에 들어올 만한 틈이 없었다면 周나라 幽王이 犬戎에게 죽지 않았을 것이고, 唐나라 明皇(玄宗)이 安祿山에게 패하지 않았을 것이며, 呼延晏과 劉曜가 晉나라 도성을 함락시키지 못하여 懷帝와 愍帝가 강한 오랑캐에게 욕을 당하지 않았을 것이고, 金나라의 幹离不粘罕이 宋나라의 汴京을 침범하지 못하여 徽宗과 欽宗이 사막의 북쪽에서 죽지 않았을 것이다.

蓋天下有道면 則四夷來王하야 萬邦咸休하고 天下無道면 則干戈之禍 不特在於四夷요 而且在蕭墻之內矣라 故로 得其道則治하고 失其道則亂하나니 堯舜之道는 孝悌而已矣라 修己以安百姓은 唐虞之治也요 勞身而焦思는 夏禹之治也요 六事以自責[1]은 成湯之治也요 作無逸, 陳豳詩[2]는 文·武·成·康之治也요 除秦苛法하야 與民自新하고 偃武修文하고 勵精求治하야 擧德行, 興孝悌하고 隆禮義, 尙廉恥는 此漢祖, 唐宗, 宋祖之所以興也라

천하에 道가 있으면 사방의 오랑캐들이 와서 복종하여 萬邦이 모두 아름답고, 천하에 道가 없으면 兵亂의 禍가 다만 四夷에게 있을 뿐만 아니라 蕭墻(집안의 병풍)의 안에 있는 것이다. 그러므로 그 道를 얻으면 다스려지고 그 道를 잃으면 혼란한 것이니, 堯舜의 道는 孝悌일 뿐이다. 자기 몸을 닦아 백성을 편안히 함은 唐虞의 다스림이요, 몸을 수고롭게 하여 노심초사한 것은 夏禹의 다스림이요, 六事로써 자책함은 成湯의 다스림이요, 〈無逸〉을 짓고 〈豳風 七月〉을 진열함은 文王·武王·成王·康王의 다스림이며, 秦나라의 까다로운 법을 제거하여 백성들과 함께 스스로 새로워지고, 武를 억제하고 文을 닦으며 정신을 가다듬어 훌륭한 정치를 이룩하고자 하여 德行이 있는 사람을 등용하고 孝悌를 일으키며 禮義를 높이고 廉恥를 숭상함은 漢나라 高祖와 唐나라 太宗과 宋나라 太祖가 흥성한 이유이다.

1) 〔譯註〕 六事以自責 : 六事는 여섯 가지 잘못된 정사를 이른다. 商나라 초기에 천하에 크게 가뭄이 들자, 湯임금이 桑林의 들에서 기도할 때에 다음과 같은 여섯

가지 일로써 자책하였다. "정사에 절도가 없고 백성들을 지나치게 부역시켰는가? 어찌하여 비가 오지 않음이 이 지경에 이르렀는고. 궁궐을 크게 짓고 궁녀들의 청탁이 성행하였는가? 어찌하여 비가 오지 않음이 이 지경에 이르렀는고. 뇌물이 자행하고 참소하는 자들의 중상모략이 많은가? 어찌하여 비가 오지 않음이 이 지경에 이르렀는고.〔政不節與 使民疾與 何以不雨至斯極也 宮室崇與 婦謁盛與 何以不雨至斯極也 苞苴行與 讒夫興與 何以不雨至斯極也〕"《荀子 大略》

2) 〔譯註〕作無逸, 陳豳詩 : 無逸은 《書經》의 편명으로 군주에게 안일에 빠지지 말 것을 경계한 내용이며, 豳詩는 《詩經》의 〈豳風 七月〉을 가리키는 바, 농민들의 농경생활을 묘사한 詩로 周公이 이것을 지어 고생을 모르고 자란 成王을 경계한 것이라 한다.

至於末世하야는 崇尙虛無하고 信誘邪說하야 垂及敗亡호되 猶不能悟라 齊元은 爲周師所圍로되 尙講老子하고 梁武는 爲侯景所迫이로되 惟談苦空이라 事佛之謹과 舍施之多가 無以逾於梁武요 奉道之勤과 設醮之厚가 又何以加於道君이리오 然(則)〔而〕餓死臺城호되 而佛不之救하고 受辱漠北호되 而道亦不聞이라 秦皇·漢武는 窮極以求神仙이로되 了無證驗하고 楚王英은 敬信沙門之法[1]이로되 卒以誅夷하며 契丹入寇에 王欽若이 出守天雄軍이러니 束手無策하야 閉門修齋誦經[2]而已하니 用此數者하야 曾何補於治道哉아

末世에 이르러서는 老莊의 허무함을 숭상하고 간사한 말을 믿어 패망함에 이르렀으나 오히려 깨닫지 못하였다. 齊元(北齊의 後主인 高緯)은 周나라 군대에게 포위당했으면서도 오히려 《老子》를 講하였고, 梁나라 武帝는 侯景에게 압박받으면서도 오직 佛學의 苦行과 空을 말하였다. 삼가 부처를 섬김과 보시의 많음이 梁나라 武帝보다 더한 사람이 없었고, 道를 부지런히 받듦과 醮祭를 후하게 베풂이 또 어찌 道君(송나라 徽宗)보다 더하였겠는가. 그런데도 梁나라 武帝는 臺城에서 굶어 죽었으나 부처가 구원해 주지 않았고, 道君은 사막의 북쪽에서 욕을 당하였으나 道를 또한 듣지 못하였다.

秦나라 始皇과 漢나라 武帝는 神仙을 끝까지 구하였으나 끝내 징험이 없었고, 楚王 英은 沙門의 法을 공경하고 믿었으나 끝내 죽임을 당하였으며, 契丹이 쳐들어오자 宋나라의 王欽若은 나가 天雄軍을 지키면서 束手無策으로 문을 닫고 齋를 올리며 佛經만 외울 뿐이었으니, 이 몇 가지를 사용하여 일찍이 정치하는 道에 무슨 보탬이 있었는가.

1) 〔譯註〕楚王英 敬信沙門之法 : 沙門은 부처 또는 佛教를 가리킨다. 後漢 明帝 때에 불교가 처음 中國에 들어왔는데, 이때 楚王 劉英이 가장 신봉하였으나 결국 반역죄로 죽임을 당하였다.

2) 〔譯註〕修齋誦經 : 修齋는 승려나 도사와 함께 재계하고 음식을 공양하는 것이며, 誦經은 불경이나 도경을 외움을 이른다.

狄仁傑[1]은 巡撫河南할새 奏毁吳楚淫祠千七百所하야 所存이 惟夏禹, 太伯, 季子, 伍員四祠而已요 胡穎은 經略廣東할새 毁佛像而殺妖蛇하고 杖僧人以脫愚俗하며 所過淫祀(祠)則必焚之하니 此萬代之所瞻仰也라

狄仁傑은 河南 지방을 巡撫할 적에 임금께 아뢰어 吳·楚 지방의 淫祠 1,700곳을 부수고 남겨 둔 곳은 오직 夏禹와 太伯·季子(季札)·伍員의 네 사당뿐이었으며, 胡穎은 廣東을 經略할 적에 佛像을 부수고 요망한 뱀을 죽이고 중을 곤장을 쳐서 어리석은 풍속에서 벗어나게 하였으며 지나는 곳마다 淫祠가 있으면 반드시 불태웠으니, 이는 萬代에 우러러보는 바이다.

1) 〔譯註〕狄仁傑 : 唐나라 때의 명재상으로 則天武后가 즉위하여 國號를 周로 고쳤는데, 뒤에 武后를 설득하여 國統을 되찾고 다시 국호를 唐이라고 하였다.

嗚呼라 自漢以來로 不能紹述三王之道하고 而佛老之敎가 反自明帝始라 永平之間에 遣使之天竺하야 得佛經四十二章하야 緘之蘭臺石室[1]하고 以佛像으로 繪之淸凉臺, 顯節陵하며 靈帝始立에 祠于宮中以奉之하고 又有飛仙變化之術과 丹藥符籙之技와 禱祠醮祭之法과 沈淪鬼獄之論하니 皆以老氏爲

宗하고 而名曰道라 晉·魏以來로 其法漸盛하야 僧尼道士가 日以益衆이라 元魏孝文은 號爲賢主로되 亦幸其寺하야 修齋聽講이라

아! 漢나라 이래로 三王의 道를 계승하지 못하고 佛老의 가르침이 도리어 明帝로부터 시작되었다. 永平年間에 天竺國에 사신을 보내어 佛經 42章을 얻어 와서 이것을 蘭臺石室에 봉함하여 보관하였고, 佛像을 淸凉臺와 顯陵·節陵에 그렸으며, 靈帝는 처음 즉위하자 궁중에서 제사하여 받들었다. 그리고 또 하늘을 날아다녀 신선으로 변화하는 방법과 丹藥·符籙의 방술과 神祠에 기도하는 醮祭의 법과 餓鬼 地獄에 빠진다는 의논이 있었으니, 이는 모두 老氏를 종주로 삼고 道敎라 이름한다.

晉·魏 이래로 이 법이 점점 성하여 僧尼와 道士가 날로 더욱 많아졌다. 元魏(北魏)의 孝文帝는 어진 군주라고 이름났으나 또한 사찰에 가서 齋를 올리고 講을 들었다.

1) 〔譯註〕蘭臺石室 : 蘭臺는 漢나라 때 宮中에 있었던 藏書閣의 이름이며, 石室은 돌로 꾸민 견고한 집으로 책을 간직하는 書庫를 가리킨다.

至如石勒之於佛圖澄과 苻堅之於沙門道安과 姚興之於鳩摩羅什과 拓跋太武之於寇謙之와 唐武宗之於趙歸眞과 宋道君之於林靈素에 往往事以師禮로되 不聞有福利之報하고 而皆得奇異之禍하야 覆轍相尋호되 迷而不悟하야 流弊千有餘載하니 漢明이 烏得以逃其責哉아 先儒有言호되 佛老之害가 甚於楊墨이라하니 況復有鬼怪人妖와 邪說暴行이 雜然並興하야 以惑世誣民者乎아 孟子曰 楊墨之道不息이면 孔子之道不著라하고 韓愈之說曰 人其人·火其書·廬其居하고 明先王之道以道(導)之라하니 嗚呼라 其要固在於明先王之道耳니 此盛彼衰는 自然之理也라

後趙의 石勒이 佛圖澄에 있어서와 先秦의 苻堅이 沙門 道安에 있어서와 後秦의 姚興이 鳩摩羅什에 있어서와 後魏의 拓跋太武(拓跋燾)가 寇謙之에 있

어서와 唐나라 武宗이 趙歸眞에 있어서와 宋나라 道君(徽宗)이 林靈素에 있어서는 왕왕 스승의 禮로 섬겼으나 福利의 보답이 있다는 말을 듣지 못하였고, 모두 기이한 禍를 만나서 실패한 자취가 서로 이어졌으나 미혹하여 깨닫지 못해서 천여 년 동안 폐단을 남겼으니, 漢나라 明帝가 어떻게 그 책임을 피할 수 있겠는가.

先儒가 말씀하기를 '佛老의 폐해가 楊朱와 墨翟보다 심하다.' 하였는데, 더구나 다시 귀신의 괴이함과 사람의 요망함, 부정한 학설과 포악한 행실이 뒤섞여 함께 일어나서 세상을 어지럽히고 백성을 속임에 있어서이겠는가. 孟子가 말씀하기를 '楊朱와 墨翟의 道가 종식되지 않으면 孔子의 道가 드러나지 못한다.' 하였고, 韓愈의 말에 이르기를 '그 사람(승려와 도사)을 平民으로 만들고 그들의 책을 불태우고 그들의 거처(寺刹과 道觀)를 일반 사람들의 집으로 만들고 先王의 道를 밝혀 인도하여야 한다.' 하였으니, 아! 그 요점은 진실로 先王의 道를 밝힘에 있을 뿐이니, 이것이 성하면 저것이 쇠함은 자연의 이치이다.

辨人才·審治體·美敎化·厚人倫은 此明道之實也라 武帝好儒術하야 董仲舒進修己治人之策이로되 而帝之所與論者는 公孫弘·東方朔·司馬相如之徒라 卒事封禪하야 以蕩其志하고 神宗이 慕王道하야 程伯子上稽古正學定志之論이로되 而上之所與謀者는 王安石·呂惠卿·章惇·蔡卞之流라 創置新法하야 以擾其民하니 用舍之間은 安危所繫라

人才를 분별하고 정치하는 體統을 살피고 敎化를 아름답게 하고 人倫을 두터이 함은 이는 道를 밝히는 실제이다. 漢나라 武帝는 儒術을 좋아하여 董仲舒가 修己治人의 계책을 올렸으나 武帝가 더불어 논의한 상대는 公孫弘·東方朔·司馬相如의 무리들이었다. 그리하여 끝내 封禪을 일삼아 그 뜻을 방탕하게 하였으며, 宋나라 神宗은 王道를 사모하여 程伯子(程明道)가 옛날을 상고하고 학문을 바로잡고 뜻을 정하는 의논을 올렸으나 황제가 더불어 모의한

자는 王安石, 呂惠卿, 章惇, 蔡卞의 무리였다. 그리하여 이들이 新法을 창건하여 백성들을 소란하게 하였으니, 인물을 등용하고 버리는 사이에 國家의 安危가 달려 있는 것이다.

袁紹不起면 則五族忠賢之禁不除[1]요 劉裕不興이면 則藩鎭强臣之禍不息이요 朱溫不來면 則宦官宮妾之亂不止라 然癰疽旣潰에 而大命隨之하니 蓋人君之喜用姦邪者는 冀得以從己之欲而已요 人臣之欺罔其君者는 亦欲以固其寵祿而已라 然君以逸欲滅國하고 臣以寵祿殺身하야 前車旣覆호되 後車不戒하야 及至君亡國滅이면 其臣이 又安得以獨存哉아 是故로 秦未亡에 而李斯, 趙高 先夷三族하고 漢未滅에 而宦官張讓等二千餘人이 已就誅夷하고 王莽이 盜竊神器로되 而傳首詣宛하고 梁冀七侯, 三后[2], 六貴人, 二大將軍, 卿將尹校五十七人이로되 無少長히 皆棄市하고 收其財貨하니 合三十餘萬萬이어늘 以充王府之用이라 明皇幸蜀에 李林甫斲棺鞭尸하고 楊國忠斷頭注槊하며 唐祚未終에 而先斬韓全誨等一百六十二人하고 復殺第五可範以下數百하야 寃號之聲이 徹于內外하며 崔胤之徒도 亦隨授首라 徽, 欽未亡에 而蔡京, 童貫, 王黼, 梁師成이 已先就戮하고 南宋未滅에 而賈似道先死于鄭虎臣之手하며 秦檜削奪官爵하고 韓侂冑梟首淮濱하니 由此觀之컨대 昔之壅蔽聰明하야 以圖利己者는 皆所以自滅而已니 可不戒哉아 故로 爲君難이요 爲臣不易니 治亂興亡之所由也를 可不愼哉아

後漢 말엽에 袁紹가 일어나지 않았으면 五族의 忠賢의 禁錮가 없어지지 않았을 것이요, 東晉 때에 劉裕가 일어나지 않았으면 藩鎭의 강성한 신하들의 화가 그치지 않았을 것이요, 唐나라 말기에 朱溫이 오지 않았으면 宦官과 宮妾의 亂이 그치지 않았을 것이다. 그러나 큰 종기가 이미 터지자 큰 運命이 뒤따라 끊겼다. 人君이 간사한 자를 등용하기를 좋아하는 것은 자신의 욕망

을 따르기를 바라서일 뿐이요, 신하가 군주를 속이는 것은 또한 자신의 寵祿
을 견고히 하고자 해서일 뿐이다.

　그러나 군주는 안일과 욕심으로 나라를 멸망하게 하고 신하는 寵祿으로 자
기 몸을 죽여서, 앞수레가 이미 전복되었는데도 뒷수레가 경계하지 아니하
여, 군주가 죽고 나라가 멸망함에 이르면 그 신하가 또 어떻게 홀로 보존될
수 있겠는가. 이러한 까닭에 秦나라가 망하기 전에 李斯와 趙高가 먼저 三族
이 멸망하는 화를 당하였고, 後漢이 멸망하기 전에 宦官인 張讓 등 2천여 명
이 이미 죽임을 당하였고, 王莽이 神器(황제의 지위)를 도둑질하였으나 斬刑
을 당하여 首級이 宛 땅에 이르렀고, 後漢 때에 梁冀는 侯가 7명, 后가 3명,
貴人이 6명, 大將軍이 2명, 卿・將・尹・校가 57명에 이르렀으나 어린아이
와 어른을 구별하지 않고 모두 棄市를 당하였고, 그 재화를 몰수하자 모두
30여 萬萬이었는데 이것을 王府(國庫)의 財用에 충당하였다.

　唐나라 明皇(玄宗)이 蜀 지방으로 播遷할 적에 李林甫는 棺이 쪼개어져 시
신이 채찍질 당하였고 楊國忠은 머리가 잘려 창끝에 매달렸으며, 唐나라의
國運이 끝나기 전에 宦官인 韓全誨 등 162명을 먼저 斬刑하였고 다시 第五
可範 이하 수백 명을 죽여서 원망하고 울부짖는 소리가 內外에 통하였으며,
이들을 죽인 崔胤의 무리 또한 따라서 목을 내놓았다.

　徽宗과 欽宗이 망하기 전에 蔡京・童貫・王黼・梁師成이 이미 먼저 주륙
을 당하였고, 南宋이 멸망하기 전에 賈似道가 먼저 鄭虎臣의 손에 죽었으며,
秦檜는 削奪官爵을 당하였고 韓侂胄는 淮水 가에서 梟首되었으니, 이로써 살
펴보건대 옛날에 군주의 총명을 가려 자기 몸을 이롭게 할 것을 도모한 자들
은 모두 스스로 멸망하였을 뿐이니, 어찌 경계하지 않을 수 있겠는가. 그러
므로 군주 노릇 하기가 어렵고 신하 노릇 하기가 쉽지 않은 것이니, 治亂과
興亡이 말미암는 바를 삼가지 않을 수 있겠는가.

1)〔譯註〕五族忠賢之禁不除 : 五族은 자기로부터 高祖에 이르기까지 5대에 이르는
　　친족을 가리키며, 忠賢은 당시 黨錮의 화에 걸린 李膺, 范滂 등을 가리킨다. 後
　　漢의 桓帝와 靈帝 때에 충신과 현자인 이들을 朋黨한다고 지목하여 친족들을 禁

錮시켰다가 黃巾賊이 일어나자, 袁紹의 주청으로 이 금고가 풀리게 되었다.

2) 〔譯註〕 三后 : 和帝의 어머니는 梁冀의 고모이고, 順帝의 后와 桓帝의 后는 모두 梁冀의 누이이다.

嗚呼라 觀人才之吉凶이면 知邦家之休戚이라 漢儒有言曰 正其誼하고 不謀其利하며 明其道하고 不計其功이라하니 蓋人品不同하고 而事業亦異하니 是不可以成敗論英雄也라 諸葛亮은 輔漢於蜀하고 狄仁傑은 反周爲唐하니 其心一也요 郭汾陽은 克復二京而終身富貴하고 岳武穆은 志存雪恥而身死權姦하니 其道同也라

아! 인재의 吉凶(善惡)을 보면 국가의 좋고 나쁨을 알 수 있다. 漢나라 儒者(董仲舒)가 말하기를 '그 義理를 바루고 그 이익을 도모하지 않으며, 그 道를 밝히고 그 功을 계산하지 않는다.' 하였으니, 人品이 같지 않고 事業이 또한 다르니, 이는 成敗를 가지고 英雄을 논할 수 없는 것이다. 諸葛亮은 蜀에서 漢나라를 보필하였고 狄仁傑은 周나라를 뒤집어 唐나라로 만들었는데 그 마음은 똑같으며, 郭汾陽(郭子儀)은 長安과 洛陽 두 서울을 수복하여 종신토록 부귀를 누렸고 岳武穆(岳飛)은 金나라의 치욕을 씻을 것을 마음먹었으나 몸이 權姦의 손에 죽었으니, 그 道는 똑같다.

孟德이 睥睨神器하고 狐媚欺孤하야 恨文若九錫之勸而致之死1)하니 篡逆之所爲也요 子儀功蓋天下하고 位極人臣호되 杖郭曖肆言之失하고 而歸朝待罪2)하니 臣子之所安也라 平生姦僞라가 死見眞性은 操之所以如鬼也요 鞠躬盡力하야 死而後已는 亮之所以爲龍也3)라 蘇武는 持漢節於匈奴4)하니 是舍生而取義요 眞卿은 陳禍福於希烈5)하니 乃殺身以成仁이라 李陵 衛律은 罪通于天6)하고 邦昌 劉豫7)는 心委于虜라 霍光은 擁立二君이로되 而子孫夷滅8)하니 是履盛滿而不止也요 韓琦는 定策兩朝하야 而德望蓋世하니 識用舍(捨)行

藏之道[9]也라 陶潛은 爲晉處士하야 心逸而日休하고 揚雄은 爲莽大夫하야 心勞而日拙[10]이라 諸葛入寇는 晉史自帝魏也[11]요 丞相出師는 漢賊明大義也며 廢帝爲王은 唐經亂周紀也요 帝在房州[12]는 萬古開群蒙也라 故로 自初命晉大夫爲諸侯以來로 千三百六十二年之間에 誅亂賊於旣死하고 正名分於當時하며 定褒貶於往前하고 示勸懲於來世하니 此綱目之所以繼獲麟而作也[13]라

　曹孟德(曹操)이 神器를 노려보고 여우처럼 홀려 어린 군주를 속여서 九錫을 받지 말 것을 권한 것을 한하여 文若(荀彧)을 죽게 하였으니 이는 簒逆하는 자의 소행이요, 郭子儀는 功이 천하를 뒤덮고 지위가 신하의 최고 자리에 올랐으나 아들 郭曖가 말을 함부로 한 잘못을 꾸짖어 곤장을 치고 조정에 돌아와 待罪하였으니 이는 臣子가 편안히 여기는 바이다. 평생 간사하게 속임수를 쓰다가 죽어서 진짜 性情을 나타낸 것은 曹操가 귀신과 같은 이유이고, 몸을 굽히고 힘을 다하여 죽은 뒤에야 그만둔 것은 諸葛亮이 龍이 된 이유이다.

　蘇武는 匈奴에서 漢나라 節(깃발)을 잡고 있었으니 이는 생명을 버리고 義를 취한 것이요, 唐나라 顏眞卿은 李希烈에게 禍福을 말하였으니 이는 마침내 자기 몸을 죽여 仁을 이룬 것이다. 前漢의 李陵과 衛律은 흉노에게 항복하여 죄가 하늘에 통하였고, 宋나라의 張邦昌과 劉豫는 마음을 오랑캐에게 바쳤다.

　前漢의 霍光은 두 군주(昭帝와 宣帝)를 옹립하였으나 자손이 멸망하였으니 이는 盛滿함에 처하고 그치지 않았기 때문이요, 韓琦는 두 조정(仁宗과 英宗)에 계책을 정하여 덕망이 온 세상을 뒤덮었으니 이는 用捨와 行藏의 道를 알았기 때문이다. 陶潛은 晉나라 處士가 되어 마음이 편안하고 날로 아름다웠으며, 揚雄은 王莽의 大夫가 되어 마음이 수고롭고 날로 졸렬하였다.

　'諸葛亮이 中原에 쳐들어왔다.'고 쓴 것은 晉나라 역사책에 魏나라의 曹丕를 황제로 여긴 것이고, '丞相(諸葛亮)이 出師했다.'고 쓴 것은 漢나라의 역

적인 魏나라를 드러내어 大義를 밝힌 것이며, '皇帝를 폐하여 王으로 삼았다.'고 쓴 것은 唐나라 國統이 周나라의 기록에 어지럽힘을 당한 것이고 '皇帝가 房州에 있었다.'고 쓴 것은 萬古의 여러 사람들의 몽매함을 깨우쳐 준 것이다.

그러므로 처음 晉나라 大夫를 명하여 諸侯로 삼은 이래로 1362년 동안 亂臣賊子를 이미 죽은 뒤에 처벌하고 명분을 당시에 바로잡으며 이미 지나간 옛날의 褒貶을 정하고 앞으로 올 후세에 勸善懲惡을 보여주었으니, 이것이 朱子의 ≪資治通鑑綱目≫이 獲麟을 이어 지어진 것이다.

1) 〔譯註〕孟德……而致之死 : 孟德은 曹操의 字이고 文若은 荀彧의 字이며 九錫은 큰 공이 있는 대신에게 내리는 아홉 가지 권위의 상징물로 車馬, 衣服, 樂則, 朱戶, 納陛, 虎賁, 弓矢, 鈇鉞, 鬱鬯酒를 이른다. 曹操가 獻帝로부터 九錫을 받으려 하자, 荀彧이 이를 만류하니, 曹操는 荀彧에게 빈 사발을 보내었다. 이에 荀彧은 死藥의 사발을 내린 것이라고 생각하여 독약을 마시고 자살하였다.

2) 〔譯註〕子儀功蓋天下……而歸朝待罪 : 郭子儀는 安史의 亂을 평정하여 공로가 많았으나 늘 근신하였다. 아들 郭曖가 昇平公主에게 장가들었는데, 부부간에 금슬이 좋지 못하여 자주 말다툼을 하였다. 郭曖가 公主에게 "네가 너의 아버지를 믿고 天子가 되려 하느냐. 우리 아버지는 天子를 하찮게 여겨서 하지 않는 것이다." 하니, 公主가 노하여 궁중에 들어가 天子인 代宗에게 이 사실을 일러바쳤다. 이에 郭子儀가 아들을 곤장쳐서 가두고는 궁중에 들어가 待罪하니, 代宗이 "아녀자의 말을 들을 것이 없다." 하고 용서하였다.

3) 〔譯註〕操之所以如鬼也……亮之所以爲龍也 : 東坡 蘇軾의 諸葛亮祭文에 "諸葛亮을 보면 龍과 같고 曹操를 보면 귀신과 같다.〔視亮如龍 視操如鬼〕"라고 한 말을 인용한 것이다.

4) 〔譯註〕蘇武持漢節於匈奴 : 蘇武는 漢나라 武帝 때 사람으로, 匈奴에 사신 갔는데 양국의 관계가 악화되자 匈奴는 蘇武를 北海에 유치하고서 숫염소가 새끼를 치면 돌려보내겠다고 하였다. 匈奴는 항복하라고 회유하며 음식을 전혀 주지 않았으나 蘇武는 때마침 내린 눈을 털방석의 털과 함께 씹어 먹으며 늘 漢나라의

節(깃발)을 잡고 절개를 지키다가 昭帝 때에 匈奴와 화친하게 되자 마침내 19년 만에 漢나라로 돌아왔다. ≪漢書 蘇武傳≫

5) 〔譯註〕眞卿 陳禍福於希烈 : 顔眞卿은 唐나라 玄宗 때 사람으로, 安祿山이 반란하여 郡邑이 모두 항복하였으나 顔眞卿은 平原太守로 있으면서 平原 지방을 온전히 지켰으며, 義兵을 모집해서 역적을 토벌하여 河朔 諸郡의 盟主로 추대되었다. 뒤에 李希烈이 반란을 일으키자 평소 顔眞卿을 싫어하던 盧杞는 顔眞卿을 제거할 목적으로 德宗에게 顔眞卿을 보내어 적을 회유해야 한다고 말하였다. 이에 顔眞卿은 禍福으로써 李希烈을 설득하였으나 李希烈은 오히려 그를 역적으로 몰아 목 졸라 죽였는 바, 이 사실이 ≪舊唐書≫와 ≪新唐書≫에 보인다.

6) 〔譯註〕李陵衛律罪通于天 : 李陵과 衛律은 모두 漢나라 武帝 때 사람이다. 李陵이 군사 5천 명을 거느리고 나가 浚稽山에서 單于의 군대 수천 명을 擊殺하였으나 결국 후속 부대의 지원이 없어 匈奴에게 항복하고 말았다. 衛律은 匈奴에게 사신 갔다가 항복한 자로 單于가 衛律을 시켜 蘇武를 설득하게 하자, 衛律이 말하기를 "내가 前日에 漢나라를 저버리고 匈奴에게 귀순하였는데 다행히 큰 은혜를 입어서 王이란 칭호를 얻고 馬畜이 산에 가득하다. 내가 이와 같은 부귀를 누리고 있으니, 그대도 오늘 항복한다면 내일 그렇게 될 것이다." 하니, 蘇武는 衛律을 크게 꾸짖었다. ≪漢書 蘇武傳≫

7) 〔譯註〕邦昌劉豫 : 邦昌은 張邦昌으로 欽宗 靖康 元年 金나라에 의하여 楚의 황제로 추대되었다가 곧 망하였고, 劉豫 역시 高宗이 南宋을 세우자 金나라에 의하여 大齊皇帝로 추대되었으나 곧 망하였다.

8) 〔譯註〕霍光擁立二君而子孫夷滅 : 霍光은 漢나라 昭帝가 어린 나이에 즉위하자 그를 보좌하여 나라를 안정시켰으며, 昭帝가 죽은 다음 昌邑王 劉賀가 즉위하여 酒色에 빠지자 그의 帝位를 박탈하고 戾太子의 손자를 옹립하여 宣帝로 즉위하게 하였으며, 그 공으로 增封되었다. 또한 황후 許氏를 독살하고 자신의 딸을 황후로 만듦으로써 일족의 권세를 강화하였으나 霍光이 죽은 후 宣帝는 그의 일족을 반역죄로 몰아 모두 죽여 버렸다. 霍光이 두 임금을 擁立했다고 한 것은 바로 昭帝와 宣帝를 가리킨다.

9) 〔譯註〕韓琦……識用舍行藏之道 : 韓琦는 字가 稚圭이며 諡號가 忠獻으로 宋나라 仁宗·英宗·神宗을 차례로 섬긴 名宰相이다. 그는 仁宗·英宗 연간에 四川

의 飢民을 구제하고 西夏의 침입을 격퇴하는 업적을 세우고 宰相에 올랐으나, 神宗이 즉위하자 王安石의 靑苗法 실시를 맹렬히 반대하며 대립함으로써 관직에서 물러났다. 用舍는 등용되고 버려지는 것이며 行藏은 道를 행하고 은둔하는 것으로, 孔子의 "등용되면 道를 행하고 버려지면 은둔한다.〔用之則行 舍之則藏〕"는 말에서 나온 것이다. 여기서 用舍와 行藏의 道를 알았다는 것은 仁宗·英宗 연간에는 그의 정책이 시행되었지만 神宗 연간에는 王安石으로 인해 뜻을 펼 수 없었으므로 이렇게 말한 것이다.

10) 〔譯註〕陶潛爲晉處士……心勞而日拙 : 陶潛은 字가 淵明 또는 元亮이며, 혹은 이름이 元亮이고 字가 淵明이라고도 하는데, 潛은 은둔한 뒤에 고친 이름이다. 晉나라 말기에 彭澤令이 되었으나 상급관서의 아전에게 허리를 굽히기 싫어하여 80일 만에 벼슬을 버리고 歸去來辭를 읊고 돌아왔으며, 뒤에 劉裕가 晉나라를 멸망하고 宋나라를 세우자 세상에 나오지 않고 은둔하니, 諡號가 靖節이다. 揚雄은 前漢 말기 사람으로 당세에 유명한 학자였으나 王莽이 정권을 찬탈하자 역적인 王莽에게 붙어 劇秦美新論을 지어 王莽을 찬양하였다. 이 때문에 朱子의 《資治通鑑綱目》에 陶淵明이 죽은 大文에는 "晉나라의 處士인 陶潛이 죽었다."고 하였고, 揚雄이 죽은 大文에는 "王莽의 大夫인 揚雄이 죽었다."고 하였다. 心逸日休와 心勞日拙은 《書經》〈周官〉에 "德을 행하면 마음이 편안하여 날로 아름다워지고, 거짓을 행하면 마음이 수고로워 날로 졸렬해진다.〔作德 心逸日休 作僞 心勞日拙〕"라고 보인다.

11) 〔譯註〕諸葛入寇 晉史自帝魏也 : 昭烈帝 劉備가 죽고 劉禪이 즉위하자 諸葛亮은 魏나라로 出征하였다. 이를 두고 陳壽의 《三國志》에는 '諸葛亮入寇'라고 썼으니, 이것은 魏나라에 正統을 준 것이다. 朱子의 《資治通鑑綱目》에는 蜀漢에 正統을 주어 諸葛亮이 군대를 일으킨 경우에는 "魏나라를 정벌했다.〔伐魏〕"고 고쳐 쓰고 魏나라 군대가 국경을 침범한 경우에는 "入寇"라고 고쳐 썼다.

12) 〔譯註〕廢帝爲王……帝在房州 : 則天武后는 아들 中宗을 폐위하고 廬陵王으로 강등하여 房州에 유폐한 다음 國號를 周라 하였는데, 司馬光의 《資治通鑑》에는 이 사실을 그대로 인정하여 則天武后의 연호를 그대로 사용하였으나 朱子의 《資治通鑑綱目》에는 周나라를 인정하지 아니하여 매 연도마다 황제가 房州에

있었다고 大書하였는 바, 이는 ≪春秋≫에 魯나라 昭公이 쫓겨나 乾侯에 있을
적에 '公在乾侯'라고 기록한 것을 따른 것이다.

13) 〔譯註〕此綱目之所以繼獲麟而作也 : 獲麟은 기린을 사로잡은 것으로 魯나라 哀
公 14년에 季孫氏가 사냥을 나갔다가 기린을 잡아오자, 孔子가 이것을 보고 눈
물을 흘린 다음 ≪春秋≫를 지었는데, 隱公 元年부터 시작하여 이 해까지 242
년간의 역사를 기록하였으므로 이때를 춘추시대라 칭하고 그 이후를 전국시대
라 하였는 바, 朱子의 ≪資治通鑑綱目≫이 ≪春秋≫를 이었음을 말한 것이다.

廣微魁天下於少年에 敬仲戒之호되 必念千里生民之寄¹⁾하고 希元이 以命訊
日者에 和叔이 敎以須忘富貴利達之心²⁾이라 是故로 建安與靑田이 俱爲百
世師요 循序及修省이 工夫齊妙用이라 實殊轍而同歸³⁾하니 何後學之有異리
오 旦晝所爲則夜必焚香하야 以奏于帝는 豈閱道之治其心乎⁴⁾아 因妻邪謀
而毁謗朱子하야 以媚佗冑는 乃鄕人之喩於利也⁵⁾라 馮道는 歷事於五季하야
惟恐失之하고 嚴光은 加足於帝腹하니 忘其貴也라 明燭以達旦은 乃雲長之
大節이요 郤衣而凍死는 實陳三之細事⁶⁾며 少事僞朝하야 官至郞署는 陳情之
謬⁷⁾也요 求仁得仁하니 抑又何怨은 告墓之正⁸⁾也라 君親이 雖曰不同이나 忠
孝本無二致하니 是非得失이 乃在乎人이라 千載之下에 公論不泯하니 其亦可
畏也哉인저

　廣微가 소년으로 천하의 狀元이 되자 敬仲은 경계하기를 '반드시 千里 生
民의 중한 임무를 생각하라.' 하였고, 希元이 운명을 日者에게 묻자 和叔은
'모름지기 富貴와 利達의 마음을 잊으라.'고 당부하였다. 이 때문에 建安(眞
德秀)과 靑田(袁甫)이 함께 백세의 스승이 되는 것이요, 순서를 따르는 공부
와 닦고 살피는 공부가 妙用을 함께 한다. 실로 길이 다르나 돌아감이 같으
니 어찌 後學이 다름이 있겠는가. 낮에 한 일을 밤이면 반드시 焚香하고 上
帝에게 아뢴 것은 閱道가 자기 마음을 다스린 것이 아니겠는가. 아내의 간사
한 계책으로 인하여 朱子를 훼방해서 韓佗冑에게 아첨한 것은 바로 鄕人이

이익을 깨달은 것이다.

　　馮道는 五代의 군주를 차례로 섬겨 행여 벼슬을 잃을까 두려워하였고 嚴光은 光武皇帝의 배에 발을 가하였으니 皇帝의 귀함을 잊은 것이다. 불을 밝혀 아침까지 이른 것은 바로 雲長(關羽)의 큰 절개이고, 옷을 물리쳐 얼어죽은 것은 실로 陳三(陳師道)의 작은 일이며, 젊어서 僞朝를 섬겨 벼슬이 郎署에 이르렀다고 한 것은 陳情表의 잘못이고, 仁을 구하여 仁을 얻었으니 또 무엇을 원망하겠느냐는 것은 告墓文의 올바름이다. 군주와 어버이가 비록 다르다고 말하나 충성과 효도는 본래 두 이치가 없으니, 是非와 得失이 마침내 사람에게 달려 있는 것이다. 천년 뒤에 公論이 없어지지 않으니, 이 또한 두려울 만한 것이다.

1)〔譯註〕廣微魁天下於少年……必念千里生民之寄 : 廣微는 袁甫의 字이며 敬仲은 楊簡의 자이다. 袁甫는 소년 시절 장원급제하였는데, 楊簡에게 수학하였다. 袁甫가 宋나라 理宗 때에 青田縣 尹이 되자, 楊簡은 그에게 경계하기를 "반드시 千里의 백성들을 맡은 책임을 생각하라." 하였다. 袁甫는 이후 青田先生으로 불리웠다.

2)〔譯註〕希元……富貴利達之心 : 希元은 眞德秀의 字이고 和叔은 袁變의 자이며, 日者는 四柱를 보는 사람을 이른다. 眞德秀가 급제하기 전에 자신의 운명을 사주쟁이에게 물었는데, 袁變은 眞德秀에게 부디 富貴와 利達의 마음을 잊으라고 경계하였다.

3)〔譯註〕循序及修省……實殊轍而同歸 : 循序는 차례를 따라 학문의 경지가 순차적으로 올라가는 것으로 生而知之의 聖人을 이르고, 修省은 몸을 닦고 살피는 것으로 學而知之의 賢人을 이른다. 生而知之는 배우지 않고 나면서부터 저절로 道理를 아는 것이며, 學而知之는 배워서 아는 것이다. 길이 다르나 돌아감이 같다는 것은 學而知之도 成功을 하게 되면 生而知之와 다를 것이 없음을 이르는데, 建安(眞德秀)과 青田(袁甫)을 가리켜 말한 것이다.

4)〔譯註〕豈閱道之治其心乎 : 閱道는 趙抃의 字이다. 宋나라 神宗 때의 名臣으로 낮에 나갔다가 밤에 돌아오면 낮 동안에 행한 일을 焚香하고 하늘에 告由하였으니, 이는 자기 마음을 바르게 다스리기 위해서였다.

5) 〔譯註〕因妻邪謀……乃鄕人之喩於利也 : 아내의 간사한 계책을 인하여 朱子를 훼방한 唐仲友를 가리킨 것이다. 朱子가 浙東提刑이 되었을 때에 知州인 唐仲友의 잘못을 탄핵하였는데, 승상인 王淮의 아내가 唐仲友와 外兄弟間이었으므로 王淮는 이 사실을 숨기고 아뢰지 않았다. 王淮가 파직된 다음 韓侂胄가 정승이 되었는데, 朱子가 上書하여 한탁주를 비난하니, 한탁주가 주자를 원망하였다. 이에 王淮의 아내는 한탁주와 모의하여 朱子를 僞學黨이라고 비난하였다.

6) 〔譯註〕郤衣而凍死 實陳三之細事 : 陳三은 陳師道로 字가 無己인데, 형제간에 세 번째였으므로 陳三이라 칭한 것으로 보인다. 陳師道는 趙挺之와 同婚間이었는데, 陳師道는 趙挺之가 탐욕스럽다 하여 미워하였다. 하루는 陳師道가 徽宗을 따라 郊祀에 참여하였는데 날씨가 갑자기 추워지니, 그의 아내가 趙挺之의 집에 가서 갖옷을 얻어다가 입으라고 하였으나 陳師道는 물리치고 입지 않다가 寒疾에 걸려 죽었다. ≪宋史 陳師道傳≫

7) 〔譯註〕少事僞朝……陳情之謬 : 僞朝는 괴뢰정권이라는 뜻으로 蜀漢을 가리키며 陳情은 李密의 陳情表를 이른다. 李密은 蜀漢 때에 郞署 벼슬을 지냈는데 뒤에 晉나라 武帝가 천하를 통일하고 자신을 부르자, 陳情表를 올려 늙은 할머니 때문에 떠날 수 없는 사정을 말하면서 "신이 젊어서 僞朝를 섬겨 郞署의 벼슬을 지냈습니다."라고 하였는 바, 蜀漢은 朱子의 ≪資治通鑑綱目≫에 비추어 볼 때 正統을 이어받았으므로 이것이 잘못되었다고 말한 것이다.

8) 〔譯註〕求仁得仁……告墓之正 : 南宋의 정승인 文天祥이 安南에 사로잡혀 있을 때에 사람을 보내어 아버지인 革齋先生에게 올린 祭文에 "仁을 구하여 仁을 얻었으니, 또 어찌 후회하겠습니까.〔求仁而得仁 又何怨〕"라고 말하였다.

蓋人才難得하니 爲民上者 宜有以作成之也라 是故로 欲治之君은 須知爲治之要라 夫治也者는 親賢遠奸하고 信賞必罰하며 明禮義 謹學術하야 以身先之하야 使民知趨向之方하야 上下相師而人才出矣라 如此면 則師道尊而善人多하고 朝廷正而天下治하야 百姓大和하고 萬物咸若이라 蓋爲治는 必以人才爲本이요 求人才之道는 又以敎化爲先이며 欲行敎化인대 非興禮樂이면 不可也니 不興禮樂이면 則敎化不行이요 敎化不行이면 則民無所措手足이요 無所

措手足이면 則三綱不正하고 九疇不敍하야 而欲致天下之治者遠矣라 故로 治天下者는 必本之身이니 身端心誠이면 則賢才輔而天下治矣라 書云 愼厥身修하야 思永이라하고 詩云 上帝臨汝하시니 無貳爾心이어다 無貳無虞라 上帝臨汝라하니 此之謂也니라

人材를 얻기가 어려우니, 백성의 윗사람이 된 자가 마땅히 人材를 양성하여야 한다. 이 때문에 훌륭한 정치를 바라는 군주는 모름지기 정치하는 요점을 알아야 하는 것이다. 정치라는 것은 賢者를 가까이하고 간사한 자를 멀리하며, 상과 벌을 공정하고 엄중하게 내리며 예의를 밝히고 학술을 삼가서 자기 몸으로 솔선하여 백성들로 하여금 趣向할 방향을 알게 해서 상하가 서로 본받아 인재가 나오는 것이다. 이와 같이 하면 스승의 道가 높아지고 善人이 많아지며 朝廷이 바루어지고 천하가 다스려져서 백성들이 크게 화목하고 만물이 모두 순하게 된다.

정치를 함은 반드시 人材를 얻음을 근본으로 삼고 인재를 구하는 방법은 敎化를 우선으로 삼으며, 敎化를 행하고자 한다면 禮樂을 일으키지 않으면 안 되니, 禮樂을 일으키지 않으면 敎化가 행해지지 못하고 敎化가 행해지지 못하면 백성들이 手足을 둘 곳이 없고, 手足을 둘 곳이 없으면 三綱이 바르게 되지 못하고 九疇가 제대로 펴지지 못하여 天下가 잘 다스려지기를 바라는 기대가 멀어진다. 그러므로 天下를 다스리는 것은 반드시 자기 몸에 근본하는 것이니, 군주의 몸이 단정하고 마음이 성실하면 어진 이와 재능 있는 자가 보필하여 천하가 다스려지는 것이다. ≪書經≫에 이르기를 '그 몸을 삼가 닦아서 영원함을 생각한다.' 하였고, ≪詩經≫에 이르기를 '上帝가 너에게 강림하시니 네 마음을 의심하지 말지어다. 의심하지 말고 생각하지 말라. 上帝가 너에게 강림하셨다.'라고 하였으니, 이것을 말한 것이다."

通鑑節要 卷之一

周 紀[1]

1)〔頭註〕周紀：紀는 理也니 統理衆事하야 繫之於年月日者也라 帝王之書를
   稱紀者는 言爲後代綱紀也라
   　紀는 다스림이니, 여러 가지 일을 統理하여 年月日에 다는 것이다. 帝王
   의 기록을 紀라고 칭하는 것은 後代의 綱紀가 됨을 말한 것이다.

威烈王※ 名午요 考王子니 在位二十四年이라

　威烈王은 이름이 午이고 考王의 아들이니, 재위가 24년이다.

※ 周自武王으로 至平王히 凡十三世요 自平王으로 至威烈王히 又十八世라 是
時에 周室衰微하야 徒擁虛器하야 號爲天下共主라 傳至赧王하야 五世에 爲秦
所滅하니라

　周나라는 武王으로부터 平王에 이르기까지 모두 13대이고 平王으로부터
威烈王에 이르기까지 또 18대이다. 이때 周나라 王室이 쇠약하여 오직 天子
라는 빈 그릇(天子의 자리)만 간직하고 있으면서 이름하여 天下共主(천하가
함께 높이는 宗主, 즉 天子)라 하였다. 전하여 赧王에 이르러서 5대 만에 秦
나라에게 멸망당하였다.

【戊寅】 二十三年이라

　23년(무인 B.C.403)

初命晉大夫[1]魏斯[2], 趙籍[3], 韓虔[4]하야 爲諸侯[5]하다

　처음으로 晉나라 大夫인 魏斯·趙籍·韓虔을 명하여 諸侯로 삼았다.

1) 〔頭註〕晉大夫 : 晉은 姬姓이니 侯爵이라 周成王이 封母弟叔虞於唐이러니 至于
子燮하야 改國號曰晉이라하니 靜(靖)公은 乃叔虞之三十九世也라

　晉은 姬姓이니 侯爵이다. 周나라 成王이 同母弟인 叔虞를 唐에 봉하였는데, 子
燮에 이르러 국호를 晉이라 고쳤다. 마지막 군주인 靖公은 바로 叔虞의 39세손
이다.

2) 〔頭註〕魏斯 : 本姓姬니 周武王이 封公高於畢하니 於是에 以畢爲姓하다 晉獻公
이 封苗裔畢萬於魏하니 從其國〈號〉하야 稱魏氏라 至六世魏舒하야 爲晉正卿하고
三世至斯라

　魏斯는 本姓이 姬니 周나라 武王이 公高를 畢에 봉하니, 이에 畢을 姓으로 삼
았다. 晉나라 獻公이 그의 후손인 畢萬을 魏에 봉하니, 국호를 따라 魏氏라 칭하
였다. 6세손인 魏舒에 이르러 晉나라 正卿이 되었고 3대에 魏斯에 이르렀다.

3) 〔頭註〕趙籍 : 本嬴姓이니 周穆王이 封造父以趙城하니 由此爲趙氏라 至二十五世
盾(돈)하야 始爲晉正卿하고 又六世에 至籍하니라

　趙籍은 본래 嬴姓이니 周나라 穆王이 造父를 趙城에 봉하니, 이로 말미암아 趙
氏가 되었다. 25세손인 趙盾에 이르러 비로소 晉나라 正卿이 되었고 또 6대에
趙籍에 이르렀다.

4) 〔頭註〕韓虔 : 姬姓이니 晉封武子於韓原이러니 至獻子하야 始從封爲姓이리 傳二
世韓厥하야 爲晉正卿하고 又三世에 至虔하니라

　韓虔은 姬姓이니, 晉나라가 武子를 韓原에 봉하였는데, 獻子에 이르러 비로소
封地를 따라 姓으로 삼았다. 2대를 전하여 韓厥에 이르러 晉나라 正卿이 되었고
또 3대에 韓虔에 이르렀다.

5) 〔原註〕初命晉大夫……爲諸侯 : 春秋之世에 晉有范氏, 中行氏, 智氏及韓, 魏, 趙
하니 是爲六卿이라 後에 三家皆爲韓, 魏, 趙所滅하고 三分晉地而有之러니 至此
에 始請命於天子하야 爲諸侯하니라

　春秋時代에 晉나라에 范氏·中行氏·智氏와 韓氏·魏氏·趙氏가 있었으니, 이
를 六卿이라 하였다. 그 후 〈范氏·中行氏·智氏〉三家가 모두 韓氏·魏氏·趙
氏에게 멸망당하고 韓氏·魏氏·趙氏가 晉나라 땅을 셋으로 나누어 소유하였는
데, 이때에 이르러 처음으로 天子에게 명을 청하여 諸侯가 된 것이다.

溫公曰[1] 天子之職은 莫大於禮요 禮莫大於分이요 分莫大於名이라 何

謂禮요 紀綱이 是也요 何謂分고 君臣이 是也요 何謂名고 公·侯·卿·大夫
是也라 夫以四海之廣과 兆民之衆으로 受制於一人하야 雖有絶倫之力과
高世之智라도 莫不奔走而服役者는 豈非以禮爲之紀綱哉아 是故로 天
子統三公하고 三公率諸侯하고 諸侯制卿大夫하고 卿大夫治士庶人하야
貴以臨賤하고 賤以承貴하야 上之使下가 猶心腹之運手足과 根本之制
枝葉하고 下之事上이 猶手足之衛心腹과 枝葉之庇本根이니 然後에 能上
下相保하야 而國家治安이라 故曰 天子之職 莫大於禮也라

溫公이 말하였다.

"天子의 직책은 禮보다 더 큰 것이 없고, 禮는 分보다 더 큰 것이 없
고, 分은 名稱보다 더 큰 것이 없다. 무엇을 禮라 이르는가? 紀綱이 이
것이요, 무엇을 分이라 이르는가? 君臣이 이것이요, 무엇을 名稱이라
이르는가? 公·侯·卿·大夫가 이것이다. 四海의 넓음과 億兆 百姓의
많음을 가지고 君主 한 사람에게 통제를 받아서 비록 절륜한 힘과 세상
의 뛰어난 지혜가 있는 자라 하더라도 군주를 위해 분주히 달려가서 일
하지 않음이 없는 것은 어찌 禮를 기강으로 삼은 이유가 아니겠는가. 이
때문에 天子는 三公을 통솔하고 三公은 諸侯를 거느리고 諸侯는 卿大夫
를 통제하고 卿大夫는 士庶人을 다스려서, 귀한 사람으로서 천한 사람
에게 임하고 천한 사람으로서 귀한 사람을 받들어서, 윗사람이 아랫사
람을 부리는 것이 心腹이 手足을 운용하고 根本이 枝葉을 통제하듯이
하며, 아랫사람이 윗사람을 섬기는 것이 手足이 心腹을 호위하고 枝葉
이 本根을 비호하듯이 하니, 이렇게 한 뒤에야 윗사람과 아랫사람이 서
로 보호하여 국가가 다스려지고 편안한 것이다. 그러므로 天子의 직책
은 禮보다 더 큰 것이 없다고 한 것이다.

1) 〔譯註〕 溫公曰 : 溫公은 宋나라의 명재상인 司馬光으로 太師 溫國公에 봉해졌기
   때문에 溫公이라 칭한 것이다. 원래 ≪資治通鑑≫에는 '臣光曰'로 되어 있는 것
   을 '溫公曰'로 바꾼 것이다.

文王序易에 以乾坤爲首어시늘 孔子繫之曰 天尊地卑하니 乾坤定矣요 卑高以陳하니 貴賤位矣[1]라하시니 言君臣之位 猶天地之不可易也라 春秋에 抑諸侯하고 尊周室하야 王人雖微나 序於諸侯之上하니 以是로 見聖人於君臣之際에 未嘗不惓惓也라 非有桀紂之暴와 湯武之仁으로 人歸之, 天命之면 君臣之分을 當守節伏死而已矣라 故曰 禮莫大於分也라

文王이 《周易》을 서술할 때에 乾卦와 坤卦를 첫머리로 삼았는데, 孔子가 말씀을 달기를 "하늘은 높고 땅은 낮으니 乾과 坤이 정해지고, 낮은 것과 높은 것이 진열되니 貴와 賤이 자리가 정해졌다." 하셨으니, 君臣의 지위는 하늘과 땅이 뒤바뀔 수 없음과 같음을 말씀하신 것이다. 《春秋》에 諸侯를 억제하고 周나라 왕실을 높여서 天子國의 사람은 비록 미천하나 諸侯의 위에 서열하였으니, 이로써 聖人(孔子)이 君臣의 사이에 있어 일찍이 惓惓하지 않음이 없음을 볼 수 있는 것이다. 桀·紂의 포악함과 湯·武의 仁으로 사람들이 귀의하고 하늘이 命을 내림이 있지 않으면 君臣間의 분수는 마땅히 절개를 지켜 죽을 뿐이다. 그러므로 禮는 分보다 더 큰 것이 없다고 한 것이다.

1) 〔譯註〕文王序易……貴賤位矣 : 文王이 지었다는 《周易》은 乾卦가 맨 앞에 있고 그 다음에 坤卦가 있는데, 乾은 하늘을 상징하고 坤은 땅을 상징한다. 《周易》의 〈繫辭傳〉은 孔子가 지었다고 하는데, 여기에 '天尊地卑 乾坤定矣 卑高以陳 貴賤位矣'라고 보이므로 이와 같이 말한 것이다.

夫禮는 辨貴賤, 序親疎하고 裁群物, 制庶事하니 非名이면 不著요 非器[1]면 不形이라 名以命之하고 器以別之니 然後에 上下粲然有倫하니 此禮之大經也라 名器既亡이면 則禮安得獨存哉아 昔에 仲叔于奚 有功於衛러니 辭邑而請繁(鑿)纓[2]한대 孔子以爲不如多與之邑이라 惟器與名은 不可以假人이니 君之所司也라 政亡이면 則國家從之[3]라하시고 衛君이 待孔子而爲政한대 孔子欲先正名하사 以爲名不正이면 則民無所措手足[4]이라하시니 夫繁纓은 小物也로되 而

孔子惜之하시고 正名은 細務也로되 而孔子先之는 誠以名器旣亂이면 則上下無以相(有)〔保〕故也라 故曰 分莫大於名也라

禮는 貴賤을 분별하고 親疎를 서열하고 온갖 물건을 재단하고 여러 가지 일을 제재하니, 명칭이 아니면 드러나지 못하고 기물이 아니면 나타나지 못한다. 그리하여 명칭으로써 명명하고 기물로써 구별하니, 이렇게 한 뒤에 上下가 찬란하게 차례가 있게 되니, 이것이 禮의 큰 법이다. 명칭과 기물이 이미 없어지면 禮가 어떻게 홀로 보존될 수 있겠는가. 옛날에 仲叔于奚가 衛나라에 큰 공이 있었는데 고을을 사양하고 제후가 사용하는 繁纓을 요청하자, 孔子가 말씀하기를 "고을을 많이 주는 것만 못하다. 기물과 명칭은 남에게 빌려줄 수가 없으니, 군주가 맡은 것이니〈명칭과 기물을 주는 것은 정권을 주는 것과 같다.〉 정사가 망하면 국가도 따라서 망한다." 하였으며, 衛나라 군주가 孔子를 기다려 政事를 하려 하자, 孔子는 먼저 명분을 바로잡고자 하시어 말씀하기를 "명칭이 바르지 않으면 백성들이 手足을 둘 곳이 없다." 하였다. 繁纓은 작은 물건인데도 孔子가 그에게 주는 것을 애석히 여기셨고, 명분을 바로잡는 것은 하찮은 일인데도 孔子가 이것을 우선하신 것은 진실로 명칭과 기물이 이미 혼란하면 上下가 서로 보존할 수 없기 때문이다. 그러므로 分은 명칭보다 큰 것이 없다고 한 것이다.

1) 〔頭註〕非名……非器 : 名은 爵號也요 器는 車服也라

 名은 爵號이고, 器는 수레와 의복이다.

2) 〔釋義〕繁纓 : 繁(반)은 馬鬣上飾이요 纓은 馬膺前飾이라 〔頭註〕繁은 鞶同하니 今馬之大帶요 纓은 削革爲之니 諸侯之服이라

 〔釋義〕繁은 말 갈기 위의 장식이고, 纓은 말 가슴 앞의 장식이다. 〔頭註〕繁은 鞶과 같으니 지금 말의 큰 띠이고, 纓은 가죽을 깎아 만드니 諸侯가 사용하는 복식이다.

3) 〔譯註〕仲叔于奚……則國家從之 : 春秋時代에 衛侯가 齊나라를 공격하여 新築에서 싸웠는데, 仲叔于奚가 孫桓子를 구원하여 살려주었다. 衛侯가 고을을 상으로 내렸으나 仲叔于奚는 이것을 사양하고 제후라야 쓸 수 있는 曲縣과 繁纓을 갖추고 조회할 것을 청하니, 이를 허락하였다. 孔子는 이 말을 듣고 "애석하구나! 고

을을 많이 주는 것만 못하다. 기물과 명칭은 아무에게나 함부로 줄 수 없는 것이니, 임금이 맡은 것이다.” 하고 탄식하였다. 曲縣은 三面에 악기를 설치한 수레이고, 繁纓은 제후의 말에만 꾸밀 수 있는 장식이다. 이 내용은 ≪春秋左傳≫ 成公 2年條에 보인다.

4)〔譯註〕衛君……民無所措手足 : 이 내용은 ≪論語≫〈子路〉에 보인다.

嗚呼라 幽厲失德에 周道日衰라 綱紀散壞하야 下陵上替하야 諸侯專征하고 大夫擅政하야 禮之大體 什喪七八矣로되 文武之祀 猶緜緜相屬者는 蓋以周之子孫이 尙能守其名分故也라 何以言之오 昔에 晉文公이 有大功於王室하고 請隧[1]於襄王한대 襄王不許曰 王章[2]也니 未有代德而有二王은 亦叔父之所惡(오)[3]也라 不然이면 叔父有地어늘 而隧又何請焉이리오한대 文公이 於是乎懼而不敢違라 是故로 以周之地則不大於曹滕이요 以周之民則不衆於邾莒(주거)나 然歷數百年토록 宗主天下하야 雖以晉, 楚, 齊, 秦之彊으로도 不敢加兵者는 何哉오 徒以名分尙存故也라 至於季氏[4]之於魯와 田常[5]之於齊와 白公[6]之於楚와 智伯[7]之於晉에 其勢皆足以逐君而自爲나 然而卒不敢者[8]는 豈其力不足而心不忍哉아 乃畏奸名犯分而天下共誅之也라 今晉大夫 暴蔑其君하야 剖分晉國이어늘 天子旣不能討하고 又寵秩之하야 使列於諸侯하니 是는 區區之名分도 復不能守而幷棄之也니 先王之禮 於斯盡矣라

아, 幽王과 厲王이 德을 잃음에 周나라 道(정치)가 날로 쇠하였다. 紀綱이 흩어지고 무너져서 아랫사람이 윗사람을 능멸하고 윗사람이 침체하여 諸侯가 제멋대로 征伐하고 大夫들이 정사를 擅斷하여 禮의 大體가 10에 7, 8이 없어졌으나 文王·武王의 제사가 아직도 면면히 서로 이어진 것은 周나라 자손들이 아직도 그 名稱과 分을 잘 지켰기 때문이다. 어째서 이렇게 말하는가? 옛날에 晉나라 文公이 왕실에 큰 공이 있고서 襄王에게 隧를 내려줄 것을 청하자, 襄王이 이를 허락하지 않으며 말하기를 “이것은 王章(天子의 禮法)이니, 德을 대신한 자가 있지 않은데 두 王(天子)이 있는 것은 또한 숙부

께서도 싫어하는 바이다. 그렇지 않다면 숙부는 영토를 소유한 제후인데 隧
를 또 어찌하여 청하는가?"하니, 文公이 이에 두려워하여 감히 어기지 못하
였다. 이 때문에 周나라의 영토를 가지고 말하면 曹나라와 滕나라보다 크지
않았고, 周나라의 백성을 가지고 말하면 邾나라와 莒나라보다 많지 않았다.
그런데도 수백 년이 지나도록 천하의 宗主가 되어서 비록 晉·楚·齊·秦의
강함으로도 감히 침공을 가하지 못한 것은 어째서인가? 다만 名稱과 分이 아
직 남아 있었기 때문이다.

季氏가 魯나라에 있어서와 田常이 齊나라에 있어서와 白公이 楚나라에 있
어서와 智伯이 晉나라에 있어서는 그 세력이 모두 충분히 군주를 쫓아내고
스스로 군주가 될 수 있었으나 끝내 감히 이렇게 하지 못한 것은 어찌 그 힘
이 부족하고 마음이 차마 하지 못해서였겠는가. 이것은 바로 名稱을 범하고
分을 범하여 天下가 함께 討伐할 것을 두려워해서였다. 지금 晉나라 大夫가
그 군주를 업신여기고 무시하여 晉나라를 쪼개어 차지하였는데, 天子가 이미
토벌하지 못하고 또 은총으로 品階를 높여서 제후에 나열하게 하였으니, 이
는 구구한 名稱과 分마저도 다시 지키지 못하여 함께 버린 것이니, 先王의
禮가 이때에 다 없어졌다.

1) 〔頭註〕請隧^{*)} : 隧는 墓道也니 掘地通道하니 王之葬禮也요 諸侯懸棺而下라
    隧는 무덤으로 통하는 길이니, 땅을 파 길을 내는 것으로 天子의 장례이며, 諸
    侯는 棺을 매달아 下棺한다.
*) 請隧 : 隧는 땅에 굴을 파서 通路를 만드는 것으로, 天子의 葬禮이다. 天子의 葬
    禮에는 棺이 크고 무겁기 때문에 멀리에서 壙까지 비스듬히 굴을 파서 통로를 만
    든 뒤에 그 통로를 이용해 棺을 壙으로 밀어 넣으며, 諸侯는 모두 靈柩를 밧줄에
    매달아 下棺한다.
2) 〔頭註〕王章 : 章은 表也니 所以表名天子與諸侯異物也라 周德雖衰나 天下未有代
    周之德者어늘 晉欲擬天子하니 是有二王이라
    章은 표시하는 것이니, 天子와 諸侯의 물건이 다름을 표시하여 밝히는 것이다.
    周나라의 德이 비록 쇠하였으나 천하에 아직 周나라의 德을 대신할 수 있는 자가
    있지 않은데 晉나라가 天子에게 견주고자 하였으니, 이는 두 王이 있는 것이다.
3) 〔譯註〕昔晉文公……亦叔父之所惡 : 叔父는 文公을 가리킨 것이다. 옛날 天子는

同姓의 諸侯를 叔父, 異姓의 諸侯를 伯舅라 칭하였다. 이 내용은 ≪春秋左傳≫ 僖公 25年條에 보인다.

4) 〔頭註〕季氏 : 魯大夫니 世執國政하야 季平子逐昭公하고 季康子逐哀公이나 然終身北面하야 不敢簒國이라 孟孫, 仲孫, 季孫이 皆桓公之子니 是爲三桓이라

　季氏는 魯나라 大夫이니, 대대로 國政을 잡아 季平子(季孫意如)가 昭公을 축출하고 季康子(季孫肥)가 哀公을 축출하였으나 종신토록 신하로서 北面하여 감히 魯나라를 찬탈하지 못하였다. 孟孫·仲孫·季孫은 모두 桓公의 아들이니, 이를 三桓이라 한다.

5) 〔頭註〕田常*⁾ : 卽陳恒이니 溫公避國諱하야 改恒曰常이라 陳氏를 稱田氏하니 見下田和註라

　田常은 바로 陳恒이니, 溫公이 國諱를 피하여 恒을 고쳐 常이라 하였다. 陳氏를 田氏라 칭하였으니, 뒤의 安王 11년(경인 B.C.391) 田和 註에 보인다.

*⁾ 田常 : 陳恒으로 시호가 成子인 바, 田氏는 본래 陳氏였다. 溫公이 宋나라 眞宗의 이름을 諱하여 恒을 常으로 고쳐 썼다.

6) 〔頭註〕白公〈勝〉: 見下二卷이라 白은 楚邑也니 楚僭稱王하야 邑宰皆僭稱公하니 勝其名也라 楚太子建之子也라

　뒤의 2권에 보인다. 白은 楚나라 고을이니 楚나라가 참람하여 王이라고 칭하자 邑宰들이 모두 참람하여 公이라고 칭하였으니, 勝은 그 이름인 바, 楚나라 太子 建의 아들이다.

7) 〔頭註〕智伯*⁾ : 智伯於晉大夫에 最强하야 攻晉出公하니 出公道死라 智伯欲幷晉而不敢하야 乃奉哀公驕立之하니라

　智伯이 晉나라 大夫 중에 가장 강하여 晉나라 出公을 공격하니, 出公이 도중에 죽었다. 智伯이 晉나라를 겸병하고자 하였으나 감히 하지 못하여 마침내 哀公 驕를 받들어 세웠다.

*⁾ 智伯 : 智는 원래 知로 썼으며 荀氏이다.

8) 〔譯註〕其勢……卒不敢者 : 季氏는 季孫氏로 桓公의 넷째 아들인 季友 이후로 대대로 魯나라의 국정을 집권하였으나 종신토록 신하로서 北面하였고 감히 나라를 찬탈하지는 못하였으며 田常은 齊나라의 정권을 얻어 闞止를 죽이고 簡公을 시해하였으나 역시 감히 스스로 즉위하지는 못하였다. 白公 勝이 楚나라 令尹 子西와 司馬子期를 죽이자, 石乞이 말하기를 "창고를 불태우고 왕을 시해하십시오. 그렇게 하지 않으면 성공할 수 없습니다." 하였으나, 白公은 말하기를 "왕을

시해하면 상서롭지 못하고 창고를 불태우면 백성을 모을 수 없다." 하고 반대하
였다. 智伯은 晉나라 말기에 국정을 專行하여 이웃 나라를 侵伐하였다. 智伯은
晉나라 大夫 중에 가장 강성하여 晉나라를 병탄하고 싶었으나 감히 그렇게 하지
못하고, 결국 哀公을 받들어 임금으로 세웠다. 이 네 사람은 모두 그 위세가 임
금의 자리를 찬탈할 수 있었으나 끝내 감히 그렇게 하지 못한 경우이다.

或者는 以爲當是之時하야 周室微弱하고 三晉[1]彊盛하니 雖欲勿許나 其可得
乎아하니 是는 大不然이라 夫三晉雖彊이나 苟不顧天下之誅而犯義侵禮면 則
不請於天子而自立矣요 不請於天子而自立이면 則爲悖逆之臣이니 天下에
苟有桓文[2]之君이면 必奉禮義而征之리라 今請於天子而天子許之하니 是는
受天子之命而爲諸侯也니 誰得而討之리오 故로 三晉之列於諸侯는 非三晉
之壞禮라 乃天子自壞之也니라

혹자는 말하기를 '이때를 당하여 周나라 왕실은 微弱하고 三晉(韓·魏·
趙)은 强盛하였으니, 〈天子가〉 비록 이것을 허락하지 않으려 해도 그렇게 할
수 있었겠는가.'라고 하니, 이는 크게 옳지 않다. 三晉이 비록 강성하나 만일
천하의 토벌을 개의치 않고 禮義를 침범하였다면 天子에게 청하지 않고 스스
로 섰을 것이요, 天子에게 청하지 않고 스스로 섰다면 悖逆의 臣下가 되는
것이니, 천하에 만일 齊桓公과 晉文公과 같은 군주가 있다면 반드시 禮義를
받들어 정벌할 것이다. 이제 天子에게 청하여 天子가 허락하였으니, 이는 天
子의 명령을 받고서 諸侯가 된 것이니, 누가 그들을 토벌할 수 있겠는가. 그
러므로 三晉이 諸侯의 반열에 오른 것은 三晉이 禮를 파괴한 것이 아니라 바
로 天子가 스스로 파괴한 것이다."

1) 〔頭註〕三晉：魏趙韓三家 共分晉地故로 曰三晉이라
　魏·趙·韓 三家가 함께 晉나라 땅을 나누어 가졌기 때문에 三晉이라 한 것
　이다.
2) 〔頭註〕桓文：齊桓公은 小白이요 晉文公은 重耳니 皆霸諸侯也니라
　齊나라 桓公은 이름이 小白이고 晉나라 文公은 이름이 重耳이니, 모두 諸侯의
　霸者이다.

初에 趙簡子使尹鐸爲晉陽한대 請曰 以爲繭絲乎잇가 抑爲保障乎[1]잇가 簡子
曰 保障哉인저 尹鐸이 損其戶數[2]하다 簡子謂無恤曰 晉國에 有難이어든 而無
以尹鐸爲少[3]하고 無以晉陽爲遠하고 必以爲歸라하더니 及智宣子卒하고 智襄
子爲政[4]에 請地於韓康子한대 康子致萬家之邑하니 智伯이 悅하야 又求地於
魏桓子한대 桓子復與之萬家之邑하니 智伯이 又求蔡皋狼之地[5]於趙襄
子[6]한대 襄子弗與하다 智伯이 怒하야 帥(솔)韓魏之甲하고 以攻趙氏하니 襄子
將出曰 吾何走乎아 從者曰 長子[7]近하고 且城厚完하니이다 襄子曰 民罷(피)
力以完之하고 又斃死以守之면 其誰與我리오 從者曰 邯鄲(한단)[8]之倉庫實하
니이다 襄子曰 浚民之膏澤하야 以實之하고 又因而殺之면 其誰與我리오 其晉陽
乎인저 先主之所屬(촉)也요 尹鐸之所寬也니 民必和矣라하고 乃走晉陽하다

　처음에 趙簡子(趙鞅)가 尹鐸으로 하여금 晉陽을 다스리게 하자, 尹鐸이 청
하기를 "繭絲를 하오리까, 아니면 保障을 하오리까?" 하니, 簡子가 말하기를
"保障을 하라." 하였으므로 尹鐸이 그 호구수를 줄였다. 簡子가 아들 無恤에
게 이르기를 "晉나라에 難이 있거든 너는 尹鐸을 하찮게 여기지 말고 晉陽을
멀다고 여기지 말고 반드시 그곳을 의귀처로 삼아라." 하였다.

　智宣子(智申)가 죽고 智襄子(智瑤)가 정사를 하게 되자, 智襄子가 韓康子
(韓虎)에게 땅을 나누어 줄 것을 요구하니, 康子가 만 가호의 고을을 주었
다. 智伯(智襄子)이 기뻐하여 또다시 魏桓子(魏駒)에게 땅을 요구하자, 桓子
가 또다시 만 가호의 고을을 주었다. 智伯이 또다시 蔡나라 皋狼의 땅을 趙
襄子(無恤)에게 요구하였으나 襄子가 주지 않았다.

　智伯이 노하여 韓氏 · 魏氏의 군대를 거느리고 趙氏를 공격하니, 襄子가 장
차 도성을 나가려 하면서 말하기를 "내 어디로 달아나야 하겠는가?" 하니, 수
행하는 자가 말하기를 "長子(지명)가 가깝고 또 城이 튼튼하고 완전합니다."
하였다. 襄子가 말하기를 "백성들이 힘을 다하여 城을 완전히 하고 또 죽음
으로써 城을 지키게 하면 그 누가 나와 함께 하겠는가?" 하니, 수행하는 자

가 말하기를 "邯鄲의 창고가 충실합니다." 하였다. 襄子가 말하기를 "백성의
피와 땀을 짜내어 창고를 충실하게 하고 또 이로 인하여 백성들을 죽게 한다
면 그 누가 나와 함께 하겠는가? 아마도 晉陽으로 가야 할 것이다. 先主(簡
子)께서 부탁한 바이고 尹鐸이 너그러운 정사를 베푼 곳이니, 백성들이 반드
시 화목할 것이다." 하고 마침내 晉陽으로 도망하였다.

1) 〔原註〕 以爲繭絲乎 抑爲保障乎*〕: 繭絲者는 指稅賦而言이요 保障者는 指藩籬而
   言이니 尹鐸之意 不在稅賦而在藩籬하니 此其所以保晉陽也라
   繭絲는 賦稅를 가리켜 말한 것이고 保障은 울타리(보호 장벽)를 가리켜 말한
   것이니, 尹鐸의 뜻이 賦稅에 있지 않고 울타리에 있었다. 이 때문에 晉陽을 보존
   할 수 있었던 것이다.

*〕 以爲繭絲乎 抑爲保障乎 : 繭絲는 백성들이 피와 땀을 흘려 가꾼 곡식을 수탈하
   기를 마치 누에고치에서 실을 뽑듯이 그치지 않음을 이른 것이요, 保障은 국가
   (군주)를 보호하는 장벽이나 보루로, 세금을 적게 거두어 백성들을 잘 살게 하
   면 백성들이 국가에 일이 있을 경우 몸을 바쳐 지켜주기 때문에 울타리라고 말
   한 것이다.

2) 〔釋義〕 損其戶數 : 謂減損戶數니 則賦稅輕하야 民力舒也라
   損其戶數는 戶口數를 減少함을 이르니, 이렇게 하면 세금이 가벼워져서 백성들
   의 힘이 펴진다.

3) 〔釋義〕 無以尹鐸爲少 : 少는 輕之也니 重之曰多요 輕之曰少라
   少는 가볍게(하찮게) 여김이니, 중하게(훌륭하게) 여김을 多라 하고 가볍게 여
   김을 少라 한다.

4) 〔譯註〕 智宣子卒 智襄子爲政 : 宣子는 智申의 시호이고 襄子는 智瑤의 시호이다.
   智申은 宵와 瑤 두 아들이 있었는데, 宵는 성질이 올곧고 사나운 반면 瑤는 지혜
   롭고 간악하였다. 智申이 瑤를 후계자로 삼으려 하자 智果는 宵만 못하다고 만
   류하였다. 智申이 "宵는 성질이 사납다."고 말하자, 智果는 "宵의 사나움은 얼굴
   에 있고 瑤의 사나움은 마음속에 있으니, 마음의 사나움은 나라를 망치고 얼굴
   의 사나움은 해롭지 않습니다. 만약 瑤를 후계자로 삼는다면 우리 智氏는 반드
   시 망할 것입니다." 하였으나, 이 말을 듣지 않고 瑤를 세웠는데, 결국 재주와 권
   력을 믿고 방자하여 정벌을 일삼다가 세습한 지 3년 만에 無恤(趙襄子)에게 멸
   망당하였다.

5) 〔釋義〕蔡皐狼之地 : 皐狼은 地名이니 屬趙邑이라 本春秋蔡地라 故曰蔡皐狼이라

  皐狼은 지명이니, 趙氏의 고을에 속하였다. 본래 春秋時代에 蔡나라 땅이었으
  므로 蔡나라 皐狼이라 한 것이다.

6) 〔原註〕趙襄子 : 無恤立하니 是爲趙襄子라

  〈趙簡子가 죽고〉無恤이 즉위하니, 이가 趙襄子이다.

7) 〔釋義〕長子 : 慈湖王氏*)曰 長子는 周史辛甲所封이니 後爲趙邑하야 屬上黨이라
  禮職方氏에 其川漳이라한대 註에 漳出長子라하니라

  慈湖王氏(王幼學)가 말하였다. "長子는 周나라 史官인 辛甲의 封地이니, 뒤에
  趙氏의 고을이 되어 上黨에 속하였다. ≪周禮≫〈職方氏〉에 '이곳 냇물을 漳이라
  한다.' 하였는데, 註에 '漳水는 長子에서 나온다.' 하였다."

*) 慈湖王氏 : 뒤의 2권 東周君 辛亥 6年條 註에 "慈湖王氏는 이름은 幼學이고 字
  가 行卿이다."라고 보인다. 元나라 安慶 望江 사람으로 ≪資治通鑑綱目集覽≫을
  지었다.

8) 〔釋義〕邯鄲 : 慈湖王氏曰 邯鄲은 趙地名이라 今磁州縣이니 在州北五十里하니
  洛州肥鄉縣도 亦邯鄲地也라 有邯鄲山이 在東城下라

  慈湖王氏가 말하였다. "邯鄲은 趙나라 지명이다. 지금 磁州縣이니, 州의 북쪽
  50리 지점에 있는 바, 洛州의 肥鄉縣도 邯鄲의 땅이다. 邯鄲山이 東城의 아래에
  있다."

三家以國人으로 圍而灌之하니 城不浸者三版¹⁾이요 沈竈産蠅(와)호되 民無叛
意러라 趙襄子使張孟談으로 潛出見二子曰 臣聞脣亡則齒寒이라하니 今智伯이
帥韓魏而攻趙하니 趙亡則韓魏爲之次矣리라 二子乃陰與張孟談約하고 爲
之期日而遣之러니 襄子夜使人殺守隄之吏하고 而決水灌智伯軍하니 智伯
軍이 救水而亂이어늘 韓魏翼而擊之하고 襄子將卒犯其前하야 大敗智伯之衆하
고 遂殺智伯하고 盡滅智氏之族하다

  三家(韓, 魏, 智)가 온 나라 사람을 동원하여 晉陽城을 포위하고 물을 대
니, 城이 물에 잠기지 않은 것이 세 版뿐이고 부엌이 오랫동안 물에 잠겨 개
구리가 새끼를 쳤으나 백성들은 배반할 뜻이 없었다.

  趙襄子가 張孟談을 시켜 몰래 나가 二子(魏桓子와 韓康子)를 만나 말하기

를 "신이 들으니 '입술이 없어지면 이가 시리다.'고 하였으니, 지금 智伯이 韓
氏와 魏氏의 군대를 거느리고 우리 趙氏를 공격하니, 趙氏가 망하고 나면 韓
氏와 魏氏가 그 다음이 될 것입니다." 하였다. 二子가 마침내 은밀히 張孟談
과 약속하고는 날짜를 기약하고 張孟談을 보내었다.

趙襄子가 밤에 사람을 시켜 제방을 지키는 관리를 죽이고 물을 터서 智伯
의 軍中에 대니, 智伯의 군사들이 물에서 헤어나오느라 혼란하였다. 韓氏와
魏氏는 좌우에서 공격하고 趙襄子는 병졸을 거느리고 그 앞을 막아 智伯의
무리(군대)를 크게 패배시키고, 마침내 智伯을 죽이고 智氏의 종족을 모두
멸하였다.

1) 〔釋義〕城不浸者三版 : 慈湖王氏曰 浸은 當作沒이라 廣二尺曰版이라
　　慈湖王氏가 말하였다. "浸은 마땅히 沒이 되어야 한다. 너비(높이)가 두 자인
　　것을 版이라 한다."

溫公曰 智伯之亡也는 才勝德也라 夫才與德異어늘 而世俗이 莫之能辨
하고 通謂之賢이라하니 此其所以失人也라 夫聰察彊毅之謂才요 正直中
和之謂德이니 才者는 德之資也요 德者는 才之帥(수)也라 是故로 才德兼
全을 謂之聖人이요 才德兼亡(無)를 謂之愚人이요 德勝才를 謂之君子요
才勝德을 謂之小人이니 凡取人之術은 苟不得聖人君子而與之인댄 與
其得小人으론 不若得愚人이라 何則고 君子는 挾才以爲善하고 小人은 挾
才以爲惡하나니 挾才以爲善者는 善無不至矣요 挾才以爲惡者는 惡亦
無不至矣라 愚者는 雖欲爲不善이나 智不能周하고 力不能勝하니 譬之乳
狗搏人하야 人得而制之어니와 小人은 智足以遂其姦하고 勇足以決其暴하
니 是는 虎而翼者也니 其爲害 豈不多哉리오 自古昔以來로 國之亂臣과
家之敗子가 才有餘而德不足하야 以至於顚覆者多矣니 豈特智伯哉리오

溫公이 말하였다.

"智伯이 망한 것은 재주가 德을 이겼기 때문이다. 재주와 德은 다른데

세속 사람들이 이것을 구별하지 못하고 똑같이 어질다 하니, 이것이 사람을 잃는 까닭이다. 聰明하고 彊毅함을 재주라 하고, 正直하고 中和함을 德이라 하니, 재주는 德의 재료요 德은 재주의 우두머리이다. 이 때문에 재주와 德이 겸하여 온전한 것을 聖人이라 하고 재주와 德이 겸하여 없는 것을 愚人이라 하고 德이 재주를 이긴 것을 君子라 하고 재주가 德을 이긴 것을 小人이라 이르니, 무릇 사람을 취하는 방법은 만일 聖人과 君子를 얻어 더불지 못할진댄 小人을 얻기보다는 愚人을 얻는 것이 낫다. 어째서인가? 君子는 재주를 간직하여 善을 하고 小人은 재주를 간직하여 惡을 하니, 재주를 간직하여 善을 하는 자는 善함이 지극하지 않음이 없고 재주를 간직하여 惡을 하는 자는 惡함이 또한 지극하지 않음이 없다. 어리석은 자는 비록 不善을 하고자 하나 지혜가 주밀하지 못하고 힘이 감당해 내지 못하니, 이는 비유하면 어린 강아지가 사람을 치는 것과 같아서 사람이 그것을 제지할 수 있다. 그러나 小人은 지혜가 충분히 그 간악함을 이룰 수 있고 용맹이 충분히 그 포악함을 결행할 수 있으니, 이는 비유하면 범이 날개를 단 것과 같으니 그 해로움이 어찌 많지 않겠는가. 예로부터 나라의 亂臣과 집안의 敗子가 재주는 넉넉하고 德은 부족하여 顚覆함에 이른 자가 많았으니, 어찌 다만 智伯뿐이겠는가."

○ 趙襄子漆智伯之頭하야 以爲飮器[1]러니 智伯之臣豫讓이 欲爲之報仇하야 乃詐爲刑人[2]하야 挾匕首[3]하고 入襄子宮中하야 塗厠이러니 襄子如厠이라가 心動이어늘 索之하야 獲豫讓하니 左右欲殺之어늘 襄子曰 義士也라 吾謹避之耳라하고 乃舍(捨)之하다 豫讓이 又漆身爲癩[4]하고 呑炭爲啞[5]하야 行乞於市하니 其妻는 不識也로되 其友識之하고 爲之泣曰 以子之才로 臣事趙孟[6]이면 必得近幸하리니 子乃爲所欲爲 顧不易耶아 何乃自苦如此오 豫讓曰 不可하다 旣已委質爲臣[7]이요 而又求殺之면 是는 二心也라 凡吾所爲者極難耳나 然所以爲此者는 將以愧天下後世之爲人臣하야 懷二心者也로라 襄子出할새 豫讓이

伏於橋下리니 襄子至橋에 馬驚이어늘 索之하야 得豫讓하야 遂殺之하다

趙襄子가 智伯의 머리에 옻칠하여 飮器를 만들었다. 智伯의 신하 豫讓이 智伯을 위하여 원수를 갚고자 해서, 마침내 거짓으로 刑人처럼 위장하여 匕首(단검)를 지니고 襄子의 궁중에 들어가 측간에 흙을 바르고 있었다. 襄子가 측간으로 가다가 마음이 섬뜩하므로 수색하여 豫讓을 잡았다. 左右들이 그를 죽이고자 하니, 襄子가 말하기를 "義士이다. 내가 삼가 그를 피할 뿐이다." 하고 마침내 그를 놓아주었다.

豫讓이 또다시 몸에 옻을 칠하여 문둥이처럼 꾸미고 달군 숯을 삼켜 벙어리가 되어서 시장을 다니며 구걸하니, 그의 아내는 몰라보았으나 그의 친구가 알아보고는 그를 위하여 울며 말하기를 "자네의 높은 재주를 가지고 신하가 되어 趙孟을 섬기면 반드시 가까이하고 총애함을 얻을 것이니, 자네가 그때에 비로소 하고 싶은 바(복수)를 하는 것이 도리어 쉽지 않겠는가. 어찌하여 마침내 스스로 고생하기를 이와 같이 하는가?" 하니, 豫讓이 말하기를 "그렇게 할 수 없다. 이미 몸을 바쳐 신하가 되고 또 그를 죽이려고 한다면 이는 두 마음을 품는 것이다. 무릇 내가 하는 것이 지극히 어려운 일이나 이것을 하는 까닭은 장차 天下와 後世에 남의 신하가 되어서 두 마음을 품는 자를 부끄럽게 하기 위해서이다." 하였다.

襄子가 외출할 때에 豫讓이 다리 아래에 엎드려 있었는데, 襄子가 다리에 이르자 말이 놀라므로 수색하여 豫讓을 잡아서 마침내 죽였다.

1) 〔釋義〕趙襄子……以爲飮器 : 慈湖王氏曰 索隱*⁾曰 大宛傳에 匈奴破月氏(지)하고 以其王頭爲飮器라 韋昭云 飮器는 椑榼(비합)也라하고 晉灼云 飮器는 虎子屬也라하니라 今按 椑榼은 用以盛酒耳요 非用飮者라 晉以爲溲便器者는 以韓子呂氏春秋에 竝云 襄子漆智伯頭하야 爲溲杯故也라 〈顏〉師古引匈奴傳하야 謂爲飮酒器라하니 貴之也라 且死骨凶穢요 又惡人頭顱가 豈俎豆所宜乎아 晉灼釋爲溲便이라하니 蓋似之라

慈湖王氏가 말하였다. "≪史記索隱≫에 〈大宛傳〉에 이르기를 「匈奴가 月氏를 쳐부수고 그 왕의 머리로 飮器를 만들었다.」 하였는데, 韋昭는 이르기를 「飮器는 椑榼(둥근 합)이다.」 하였고, 晉灼은 이르기를 「飮器는 虎子의 等屬이다.」 하였

다. 지금 살펴보건대 椑榼은 술을 담는 데 사용하는 기물이고 마시는 데 사용하는 것이 아니다. 晉灼이 溲便器(소변기)라고 말한 것은 ≪韓非子≫와 ≪呂氏春秋≫에 모두 襄子가 智伯의 머리에 옻을 칠하여 오줌그릇을 만들었다고 했기 때문이다.' 하였다. 顔師古는 〈匈奴傳〉을 인용하여 이르기를 '술을 마시는 그릇이다.' 하였으니, 이를 귀하게 여긴 것이다. 그러나 또 죽은 자의 해골은 흉하고 더러우며, 또 악한 사람의 두개골이 어찌 俎豆에 합당한 것이겠는가. 晉灼이 溲便器라고 풀이하였으니, 아마도 이것이 옳은 듯하다."

*) 索隱 : ≪史記索隱≫을 가리킨다. 唐나라 司馬貞이 지은 ≪史記≫ 註釋書의 하나로 30권으로 되어 있는데, 일반적으로 索隱이라 칭한다. ≪史記≫의 주석서로는 이 밖에도 唐나라의 張守節이 지은 ≪史記正義≫ 130권과 南宋 때 裵駰이 지은 ≪史記集解≫ 130권이 있다.

2) 〔頭註〕刑人 : 周禮大司寇에 凡萬民之有罪過而未麗(리)於法者를 役諸司空이라한대 注에 使治百工之役也라

刑人은 ≪周禮≫ 〈大司寇〉에 "모든 萬民으로서 罪過가 있으나 법에 걸리지 않은 자를 司空에서 일을 시킨다."라고 하였는데, 注에 "百工의 일을 다스리게 하는 것이다." 하였다.

3) 〔釋義〕匕首 : 匕는 音比라 說苑云 尺八劒也니 其頭類匕라 故名匕首라

匕는 音이 비이다. ≪說苑≫에 "1척 8촌의 劒이니, 그 머리 부분이 숟가락〔匕〕과 유사하므로 이름을 匕首라 했다." 하였다.

4) 〔釋義〕漆身爲癩 : 慈湖王氏曰 漆有毒하야 人近之則患瘡腫하야 若癩然이라 故讓漆身以變其容이라 癩는 惡疾也라

慈湖王氏가 말하기를 "옻에는 독이 있어서 사람이 옻을 가까이하면 살이 헐고 종기가 나서 마치 문둥이와 같다. 그러므로 豫讓이 자기 몸에 옻칠을 하여 그 모습을 바꾼 것이다." 하였다. 癩는 나쁜 병이다.

5) 〔釋義〕呑炭爲啞 : 慈湖王氏曰 國策曰 豫讓乞食이러니 其妻曰 貌不似吾夫나 何其音似吾夫오한대 讓遂呑炭以變其音이라 啞는 瘖(음)也니 通作瘂라

慈湖王氏가 말하기를 "≪戰國策≫에 이르기를 '豫讓이 乞食을 하였는데, 그 아내가 〈보고〉 말하기를 「모습은 우리 남편과 같지 않으나 어쩌면 그리도 音聲이 우리 남편과 같은가?」 하자, 豫讓이 마침내 불에 달군 숯을 삼켜 그 음성을 바꾸었다.' 했다." 하였다. 啞는 벙어리이니 瘂와 통한다.

6) 〔頭註〕趙孟 : 趙盾의 字孟故로 後世子孫이 皆曰趙孟이라

趙盾의 字가 孟이었기 때문에 그 후 후세의 자손들이 모두 趙孟이라 하였다.

7) 〔釋義〕委質*)爲臣 : 委質은 委其體以事君이니 示必死節於其主也라

委質은 그 몸을 바쳐 임금을 섬기는 것이니, 반드시 군주를 위하여 忠節을 다해 죽을 것임을 보이는 것이다.

*) 委質 : 質은 贄(지)와 통하는 바, 폐백을 바쳐 신하가 되는 것으로 보기도 한다.

賈誼治安策[1]曰 豫讓이 必報襄子하야 五起而不中이라 人問之曰 子嘗事范中行氏러니 智伯滅之로되 子不爲報讐하고 反臣事智伯이라가 今智伯死에 子何爲報之深也오 對曰 中行은 衆人畜我하니 我故衆人事之요 智伯은 國士遇我하니 我故國士報之라 故로 此一豫讓也로되 反君事讐하야 行若狗彘[2]러니 已而요 抗節致忠하야 行出乎烈士하니 皆人主使然也니라〈然則爲人君者 可不以禮遇其臣下哉아〉

賈誼의 治安策에 말하였다.

"豫讓이 반드시 襄子에게 보복하려 하여 다섯 번 일어났으나 성공하지 못하였다. 어떤 사람이 그에게 묻기를 '그대가 일찍이 范氏와 中行氏를 섬겼었는데 智伯이 그를 멸망시켰으나 그대는 그들을 위하여 원수를 갚지 않고 도리어 신하가 되어 智伯을 섬기다가 지금 智伯이 죽자 그대가 智伯을 위하여 원수를 갚기를 이처럼 심하게 함은 어째서인가?' 하니, 豫讓이 대답하기를 '中行氏는 나를 보통 사람으로 대하였으므로 나도 그를 보통 사람으로 섬긴 것이요, 智伯은 나를 國士로 대우하였으므로 나도 國士로서 그에게 보답한 것이다.' 하였다. 그러므로 똑같은 豫讓인데 예전에는 군주를 배반하고 원수를 섬겨서 행실이 개 돼지와 같다가 얼마 후에는 절개를 높이고 충성을 바쳐서 烈士의 행실을 하였으니, 이는 모두 人主가 그렇게 만든 것이다. 그렇다면 人君된 자가 禮로써 신하를 대우하지 않을 수 있겠는가."

1) 〔譯註〕賈誼治安策 : 賈誼는 西漢 洛陽 사람으로 文帝 때 博士와 太中大夫 등을 역임하였다. 治安策은 당시 同姓 諸侯들이 강성하여 皇帝의 권력이 약화된 폐단을 지적한 내용으로, 文帝는 賈誼의 의견을 적극 수용하여 제후들의 세력을 약화시켰다.

2) 〔譯註〕反君事讐 行若狗彘 : 豫讓이 일찍이 晉나라의 六卿인 范氏와 中行氏를 섬

겼는데, 智伯이 韓氏·魏氏와 함께 이들을 공격하여 멸망시켰으나 豫讓은 원수를 갚으려 하지 않고 도리어 智伯을 섬겼으므로 말한 것이다. 그러나 이는 范氏와 中行氏는 豫讓을 대우해 주지 않은 반면 智伯은 그를 國士로 대우해 주었기 때문이라 한다.

胡氏管見[1]曰 君子爲名譽而爲善이면 則其善이 必不誠이요 人臣爲利祿而效忠이면 則其忠이 必不盡이라 智伯無後矣하야 氣勢無所可倚矣요 富貴無所可求矣요 子孫無所可託矣어늘 而讓也 不忘國士之遇하고 以死報之하야 至再至三而愈篤하니 則無所爲而爲之者라 故로 曰眞義士也라하니 此非特可爲委質事人之法이라 無所爲而爲善은 雖大學之道라도 不過是也라〈然이나 襄子知其如此而終殺之하니 何以爲人臣之勸哉아〉

胡氏(胡寅)의 ≪讀史管見≫에 말하였다.

"君子가 명예를 위하여 善을 행하면 그 善이 반드시 성실하지 못하고, 人臣이 이익과 녹봉을 위하여 충성을 바치면 그 충성이 반드시 극진하지 못하다. 智伯이 후손이 없어서 의지할 만한 기세가 없고, 구할 만한 부귀가 없고, 부탁할 만한 후손이 없었는데, 豫讓이 國士로 대우해 준 은혜를 잊지 않고 목숨을 바쳐 원수를 갚으려 하여 두 번에 이르고 세 번에 이르러 더욱 돈독히 하였으니, 이는 위한 바가 없이 한 자이다. 그러므로〈趙襄子가〉'진실로 義士이다.'라고 한 것이다. 이는 다만 몸을 바쳐 남(군주)을 섬기는 法이 될 뿐만 아니라, 위한 바가 없이 善을 행함은 비록 大學의 道라 하더라도 이에 지나지 않는다. 그러나 趙襄子가 이와 같음을 알면서도 끝내 豫讓을 죽였으니, 어떻게 人臣을 권면할 수 있겠는가."

1) 〔譯註〕胡氏管見 : 胡寅의 ≪讀史管見≫을 이른다. 胡寅은 字가 明仲이고 號가 致堂이며 崇安人으로 관직이 禮部侍郎에 이르렀고 諡號는 文忠이다. 이 책은 그가 유배지에서 司馬光의 ≪資治通鑑≫을 읽고 지은 것으로 모두 30권이다.

○ 魏斯者는 桓子之孫也니 是爲文侯라 文侯以卜子夏·田子方으로 爲師하고 每過段干木[1]之廬에 必式[2]하니 四方賢士多歸之[3]러라 文侯與群臣으로 飮

酒樂而天雨어늘 命駕將適野한대 左右曰 今日에 飮酒樂하고 天又雨하니 君將
安之잇고 文侯曰 吾與虞人[4]期獵하니 雖樂이나 豈可無一會期[5]哉아하고 乃往
하야 身自罷之하다

魏斯는 桓子의 손자이니, 이가 文侯이다. 文侯가 卜子夏와 田子方을 스승
으로 삼고 매번 段干木의 집을 지날 때에 반드시 경례하니, 사방의 어진 선
비들이 많이 그에게 귀의하였다.

文侯가 여러 신하들과 술을 마셔 즐기는데 하늘에서 비가 왔다. 文侯가 수
레에 멍에를 매도록 명하여 장차 들로 가려 하자, 左右의 신하들이 말하기를
"오늘 술을 마셔 즐겁고 또 비가 오는데, 군주께서는 장차 어디로 가려 하십
니까?" 하였다. 文侯는 말하기를 "내 虞人과 사냥하기로 약속하였으니, 비록
즐거우나 어찌 한 번 모이기로 한 약속을 무시할 수 있겠는가." 하고 마침내
가서 몸소 직접 약속을 파하였다.

1) 〔頭註〕 段干木 : 老子之子宗이 爲魏將하야 封於段干하니 蓋因邑爲姓이라
   老子의 아들 宗이 魏나라 장수가 되어서 段干邑에 봉해지니, 고을의 이름을 따
   라서 段干을 姓으로 삼았다.

2) 〔釋義〕 式 : 慈湖王氏曰 記曲禮篇에 尸必式이라한대 註에 小俛以禮之라 韻會註
   에 乘而俛首致恭曰式이니 義取憑軾也라 軾은 車前橫板이니 有所敬이면 則俯而
   憑之라 孔曰 古者에 車箱長四尺四寸이니 而三分之하야 前一後二라 橫一木하야
   下去車牀三尺三寸을 謂之軾이요 軾上二尺二寸에 橫一木을 謂之較(각)이라 立乘
   은 平常則憑較하나니 若應爲敬이면 則落手隱下軾而頭得俯俛이라
   慈湖王氏가 말하였다. "≪禮記≫〈曲禮篇〉에 '尸童에게 반드시 경례한다.' 하였
   는데, 註에 '조금 고개를 숙여서 禮한다.' 하였다. ≪韻會≫의 註에 '수레를 타고
   서 고개를 숙여 공경의 뜻을 나타냄을 式이라 하니, 뜻은 軾에 기댐을 취한 것이
   다. 軾은 수레 앞에 가로댄 판자이니, 공경할 대상이 있으면 여기에 몸을 구부려
   의지한다.' 하였다. 孔氏(孔穎達)는 말하기를 '옛날에 수레의 상자는 길이가 4척
   4촌이니, 이것을 3등분 하여 앞이 1할이고 뒤가 2할이다. 한 나무를 가로대어
   아래로 수레의 牀과 3척 3촌 떨어져 있는 것을 軾이라 이르고, 軾 위의 2척 2촌
   이 되는 곳에 한 나무를 가로댄 것을 較이라 이른다. 서서 수레를 탈 경우 평상
   시에는 較에 기대는데, 만약 마땅히 공경해야 할 대상이면 손을 내려 軾 밑에 숨

겨 머리가 숙여지게 한다.' 하였다."

3)〔釋義〕文侯以卜子夏……多歸之 : 古帝王이 皆有師러니 戰國以來로 人君有師者는
惟文侯라

　옛날 帝王들은 모두 스승이 있었는데, 戰國時代 이래로 임금 중에 스승을 둔 자
는 오직 文侯뿐이다.

4)〔頭註〕虞人 : 守苑囿之吏也라 虞는 度(탁)也니 度知山林之大小及其所生也라

　虞人은 苑囿를 지키는 관리이다. 虞는 헤아림이니, 山林의 크고 작음과 여기에
서 생산되는 것을 헤아려 아는 것이다.

5)〔頭註〕會期 : 昔與之期하니 今往會之요 罷之는 往告之以雨而罷獵이라

　會期는 옛날에 그(虞人)와 더불어 기약하였으니 이제 가서 만나는 것이요, 罷
之는 비 때문에 사냥을 파함을 가서 고하는 것이다.

文侯使樂(악)羊으로 伐中山[1]克之하야 以封其子擊하고 文侯問於群臣曰 我
何如主오 皆曰 仁君이니이다 任座曰 君得中山하사 不以封君之弟하시고 而以封
君之子하시니 何謂仁君이니잇고 文侯怒하니 任座趨出이어늘 次問翟璜[2]한대 對曰
仁君也니이다 文侯曰 何以知之오 對曰 君仁則臣直이라하니 嚮者에 任座之言이
直이라 是以知之하노이다 文侯悅하야 使翟璜으로 召任座而反之하고 親下堂迎之
하야 以爲上客하니라

　文侯가 樂羊으로 하여금 中山을 정벌하게 하여 이기고서 그 아들 擊을 봉
하였다. 文侯가 여러 신하들에게 묻기를 "나는 어떠한 군주인가?" 하니, 모두
들 대답하기를 "어진 군주입니다." 하였다. 任座가 말하기를 "임금께서 中山
을 얻어 임금의 아우를 봉하지 않으시고 임금의 아들을 봉하셨으니, 어찌 어
진 군주라 이를 수 있겠습니까?" 하였다. 文侯가 노여워하니, 任座가 종종걸
음으로 나갔다.

　文侯가 다음으로 翟璜에게 물으니, 대답하기를 "어진 군주입니다." 하였다.
文侯가 "무엇으로 아는가?" 하고 묻자, 그가 대답하기를 "군주가 어질면 신하
가 곧은 말을 한다 하니, 조금 전에 任座의 말이 곧았습니다. 이 때문에 압니
다." 하였다. 文侯가 기뻐하여 翟璜으로 하여금 任座를 불러 돌아오게 하고,

직접 堂을 내려가 그를 맞이해서 上客으로 삼았다.

1) 〔釋義〕 中山 : 狄都也라 索隱曰 今中山府是也라

　　中山은 狄의 都邑이다. ≪史記索隱≫에 "지금 中山府가 이곳이다." 하였다.

2) 〔釋義〕 翟璜 : 翟은 按姓苑*1)에 翟은 本音狄이니 後人姓 乃音澤*2)이라 璜은 音黃이라

　　翟은 살펴보건대 ≪姓苑≫에 "翟은 本音이 적이니, 후세 사람들이 姓으로 쓸 때에는 마침내 音이 택(책)이다." 하였다. 璜은 音이 황이다.

*1) 姓苑 : 南朝 宋나라의 何承天이 지은 책으로 姓氏家(譜學하는 사람)들이 宗主로 여겼으나 현전하지는 않는다. 何承天은 字가 文通이며 東海郯人이다.

*2) 音澤 : 翟은 '책'으로 읽었으나 뒤에는 대부분 '적'으로 읽는다.

○ 子擊이 出할새 遭田子方於道하야 下車伏謁호되 子方이 不爲禮어늘 子擊이 怒하야 謂子方曰 富貴者驕人乎아 貧賤者驕人乎아 子方曰 亦貧賤者驕人耳니 富貴者安敢驕人이리오 國君而驕人則失其國하고 大夫而驕人則失其家하나니 失其國者는 未聞有以國待之者也요 失其家者는 未聞有以家待之者[1]也로라 夫士는 貧賤者라 言不用, 行不合이면 則納履而去耳니 安往而不得貧賤哉리오 子擊이 乃謝之하다

　　子擊이 외출하였을 때에 田子方을 길에서 만나 수레에서 내려 땅에 엎드려 배알하였으나 田子方이 禮를 하지 않자, 子擊이 노하여 田子方에게 이르기를 "부귀한 자가 남에게 교만히 하는가, 빈천한 자가 남에게 교만히 하는가?" 하였다. 田子方이 대답하기를 "역시 빈천한 자가 남에게 교만히 하는 것이니, 부귀한 자가 어찌 감히 남에게 교만히 하겠는가? 國君으로서 남에게 교만히 하면 그 나라를 잃고 大夫로서 남에게 교만히 하면 그 집을 잃으니, 그 나라를 잃은 자를 國君으로 대우하는 자가 있다는 말을 듣지 못하였고, 그 집을 잃은 자를 家를 소유한 大夫로 대우하는 자가 있다는 말을 듣지 못하였다. 선비는 빈천한 자이다. 말이 쓰여지지 않고 행실이 합하지 않으면 신을 신고 떠나갈 뿐이니, 어디를 간들 빈천하지 않겠는가." 하니, 子擊이 마침내 사과

하였다.

1)〔譯註〕未聞有以國待之者也……未聞有以家待之者 : 待를 '기다리다'로 해석하여
　　나라를 가지고 그를 기다리는 자가 있다는 말을 듣지 못하였고, 家(大夫의 采
　　邑)를 가지고 기다리는 자가 있다는 말을 듣지 못하였다고 해석하기도 한다.

〔新增〕東萊曰 夫富貴는 固不可驕人이어니와 貧賤亦豈驕人得이리오 蓋驕之
一字는 雖以周公之聖으로도 尙不敢加之於身이라 如曰使驕且吝이면 其餘는
不足觀也已라하니 若子方이 豈可驕人乎아 子擊은 欲以勢驕人하고 子方은 却
欲以學驕人하니 二者病則一般이라 田子方은 子夏門人이로되 歷於戰國하여
不免爲風聲氣習之所移라 故로 有驕之失이라 其後에 子方之學이 流爲莊周하
여 傲物輕世하니 皆從驕之一字失이니라

　東萊(呂祖謙)가 말하였다.

　"부귀한 자는 진실로 남에게 교만할 수 없지만 빈천한 자가 또한 어찌 남
에게 교만할 수 있겠는가. 驕라는 한 글자는 비록 周公 같은 聖人도 오히려
자기 몸에 가하지 못하였다. 예컨대 孔子께서 말씀하기를 '만일 교만하고 또
인색하면 그 나머지는 볼 것이 없다.'라고 하였으니, 田子方과 같은 자가 어
찌 남에게 교만할 수 있겠는가. 子擊은 권세로써 남에게 교만하고자 하였고,
田子方은 학문으로써 남에게 교만하고자 하였으니, 두 사람의 병통은 똑같은
것이다. 田子方은 子夏의 문인이었으나 戰國時代를 거쳐 風聲과 氣習에 변화
됨을 면치 못하였다. 그러므로 교만한 잘못이 있는 것이다. 그 뒤에 田子方
의 학문이 흘러 莊周가 되어서 남에게 오만하고 세상을 경시하였으니, 이는
모두 驕 한 글자로부터 잘못된 것이다."

○ 文侯謂李克曰 先生이 嘗有言曰 家貧에 思賢妻하고 國亂에 思良相이라하니
今所置 非成則璜이니 二子何如오 對曰 居視其所親하며 富視其所與하며 達
視其所擧하며 窮視其所不爲하며 貧視其所不取니 五者에 足以定之矣니이다
文侯曰 先生은 就舍하라 吾之相을 定矣로라 李克이 出한대 翟璜曰 君召卜相하시

니 果誰爲之오 克曰 魏成이니라 璜이 忿然曰 西河[1]守吳起도 臣所進也요 君이
內以鄴爲憂[2]어시늘 臣進西門豹하고 君이 欲伐中山이어시늘 臣進樂羊하고 中山
已拔에 無使守之어늘 臣進先生하고 君之子無傅어늘 臣進屈侯鮒[3]하니 以耳目
之所睹記로 臣何負於魏成이리오 克曰 魏成은 食祿千鍾[4]에 什에 九는 在外하고
什에 一은 在內라 是以로 東得卜子夏·田子方·段干木하니 此三人者는 君皆
師之하시고 子所進五人은 君皆臣之하시니 子惡(오)得與魏成比也리오 璜이 再拜
曰 璜은 鄙人也라 失對하니 願卒爲弟子하노이다

　文侯가 李克에게 이르기를 "선생이 일찍이 말하기를 '집이 가난할 때에는
어진 아내를 생각하고, 나라가 혼란할 때에는 어진 정승을 생각한다.' 하였으
니, 지금 정승으로 세울 사람이 魏成이 아니면 翟璜이니, 두 사람이 어떠한
가?" 하였다. 李克이 대답하기를 "거처할 때에는 그 친한 바를 살펴보며 부유
할 때에는 그 주는 바를 살펴보며, 영달했을 때에는 그 천거한 바를 살펴보
며 곤궁할 때에는 그 하지 않는 바를 살펴보며, 가난할 때에는 그 취하지 않
는 바를 살펴보아야 하니, 이 다섯 가지로 충분히 결정할 수 있습니다." 하였
다. 文侯가 말하기를 "선생은 館舍로 가라. 나의 정승을 결정했다." 하였다.
　李克이 나오자, 翟璜이 묻기를 "임금께서 당신을 불러 정승을 점치셨으니,
과연 누가 됐습니까?" 하자, 李克이 "魏成이다."라고 대답하였다. 翟璜이 분
해 하며 말하기를 "西河守 吳起도 신이 천거한 자이고, 임금께서 내심 鄴縣
을 걱정하시므로 신이 西門豹를 천거하였고, 임금께서 中山을 정벌하려고 하
시므로 신이 樂羊을 천거하였고, 中山이 함락되자 지키게 할 사람이 없으므
로 신이 先生을 천거하였고, 임금의 아들이 師傅가 없으므로 신이 屈侯 鮒를
천거하였으니, 귀와 눈에 보고 기억하는 바로써 볼 때에 신이 어찌 魏成에게
뒤지겠습니까." 하였다. 李克이 말하기를 "魏成은 千鍾의 녹봉 중에 10분의
9는 〈곡식을 풀어 남에게 주어〉 밖에 있고 10분의 1은 〈자신을 위해서 써
서〉 안에 있었다. 이 때문에 동쪽으로 卜子夏·田子方·段干木을 얻었는데
이 세 사람은 군주가 모두 스승으로 섬기시고, 그대가 천거한 다섯 사람은

군주가 모두 신하로 삼으셨으니, 그대가 어떻게 魏成과 견줄 수 있겠는가?"
하였다. 翟璜이 再拜하고 말하기를 "저는 비루한 사람입니다. 대답할 바를
잃었으니, 마침내 제자가 되기를 원합니다." 하였다.

1) 〔釋義〕 西河 : 春秋晉地니 今太原府汾州是라

　　西河는 春秋時代 晉나라 땅이니, 지금의 太原府 汾州가 이곳이다.

2) 〔附註〕 以鄴爲憂 : 如河伯娶婦之類라 史記에 西門豹爲鄴令하니 三老廷掾이 歲斂
　　民錢하야 爲河伯娶婦할새 巫行視小家女好者하면 聘取를 如嫁女하고 床席에 令
　　女居上하야 浮之河中이라 豹呼河伯婦曰 是女不好라 煩大巫嫗하노니 爲入報河伯
　　하고 更求好女하라하고 使吏卒抱巫嫗하야 投之河中하고 復以弟子投河中하야 凡
　　三投에 豹曰 是皆不能白하니 煩三老入白之하라하고 復投三老하다 良久에 豹曰
　　欲使廷掾與豪長者로 趣(促)之하노라한대 皆叩頭流血이라 吏民大驚하니 自此로
　　不敢復言하니라

　　鄴縣을 걱정하였다는 것은 河伯(黃河의 神)이 장가든 것과 같은 따위이다.
≪史記≫에 西門豹가 鄴縣의 令이 되었는데, 三老와 廷掾(아전)이 해마다 백성
들에게 돈을 거두어 河伯을 위해 여자를 시집보내었다. 무당이 민가를 돌아다니
며 아름다운 딸을 보면 맞이하여 데려가기를 딸을 시집보낼 때와 똑같이 하였다.
그리하여 여자를 침상 위에 앉히고 이것을 黃河 가운데로 띄워 보내었다. 西門豹
가 河伯의 신부를 불러 말하기를 "이 여자는 아름답지 않으니, 수고스럽지만 무
당할미가 물속에 들어가 河伯에게 보고하고 다시 아름다운 여자를 데려오겠다고
하라." 하고 관리와 병졸들로 하여금 무당할미를 안아다가 黃河 속에 던지게 했
다. 그리고 그 무당의 제자를 다시 黃河에 던졌는데 모두 세 번이나 이렇게 하였
다. 서문표가 말하기를 "이들이 모두 河伯에게 제대로 아뢰지 못하니, 수고스럽
지만 三老가 물 속에 들어가 아뢰어라." 하고 다시 三老를 黃河 속에 던졌다. 얼
마 후 西門豹가 "廷掾과 土豪와 長者에게 시켜 재촉하고 싶다." 하니, 이들이 모
두 머리를 찧으며 사죄해서 이마에 피가 흘렀다. 관리와 백성들이 크게 놀라니,
이 뒤로는 다시 감히 말하지 못하여 이 폐해가 없어지게 되었다.

3) 〔釋義〕 君之子無傅 臣進屈侯[*]鮒 : 傅는 相也라 屈은 姓也요 名은 鮒라

　　傅는 相(도와주는 사람)이다. 屈은 姓이고 이름은 鮒이다.

[*]) 屈侯 : 侯는 爵位이다.

4) 〔頭註〕 千鍾 : 量名이라 釜十爲鍾이니 六斛四斗也라 十斗爲斛이요 釜는 六斗四

on

升이라

千鍾은 量의 이름이다. 10釜를 鍾이라 하니 6斛 4斗이다. 10斗를 斛이라 하고, 釜는 6斗 4升이다.

○ 吳起者는 衛人[1]이라 仕於魯러니 齊人이 伐魯어늘 魯人이 欲以爲將호되 起取(娶)齊女하여 爲妻라 魯人이 疑之하니 起殺妻以求將하야 大破齊師하다 或이 譖之魯侯曰 起始事曾參이라가 母死에 不奔喪이어늘 曾參이 絶之러니 今又殺妻以求爲君將하니 起는 殘忍薄行人也라 且以魯國區區而有勝敵之名이면 則諸侯圖魯矣리이다한대 起恐得罪하야 聞魏文侯賢하고 乃往歸之하다 文侯問諸李克한대 克曰 起는 貪而好色[2]이나 然이나 用兵은 司馬穰苴(양저)[3]라도 弗能過也리이다 於是에 文侯以爲將하야 擊秦拔五城하다 起之爲將에 與士卒最下者로 同衣食하며 臥不設席하고 行不騎乘하며 親裹贏糧하야 與士卒로 分勞苦러라 卒에 有病疽(저)者어늘 起爲吮(연)之러니 卒母聞而哭之한대 人曰 子卒也어늘 而將軍이 自吮其疽하니 何哭爲오 母曰 往年에 吳公이 吮其父하니 其父戰不旋踵하야 遂死於敵이러니 吳公이 今又吮其子하니 妾은 不知其死所矣라 是以哭之하노라

吳起는 衛나라 사람이다. 魯나라에서 벼슬하였는데 齊나라 사람이 魯나라를 정벌하자, 魯나라 사람이 吳起를 장수로 삼으려 하였으나 吳起가 齊나라 여자를 취하여 아내로 삼았으므로 魯나라 사람들이 이를 의심하였다. 이에 吳起는 아내를 죽이고 장수가 되기를 요구하여 齊나라 군대를 大破하였다.

或者가 吳起를 魯나라 군주에게 참소하기를 "吳起가 처음 曾參을 섬겼는데, 어머니가 죽었는데도 喪에 달려가지 않으므로 曾參이 그와의 관계를 끊었습니다. 그런데 이제 또다시 아내를 죽여서 임금의 장수가 되기를 요구하였으니, 吳起는 잔인하고 행실이 각박한 사람입니다. 또 구구한 魯나라로서 적을 이겼다는 명성(소문)이 있게 되면 諸侯들이 魯나라를 치려고 도모할 것입니다." 하니, 吳起는 죄를 얻을까 두려워하여 魏나라 文侯가 어질다는 말을 듣고 마침내 가서 귀의하였다.

　　文侯가 李克에게 묻자, 李克이 대답하기를 "吳起는 명예를 탐하고 女色을 좋아하나 用兵術은 司馬穰苴도 그보다 낫지 못할 것입니다." 하였다. 이에 文侯는 吳起를 장수로 삼아서 秦나라를 공격하여 다섯 城을 함락하였다.

　　吳起는 장수가 되었을 적에 士卒 중에 가장 낮은 자와 衣食을 함께 하며, 누울 때에는 자리를 펴지 않고 다닐 때에는 말을 타거나 수레를 타지 않았으며, 몸소 양식을 싸서 짊어져 士卒과 노고를 나누었다. 병졸 중에 등창을 앓는 자가 있자 吳起가 종기를 빨아주었는데, 그 병졸의 어미가 이 말을 듣고 통곡하였다. 어떤 사람이 말하기를 "당신의 아들은 병졸인데 장군이 직접 등창의 종기를 빨아주었으니, 어찌하여 통곡하는가?" 하자, 어미가 대답하기를 "지난해에 吳公이 그 아비의 종기를 빨아주었는데, 그 아비가〈은혜에 감격하여〉용감히 싸우고 후퇴하지 않아서 마침내 적에게 죽었습니다. 그런데 吳公이 이제 또다시 그 자식의 종기를 빨아주었으니, 첩은 제 자식이 싸우다가 어느 곳에서 죽을지 모르겠습니다. 이 때문에 통곡합니다." 하였다.

1)〔頭註〕衛人 : 衛는 姬姓이니 侯爵이라 武王同母弟〈封〉이 爲成王大司寇하야 食采於康이라 故로 成王이 封康叔於衛러니 傳四十二世하야 爲秦所廢하니라

　　衛나라는 姬姓이니 侯爵이다. 武王의 同母弟인 封이 成王의 大司寇가 되어서 康을 采邑으로 하였다. 그러므로 成王이 康叔을 衛나라에 봉하였는데, 42대를 전하여 秦나라에게 폐출당하였다.

2)〔釋義〕克曰 起貪而好色 : 慈湖王氏曰 索隱曰 李克言吳起貪이라하나 下文云 魏文侯知起廉平이라하고 又公叔之僕이 稱起節廉하니 豈前貪而後廉耶아 起家本千金이러니 破産求仕하니 今言貪은 非實貪也요 貪榮名耳니 母死不歸하고 殺妻求將이 是也라

　　慈湖王氏가 말하였다. "《史記索隱》에 '李克이 「吳起는 탐하였다.」 말하였으나 아랫글에 이르기를 「魏나라 文侯는 吳起의 청렴하고 공평함을 알았다.」 하였고, 또 公叔의 마부가 吳起의 절약하고 청렴함을 칭찬하였으니, 어찌 먼저는 탐욕스럽고 나중에는 청렴했겠는가. 吳起의 집이 본래 千金을 소유한 부잣집이었는데 파산하고 벼슬을 구하였으니, 지금 탐하였다고 말한 것은 실로 재물을 탐한 것이 아니고 영화와 명예를 탐했을 뿐이니, 어미가 죽었는데도 돌아가지 않고 아내를 죽여 장수가 되기를 요구함이 바로 이것이다.' 하였다."

3) 〔釋義〕司馬穰苴 : 田完之裔니 先爲齊大司馬라 故稱司馬穰苴라 所著書를 名司馬
法이라

司馬穰苴는 田完의 후손이니, 먼저(예전에) 齊나라 大司馬가 되었으므로 司馬
穰苴라 칭한 것이다. 그가 지은 책을 ≪司馬法≫이라 이름한다.

〔新增〕東萊曰 殺妻求將은 起未必是貪官爵이니 後便求爲將은 只緣起學得兵
法精이라 便被他使作하야 求逞其技能이라 以此知人有知能이 固善이나 除是
有技能後에 能制得他住[1]하야 而不爲技能所使者尤善이라 故로 吳起終爲魯人
所譖하니라 人言樂羊伐中山할새 對使者하야 食其子[2]한대 文侯賞其功而疑其
心하고 易牙事齊威公할새 公盡嘗天下異味로되 獨未嘗人이라 問易牙한대 易
牙殺其子以進이라하니라 樂羊之食其子와 易牙之殺其子와 吳起之殺其妻가 皆
是於其所厚者薄이라 凡人於所厚者厚之면 則人亦厚之하고 於所厚者薄之면 則
人亦薄之하나니 是其初本欲求君之喜나 終反爲君之疑라 吳起爲人이 貪財好色
이러니 及爲將하야는 則與士卒同甘苦하야 臥不設席하고 行不騎乘하니 是起
前則貪, 後則廉也라 起非是後能廉也라 前之貪은 是貪財요 後之與士卒同甘苦
는 乃是貪功名之心使之니라 是移前之貪於功名上이니 其貪則一이라 今漁人이
以餌致魚하나니 非是肯捨餌也요 意在得魚也니 畢竟是貪心所使니라

東萊가 말하였다.

"아내를 죽여 장수가 되기를 구한 것은 吳起가 반드시 관작을 탐해서가 아
닐 것이니, 뒤에 장수가 되기를 구한 것은 다만 吳起가 병법을 정밀하게 배
웠기 때문이니, 그가 병법에 부림을 당하여 그 기능을 발휘하고자 한 것이
다. 이로써 사람이 지능이 있음은 진실로 좋으나 기능을 소유한 뒤에는 이것
을 제재하여 기능에 동요당하지 않는 자가 더욱 훌륭함을 알 수 있다. 이 때
문에 吳起가 끝내 魯나라 사람들에게 참소를 당한 것이다.

사람들이 말하기를 '樂羊이 中山을 정벌할 적에 使者를 대하여 자기 자식
을 먹자, 文侯는 그 功을 상주면서도 그 마음을 의심하였고, 易牙가 齊나라
威公(桓公)을 섬길 적에 威公이 천하의 별미를 다 맛보았으나 오직 사람고기
만은 맛보지 못하였다. 이에 威公이 易牙에게 묻자 易牙가 자기 자식을 죽여

서 올렸다.'라고 하였다. 樂羊이 자기 자식을 먹은 것과 易牙가 자기 자식을
죽인 것과 吳起가 자기 아내를 죽인 것은 모두 후하게 대해야 할 바에게 박
하게 대한 것이다. 무릇 사람이 후하게 대해야 할 바에게 후하게 대하면 남
들도 그에게 후하게 하고, 후하게 대해야 할 바에게 박하게 대하면 남들도
그에게 박하게 대하니, 처음에는 본래 군주가 기뻐하기를 바라고자 해서였으
나, 끝내는 도리어 군주에게 의심을 받게 된 것이다.

　吳起는 사람됨이 재물을 탐하고 여색을 좋아하였는데, 장수가 됨에 이르러
서는 士卒들과 고락을 함께 하여 누울 때에 자리를 펴지 않았고 다닐 때에
말을 타거나 수레를 타지 않았으니, 이는 吳起가 전에는 탐욕스럽고 뒤에는
청렴한 것이다. 그러나 吳起가 뒤에 능히 청렴해진 것이 아니요, 전에 탐욕
스러웠던 것은 재물을 탐한 것이었고, 뒤에 사졸들과 고락을 함께 한 것은
바로 功名을 탐하는 마음이 그렇게 만든 것이었다. 이는 예전의 탐욕스러움
을 功名 위에 옮겨 놓은 것이니, 탐욕스럽기는 마찬가지이다. 지금 고기 잡
는 사람이 낚싯밥으로 고기를 잡으니, 이는 낚싯밥을 주기를 좋아해서가 아
니요 뜻이 고기를 잡으려는 데에 있는 것이니, 필경 이는 탐하는 마음이 그
렇게 만든 것이다."

1) 〔頭註〕制得他住 : 言能制技能하야 不爲所動이라
　　기능을 제재하여 동요당하지 않음을 말한다.
2) 〔頭註〕食其子 : 魏文侯遣樂羊으로 攻中山하니 時羊子在中山이라 中山君이 烹其
　　子而遺之羹한대 羊啜之하고 攻拔中山하니라
　　魏나라 文侯가 樂羊을 보내어 中山을 공격하게 하니, 이때 樂羊의 아들이 中山
　　에 있었다. 中山의 군주가 樂羊의 아들을 삶아 죽여 국을 보내주자, 樂羊이 이것
　　을 먹고 中山을 공격하여 함락시켰다.

【己卯】 二十四年이라

　24년(기묘 B.C.402)

王崩하고 子安王驕立하다

왕이 죽고 아들 安王 驕가 즉위하였다.

安王 名驕요 威烈王子니 在位二十六年이라

安王은 이름이 驕이고 威烈王의 아들이니, 재위가 26년이다.

【庚寅】十一年이라

11년(경인 B.C.391)

田和1)**遷齊康公於海上**하고 **使食一城**하야 **奉先祀**하다

田和가 齊나라 康公을 海上으로 옮기고 한 城을 食邑으로 주어 선조의 제사를 받들게 하였다.

1) 〔附註〕田和：陳厲公佗(타)之子完之九世田常之曾孫也라 完이 避禍奔齊한대 齊
   以陳爲田氏하고 爲齊世卿이러니 嘗弑簡公하다 和簒齊爲諸侯하니 是爲威王이라
   陳은 嬀(규)姓이요 侯爵이니 帝舜之後라 武王이 封閼(알)父之子滿於陳이러니
   三十四世에 爲楚所滅하니라
      田和는 陳나라 厲公 佗의 아들 完의 9세손인 田常(陳恒)의 曾孫이다. 完이 禍
   를 피하여 齊나라로 달아나니, 齊나라에서 陳氏를 田氏로 삼고 齊나라의 世卿을
   삼았는데, 그는 일찍이 簡公을 시해하였다. 曾孫인 和가 齊나라를 찬탈하여 諸侯
   가 되니, 이가 威王이다. 陳나라는 嬀姓이고 侯爵이니, 帝舜의 후손이다. 武王이
   閼父의 아들 滿을 陳나라에 봉하였는데, 34世 만에 楚나라에게 멸망당하였다.

【壬辰】十三年이라

13년(임진 B.C.389)

齊田和求爲諸侯어늘 **魏文侯爲之請於王及諸侯**한대 **王許之**하다

齊나라 田和가 제후가 되기를 구하자 魏나라 文侯가 그를 위하여 왕과 제

후들에게 청하니, 왕이 이를 허락하였다.

【甲午】十五年이라

15년(갑오 B.C.387)

魏文侯薨[1]하고 太子擊이 立하니 是爲武侯라 武侯浮西河[2]而下할새 中流에 顧謂吳起曰 美哉라 山河之固여 此는 魏國之寶也로다 對曰 在德이요 不在險이니이다 昔에 三苗氏[3]는 左洞庭[4]이요 右彭蠡[5]로되 德義不修어늘 禹滅之하시고 夏桀之居[6]는 左河濟[7]요 右泰華[8]요 伊闕[9]이 在其南하고 羊腸[10]이 在其北호되 修政不仁이어늘 湯이 放之하시고 商紂之國[11]은 左孟門[12]이요 右太行(항)[13]이요 常山이 在其北하고 大河經其南호되 修政不德이어늘 武王이 殺之하시니 由此觀之컨대 在德이요 不在險이니 若君不修德이면 舟中之人이 皆敵國也니이다 武侯曰 善하다

魏나라 文侯가 죽고 太子 擊이 즉위하니 이가 武侯이다. 武侯가 西河에 배를 띄워 내려갈 적에 中流에서 吳起를 돌아보고 말하기를 "아름답다, 山河의 險固함이여. 이는 魏나라의 보배이다." 하였다. 이에 吳起가 대답하기를 "나라를 잘 지킴은 德에 있고 험함에 있지 않습니다. 옛날 三苗氏는 왼쪽에 洞庭湖가 있고 오른쪽에 彭蠡湖가 있었으나 德義를 닦지 않으므로 禹王이 그를 멸망시키셨고, 夏桀이 살던 도읍은 왼쪽에는 黃河와 濟水가 있고 오른쪽에는 泰華山이 있었으며 伊闕山이 그 남쪽에 있었고 羊腸이 그 북쪽에 있었으나 政事를 닦음에 仁하지 않으므로 湯王이 추방하셨고, 商紂의 國都는 왼쪽에는 孟門山이 있고 오른쪽에는 太行山이 있고 常山(恒山)이 그 북쪽에 있고 大河가 그 남쪽을 경유하였으나 政事를 닦음에 德을 베풀지 않으므로 武王이 죽이셨습니다. 이로 말미암아 살펴보건대 나라를 지킴은 德에 있고 험함에 있지 않으니, 만약 임금께서 德을 닦지 않으면 이 배 안에 있는 사람들이 다 敵國이 될 것입니다." 하니, 武侯가 "좋다."고 칭찬하였다.

1) 〔譯註〕魏文侯薨 : 薨은 제후왕의 죽음을 가리키며, 天子의 죽음을 崩, 大夫의
  죽음을 卒이라 한다.

2) 〔釋義〕西河 : 括地志*⁾云 河在冀州西라 故名西河라
  西河는 ≪括地志≫에 "黃河가 冀州의 서쪽에 있으므로 西河라 이름했다." 하
  였다.

  *⁾括地志 : 唐나라의 濮王 李泰 등이 편찬한 것인데, ≪新唐書≫〈藝文志〉에 '≪括
    地志≫ 550권 및 ≪序略≫ 5권'이라고 되어 있으나 모두 散佚되었고, 현행본은
    淸나라의 孫星衍이 여러 책에 인용된 逸文을 모아 편찬한 것이다. ≪海東繹史≫에
    이 책의 일부가 인용되어 있다.

3) 〔釋義〕三苗氏 : 書蔡氏傳曰 三苗國은 在江南荊揚之間하니 恃險爲亂者也라 今湖
  南溪洞에 時猶竊發하고 俘而詢之하면 多爲猫姓이라하니 豈其遺種歟아 正義*⁾曰
  今潭州 古三苗國이라 〔頭註〕黃帝時에 夏官縉雲氏之後也라
  〔釋義〕三苗氏는 ≪書經≫ 蔡氏(蔡沈) 傳에 이르기를 "三苗의 나라는 江南의
  荊州·揚州의 사이에 있었는 바, 지형의 험고함을 믿고 亂을 일으킨 자이다." 하
  였다. 지금 湖南의 溪洞에 아직도 때로 몰래 나와 亂을 일으키는데, 이들을 잡아
  심문하면 대부분 猫姓이라 하니, 아마도 그 遺種(남은 종자)인가 보다. ≪史記正
  義≫에 "지금의 潭州가 바로 옛날의 三苗國이다." 하였다. 〔頭註〕三苗는 黃帝 때
  에 夏官인 縉雲氏의 후손이다.

  *⁾正義 : ≪史記正義≫를 가리킨다. 唐나라의 張守節이 지은 ≪史記≫의 주석서로
    모두 130권이다.

4) 〔釋義〕左洞庭 : 洞庭湖는 在岳州巴陵西하니 西吞赤沙하고 南連靑草하야 橫亘七
  八百里라 正義曰 以天子在北이라 故洞庭在西爲左요 彭蠡在東爲右니 彭蠡湖在潯
  陽이라
  洞庭湖는 岳州 巴陵의 서쪽에 있으니, 서쪽으로 赤沙를 倂呑하고 남쪽으로 靑
  草湖를 연결하여 너비가 7, 8백 리에 이른다. ≪史記正義≫에 이르기를 "天子가
  북쪽에 계시기 때문에 洞庭湖가 서쪽에 있는 것을 左라 하고 彭蠡湖가 동쪽에 있
  는 것을 右라 하였으니, 彭蠡湖는 潯陽에 있다." 하였다.

5) 〔釋義〕右彭蠡 : 東南五十二里라 禹貢에 彭蠡旣瀦라한대 蔡氏傳曰 地志*⁾에 在
  豫章彭澤縣東하니 合江西江東諸水하야 泘〔跨〕豫章, 饒州, 南康之地하니 所謂鄱
  陽湖者是也라
  彭蠡는 동남쪽 52리 지점에 있다. ≪書經≫〈禹貢〉에 "彭蠡에 이미 물을 가두

었다." 하였는데, 蔡氏의 傳에 이르기를 "≪漢書≫〈地理志〉에 豫章의 彭澤縣 동
쪽에 있으니, 江西와 江東의 여러 물을 모아 豫章과 饒州, 南康의 땅을 지나니,
이른바 鄱陽湖라는 것이 이것이다." 하였다.

＊) 地志 : 地志는 王幼學의 ≪資治通鑑綱目集覽≫에 보이는 바, 곧 ≪漢書≫〈地理
志〉를 가리킨다. 이하 本書에 나오는 地志와 地理志는 모두 ≪漢書≫〈地理志〉
임을 밝혀 둔다.

6) 〔釋義〕夏桀之居 : 帝王世紀에 禹封夏伯하니 今河南陽翟縣이 是라 汲冢古文에
太康居斟鄩이러니 羿(예)亦居之하고 桀又居焉이라 括地志云 鄩城은 在洛州鞏縣
이라

≪帝王世紀≫에 "禹王을 夏伯에 봉하니, 지금 河南의 陽翟縣이 이곳이다." 하였
다. ≪汲冢古文≫에 "太康이 斟鄩에 거주하였는데, 羿 또한 이곳에 거주하였고
桀王 또한 이곳에 거주했다." 하였다. ≪括地志≫에 "鄩城은 洛州의 鞏縣에 있
다." 하였다.

7) 〔釋義〕河濟 : 禹貢에 濟河에 惟兗州라한대 蔡氏傳曰 兗州之域은 東南據濟하고
西北距河하니 河濟之間이 相去不遠이라

≪書經≫〈禹貢〉에 "濟河에 兗州이다." 하였는데, 蔡氏의 傳에 이르기를 "兗州
지역은 동남쪽으로 濟水를 점유하고 서북쪽으로 黃河에 이르니, 黃河와 濟水 사
이는 거리가 멀지 않다." 하였다.

8) 〔釋義〕泰華 : 泰는 通作太라 禹貢에 至于太華라한대 蔡氏傳曰 地志에 太華山은
在弘農華陰縣하니 今華州華陰南二十里也라

泰는 太로도 쓴다. ≪書經≫〈禹貢〉에 "太華에 이른다." 하였는데, 蔡氏의 傳에
이르기를 "≪漢書≫〈地理志〉에 太華山은 弘農 華陰縣에 있으니, 지금의 華州 華
陰縣 남쪽 20리 지점에 있다." 하였다.

9) 〔釋義〕伊闕 : 括地志云 闕塞山은 一名伊闕이요 而俗名龍門이라 高誘曰 伊闕은
在洛陽西南六十里하니 禹所辟也라 酈(역)道元註에 水經云 禹疏龍門以通水라하
니 兩山相對하야 望之若闕然이요 伊水歷其間이라 故名伊闕이라

伊闕은 ≪括地志≫에 이르기를 "闕塞山은 일명 伊闕이요, 속명 龍門이라 한다."
하였다. 高誘가 말하기를 "伊闕은 洛陽의 서남쪽 60리 지점에 있으니, 禹王이 개
척한 곳이다." 하였다. 酈道元의 註에 "≪水經≫에 이르기를 '禹王이 龍門을 뚫어
물을 통하게 했다.' 하였으니, 두 산이 서로 마주하여 바라보면 闕門과 같고 伊水
가 그 사이를 지나간다. 그러므로 伊闕이라 한 것이다." 하였다.

10) 〔釋義〕羊腸 : 羊腸山은 在太原西北九十里라 正義曰 羊腸阪道는 在太行山上하니
　　 南口屬懷州하고 北口屬潞州라 括地志云 羊腸阪은 在懷州河內縣北二十五里라
　　　羊腸山은 太原의 서북쪽 90리 지점에 있다. ≪史記正義≫에 이르기를 "羊腸의
　　 비탈길은 太行山 위에 있으니, 남쪽 어귀는 懷州에 속하고 북쪽 어귀는 潞州에
　　 속한다." 하였다. ≪括地志≫에 이르기를 "羊腸阪은 懷州 河內縣 북쪽 25리 지점
　　 에 있다." 하였다.

11) 〔釋義〕商紂之國 : 慈湖王氏曰 〈鄭玄曰〉商國은 在泰華之陽이라 〈皇甫謐曰〉今
　　 上洛이 商也이라 〈括地志云〉商州東八十里商洛縣이 古商國也라
　　　慈湖王氏가 말하였다. "鄭玄이 말하기를 '商나라의 國都는 泰華山의 남쪽에 있
　　 다.' 하였다. 皇甫謐이 말하기를 '지금의 上洛이 商縣이다.' 하였다. ≪括地志≫
　　 에 이르기를 '商州 동쪽 80리 지점에 있는 商洛縣이 옛날 商나라 國都이다.' 하
　　 였다."

12) 〔釋義〕左孟門 : 慈湖王氏曰 〈賈逵曰〉孟門, 太行은 皆晉山隘也라 劉氏 按紂都
　　 朝歌하니 孟門在其西라 今言 紂之國이 左孟門이라하니 則東邊에 別有孟門也라
　　 或謂 今石州孟門縣이 是라
　　　慈湖王氏가 말하였다. "賈逵가 말하기를 '孟門과 太行은 모두 晉나라의 험한 산
　　 이다.' 하였다. 劉氏는 '살펴보건대 紂는 朝歌에 도읍하였으니, 孟門山이 그 서쪽
　　 에 있다. 그런데 지금 말하기를 「紂의 國都가 왼쪽에 孟門이 있다.」고 하였으니,
　　 東邊에 별도로 孟門이 있는 듯하다.' 하였다. 或者는 이르기를 '지금 石州의 孟門
　　 縣이 이곳이다.' 한다."

13) 〔釋義〕太行 : 行은 音杭이라 太行山은 在河內山陽縣西北上黨南이라 正義曰 在
　　 懷州河內北二十五里라
　　　太行의 行은 音이 항이다. 太行山은 河內 山陽縣 서북쪽 上黨 남쪽에 있다.
　　 ≪史記正義≫에 이르기를 "懷州 河內의 북쪽 25리 지점에 있다." 하였다.

○ 魏置相할새 相田文하니 吳起不悅하야 謂田文曰 請與子論功이 可乎아 田文
曰 可하다 起曰 將三軍하야 使士卒樂死하고 敵國不敢謀는 子孰與起오 文曰
不如子로라 起曰 治百官·親萬民·實府庫는 子孰與起오 文曰 不如子로라 起
曰 守西河면 而秦兵이 不敢東鄕(嚮)하고 韓趙賓從은 子孰與起오 文曰 不如
子로라 起曰 此三者는 子皆出吾下어늘 而位加吾上은 何也오 文曰 主少國疑

에 大臣이 未附하고 百姓이 不信하니 方是之時하야 屬(촉)之子乎아 屬之我乎아 起
默然良久에 曰 屬之子矣리라 久之요 魏武侯疑之[1]어늘 起懼誅하야 遂奔楚하니
楚悼王이 素聞其賢이라 至則任之爲相하다 起明法審令하야 捐不急之官하고
廢公族疏遠者하야 以撫養戰鬪之士하니 要在彊兵이라 破遊說(세)[2]之言從
橫者[3]하다 於是에 南平百越[4]하고 北却三晉하고 西伐秦하니 諸侯皆患楚之彊
하고 而楚之貴戚大臣이 多怨吳起者러라

　　魏나라가 정승을 세울 때에 田文을 정승으로 삼으니, 吳起가 기뻐하지 아
니하여 田文에게 이르기를 "그대와 功을 논할 것을 청하노니, 허락하겠는
가?" 하자, 田文이 "좋다." 하였다. 吳起가 말하기를 "三軍을 거느려 士卒들로
하여금 결사적으로 싸우기를 좋아하고 敵國이 감히 도모하지 못하게 함은 그
대가 어찌 나만 하겠는가?" 하자, 田文이 "그대만 못하다." 하였다. 吳起가
말하기를 "百官을 다스리고 萬民을 친애하고 府庫를 꽉 채우는 것은 그대가
어찌 나만 하겠는가?" 하자, 田文이 "그대만 못하다." 하였다. 吳起가 말하
기를 "西河를 지키면 秦나라 군대가 감히 동쪽을 향해 오지 못하고 韓나라
와 趙나라가 손님처럼 공경히 따르게 함은 그대가 어찌 나만 하겠는가?" 하
자, 田文이 "그대만 못하다." 하였다. 吳起가 말하기를 "이 세 가지는 모두
그대가 나만 못한데도 地位는 나의 위에 있음은 어째서인가?" 하자, 田文이
말하기를 "君主가 나이가 젊고 나라가 의심스러워 大臣이 따르지 않고 百姓
들이 믿지 않으니, 이때를 당하여 國政을 자네에게 맡기겠는가, 나에게 맡
기겠는가?" 하니, 吳起가 한동안 묵묵히 있다가 말하기를 "그대에게 맡기겠
다." 하였다.

　　얼마 후 魏나라 武侯가 의심하자, 吳起는 죽임을 당할까 두려워하여 마침
내 楚나라로 도망하였다. 楚나라 悼王은 평소에 그가 어질다는 말을 들었으
므로 吳起가 이르자 그에게 정사를 맡겨 정승으로 삼았다. 吳起는 법령을 밝
히고 명령을 자세히 살펴 시급하지 않은 관원을 줄이고 公族으로서 소원한
자들을 폐하여 전투하는 軍士를 어루만지고 기르니, 요점이 군대를 강하게

함에 있었다. 유세하면서 合從과 連橫을 말하는 자들을 파하였다. 이에 남쪽으로 百越을 평정하고 북쪽으로 三晉(韓·魏·趙)을 퇴각시키고 서쪽으로 秦나라를 정벌하니, 제후들이 모두 楚나라의 강성함을 걱정하였고 楚나라의 貴戚大臣들은 吳起를 원망하는 자가 많았다.

1) 〔頭註〕武侯疑之 : 魏相公叔座譖之하니라 公叔은 氏니 衛之公族이라
　　魏나라 정승인 公叔座가 참소한 것이다. 公叔은 氏이니 衛나라의 公族이다.

2) 〔頭註〕遊說 : 飾辯辭하고 設詐謀하야 馳逐於天下하야 以要時勢者也라
　　遊說는 말을 꾸미고 속임수를 써서 천하에 분주히 돌아다니며 당시의 權勢를 바라는 것이다.

3) 〔釋義〕遊說之言從橫者 : 慈湖王氏曰 橫은 與衡通이라 孟康曰 南北爲從이요 東西爲橫이라하고 瓚曰^{*)} 以利合爲從이요 以威勢相脅爲橫이라한대 正義曰 諸說皆未允이라 關東地從長이어늘 六國共居之하니 蘇秦相六國하야 令從親而擯秦이라 故曰合從이요 關西地橫廣이어늘 秦獨居之하니 張儀相秦하야 破關東從道하야 使連秦之橫이라 故曰連橫이라
　　慈湖王氏가 말하였다. "橫은 衡과 통한다. 孟康이 말하기를 '南北을 從(縱)이라 하고, 東西를 橫이라 한다.' 하였고, 薛瓚은 말하기를 '이로움으로 합하는 것을 從이라 하고, 위엄과 세력으로 서로 위협함을 橫이라 한다.' 하였는데, 《史記正義》에 이르기를 '여러 해설이 모두 합당하지 못하다. 關東은 땅이 從(세로)으로 길었는데 六國이 함께 이곳에 있었는 바, 蘇秦이 六國의 정승이 되어 從親하여 秦나라를 물리치게 하였으므로 合從이라 하였고, 關西는 땅이 橫(가로)으로 넓었는데 秦나라가 홀로 이곳에 있었는 바, 張儀가 秦나라의 정승이 되어 關東의 合從하는 길을 깨뜨려서 秦나라의 橫을 連하게 하였으므로 連橫이라 한 것이다.' 하였다."

*) 瓚曰 : 瓚은 《漢書》를 註낸 사람으로 원래 '臣瓚曰'로 되어 있고 姓이 표기되어 있지 않으나 《水經注》에는 薛瓚으로 되어 있다.

4) 〔釋義〕百越 : 謂非一種也니 猶言百蠻이라 韋昭^{*)}曰 越有百邑이라 故曰百越이라
　　百越은 한 종류가 아님을 이르니, 百蠻이라는 말과 같다. 韋昭가 말하기를 "越나라에 백 개의 고을이 있으므로 百越이라 했다." 하였다.

*) 韋昭 : 晉나라 文帝(司馬昭)의 諱를 피하여 이름을 曜라고 바꿨으며 字는 弘嗣이다. 《論語》·《孝經》·《國語》에 注를 냈으며 《官職訓》·《辯釋名》

등을 지었다.

【乙未】 十六年이라

16년(을미 B.C.386)

初命齊大夫田和하야 爲諸侯[1]하다

처음으로 齊나라 大夫 田和를 명하여 諸侯로 삼았다.

1) 〔譯註〕 初命齊大夫田和 爲諸侯 : 이로부터 姜姓의 齊나라가 망하고 田氏의 齊나라가 일어나게 되었다.

【庚子】 二十一年이라

21년(경자 B.C.381)

楚悼王이 薨커늘 貴戚大臣이 作亂하야 攻殺起하다

楚나라 悼王이 죽자, 貴戚大臣들이 亂을 일으켜서 吳起를 공격하여 죽였다.

【壬寅】 二十三年이라

23년(임인 B.C.379)

齊康公이 薨하니 無子라 田氏遂幷齊而有之하다

齊나라 康公이 죽으니 자식이 없었다. 田氏가 마침내 齊나라 땅을 겸병하여 모두 소유하였다.

【甲辰】 二十五年이라

25년(갑진 B.C.377)

子思言苟變於衛侯曰 其材可將五百乘[1]이니이다 公曰 吾知其可將이나 然이나 變也嘗爲吏하야 賦於民而食人二鷄子라 故로 弗用也하노라 子思曰 夫聖人之官人이 猶匠之用木也하야 取其所長하고 棄其所短이라 故로 杞梓連抱[2]而有數尺之朽라도 良工은 不棄하나니 今君이 處戰國之世하야 選爪牙之士어늘 而以二卵으로 棄干城之將[3]하시니 此는 不可使聞於隣國也로소이다 公再拜曰 謹受敎矣리이다

子思가 苟變에 대해 衛나라 임금에게 말씀하기를 "그 재목이 5백 乘을 거느릴 만합니다." 하니, 公이 대답하기를 "나도 그가 충분히 거느릴 수 있음을 아나 苟變이 일찍이 관리가 되어서 백성에게 세금을 더 거두어 남의 계란 두 개를 먹었기 때문에 쓰지 않는 것입니다." 하였다. 子思가 말씀하기를 "聖人이 사람을 벼슬시킴은 목수가 나무를 쓰는 것과 같아서 그 장점을 취하고 그 단점을 버립니다. 그러므로 몇 아름이 되는 杞나무와 梓나무는 몇 자의 썩은 부분이 있더라도 훌륭한 木工은 이를 버리지 않습니다. 지금 군주께서 戰國의 세상에 처하여 발톱과 이빨과 같은 勇士를 선발하시면서 계란 두 개 때문에 干城과 같은 장수를 버리시니, 이는 이웃 나라에 알려지게 해서는 안됩니다." 하니, 公은 두 번 절하고 "삼가 가르침을 받겠습니다." 하였다.

1) 〔譯註〕五百乘 : 乘은 兵車 1대로, 병거 한 대에는 甲士가 3명, 步兵이 72명, 취사병이 25명 등 총 100명의 병사와 軍馬 4필이 따른다.

2) 〔頭註〕連抱 : 言兩手方周圍라
   連抱는 두 팔을 둥글게 모아서 만든 둘레를 말한다.

3) 〔釋義〕干城之將 : 慈湖王氏曰 詩兎罝(저)篇에 公侯干城이라한대 註에 干은 扞也라 箋[*]云 干也, 城也는 皆以禦難也니 謂可以干城其民이라 干如字하니 干楯은 所以自蔽扞也라 左傳註에 謂扞蔽其民을 若城然이라
   慈湖王氏가 말하였다. "≪詩經≫ 〈兎罝篇〉에 '公侯의 干城이다.' 하였는데, 註에 '干은 막음이다.' 하였고 ≪毛詩箋≫에 '방패와 城은 다 難을 막는 것이니, 백성을 방패와 성처럼 막아 줄 수 있음을 말한 것이다. 干은 本字대로 읽으니, 방패는 스스로 자기 몸을 가리고 막는 것이다.' 하였다. ≪左傳≫의 註에 '백성을 막아주

고 가려주기를 城과 같이 한다.' 하였다."

*) 箋 : 鄭玄의 ≪毛詩箋≫을 가리킨다. ≪詩經≫은 毛萇의 註와 鄭玄의 箋이 있다.

○ 衛侯言計非是로되 而群臣和者 如出一口라 子思曰 以吾觀衛컨대 所謂君不君, 臣不臣者也로다 夫不察事之是非하고 而悅人讚己하니 闇莫甚焉이요 不度(탁)理之所在하고 而阿諛求容하니 諂莫甚焉이라 君闇臣諂하야 以居百姓之上이면 民不與也니 若此不已면 國無類[1]矣리라 子思言於衛侯曰 君之國事 將日非矣리이다 君出言에 自以爲是어든 而卿大夫莫敢矯其非하고 卿大夫出言에 自以爲是어든 而士庶人이 莫敢矯其非하야 君臣이 旣自賢矣어든 而群下同聲賢之하니 賢之則順而有福하고 矯之則逆而有禍하나니 如此면 則善安從生이리잇고 詩曰 具(俱)曰予聖이어니 誰知烏之雌雄고하니 抑亦似君之君臣乎인저

衛나라 임금이 계책을 말한 것이 옳지 않은데도 여러 신하들이 화답하는 것이 한 입에서 나오는 것처럼 똑같이 찬성하였다. 子思가 말씀하기를 "내가 衛나라를 살펴보건대 이른바 君主는 군주답지 못하고 臣下는 신하답지 못하다는 것이다. 일의 옳고 그름을 살피지 않고 남이 자신을 칭찬하는 것만 좋아하니 어둠이 이보다 더 심할 수가 없고, 이치가 있는 곳을 헤아리지 않고 아첨하여 용납되기를 구하니 아첨함이 이보다 더 심할 수가 없다. 군주는 어둡고 신하는 아첨하면서 백성의 위에 있으면 백성들이 따르지 않을 것이니, 이와 같이 하기를 그만두지 않으면 나라에 남는 무리가 없을 것이다." 하였다.

子思가 衛나라 임금에게 말씀하기를 "임금의 나라 일이 장차 날로 잘못될 것입니다. 군주가 말을 하고는 스스로 옳다고 여기면 卿ㆍ大夫가 감히 그 그름을 바로잡지 못하고, 卿ㆍ大夫가 말을 하고는 스스로 옳다고 여기면 士ㆍ庶人이 감히 그 그름을 바로잡지 못해서, 군주와 신하가 이미 스스로 어질다고 하면 여러 아랫사람들이 똑같은 소리로 어질다고 하니, 어질다고 하면 윗사람의 뜻에 순하여 福이 있고, 바로잡으려면 거슬려서 禍가 있습니다. 이와

같다면 善이 어디로부터 생겨나겠습니까? ≪詩經≫에 이르기를 '모두 내가 聖人이라고 하니, 누가 까마귀의 암수를 알겠는가.' 하였으니, 또한 임금의 君臣과 같습니다." 하였다.

1) 〔頭註〕國無類 : 言亡也라
   나라에 남는 무리가 없다는 것은 망함을 말한다.

【乙巳】二十六年이라

26년(을사 B.C.376)

王崩하고 子烈王喜立하다

王이 죽고 아들 烈王 喜가 즉위하였다.

○ 韓·魏·趙共廢晉靖公하야 爲家人1)하고 而分其地2)하다

韓·魏·趙가 함께 晉나라 靖公을 폐하여 庶人으로 삼고 그 땅을 나누어 가졌다.

1) 〔頭註〕家人 : 謂居家之人也니 無官職也라
   家人은 집안에 거하는 사람을 이르니, 관직이 없는 것이다.
2) 〔釋義〕韓魏趙……分其地 : 養心吳氏*)曰 初에 魏·韓·趙分晉이로되 尙以晉靖公食一城이러니 至此하야 共奪其城하고 使爲庶人하니라
   養心吳氏가 말하였다. "처음에 魏·韓·趙가 晉나라를 나누어 가졌으나 그래도 晉나라 靖公에게 한 城을 食邑으로 주었는데, 이때에 이르러 그 城마저 함께 빼앗고 庶人으로 삼은 것이다."
*) 養心吳氏 : 이름이 자세하지 않다.

烈王 名喜요 安王子니 在位七年이라

烈王은 이름이 喜이고 安王의 아들이니, 재위가 7년이다.

【辛亥】六年이라

6년(신해 B.C.370)

齊威王이 來朝하다 是時에 周室이 微弱하야 諸侯莫朝어늘 而齊獨朝之하니 天下
以此로 益賢威王이러라

齊나라 威王이 周나라에 와서 조회하였다. 이때 周나라 왕실이 미약하여
제후들이 조회하는 자가 없었는데, 齊나라 威王이 홀로 조회하니, 천하 사람
들이 이 때문에 威王을 더욱 어질게 여겼다.

○ 威王이 召卽墨[1]大夫하야 語之曰 自子之居卽墨也로 毁言이 日至어늘 吾
使人視卽墨하니 田野闢하고 人民給하고 官無事하야 東方以寧하니 是는 子不事
吾左右以求助也라하고 封之萬家하다 召阿[2]大夫하야 語之曰 自子守阿로 譽
言이 日至어늘 吾使人視阿하니 田野不闢하고 人民貧餒하고 昔日에 趙攻鄄[3]호되
子不救하고 衛取薛陵호되 子不知하니 是는 子厚幣事吾左右以求譽也라하고 是
日에 烹阿大夫及左右嘗譽者하다 於是에 群臣이 悚懼하야 莫敢飾非하고 務盡
其情하니 齊國이 大治하야 彊於天下러라

齊나라 威王이 卽墨大夫를 불러서 말하기를 "그대가 卽墨에 부임하면서부
터 헐뜯는 말이 날로 이르므로 내가 사람을 시켜서 卽墨을 시찰하게 하였더
니, 田野가 개간되고 人民이 넉넉(풍족)하며 官廳이 일이 없어서 東方이 편
안하였으니, 이는 그대가 나의 좌우 신하를 섬겨 도움을 구하지 않았기 때문
이다." 하고 그에게 萬家를 봉해 주었다.
阿大夫를 불러서 말하기를 "그대가 阿를 맡으면서부터 칭찬하는 말이 날로
이르므로 내가 사람을 시켜서 阿를 시찰하게 하였더니, 田野가 개간되지 못
하고 人民이 가난하고 굶주리며, 옛날에 趙나라가 鄄을 공격하였으나 그대가
구원하지 않았고 衛나라가 薛陵을 점령하였으나 그대가 알지 못하였으니, 이

는 그대가 많은 幣帛으로 나의 좌우를 섬겨서 칭찬을 구하였기 때문이다." 하고, 그날로 阿大夫와 좌우 신하로서 일찍이 그를 칭찬했던 자들을 삶아 죽였다.

이에 여러 신하들이 두려워하여 감히 나쁜 것을 좋게 꾸미지 못하고 힘써 그 實情을 다하니, 齊나라가 크게 다스려져서 천하에 강하였다.

1) 〔釋義〕卽墨 : 本萊州邑이니 今膠州縣也라 括地志云 故卽墨城은 在今登州膠水縣南六十里라

　　卽墨은 본래 萊州의 고을이니, 지금의 膠州縣이다. ≪括地志≫에 "옛 卽墨城은 지금의 登州 膠水縣 남쪽 60리 지점에 있다." 하였다.

2) 〔釋義〕阿 : 杜預曰 濟北東阿는 是本齊之柯邑이라 齊桓公이 與魯會柯而盟이 卽此니 今爲祝阿라 括地志云 故城이 在今東平府東阿縣西南이라

　　杜預가 말하기를 "濟水의 북쪽 東阿는 바로 본래 齊나라의 柯邑이다. 齊나라 桓公이 魯나라와 柯 땅에서 만나 盟約한 곳이 바로 여기이니, 지금에는 祝阿라 한다." 하였다. ≪括地志≫에 "옛 城이 지금의 東平府 東阿縣 서남쪽에 있다." 하였다.

3) 〔釋義〕鄄 : 音絹이니 鄄城縣은 今屬濮州라

　　鄄은 음이 견이니, 鄄城縣은 지금 濮州에 속한다.

【壬子】 七年이라

7년(임자 B.C.369)

王崩하고 弟顯王扁(변)이 立하다

왕이 죽고 아우 顯王 扁이 즉위하였다.

顯王 名扁이요 烈王之弟니 在位四十八年이라

　　顯王은 이름이 扁이고 烈王의 아우이니, 재위가 48년이다.

【己未】七年_{이라}

7년(기미 B.C.362)

秦孝公이 立하다 是時에 河, 山以東에 彊國이 六이요 淮, 泗之間에 小國이 十餘¹⁾라 楚魏與秦接界하야 皆以夷狄遇秦하야 擯斥之하야 不得與(예)中國之會盟하니 於是에 孝公이 發憤하야 布德修政하야 欲以彊秦이러라

　秦나라 孝公이 즉위하였다. 이때에 黃河와 太行山 以東에 강한 나라가 여섯이었고 淮水와 泗水 사이에 작은 나라가 10여 개였다. 楚나라와 魏나라는 秦나라와 국경이 접했는데, 모두 秦나라를 夷狄으로 대하여 배척해서 中國의 會盟에 참여하지 못하였다. 이에 孝公은 분발하여 德을 펴고 政事를 닦아서 秦나라를 강성하게 하고자 하였다.

1)〔譯註〕河山以東……小國十餘 : 6개의 강국은 韓·魏·趙·齊·楚·燕을 가리키고, 10여 개의 소국은 자세히 상고할 수 없으나 淮水와 泗水 사이에 있던 나라로 이 당시까지 남아 있던 것은 宋·魯·滕·薛·小邾·莒·淮夷 등이다.

【庚申】八年_{이라}

8년(경신 B.C.361)

孝公이 令國中曰 賓客群臣에 有能出奇計彊秦者면 吾且尊官하고 與之分土¹⁾하리라 於是에 衛公孫鞅²⁾이 聞令하고 乃西入秦하야 因嬖(폐)臣景監³⁾하야 以求見孝公하고 說(세)以富國彊兵之術한대 公이 大悅하야 與議國事하다

　孝公이 國中에 명령하기를 "빈객과 여러 신하들 중에 기이한 계책을 내어 秦나라를 강하게 할 자가 있으면 내 우선 벼슬을 높여 주고 그에게 땅을 나누어 주겠다." 하였다. 이에 衛나라의 公孫鞅이 명령을 듣고 마침내 서쪽으로 秦나라에 들어가 총애하는 신하인 景監을 통하여 孝公을 만나 보기를 구하고 富國強兵하는 방법으로 설득하니, 孝公이 크게 기뻐하여 그와 더불어

國事를 의논하였다.

1) 〔釋義〕分土 : 分은 別也니 凡裂土以封諸侯에 其受封者 各有分也라

　　　分은 구별함이니, 땅을 나누어 제후를 봉해 줄 적에 分封을 받는 자가 각각 구별이 있는 것이다.

2) 〔釋義〕公孫鞅 : 公孫은 氏也요 鞅은 名也라 秦封鞅商, 於十五邑하고 號曰商君이라하니라

　　　公孫은 氏이고 鞅은 이름이다. 秦나라는 公孫鞅에게 商·於의 15개 읍을 봉해 주고 商君이라 이름하였다.

3) 〔釋義〕嬖臣景監 : 嬖臣은 便幸近習之人也라 景監은 姓名이니 楚之族이라

　　　嬖臣은 군주가 총애하고 가까이하는 사람(환관)이다. 景監은 姓名이니 楚나라의 족속(왕족)이다.

【壬戌】十年이라

　10년(임술 B.C.359)

衛鞅이 欲變法호되 秦人不悅이어늘 衛鞅이 言於秦孝公曰 夫民은 不可與慮始요 而可與樂成이니 論至德者는 不和於俗하고 成大功者는 不謀於衆이라 是以로 聖人이 苟可以彊國인대 不法其故니이다 甘龍曰 不然하다 緣法而治者는 吏習而民安之[1]니라 衛鞅曰 常人은 安於故俗하고 學者는 溺於所聞하나니 以此兩者로 居官守法은 可也어니와 非所與論於法之外也라 智者作法에 愚者制焉하고 賢者更(경)禮에 不肖者拘焉[2]이니이다 公曰 善타하고 以衛鞅으로 爲左庶長[3]하야 卒定變法之令하다 令民으로 爲什伍而相收司連坐[4]호되 告姦者는 與斬敵首同賞하고 不告姦者는 與降敵同罰[5]하고 有軍功者는 各以率(률)受上爵하고 爲私鬪者는 各以輕重被刑하고 大小僇(戮)力[6]하야 本業耕織하야 致粟帛多者는 復其身[7]하고 事末利[8]하며 及怠而貧者는 擧以爲收孥[9]하고 有功者는 顯榮하고 無功者는 雖富나 無所芬華리라

衛鞅(衛나라 公孫鞅)이 法을 변경하려 하였으나 秦나라 사람들이 좋아하지 않았다. 衛鞅이 秦나라 孝公에게 말하기를 "백성은 시작은 더불어 도모할 수 없고 성공은 더불어 즐길 수 있습니다. 지극한 德을 논하는 자는 세속과 화합하지 못하고, 큰 功을 이루는 자는 민중과 상의하지 않습니다. 이 때문에 聖人이 만일 나라를 강하게 할 수 있으면 옛것을 그대로 본받지 않는 것입니다." 하니, 甘龍이 말하기를 "그렇지 않다. 옛 법을 따라 다스리면 관리가 익숙하고 백성들이 편안하다." 하였다.

衛鞅이 논박하기를 "보통 사람들은 옛 풍속에 안주하고 배운 자는 자기가 들은 바에 빠져 있으니, 이 두 가지를 가지고 관직에 있으면서 법을 지키는 것은 가능하나 더불어 법 밖의 일을 논할 수 있는 것은 아닙니다. 지혜로운 자가 법을 만들면 어리석은 자가 제재를 가하고, 어진 자가 禮를 바꾸면 不肖한 자가 견제합니다." 하였다. 公은 "좋다." 하고는 衛鞅을 左庶長으로 삼아 마침내 法을 변경하는 법령을 정하였다.

백성들로 하여금 什과 伍를 만들어 서로 糾察하고 連坐하게 하되, 간악함을 고발하는 자는 적의 수급을 벤 것과 똑같은 상을 내리고 간악함을 고발하지 않은 자는 적에게 항복한 것과 똑같이 처벌하며, 軍功이 있는 자는 각기 비율에 따라 높은 관작을 받고 사사로운 싸움을 하는 자는 각기 輕重에 따라 형벌을 받으며, 크고 작은 사람이 힘을 합하여 밭을 갈고 비단을 짜는 것을 본업으로 삼아 곡식과 비단을 많이 바친 자는 그 身役을 면제해 주고 상공업〔末利〕에 종사하거나 또는 게을러 가난한 자는 들어(적발하여) 처자를 노비로 삼았으며, 공이 있는 자는 현달하고 영화롭고 공이 없는 자는 비록 부유하더라도 화려한 바가 없게 하였다.

1)〔譯註〕甘龍曰……吏習而民安之 : 여기서는 甘龍의 말을 축약하였는 바, ≪史記≫〈商君列傳〉에는 "그렇지 않다. 聖人은 백성을 바꾸지 않고 가르치고 지혜로운 자는 법을 바꾸지 않고 다스리니, 백성을 그대로 따라서 가르치면 수고롭지 않아도 공을 이루고, 법을 따라서 다스리면 관리가 익숙하고 백성들이 편안하다.〔不然 聖人不易民而敎 知者不變法而治 因民而敎 不勞而成功 緣法而治者 吏習而民安之〕"라고 되어 있다.

2) 〔頭註〕不肖者拘焉 : 賢智之人이 作法更禮하면 而愚不肖者 不明變通而輒拘制하
야 不使之行이라

어질고 지혜로운 사람이 法을 만들고 禮를 고치면 어리석고 불초한 자가 변통
할 줄 모르고 속박과 제재를 가하여 행해지지 못하게 하는 것이다.

3) 〔附註〕左庶長 : 秦第十爵名이라 秦制에 爵二十級이니 一公士요 二上造요 三簪
褭(잠뇨)요 四不更이요 五大夫요 六官大夫요 七公大夫요 八公乘이요 九五大夫
요 十左庶長이요 十一右庶長이요 十二左更이요 十三中更이요 十四右更이요 十
五小上造요 十六大上造요 十七駟車庶長이요 十八大庶長이요 十九關內侯요 二
十徹侯라

左庶長은 秦나라의 열 번째 官爵 이름이다. 秦나라 제도에 관작이 모두 20등급
이니, 1은 公士, 2는 上造, 3은 簪褭, 4는 不更, 5는 大夫, 6은 官大夫, 7은 公
大夫, 8은 公乘, 9는 五大夫, 10은 左庶長이고, 11은 右庶長, 12는 左更, 13은
中更, 14는 右更, 15는 小上造, 16은 大上造, 17은 駟車庶長, 18은 大庶長, 19
는 關內侯, 20은 徹侯이다.

4) 〔釋義〕令民……連坐 : 慈湖王氏曰 什伍者는 五家爲保하고 十家相連이라 收司는
相糾發也니 一家有罪하면 九家擧發이요 若不糾擧면 則十家連坐라 司는 猶管也
니 爲什伍之法하야 使之相收相管이라

慈湖王氏가 말하였다. "什伍는 5가호가 보증하고 10가호가 서로 연좌하는 것이
다. 收司는 서로 규찰하는 것이니, 한 집이 죄가 있으면 아홉 집이 이를 들어 고
발하고, 만약 규찰하여 드러내지 않으면 열 집이 연좌되는 것이다. 司는 管과 같
으니, 什伍의 法을 만들어 서로 견제하게 하는 것이다."

5) 〔頭註〕告姦者……與降敵同罰[*] : 同賞은 謂告姦一人則得爵一級이요 同罰은 降
敵者는 誅其身하고 沒其家라

同賞은 한 간사한 사람을 고발하면 한 계급의 관작을 얻음을 이르며, 同罰은 적
에게 항복한 자는 그 몸을 죽이고 집안을 몰살하는 것이다.

*) 告姦者……與降敵同罰 : ≪史記≫〈商君列傳〉에는 "간악함을 고발하지 않은 자
는 허리를 베어 죽이고, 간악함을 고발한 자는 적의 수급을 벤 것과 똑같은 상
을 내리고, 간악함을 숨긴 자는 적에게 항복한 것과 똑같이 처벌한다.〔不告姦
者腰斬 告姦者與斬敵首同賞 匿姦者與降敵同罰〕"로 되어 있는 바, ≪資治通鑑≫
에 잘못되었으므로 ≪通鑑節要≫ 역시 잘못된 것이다.

6) 〔釋義〕僇力 : 古字與戮同하니 說文에 并力也라

古字에 戮과 같으니, ≪說文解字≫에 "힘을 합하는 것이다." 하였다.

7) 〔原註〕 復其身 : 復은 如漢法除其賦役也라 〔釋義〕 復은 音福이니 除也니 謂除免
   其身役이라

   〔原註〕 復은 漢나라 법에 그 부역을 면제해 주는 것과 같다. 〔釋義〕 復은 음이
   복이니, 면제하는 것이니, 그 신역을 면제해 줌을 이른다.

8) 〔釋義〕 事末利 : 慈湖王氏曰 事는 務也요 末利는 工商也라 蓋農桑爲本이라 故上
   文云 本業耕織이라하니라

   慈湖王氏가 말하였다. "事는 힘씀이고 末利는 상공업이다. 농사짓고 누에 치는
   것을 근본으로 삼는다. 그러므로 윗글에 이르기를 '밭을 갈고 비단을 짜는 것을
   본업으로 삼는다.'고 한 것이다."

9) 〔原註〕 擧以爲收孥 : 孥는 妻子也니 秦法에 一人有罪하면 幷其室家라 〔釋義〕 慈
   湖王氏曰 謂糾擧而收錄其妻子하야 沒爲官奴婢라

   〔原註〕 孥는 처자식이니, 秦나라 법에 한 사람이 죄가 있으면 그 집안식구들을
   아울러 처벌하였다. 〔釋義〕 慈湖王氏가 말하였다. "규찰하여 적발해서 그 처자식
   까지 거두어 기록하여 모두 관노비로 삼는 것이다."

令을 旣具未布에 恐民之不信하야 乃立三丈之木於國都市南門하고 募民호되 有能徙置北門者면 予十金[1]호리라 民이 怪之하야 莫敢徙어늘 復曰 能徙者면 予五十金호리라 有一人이 徙之어늘 輒予五十金하고 乃下令하다 令行朞(期)年에 秦民이 之國都하야 言新令之不便者以千數러라 於是에 太子犯法이어늘 衛鞅曰 法之不行은 自上犯之니 太子는 君嗣也라 不可施刑이라하고 刑其傅公子虔하고 黥其師公孫賈하니 明日에 秦人이 皆趨令하야 行之十年에 秦國이 道不拾(습)遺하고 山無盜賊하며 民이 勇於公戰하고 怯於私鬪하니 鄕邑이 大治러라 秦民이 初言令不便者 有來言令便者어늘 衛鞅曰 此는 皆亂法之民也라하고 盡遷之於邊하니 其後에 民이 莫敢議令이러라

法令을 이미 갖추었으나 아직 선포하지 않았는데, 백성들이 믿지 않을까
두려워하여 마침내 세 길 되는 나무를 國都의 시장 南門에 세워 놓고 懸賞하
여 백성들을 모집하되 "이것을 北門으로 옮겨 놓는 자가 있으면 10金을 주겠

다."하였다. 백성들이 괴이하게 여겨 감히 옮기지 않자, 다시 명령을 내리기를 "옮기는 자가 있으면 50金을 주겠다." 하였다. 한 사람이 이것을 옮기자, 즉시 50금을 주고 마침내 명령을 내렸다.

명령을 행한 지 1년 만에 秦나라 백성들이 國都에 가서 새 법령이 불편하다고 말하는 자가 천 명으로 헤아려졌다. 이때에 太子가 법을 범하자, 衛鞅이 말하기를 "법이 행해지지 않는 것은 위에서 범하기 때문이니, 태자는 임금의 후계자라서 형벌을 加할 수 없다." 하고는 그 傅인 公子 虔을 형벌하고 그 師인 公孫賈를 刺字하니, 다음날에 秦나라 사람들이 모두 법령을 따랐다. 그리하여 법령을 행한 지 10년 만에 秦나라는 길에 떨어진 물건을 줍지 않고 산에는 도적이 없으며 백성들이 公戰(국가간의 전투)에는 용감하고 사사로운 싸움은 겁을 내니, 鄕邑이 크게 다스려졌다.

秦나라 백성 중에 처음에 새로운 법령이 불편하다고 말한 자가 다시 와서 법령이 편하다고 말하는 자가 있자, 衛鞅이 말하기를 "이들은 모두 법을 어지럽히는 백성이다." 하고는 모두 변경으로 옮기니, 이후로는 백성들이 감히 법령을 의논하지 못하였다.

1) 〔附註〕 十金 : 平準書에 〈秦〉以一鎰(일)爲一金이요 漢以一斤爲一金이라하니 直(値)二千五百文이라 食貨志에 秦은 金方寸重一斤을 以鎰名이러니 漢復周制하야 一斤名金이라 諸言賜黃金者는 實與之金이요 不言黃者는 一金爲萬錢也라
≪史記≫〈平準書〉에 "秦나라는 一鎰(24냥)을 一金이라 하고, 漢나라는 一斤을 一金이라 했다." 하였으니, 一金은 값어치가 2,500文이다. ≪漢書≫〈食貨志〉에 "秦나라는 金이 두께가 一寸, 무게가 一斤인 것을 鎰이라 이름하였는데, 漢나라는 周나라 제도를 회복하여 一斤을 一金이라 했다." 하였다. 무릇 黃金을 하사했다고 말한 것은 실제로 金을 준 것이고, 黃을 말하지 않은 것은 一金이 萬錢에 해당된다.

溫公曰 夫信者는 人君之大寶也라 國保於民하고 民保於信하니 非信이면 無以使民이요 非民이면 無以守國이라 是故로 古之王者는 不欺四海하고 霸1)者는 不欺四隣하며 善爲國者는 不欺其民하고 善爲家者는 不欺其親

이라 不善者는 反之하야 欺其隣國하고 欺其百姓하며 甚者는 欺其兄弟하고 欺
其父子하야 上不信下하고 下不信上하야 上下離心하야 以至於敗라 所利
不能藥其所傷하고 所獲이 不能補其所亡하니 豈不哀哉아 昔에 齊桓公은
不背曹沫之盟[2]하고 晉文公은 不貪伐原之利[3]하고 魏文侯는 不棄虞人
之期[4]하고 秦孝公은 不廢徙木之賞하니 此四君者는 道非粹白이요 而商
君은 尤稱刻薄하며 又處戰攻之世하야 天下趨於詐力이로되 猶且不忘信하
야 以畜(휵)其民하니 況爲四海治平之政者哉아

溫公이 말하였다.

"信은 人君의 큰 보배이다. 나라는 백성에게서 보존되고 백성은 信에
서 보존되니, 信이 아니면 백성을 부릴 수 없고 백성이 아니면 나라를
지킬 수 없다. 이 때문에 옛날의 王者들은 四海를 속이지 않았고 霸者들
은 사방의 이웃 나라를 속이지 않았으며, 나라를 잘 다스리는 자는 그
백성을 속이지 않고 집안을 잘 다스리는 자는 그 친척을 속이지 않았다.
잘하지 못하는 자는 이와 반대로 하여 이웃 나라를 속이고 백성을 속이
며, 심한 자는 형제를 속이고 부자간을 속여서 윗사람은 아랫사람을 믿
지 못하고 아랫사람은 윗사람을 믿지 못하여 上下가 마음이 離反되어
패망에 이른다. 그리하여 이로운 바가 그 손상된 바를 치료하지 못하고
얻은 바가 그 잃은 바를 보충하지 못하니, 어찌 애처롭지 않겠는가.

옛날 齊나라 桓公은 曹沫과의 맹세를 저버리지 않았고, 晉나라 文公
은 原 땅을 정벌하는 이익을 탐하지 않았고, 魏나라 文侯는 虞人과의 약
속을 버리지 않았고, 秦나라 孝公은 나무를 옮긴 것에 대한 상을 버리지
않았다. 이 네 군주들은 道가 순수하지 못하였고 商君은 더더욱 각박하
다고 알려졌으며, 또 전쟁하고 공격하는 세상에 처하여 천하가 속임수
와 무력으로 달려갔으나 오히려 信을 잊지 아니하여 그 백성을 길렀으
니, 하물며 四海를 다스리는 정사를 하는 자에 있어서랴."

1) 〔附註〕霸 : 把也니 把持諸侯之權이요 把持天子之政이라 或作伯(패)하니 蓋取牧

伯長諸侯之義러니 後人이 恐與侯伯字相混이라 故借用霸字以別之하니라

霸는 잡음이니, 諸侯의 권리를 잡고 天子의 정사를 잡는다는 뜻이다. 혹은 伯로도 쓰니, 牧伯로 제후의 으뜸이 된다는 뜻을 취한 것인데, 후세 사람들이 侯伯이란 伯자와 서로 혼용할까 염려되므로 霸字를 사용하여 구별한 것이다.

2)〔附註〕曹沫之盟 : 沫은 亦作劌(귀)니 音末이라 齊桓公이 與魯莊公으로 會于柯할새 將盟에 曹沫이 執匕首하야 劫桓公曰 請歸侵地하라하니 桓公이 許之하다 後에 桓公이 欲背約勿與한대 管仲曰 不可라하니 乃悉以侵地로 歸之于魯하니라

曹沫의 沫은 또한 劌로도 쓰니, 音은 말이다. 齊나라 桓公이 魯나라 莊公과 柯땅에서 會盟하였는데, 장차 盟約하려 할 적에 曹沫이 匕首를 잡고 桓公을 위협하며 침략한 땅을 반환하라고 요구하니, 桓公이 이를 허락하였다. 뒤에 桓公이 맹약을 저버리고 돌려주지 않으려 하자, 管仲이 불가하다고 말하였다. 이에 마침내 침략한 땅을 魯나라에 돌려주었다.

3)〔附註〕伐原之利 : 晉文公이 圍原할새 命三日之糧하다 原不降이어늘 命去之러니 諜曰 原將降矣라하야늘 軍吏請待之한대 公曰 信은 國之寶也라 得原失信이면 所亡滋多라하고 退一舍러니 而原降하니라

晉나라 文公이 原 땅을 포위할 적에 3일 내에 함락할 것을 명하고 3일 동안의 양식만 주었다. 3일이 되어도 原 땅이 항복하지 않자 포위를 풀고 떠나도록 명하였는데, 첩자가 와서 보고하기를 "原 땅이 장차 항복하려 한다." 하였다. 軍吏가 하루만 더 머물 것을 청하였으나 文公은 말하기를 "信義는 국가의 보배이니, 原 땅을 얻고 신의를 잃는다면 잃는 것이 더 많다." 하고 一舍(30리)를 후퇴하였는데, 原 땅이 항복하였다.

4)〔譯註〕虞人之期 : 이 내용은 앞의 威烈王 23年條에 보인다.

蘇東坡曰 天下不樂戰則不可與從事於危요 好戰則不可與從事於安이라 秦之法이 使吏士自爲戰하야 戰勝而利歸於民이라 所得於敵者를 卽以與之하야 使民知所以養生送死者 非殺敵이면 無由取라 故로 其民以好戰幷天下하고 而亦以亡이라 始皇이 雖已墮(휴)名城하고 殺豪俊하고 銷鋒鏑이나 而民之好戰之心이 囂然其未已也라 故로 不可休息하야 而至於亡하니라 ○ 又曰 秦固天下之强國이요 而孝公亦有志之君也라 修其政刑十年에 不爲聲色遊畋之所敗하니 雖微商鞅이나 有不富强乎아 秦之所以富强은 孝公務本力穡之效요 非輕流血刻骨

之功也며 秦之所以見疾於民을 如豺虎毒藥하여 一夫作難에 而子孫無遺種은
則鞅實使之也니라

蘇東坡(蘇軾)가 말하였다.

"천하 사람들이 전투하는 것을 수월하게 여기지 않으면 함께 위태로운 일
에 종사할 수가 없고, 전투하는 것을 좋아하면 함께 편안한 일에 종사할 수
가 없다. 秦나라의 法은 관리와 군사들로 하여금 스스로 전투하게 하여 전투
에 승리하면 이익이 백성들에게 돌아가게 하였다. 그리하여 적에게서 얻은
것을 즉시 백성들에게 주어서 백성들로 하여금 산 사람을 봉양하고 죽은 사
람을 葬送하는 것이 적을 죽이지 않고는 취할 수 없음을 알게 하였다. 그러
므로 백성들이 전투하는 것을 좋아하여 천하를 겸병하였고 또한 이 때문에
망한 것이다. 秦始皇이 비록 이미 유명한 城을 허물고 豪傑들을 죽이고 창날
과 화살촉을 녹여 무기를 없앴으나 백성들의 好戰하는 마음이 분분하여 그치
지 않았다. 그러므로 휴식할 수가 없어서 멸망함에 이른 것이다."

○ 또 말하였다.

"秦나라는 진실로 천하의 강대국이요, 孝公 또한 훌륭한 뜻이 있는 군주였
다. 정사와 형벌을 닦는 10년 동안 음악과 여색과 놀이와 사냥에 빠지지 않
았으니, 비록 商鞅이 없었더라도 나라가 부강해지지 않았겠는가. 秦나라가
부강해진 것은 孝公이 근본에 힘써 농사를 힘쓴 효험이었고 商鞅이 피를 흘
리고 뼈를 깎은 공로가 아니며, 秦나라가 백성들에게 미움을 받아 백성들이
승냥이와 범과 독약처럼 싫어해서 한 지아비가 난을 일으킴에 자손들이 남은
종자가 없었던 것은 商鞅이 진실로 그렇게 만든 것이다."

〔新增〕 養心吳氏曰 秦之所以亡은 其原이 蓋出於此라 其後에 呂不韋爲相하야
自作令書[1)]하야 布咸陽城門하고 懸千金於其上하고 延諸侯遊士賓客하야 有能
增減一字者면 予千金이라호되 莫有易者也하니라 以今觀之하면 豈誠無一字可
增減哉아 誠以秦之人이 爲鞅積威之所劫하야 雖欲議之나 而有所不敢이라 自
不韋制令之書無敢議로 遂至於趙高指鹿爲馬하야는 相異如此로되 而人臣猶不
敢言하니 則知秦人爲鞅積威之所劫也甚矣니라

養心吳氏가 말하였다.

"秦나라가 멸망한 까닭은 그 근원이 여기에서 나왔다. 그 뒤에 呂不韋가 정승이 되어서 스스로 令書를 만들어 咸陽의 城門에 公布하고는 그 위에 千金을 상으로 내걸고 제후국의 유세하는 선비와 빈객들을 맞이하여 '한 글자라도 보태거나 뺄 수 있는 사람이 있으면 千金을 주겠다.'고 하였으나 이것을 바꾼 자가 있지 않았다. 지금 살펴보면 어찌 진실로 한 글자도 보태거나 뺄 만한 것이 없었겠는가. 이는 진실로 秦나라 사람들이 商鞅이 예전부터 쌓아온 강대한 위세에 눌려서 비록 의논하고자 하나 감히 하지 못한 것이다. 呂不韋가 지은 令書의 글에 대해 아무도 감히 의논하지 못한 뒤로부터 마침내 趙高가 사슴을 가리켜 말이라고 함에 이르러서는 실제와 서로 다름이 이와 같았으나 신하들이 오히려 감히 말하지 못하였으니, 그렇다면 秦나라 사람들이 商鞅의 강대한 위세에 눌림이 심하였음을 알 수 있는 것이다."

1) 〔譯註〕 令書 : 제왕의 명령으로 지은 글을 이르는 바, 여기서는 ≪呂氏春秋≫를 가리킨 것이다. 呂不韋는 학자들을 모아 좋은 글을 짓게 하고 한 글자라도 옳게 고치는 자가 있으면 千金을 주겠다고 현상금을 내걸었으나 아무도 응하는 자가 없자, 마침내 ≪呂氏春秋≫라고 이름하였다.

【丙寅】十四年이라

14년(병인 B.C.355)

齊威王·魏惠王[1]이 會田於郊[2]할새 惠王曰 齊亦有寶乎아 威王曰 無有로라 惠王曰 寡人國은 雖小나 尚有徑寸之珠照車前後各十二乘者十枚하니 豈以齊大國而無寶乎리오 威王曰 寡人之所以爲寶者는 與王異라 吾臣에 有檀子[3]者하니 使守南城[4]이면 則楚人이 不敢爲寇하고 泗上十二諸侯[5] 皆來朝하며 吾臣에 有盼(반)子[6]者하니 使守高唐[7]이면 則趙人이 不敢東漁於河하고 吾吏에 有黔夫[8]者하니 使守徐州[9]면 則燕人[10]은 祭北門하고 趙人은 祭西門[11]하고 徙而從者七十餘家요 吾臣에 有種首[12]者하니 使備盜賊이면 則道不拾遺

하나니 **此四臣者**는 **將照千里**하리니 **豈特十二乘哉**리오 **惠王**이 **有慙色**이러라

齊나라 威王과 魏나라 惠王이 교외에서 모여 사냥할 적에 惠王이 묻기를 "齊나라에도 보물이 있습니까?"라고 하자, 威王이 말하기를 "없습니다."라고 하였다. 惠王이 말하기를 "과인의 나라는 비록 작으나 오히려 지름이 한 치 되는 진주가 수레의 앞뒤로 각각 12乘을 비출 수 있는 것이 10개가 있으니, 어찌 齊나라와 같이 큰 나라가 보물이 없겠습니까?" 하였다.

이에 威王이 대답하기를 "과인이 보배로 여기는 것은 왕과는 다릅니다. 내 신하 중에 檀子라는 자가 있으니 그에게 南城을 지키게 하면 楚나라 사람들이 감히 노략질하지 못하고 泗上의 열두 諸侯가 모두 와서 조회하며, 내 신하 중에 盼子라는 자가 있으니 그에게 高唐을 지키게 하면 趙나라 사람이 감히 동쪽으로 黃河에서 고기를 잡지 못하며, 내 관리 중에 黔夫라는 자가 있으니 그에게 徐州를 지키게 하면 燕나라 사람은 北門에 제사하고 趙나라 사람은 西門에 제사하고 옮겨서 따라온 자가 70여 집이며, 내 신하 중에 種首라는 자가 있으니 그에게 도적을 막게 하면 길에 흘린 물건도 줍지 않습니다. 이 네 신하는 장차 千里를 비출 것이니 어찌 다만 12乘뿐이겠습니까?" 하니, 惠王이 부끄러워하는 기색이 있었다.

1) 〔譯註〕 魏惠王 : 이름이 罃(앵)으로, 곧 《孟子》에 보이는 梁惠王이다.
2) 〔頭註〕 會田於郊 : 田은 取禽也니 去禽獸害稼者라 故로 以田言之라
　　田은 짐승을 잡는 것이니, 곡식을 해치는 새와 짐승을 잡기 때문에 田이라고 말한 것이다.
3) 〔釋義〕 檀子 : 檀은 姓也니 史失其名이라 索隱曰 古者에 大夫皆稱子라
　　檀은 성이니, 史書에 그 이름은 전하지 않는다. 《史記索隱》에 이르기를 "옛날에 大夫는 모두 子라고 칭했다." 하였다.
4) 〔釋義〕 南城 : 縣名이니 屬泰山이라
　　南城은 縣의 이름이니, 泰山에 속한다.
5) 〔譯註〕 泗上十二諸侯 : 本卷 顯王 7年條의 이른바 '淮泗之間小國十餘'이다.
6) 〔原註〕 盼子 : 盼은 與眄同이라 〔釋義〕 田盼也라
　　〔原註〕 盼은 眄와 같다. 〔釋義〕 盼子는 田盼이다.

7) 〔釋義〕高唐 : 本博州縣이니 今改州하야 屬東昌路라

　　高唐은 본래 博州縣이니 지금 州를 고쳐서 東昌路에 속하였다.

8) 〔釋義〕黔夫 : 姓名이라

　　黔夫는 姓名이다.

9) 〔釋義〕徐州 : 慈湖王氏曰 徐州는 卽薛縣也라 徐는 晉舒니 非九州之徐라 春秋에
　　作舒州하고 說文에 作鄒라

　　慈湖王氏가 말하였다. "徐州는 바로 薛縣이다. 徐는 음이 서이니, 九州의 하나
　　인 徐州가 아니다. ≪春秋≫에는 舒州로 되어 있고, ≪說文解字≫에는 鄒로 되어
　　있다."

10) 〔頭註〕燕人 : 燕은 姬姓이니 伯爵이라 武王封召公奭於燕이러니 傳三十三世하
　　　야 爲秦所滅하니라 召公은 文王庶子라

　　燕나라는 姬姓이니 伯爵이다. 武王이 召公 奭을 燕에 봉하였는데, 33대를 전하
　　여 秦나라에게 멸망당하였다. 召公은 文王의 衆子이다.

11) 〔原註〕燕人……祭西門 : 賈逵曰 燕, 趙之人이 畏齊侵伐이라 故로 祭以求福이
　　　라

　　賈逵가 말하였다. "燕나라와 趙나라 사람들이 齊나라가 침공할까 두려워하였다.
　　그러므로 門에 제사 지내어 복을 구한 것이다."

12) 〔釋義〕種首 : 慈湖王氏曰 種首는 名也니 史失其姓이라

　　慈湖王氏가 말하였다. "種首는 이름이니 史書에 그 姓은 전하지 않는다."

〔新增〕養心吳氏曰 戰國諸侯之所寶는 惟以珠玉爲論하니 而知所寶者는 惟齊
威王, 楚王孫而已라 威王은 不以徑寸之珠爲寶하고 楚王孫은 不以白珩爲寶[1]
하니 是知所寶在此而不在彼也니라

　　養心吳氏가 말하였다.

　　"戰國時代 제후들이 보배로 여긴 것은 오직 珠玉만을 가지고 논하였으니,
보배로 여길 바를 안 자는 오직 齊나라 威王과 楚나라 王孫圉뿐이었다. 威王
은 지름이 한 치 되는 진주를 보배로 여기지 않았고 楚나라 王孫圉는 白珩을
보배로 여기지 않았으니, 이는 보배로 여길 바가 이 인물에 있고 저 주옥에
있지 않음을 안 것이다."

1) 〔譯註〕不以白珩爲寶 : 白珩은 佩玉의 橫玉으로 모양이 石磬과 비슷하게 생겼는

데, 楚나라의 보배이다. 春秋時代 楚나라의 大夫 王孫圉가 晉나라에 사신으로 가자, 趙簡子가 "楚나라의 보배인 白珩은 아직도 있는가?"하고 물으니, 王孫圉 는 "그것은 보배가 아닙니다. 우리 楚나라에서 보배로 삼는 것은 觀射父 등 임금 을 도와 정사를 하는 어진 이들입니다." 하였다. ≪國語 楚語≫

【庚午】十八年이라

18년(경오 B.C.351)

韓昭侯以申不害爲相하다 申不害者는 鄭之賤臣[1]也라 學黃老刑名[2]하야 以 干昭侯한대 昭侯用爲相하야 內修政敎하고 外應諸侯하니 十五年에 終申子之 身토록 國治兵强이러라 韓昭侯有弊袴(고)러니 命藏之한대 侍者曰 君亦不仁者 矣로이다 不賜左右而藏之온여 昭侯曰 吾聞明主는 愛一嚬一哯(笑)[3]라하니 今 袴豈特嚬哯哉리오 吾必待有功者하노라

韓나라 昭侯가 申不害를 정승으로 삼았다. 申不害는 鄭나라의 천한 신하였 다. 黃老와 刑名을 배워 昭侯에게 등용되기를 요구하자, 昭侯가 등용하여 정 승을 삼아서 안으로 政敎를 닦고 밖으로 諸侯를 응대하게 하니, 15년 동안 申子의 몸을 마치도록 나라가 다스려지고 군대가 강하였다.

韓나라 昭侯가 해진 바지가 있었는데, 이것을 잘 보관하라고 명하자 모시 는 자가 말하기를 "임금께서는 또한 仁者가 못되십니다. 좌우에게 하사하지 않고 보관하게 하십니다." 하였다. 昭侯가 말하기를 "내 들으니 현명한 군주 는 한 번 찌푸리고 한 번 웃는 것을 아낀다고 하니, 이 바지가 어찌 다만 한 번 찌푸리고 한 번 웃는 것일 뿐이겠는가? 나는 반드시 功이 있는 자를 기다 린다." 하였다.

1) 〔頭註〕鄭之賤臣 : 鄭은 姬姓이니 伯爵이라 周宣王이 封同母弟友於鄭이러니 傳 二十一世하야 爲韓所滅하니라
　　鄭나라는 姬姓이니 伯爵이다. 周나라 宣王이 同母弟인 友를 鄭에 봉하였는데, 21대를 전하여 韓나라에게 멸망당하였다.

2) 〔釋義〕申不害者……學黃老刑名 : 慈湖王氏曰 申不害本傳에 申子之學은 本於黃
老而主刑名이라하니 黃老之法은 淸簡無爲하야 君臣自正이라 黃帝之言은 無傳耳
요 老聃之書는 有八十一篇이라 〔頭註〕刑名은 治刑法及名實也라 名者는 循其名
以責其實이니 其尊君卑臣하고 崇上抑下가 合於六經也라

〔釋義〕慈湖王氏가 말하였다. “≪史記≫의 申不害 本傳에 ‘申子의 학문은 黃老
에 근본하고 刑名을 주장했다.’ 하였으니, 黃老의 法은 淸淨하고 簡易하고 無爲
여서 君臣이 스스로 바루어지는 것이다. 黃帝의 말은 전하는 것이 없고 老聃의
글은 ≪老子≫ 81편이 있다.”〔頭註〕刑名은 刑法과 名實을 다스리는 것이다. 名
이라는 것은 그 이름을 따라 실상을 責하는 것이니, 군주를 높이고 신하를 낮추
며 윗사람을 높이고 아랫사람을 억제함이 六經에 부합하는 것이다.

3) 〔釋義〕一嚬一咲 : 嚬咲는 上音頻이니 宜作矉이니 愁蹙之貌요 下는 古笑字라

嚬咲는 위의 嚬자는 음이 빈이니 마땅히 矉자가 되어야 하니, 근심하여 찌푸리
는 모양이고, 아래의 咲자는 笑자의 古字이다.

【辛未】十九年이라

19년(신미 B.C.350)

秦商鞅이 築冀闕1)宮庭於咸陽2)하야 徙都之하고 幷諸小鄕聚3)하야 集爲一
縣하고 縣置令丞4)하니 凡三十一縣이라 廢井田하고 開阡陌5)하다

秦나라 商鞅이 冀闕의 宮庭을 咸陽에 건축하여 옮겨 도읍하고 여러 작은
鄕과 聚落을 아울러 모아서 한 縣을 만들고 縣에 令과 丞을 두니, 모두 31개
縣이었다. 井田法을 폐하고 阡陌을 개간하였다.

1) 〔釋義〕築冀闕 : 王氏曰 冀는 記也니 記列敎令을 當於此門闕也라 闕在門兩旁하
고 中央闕然爲道라 崔豹註*)云 人臣至此면 則思其所闕이라 蓋爲二臺於門外하고
作樓觀於上하니 上圓下方이라 以其縣法이라하야 謂之象魏라하니 象은 治象也요
魏者는 其狀巍然高大니 使民觀之라하야 因謂之觀이라 兩觀雙植하고 中不爲門하
니 是觀與象魏, 闕은 一物而三名이라

王氏가 말하였다. “冀는 기록함이니, 敎令을 기록하여 나열하기를 이 門闕에 하
는 것이다. 闕은 문의 양쪽 곁에 있고 중앙은 비워놓아 길을 만들었다. 崔豹의

≪古今註≫에 이르기를 '신하가 여기(궐문)에 이르면 그 빠뜨린 것을 생각한다.' 하였다. 문밖에 두 개의 臺를 만들고 위에 누관을 지으니, 위는 둥글고 아래는 네모지다. 여기에 법령을 게시한다 하여 象魏라 하는 바, 象은 治象(政敎와 法令을 기재한 문자)이고 魏는 그 모습이 우뚝이 높고 큰 것이니, 백성들로 하여금 우러러보게 한다 하여 이름을 觀이라 한 것이다. 두 觀을 쌍으로 세우고 가운데에 문을 만들지 않으니, 이 觀과 象魏와 闕은 한 가지 물건이면서 명칭이 세 가지인 것이다."

*) 崔豹註 : 晉나라 때 崔豹의 ≪古今注≫를 가리킨다. 崔豹는 字가 正能이고 惠帝 때 太傅를 지냈다. 이 책은 모두 3권인데 輿服·都邑·音樂·鳥獸·魚蟲·雜注·問答·釋義 8篇으로 나누어져 있으며 五代時代 馬縞가 지은 ≪中華古今注≫ 3권이 부록되어 있다.

2) 〔釋義〕宮庭於咸陽 : 慈湖王氏曰 咸陽은 漢高更名新城이러니 漢武更名渭城하니 今長安이 是也라 秦孝公都咸陽은 今渭城이 是요 始皇都咸陽은 今城南大城이 是也라 山南曰陽이요 水北亦曰陽이라 其城이 在渭水北하고 又在九峻諸山之南이라 故名咸陽이라

慈湖王氏가 말하였다. "咸陽은 漢高祖가 新城이라고 이름을 고쳤는데 漢武帝가 渭城이라고 이름을 고쳤으니, 지금의 長安이 이곳이다. 秦나라 孝公이 도읍한 咸陽은 지금의 渭城이 이곳이고 始皇帝가 도읍한 咸陽은 지금의 城南의 大城이 이곳이다. 산의 남쪽을 陽이라 하고 물의 북쪽을 또한 陽이라 한다. 그 城이 渭水 북쪽에 있고 또 九峻 등 여러 산의 남쪽에 있으므로 咸陽이라 이름한 것이다."

3) 〔頭註〕鄕聚 : 秦制에 大曰鄕이요 小曰聚라

秦나라 제도에 큰 고을을 鄕이라 하고, 작은 고을을 聚라 하였다.

4) 〔頭註〕令丞 : 萬戶以上은 爲令하고 減萬戶爲長하니 皆有丞尉라

萬戶 이상의 고을은 令을 두고 萬戶가 못되는 곳은 長을 두었으니, 고을에는 모두 丞과 尉가 있었다.

5) 〔原註〕開阡陌 : 路南北曰阡이요 東西曰陌이니 開田界道하야 使不相干이라 〔頭註〕阡陌者는 正其疆界하야 使之不相侵占也라 今鞅開披之하니라

〔原註〕길이 남북으로 난 것을 阡이라 하고 동서로 난 것을 陌이라 하니, 田地의 경계에 길을 내어 서로 침범하지 못하게 한 것이다. 〔頭註〕阡陌은 田地의 경계를 바로잡아서 서로 침범하거나 점유하지 않게 한 것이다. 그런데 지금 商鞅이 이것을 모두 개간한 것이다.

【庚辰】 二十八年이라

28년(경진 B.C.341)

魏龐涓(방연)이 伐韓한대 韓이 請救於齊어늘 齊威王이 因起兵하야 使田忌·田嬰·田盼將之하고 孫臏[1]爲師하야 以救韓할새 直走魏都하니 龐涓이 聞之하고 去韓而歸魏하다 魏大發兵하야 以太子申爲將하야 以禦齊師어늘 孫子謂田忌曰 彼三晉之兵이 素悍勇而輕齊하야 齊號爲怯이라하니 善戰者는 因其勢而利導之하나니 兵法에 百里而趣(趨)利者는 蹶上將[2]하고 五十里而趣利者는 軍半至라하고 乃使齊軍으로 入魏地하야 爲十萬竈하고 明日에 爲五萬竈하고 又明日에 爲二萬竈하다 龐涓이 行三日에 大喜曰 我固知齊軍怯이로다 入吾地三日에 士卒亡者過半矣라하고 乃棄其步軍하고 與其輕銳로 倍日幷行[3]逐之하다 孫子度(탁)其行하니 暮當至馬陵[4]이요 馬陵은 道陜而旁多阻隘하야 可伏兵이라 乃斫(작)大樹하야 白而書之曰 龐涓이 死此樹下하리라하고 於是에 令齊師善射者萬弩로 夾道而伏하고 期日暮하야 見火擧而俱發이러니 龐涓이 果夜至斫木下하야 見白書하고 以火燭之하야 讀未畢에 萬弩俱發하니 魏師大亂相失이라 龐涓이 自知智窮兵敗하고 乃自剄하니 齊因乘勝하야 大破魏師하다

魏나라 龐涓이 韓나라를 정벌하자, 韓나라가 齊나라에게 구원을 요청하였다. 齊나라 威王이 인하여 군대를 일으켜 田忌, 田嬰, 田盼으로 하여금 군대를 거느리게 하고 孫臏을 軍師로 삼아 韓나라를 구원하게 하여, 이들이 곧바로 魏나라 도성으로 달려가니, 龐涓이 이 소식을 듣고 韓나라를 버리고 魏나라로 돌아왔다.

魏나라는 크게 군대를 일으켜 太子 申을 장수로 삼아 齊나라 군대를 막게 하였다. 孫子(孫臏)가 田忌에게 이르기를 "저 三晉(魏)의 군사들은 본래 사납고 용맹하여 우리 齊나라를 경시해서 齊나라 사람들을 겁쟁이라고 불렀으

니, 전쟁을 잘하는 자는 그 형세를 인하여 이롭게 이끌어 낸다. 兵法에〈하루에〉100리씩 달려 이익을 쫓는 자는 上將이 쓰러지고, 50리씩 달려 이익을 쫓는 자는 군대가 절반만 도착한다고 하였다." 하고는 마침내 齊나라 군대로 하여금 魏나라 땅에 들어가 10만 개의 아궁이(취사장)를 만들고, 다음날에는 5만 개의 아궁이를 만들고, 또 다음날에는 2만 개의 아궁이를 만들게 하였다. 龐涓이 추격하여 행군한 지 3일 만에 크게 기뻐하며 말하기를 "나는 진실로 齊나라 군사들이 겁쟁이라는 것을 알았다. 우리 땅에 들어온 지 3일 만에 士卒들이 도망한 자가 반이 넘는구나." 하고는 마침내 步軍을 버리고 輕銳兵과 함께 이틀에 갈 거리를 하루 만에 달려 추격하였다.

孫子가 그 行軍 속도를 헤아려 보니, 저물녘에 마땅히 馬陵에 도착하게 되었는데, 馬陵은 길이 좁고 옆에 막힌 곳이 많아서 병사를 매복시킬만 하였다. 이에 큰 나무를 깎아 희게 하고 쓰기를 "龐涓이 이 나무 아래에서 죽으리라." 하였다. 이에 齊나라 군사 중에 弓弩를 잘 쏘는 자들로 하여금 만 개의 쇠뇌를 가지고 길 좌우에서 매복하고 있다가 날이 저물어 불이 들려지는 것을 보면 함께 발사하기로 약속하였다. 龐涓이 과연 밤에 깎아 놓은 나무 아래에 이르러 흰 나무에 씌어 있는 글씨를 보고는 불을 밝혔는데, 글을 미처 다 읽기도 전에 만 개의 쇠뇌가 일제히 발사되니, 魏나라 군사들이 크게 혼란하여 법도(정신)를 잃었다. 龐涓은 지혜가 다하고 군대가 패한 줄을 스스로 알고 마침내 스스로 목을 찔러 죽으니, 齊나라가 이로 인하여 승세를 타고 魏나라 군대를 대파하였다.

1) 〔頭註〕孫臏 : 臏은 刖也니 因刖兩足하고 遂名臏也라 吳王闔閭之將孫武之後라
   臏은 발꿈치를 베는 형벌이니,〈龐涓에 의해〉두 발이 잘렸기 때문에 마침내 臏이라고 이름하였다. 孫臏은 吳王 闔閭의 名將인 孫武의 후손이다.

2) 〔釋義〕蹶上將 : 蹶은 劉氏云 斃也니 大將軍必致僵仆라
   蹶은 劉氏가 이르기를 "죽음이다." 하였으니, 大將軍이 반드시 엎어지고 쓰러지는 것이다.

3) 〔頭註〕倍日幷行 : 一日에 兼行兩日之程也니 凡軍은 日行三十里라
   倍日幷行은 하루에 이틀 갈 노정을 겸하여 가는 것이다. 모든 군대는 하루에

30里를 간다.

4)〔釋義〕馬陵 : 慈湖王氏曰 馬陵은 濮州鄄城東北六十里에 有陵하니 澗谷深峻하야 可以置伏이라 按龐涓敗在此라 或云 在魏州元城이라하나 非라

　　慈湖王氏가 말하였다. "馬陵은 濮州 鄄城 동북쪽 60리 지점에 구릉이 있으니, 골짝이 깊고 험준하여 군대를 매복시킬 수 있다. 살펴보건대 龐涓이 패한 곳이 이곳에 있다. 혹자(徐廣)는 이르기를 '魏州의 元城에 있다.'고 하나 잘못이다."

【辛巳】二十九年이라

29년(신사 B.C.340)

秦이 封衛鞅商, 於(오)十五邑[1]하고 號曰商君이라하다

　　秦나라가 衛鞅을 商·於의 열다섯 고을에 봉하고 이름을 商君이라 하였다.

1)〔釋義〕商於十五邑 : 索隱曰 商, 於는 地名이니 皆在弘農이라 正義曰 古商國이니 今商洛縣이 是라 在商州東九十里요 於는 在鄧州內鄉縣東七里라 按十五邑이 近此二邑이라

　　≪史記索隱≫에 말하였다. "商과 於는 지명이니, 모두 弘農에 있다." ≪史記正義≫에 말하였다. "商은 옛날 商나라 도성이니, 지금의 商洛縣으로 商州 동쪽 90리 지점에 있고, 於는 鄧州 內鄉縣 동쪽 7리 지점에 있다. 살펴보건대 열다섯 고을은 이 두 읍에서 가까운 곳이다."

【癸未】三十一年이라

31년(계미 B.C.338)

秦孝公이 薨하고 子惠文王이 立하니 公子虔之徒 告商君欲反이어늘 發吏捕之하다 商君이 亡之魏호되 魏人이 不受[1]하고 復內(納)之秦한대 商君이 與其徒로 之商於러니 秦人이 攻殺之하야 車裂以徇하고 盡滅其家하다 初에 商君이 相秦에 用法嚴酷하야 嘗臨渭論囚할새 渭水盡赤하니 爲相十年에 人多怨之러라

秦나라 孝公이 죽고 아들 惠文王이 즉위하니, 公子 虔의 무리가 商君이 배반하려 한다고 고발하므로 관리를 내어 체포하게 하였다. 商君이 魏나라로 도망갔으나 魏나라 사람들이 받아주지 않고 다시 秦나라로 들여보내니, 商君이 그 무리와 함께 商‧於로 갔다. 秦나라 사람들이 그를 공격하여 죽여서 수레에 사지를 묶어 찢어 조리돌리고 一家를 다 멸하였다.

처음에 商君이 秦나라에 정승이 되었을 적에 법을 적용하기를 엄하고 혹독하게 하여, 일찍이 渭水 가에 임해 죄수를 論罪할 적에 피가 흘러 渭水가 모두 붉게 물들었으니, 정승이 된 지 10년에 백성들이 원망하는 자가 많았다.

1) 〔頭註〕魏人不受 : 先時에 鞅爲秦將하야 伐魏한대 魏使公子卬將之하니 鞅遺卬書曰 吾始與公子相歡이러니 今俱爲兩國將하니 不忍相攻이라 欲與公子相見盟하고 樂飮而罷兵하노라 卬以爲然하야 乃與會盟한대 鞅伏甲襲卬하야 大破之하니 卬困以歸라 魏人怨之故로 不受納之하니라

　이보다 앞서 衛鞅이 秦나라 장수가 되어 魏나라를 공격하니, 魏나라에서는 公子 卬을 장수로 임명하여 막게 하였다. 衛鞅은 公子 卬에게 편지를 보내기를 "나는 처음에 公子와 친하게 지냈는데, 이제 모두 두 나라의 장수가 되니, 차마 서로 공격할 수가 없다. 公子와 서로 만나 맹약하고 즐겁게 술을 마신 다음 군대를 해산하고 싶다." 하였다. 公子 卬이 그 말을 믿고 맹약하러 가자, 衛鞅은 군대를 매복하였다가 公子 卬을 기습공격하여 대파하니, 公子 卬은 낭패하고 돌아왔다. 魏나라 사람들은 이 때문에 衛鞅을 원망하였다. 그리하여 그를 받아주지 않고 다시 秦나라로 들여보낸 것이다.

○ 趙良이 見商君한대 商君이 問曰 子觀我治秦컨대 孰與五羖大夫1)賢고 趙良曰 千人之諾諾이 不如一士之諤諤이라하니 僕이 請終日正言而無誅하노니 可乎아 商君曰 諾다 趙良曰 五羖大夫는 荊之鄙人也2)라 穆公이 擧之牛口之下하야 而加之百姓之上하니 秦國이 莫敢望焉이라 相秦六七年에 而東伐鄭하고 三置晉君3)하고 一救荊禍4)하며 其爲相也에 勞不坐乘하고 暑不張蓋하니 五羖大夫死에 秦國이 男女流涕하고 童子不歌謠하고 春者不相杵5)라 今君之從政也에 陵轢(력)公族하고 殘傷百姓하니 公子 虔이 杜門不出이 已八年矣요 君이

又殺祝驩而黥公孫賈하니 詩曰 得人者는 興하고 失人者는 崩이라하니 此數者는 非所以得人也라 君之危若朝露어늘 而尙貪商於之富하고 寵秦國之政[6]하야 畜百姓之怨하니 秦王이 一旦에 捐賓客而不立朝면 秦國之所以收君者 豈其微哉[7]아 商君이 弗從[8]이러니 居五月而難作하니라

趙良이 商君을 뵙자, 商君이 묻기를 "그대가 보기에 내가 秦나라를 다스리는 것이 五羖大夫(百里奚)와 더불어 누가 나은가?" 하니, 趙良이 대답하기를 "'천 사람이 옳다옳다 하고 대답하는 것이 한 선비가 바른말 하는 것만 못하다.' 하니, 제가 종일토록 바른말을 하더라도 주벌하지 말 것을 청하오니, 허락하시겠습니까?" 하였다. 商君이 "그렇게 하겠다."고 승낙하자, 趙良이 다음과 같이 말하였다.

"五羖大夫는 荊(楚)나라의 비천한 사람이었습니다. 穆公이 그를 소 먹이는 비천한 신분에서 등용하여 백성의 위에 올려놓으니, 秦나라에서 감히 그와 같기를 바라지 못하였습니다. 秦나라의 정승이 된 지 6, 7년 만에 동쪽으로 鄭나라를 정벌하고 세 번 晉나라 군주를 세우고 한 번 荊나라의 禍를 구원하였으며, 재상이 되었을 적에 수고로워도 수레에 앉지 않고 더워도 일산을 펴지 않았습니다. 五羖大夫가 죽자 秦나라의 남녀들이 눈물을 흘리고 아이들은 노래를 부르지 않았으며, 방아찧는 자는 방아찧는 소리에 맞추어 노래를 부르지 않았습니다. 이제 君께서 정사에 종사함에 公族을 능멸하고 짓밟고 백성들에게 잔혹하게 하니, 公子 虔이 문을 닫고 나오지 않은 지가 이미 8년이고, 君은 또 祝驩을 죽이고 公孫賈를 刺字하였습니다. 《詩經》에 이르기를 '인심을 얻은 자는 일어나고 인심을 잃은 자는 무너진다.' 하였으니, 이 몇 가지는 인심을 얻은 것이 아닙니다. 君의 위태로움이 아침의 이슬과 같은데도 아직 商·於의 부유함을 탐하고 秦나라의 정사를 독단하는 것을 영화로 여겨서 백성의 원망을 쌓고 있으니, 秦王이 하루아침에 빈객을 버리고 별세하여 조정에 서지 못하신다면 秦나라에서 君을 잡으려는 자가 어찌 적겠습니까?"

商鞅이 그의 말을 따르지 않았는데, 5개월 만에 난이 일어났다.

1)〔原註〕五羖大夫 : 百里奚自賣五羖皮하야 爲人養牛하고 以是要秦이라 故號五羖

大夫라

　百里奚가 다섯 마리 양가죽에 자신의 몸을 팔아서 남을 위해 소를 먹이고 이로
써 秦나라에 등용되기를 요구하였다. 그러므로 五羖大夫라고 이름한 것이다.

2)〔釋義〕五羖大夫 莉之鄙人也 : 慈湖王氏曰 左傳僖五年에 晉執虞大夫井伯하야 以
媵秦穆姬라하고 晉世家에 作虜井伯百里奚라 正義曰 百里奚는 (宋)〔字〕井伯이니
宛人也라 宛屬楚하니 楚初國于荊州라 故云莉이라 按春秋컨대 初엔 例稱莉이러
니 僖公后稱楚라 百里奚後亡走宛이러니 楚鄙人執之한대 秦穆公이 以五羖羊皮贖
之하야 授以國政하고 號五羖大夫라 或曰 百里奚自賣五羖皮하야 爲人養牛以要秦
이라 故曰擧之牛口之下라

　慈湖王氏가 말하였다. "≪春秋左傳≫ 僖公 5年條에 '晉나라가 虞나라 大夫 井伯
(百里奚)을 잡아서 秦나라 穆姬의 媵臣으로 삼았다.' 하였고, 〈晉世家〉에 '井伯
百里奚를 사로잡았다.' 하였다. ≪史記正義≫에 이르기를 '百里奚는 字가 井伯이
니, 宛 땅 사람이다.' 하였다. 宛은 楚나라에 속하였으니, 楚나라가 처음에 荊州
에 도읍하였으므로 莉이라고 이른 것이다. ≪春秋左傳≫을 살펴보건대 처음엔
으레 莉이라고 칭하였는데 僖公 이후에 楚라고 칭하였다. 百里奚가 나중에 도망
하여 宛 땅으로 갔는데, 楚나라 변방 사람들이 그를 붙잡자, 秦나라 穆公이 다섯
마리 양가죽으로 代贖하여 國政을 맡기고 五羖大夫라고 이름하였다. 혹자는 百
里奚가 다섯 마리 양가죽에 자신의 몸을 팔아서 남을 위해 소를 먹임으로써 秦나
라에 등용되기를 요구했다 한다. 그러므로 '그를 소 먹이는 비천한 신분에서 등
용했다.'고 한 것이다."

3)〔釋義〕三置晉君 : 謂立晉惠公, 懷公, 文公也라

　세 번 晉나라 군주를 세웠다는 것은 晉나라 惠公, 懷公, 文公을 세웠음을 이
른다.

4)〔釋義〕一救荊禍 : 索隱曰 按年表컨대 秦穆公二十八年에 會晉伐楚*)朝周하니 此
云救荊禍는 未詳이라

　≪史記索隱≫에 말하였다. "≪史記≫ 〈十二諸侯年表〉를 살펴보건대 秦나라 穆
公 28년에 晉나라와 모여 楚나라를 정벌하고 周나라에 조회했다." 하였으니, 여
기에서 莉나라의 禍를 구원하였다는 것은 자세하지 않다.

*) 伐楚 : ≪史記索隱≫을 확인해 보면 '救楚'로 되어 있다. 胡三省의 ≪資治通鑑≫
註에는 "≪春秋左傳≫을 살펴보면 晉나라가 楚나라를 城濮에서 패퇴시켰고, 또
秦나라를 殽山에서 패퇴시켰다. 이에 秦나라 穆公이 鬪克을 楚나라에 돌려보내

어 우호관계를 맺었으니, 荊나라의 禍를 구원했다는 것은 이것을 말한 듯하다."
하였다.

5) 〔釋義〕相杵 : 相은 謂送杵聲이니 以聲音(自)〔相〕勸也라

相은 방아찧을 때 내는 소리이니, 소리로써 서로 권면하고 도움을 이른다.

6) 〔頭註〕寵秦國之政 : 以專秦國之政으로 爲寵也라

秦나라의 정사를 독단하는 것을 영화로 여김을 이른다.

7) 〔釋義〕秦國之所以收君者 豈其微哉 : 鞅於秦無仁恩이라 故秦之將欲收鞅者 其效
甚明矣라 故云豈其微哉아하니라

商鞅이 秦나라에서 仁德과 은혜가 없었으므로 秦나라에서 장차 商鞅을 잡으려
하는 것이 그 징험이 매우 분명하였다. 그러므로 '君을 잡으려는 자가 어찌 적겠
는가'라고 이른 것이다.

8) 〔譯註〕弗從 : 趙良이 商鞅에게 급히 秦나라를 떠나가서 禍를 피하라고 권유하였
는데, 이 말을 따르지 않은 것이다.

蘇東坡曰 商君之法이 使民務本力農하고 勇於公戰하고 怯於私鬪하야 食足兵
强하야 以成帝業이라 然이나 其民이 見刑而不見德하고 知利而不知義하야 卒
以此亡이라 故로 帝秦者商君也요 亡秦者亦商君也라 其生에 有南面之樂하니
旣足以報其帝秦之功矣요 而死有車裂之禍하니 僅足以償其亡秦之罰이라 理勢
自然이니 無足怪者니라

蘇東坡가 말하였다.

"商君의 法은 백성들로 하여금 근본을 힘써 농사에 힘쓰며 공적인 싸움에
는 용감하고 사사로운 싸움은 두려워하게 해서, 양식이 풍족하고 군대가 강
하여 帝王의 업적을 이룩하였다. 그러나 백성들이 형벌만 보고 덕을 보지 못
하였으며 이익만 알고 의리를 알지 못하여 끝내 이 때문에 멸망하였다. 그러
므로 秦나라를 황제로 만든 것도 商君이요, 秦나라를 멸망하게 한 것도 商君
이다. 그가 살아서는 商君에 봉해져 군주가 되어 南面하는 즐거움을 누렸으
니 이미 秦나라를 황제로 만든 공을 충분히 보상받은 것이요, 죽어서는 수레
로 四肢가 찢기는 화를 당하였으니 秦나라를 멸망하게 한 벌을 겨우 갚은 것
이다. 이치와 형세가 저절로 그러한 것이니, 괴이하게 여길 것이 못된다."

【乙酉】三十三年이라

33년(을유 B.C.336)

鄒人孟軻 見魏惠王한대 王曰 叟不遠千里而來하시니 亦有以利吾國乎잇가
孟子曰 君은 何必曰利잇고 仁義而已矣니이다 初에 孟子師子思할새 嘗問牧民
之道는 何先이니잇고 子思曰 先利之니라 孟子曰 君子所以敎民은 亦仁義而已
矣니 何必利잇고 子思曰 仁義는 固所以利之也라 上不仁이면 則下不得其所하
고 上不義면 則下樂爲詐也니 此爲不利大矣라 故로 易曰 利者는 義之和也[1]
라하고 又曰 利用安身하야 以崇德也[2]라하니 此皆利之大者也니라

　鄒나라 사람 孟軻가 魏나라 惠王을 뵙자, 王이 말하기를 "노인께서 천리 길
을 멀다고 여기지 않고 오셨으니, 또한 우리나라를 이롭게 함이 있겠습니
까?"라고 하자, 孟子가 말씀하기를 "임금께서는 하필 이익을 말씀하십니까?
仁義일 뿐입니다." 하였다.

　처음에 孟子가 子思를 師事할 적에 "백성을 기르는 道(방법)는 무엇을 먼
저 해야 합니까?" 하고 묻자, 子思는 "먼저 백성을 이롭게 해주어야 한다."고
대답하였다. 孟子가 "군자가 백성을 가르치는 것은 또한 仁義일 뿐이니 하필
이익입니까?" 하고 묻자, 子思는 다음과 같이 대답하였다. "仁義는 진실로 백
성을 이롭게 하는 것이다. 윗사람이 仁하지 못하면 아랫사람이 그 처소(살
곳)를 얻지 못하고, 윗사람이 의롭지 못하면 아랫사람이 속이기를 좋아하니,
이는 이롭지 못함이 큰 것이다. 그러므로 ≪周易≫에 이르기를 '利는 義의 和
함이다.' 하였고, 또 이르기를 '씀을 이롭게 하고 몸을 편안히 하여 德을 높인
다.' 하였으니, 이는 모두 이로움의 큰 것이다."

1)〔通鑑要解〕利者 義之和也：易乾卦文言也라 利者는 生物之遂니 各得其分之和라
　　이것은 ≪周易≫ 乾卦〈文言傳〉의 내용이다. 利는 生物(물건을 낳음)이 이루어
　　지는 것이니, 각각 그 분수의 和함을 얻는다.
2)〔通鑑要解〕利用安身 以崇德也：易繫辭에 精義入神은 以致用也요 利用安身은

以崇德也라하니라

≪周易≫〈繫辭傳〉에 "義를 정밀하게 연구하여 신묘한 경지에 들어감은 씀을
지극히 하기 위한 것이요, 씀을 이롭게 하고 몸을 편안히 함은 德을 높이기 위한
것이다."라고 하였다.

**溫公曰 子思‧孟子之言이 一也니 夫唯仁者라야 爲知仁義之利니 不仁
者는 不知也라 故로 孟子之對梁王¹⁾에 直以仁義하시고 而不及利者는 所
與言之人이 異故也니라**

溫公이 말하였다.

"子思와 孟子의 말씀이 똑같으니, 오직 仁者라야 仁義의 이로움을 알
수 있으니, 仁하지 못한 자는 이것을 알지 못한다. 그러므로 孟子가 梁
王에게 대답할 적에 다만 仁義만 말씀하고 이익을 언급하지 않은 것이
니, 이는 더불어 말한 바의 사람이 달랐기 때문이다."

1)〔譯註〕梁王 : 바로 魏나라 惠王을 가리킨다. 이때 魏나라가 大梁에 도읍하였으
므로 魏나라를 梁이라고도 칭하였다.

〔新增〕張南軒曰 學者莫先於義利之辨이라 蓋聖人之學은 無所爲而然者니 命
之所以不已요 性之所以不偏이요 而敎之所以無窮也라 自非卓然先審夫義利霄
壤之判하야 慮思力行하야 不舍晝夜면 其能眞有得乎아 其事雖善이나 而納交
要譽與惡其聲之念이 或萌于中이면 是亦利而已矣니라

張南軒(張栻)이 말하였다.

"배우는 자는 義와 利를 분별하는 것보다 더 먼저 할 것이 없다. 聖人의 학
문은 위하는 바가 없으면서 그러한 것이니, 이는 天命이 그치지 않는 것이고
性이 치우치지 않는 것이고 가르침이 다함이 없는 것이다. 만일 우뚝이 높아
서 義와 利를 먼저 살피기를 하늘과 땅처럼 구분해서 잘 생각하고 힘써 행하
여 밤낮을 가리지 않는 자가 아니라면 어찌 참으로 얻을 수 있겠는가. 그 일
은 비록 善하다 하더라도 교분을 맺기 위해서 하고 명예를 구하기 위해서 하
고 잔인하다는 惡名을 싫어해서 하려는 생각이 혹 마음속에 싹튼다면 이 또

한 이로움일 뿐이다."

【戊子】三十六年이라

36년(무자 B.C.333)

初에 洛陽人蘇秦이 說(세)秦王以兼天下之術호되 秦王이 不用其言이라 蘇秦이 乃去하야 說燕文公曰 燕之所以不犯寇被兵者는 以趙爲之蔽也니 願大王은 與趙從親[1]하야 天下爲一이면 則燕國이 必無患矣리이다 文公이 從之하야 資蘇秦 車馬하야 以說趙肅侯曰 當今에 山東之國이 莫强於趙요 秦之所害도 亦莫如 趙나 然而秦不敢伐趙者는 畏韓, 魏之議其後也라 秦之攻韓, 魏也에 無有 名山大川之限하야 稍蠶食之면 韓, 魏不能支하야 必入臣於秦하리니 秦無韓, 魏之規면 則禍中於趙矣리이다 夫衡(橫)人者는 皆欲割諸侯之地하야 以與秦 하나니 秦成則其身富榮[2]하고 國被秦患이라도 而不與其憂니이다 竊爲大王計컨대 莫若一韓, 魏, 齊, 楚, 燕, 趙하야 爲從親以擯秦이니 令天下之將相으로 會於 洹(원)水[3]之上하야 約曰 秦이 攻一國이어든 五國이 各出銳師하야 或撓秦하고 或 救之호되 有不如約者어든 五國이 共伐之라하면 則秦甲이 必不敢出函谷以害 山東矣리이다 肅侯大悅하야 厚待蘇秦하고 尊寵賜賚(뢰)之하야 以約於諸侯하다

처음에 洛陽 사람 蘇秦이 秦王에게 天下를 겸병하는 방법으로 설득하였으나 秦王이 그 말을 따르지 않았다. 蘇秦이 마침내 秦나라를 떠나 燕나라 文公을 설득하기를 "燕나라가 敵侵을 당하지 않고 병란을 입지 않는 까닭은 趙나라가 울타리가 되어 주기 때문이니, 원컨대 대왕은 趙나라와 從親하소서. 그리하여 천하가 하나가 되면 燕나라가 반드시 兵禍가 없을 것입니다." 하였다. 文公이 그 말을 따라 蘇秦에게 수레와 말을 주어서 趙나라 肅侯를 다음과 같이 설득하게 하였다.

"지금 山東의 나라 중에 趙나라보다 더 강한 나라가 없고, 秦나라의 폐해도

趙나라보다 더한 나라가 없습니다. 그런데도 秦나라가 감히 趙나라를 정벌하지 못하는 것은 韓나라와 魏나라가 그 뒤를 도모할까 두려워해서입니다. 秦나라가 韓, 魏를 공격함에는 名山大川의 한계가 없어서 차츰 蠶食해 가면 韓, 魏가 지탱하지 못하여 반드시 秦나라에 들어가 신하가 될 것이니, 秦나라에 韓, 魏의 견제가 없으면 禍가 趙나라에 집중될 것입니다. 連橫하는 사람들은 모두 諸侯의 땅을 떼어 秦나라에 주려고 하니, 秦나라가 성공하면 자신은 부유하고 영화로우며, 자기 나라가 秦나라의 환난을 입더라도 자신은 그 우환에 관여하지 않습니다. 대왕을 위하여 계책해 보건대 韓·魏·齊·楚·燕·趙를 하나로 만들어 從親을 해서 秦나라를 물리치는 것만 한 것이 없습니다. 천하의 將相들로 하여금 洹水 가에 모여 약속하기를 '秦나라가 어느 한 나라를 공격하거든 다섯 나라가 각각 정예병을 내어, 혹은 秦나라를 撓亂시키고 혹은 공격당하는 나라를 구원하되 약속과 같이 하지 않는 나라가 있거든 다섯 나라가 함께 공격한다.'라고 하면 秦나라 군대가 반드시 函谷關을 나와 山東 지방을 해치지 못할 것입니다."

肅侯가 크게 기뻐하여 蘇秦을 후대하고 높이고 총애하며 물건을 많이 하사하여 諸侯들과 약속하게 하였다.

1) 〔釋義〕 從親 : 卽縱橫*⁾之縱이라
　　從은 바로 縱橫의 縱이다.
*) 縱橫 : 合縱과 連橫으로 戰國時代 중국의 동쪽에 있는 나라들이 縱으로 연합하여 서쪽에 있는 秦나라에 대항하는 것을 合縱이라 하고, 동쪽에 있는 나라들이 秦나라에 복종하여 섬기는 것을 連橫이라 하였는 바, 蘇秦은 합종을 주장한 반면 張儀는 連橫을 주장하였는 바, 從親은 바로 合縱하여 친함을 이른다.

2) 〔釋義〕 身富榮 : 慈湖王氏曰 身富榮句絶이라
　　慈湖王氏가 말하였다. "'身富榮'에서 句를 뗀다."

3) 〔釋義〕 洹水 : 相州縣名이니 後屬魏州라 左傳註에 洹水는 出汲郡林慮縣하야 東北至魏郡長樂縣하야 入淸水라 洹은 音桓이니 今土俗音袁이라
　　洹水는 相州의 고을 이름이니, 뒤에 魏州에 속하였다. 《春秋左傳》 註에 "洹水는 汲郡 林慮縣에서 나와 동북쪽으로 魏郡 長樂縣에 이르러 淸水로 들어간다." 하였다. 洹은 음이 환이니, 지금 土俗의 음은 원이다.

於是에 蘇秦이 說韓王曰 韓은 地方九百餘里요 帶甲이 數十萬이요 天下之强
弓勁弩利劍이 皆從韓出이라 今大王이 事秦하시면 秦이 必求宜陽·成皐요 今玆
效之면 明年에 又復求割地하리니 地有盡이나 而秦之求無已하리이다 鄙諺曰 寧
爲鷄口언정 無爲牛後1)라하니 以大王之賢으로 挾彊韓之兵하야 而有牛後之名
하시니 竊爲大王羞之하노이다 韓王이 從其言하다

이에 蘇秦이 韓王(宣惠王)을 설득하기를 "韓은 땅이 9백여 리이고 갑옷 입
은 병사가 수십만 명이며 천하의 강한 활과 군센 쇠뇌와 예리한 검이 모두
韓나라로부터 나옵니다. 이제 대왕이 秦나라를 섬기시면 秦나라가 반드시 宜
陽과 成皐를 요구할 것이요, 금년에 이것을 바치면 명년에 또다시 땅을 떼어
줄 것을 요구할 것이니, 땅은 다함이 있으나 秦나라의 요구는 끝이 없을 것
입니다. 속담에 이르기를 '차라리 닭의 주둥이가 될지언정 소의 뒤(항문)는
되지 말라.' 하였으니, 대왕의 현명함으로 강한 韓나라의 병력을 보유하고서
소의 뒤라는 이름이 있으시니, 저는 속으로 대왕을 위하여 부끄럽게 생각합
니다." 하니, 韓王이 그의 말을 따랐다.

1) 〔釋義〕寧爲鷄口 無爲牛後 : 慈湖王氏曰 戰國策에 作寧爲鷄尸언정 不爲牛從이라
한대 延篤註에 尸는 主也요 從은 牛子也니 言寧爲鷄中之主언정 不爲牛子之從後
也라 鮑彪沈括辨에 皆以爲鷄尸牛從이라 按蘇秦稱牛後者는 蓋故以惡語侵韓하야
欲(昭)〔威〕侯怒而從之耳니 鷄尸牛從은 謬誤也라 正義曰 鷄口雖小나 猶能進食이
요 牛後雖大나 乃出糞也라하니라
慈湖王氏가 말하였다. "《戰國策》에 '차라리 닭들 가운데에 주장이 될지언정
어미소의 뒤를 따라가는 송아지는 되지 말라.' 하였는데, 延篤의 註에 '尸는 주장
함이요 從은 소 새끼(송아지)이니, 차라리 닭들 가운데에 주장이 될지언정 뒤에
따라가는 소 새끼가 되지 말라는 것이다.' 하였다. 鮑彪와 沈括의 辨에 모두 鷄尸
牛從이라고 하였다. 살펴보건대 蘇秦이 牛後(소의 항문)라고 칭한 것은 고의로
이런 나쁜 말을 하여 韓나라를 비하해서 威侯로 하여금 노하여 자신의 말을 따
르게 하고자 한 것이니, 鷄尸牛從이라고 한 것은 잘못이다. 《史記正義》에 이르기
를 '닭의 주둥이는 비록 작으나 오히려 음식을 올리는 곳이요, 소의 항문은 비록

크나 바로 똥이 나오는 곳이다.' 하였다."

蘇秦이 **說魏王曰 大王之地方千里**요 **武士二十萬**이요 **蒼頭**[1]**二十萬**이요 **奮擊二十萬**이요 **廝徒**[2]**十萬**이요 **車六百乘**이요 **騎五千匹**이어늘 **乃聽群臣之說**하야 **而欲臣事秦**하시니 **願大王熟察之**하소서 **魏王**이 **聽之**하다

蘇秦이 魏王을 설득하기를 "대왕은 땅이 천 리이고 武士가 20만이고 蒼頭가 20만이고 奮擊하는 자가 20만이고 소와 말을 먹이는 廝徒가 10만이고 수레가 6백 승이고 騎兵이 5천 필인데, 마침내 여러 신하들의 말을 듣고서 신하가 되어 秦나라를 섬기고자 하시니, 원컨대 대왕은 익숙히 살피소서." 하니, 魏王이 그 말을 따랐다.

1) 〔釋義〕蒼頭 : 長大有膂力者之號라 項羽傳에 異軍蒼頭라하니라 應劭曰 言其與衆異也니 蒼頭는 若赤眉靑領以相別也라 國策註에 蒼頭는 魏兵卒之號也라
　蒼頭는 신체가 장대하고 완력이 있는 자의 호칭이다. ≪漢書≫〈項羽傳〉에 '異軍蒼頭(딴 군대와 식별하기 위하여 蒼頭를 함)'라 하였다. 應劭가 말하였다. "그 무리와 달리함을 말한 것이니, 蒼頭는 눈썹을 붉게 하고 옷깃을 푸르게 하여 서로 구별한 것과 같은 것이다." ≪戰國策≫ 註에 "蒼頭는 魏나라 병졸의 호칭이다." 하였다.

2) 〔釋義〕廝徒 : 廝는 養馬之賤者也요 徒는 僕隸也라
　廝는 말을 기르는 천한 일을 하는 자이고, 徒는 종이다.

蘇秦이 **說齊王曰 齊**는 **四塞之國**이라 **地方二千餘里**요 **帶甲數十萬**이요 **粟如丘山**하고 **臨淄**(치)**之塗**에 **車轂擊**하고 **人肩摩**하며 **連袵成帷**하고 **揮汗成雨**하니 **夫韓魏之所以重畏秦者**는 **爲與秦接境也**어니와 **今**에 **秦之攻齊則不然**하야 **雖欲深入**이나 **則恐韓魏之議其後**하니 **秦之不能害齊亦明矣**라 **夫不料秦之無奈齊何**하고 **而欲西面而事之**하시니 **是**는 **群臣之計過也**로소이다 **齊王**이 **許之**하다

蘇秦이 齊王을 설득하기를 "齊나라는 사방이 막혀 있는 요새의 나라입니다. 땅이 2천여 리이고 갑옷 입은 병사가 수십만 명이고 곡식이 언덕과 산처

럼 쌓여 있으며, 도성인 臨淄의 길에 수레는 바퀴가 서로 부딪치고 사람은
어깨가 서로 맞닿을 정도이며 소매가 이어져 휘장을 이루고 사람들이 뿌린
땀이 비를 이루고 있습니다. 韓, 魏가 秦나라를 중하게 여기고 두려워하는
까닭은 秦나라와 접경이 되었기 때문입니다. 그런데 지금 秦나라가 齊나라를
공격하는 것은 그렇지 않아서 비록 깊이 쳐들어오고자 하나 韓, 魏가 그 뒤
를 도모할까 두려워하니, 秦나라가 齊나라를 해치지 못할 것이 또한 분명합
니다. 秦나라가 齊나라에게 어찌할 수 없다는 것을 헤아리지 않고 서쪽을 향
하여 秦나라를 섬기고자 하시니, 이는 여러 신하들의 계책이 잘못된 것입니
다." 하니, 齊王이 허락하였다.

乃南說楚王曰 楚는 天下之彊國也라 地方六千餘里요 帶甲百萬이요 粟支十
年하니 此는 霸王之資也라 楚强則秦弱하고 秦强則楚弱하야 其勢不兩立이라 故
로 爲大王計컨대 莫如從親以孤秦이라 故로 從親則諸侯割地以事楚요 衡合
則楚割地以事秦이니 此兩策者는 相去遠矣니 大王은 何居焉이시리잇고 楚王이
亦許之하다 於是에 蘇秦이 爲從約長하야 幷相六國하고 北報趙하니 車騎輜重[1]이
擬於王者러라

　蘇秦은 마침내 남쪽으로 가서 楚王을 설득하기를 "楚나라는 천하의 강대국
입니다. 땅이 6천여 리이고 갑옷 입은 병사가 100만이고 곡식이 10년을 지
탱할 수 있으니, 이는 霸王의 밑천입니다. 楚나라가 강하면 秦나라가 약해지
고 秦나라가 강하면 楚나라가 약해지니, 그 형세가 둘이 함께 설 수 없습니
다. 그러므로 大王을 위하여 계책을 세워보건대 從親하여 秦나라를 고립시키
는 것만 못합니다. 그러므로 從親을 하면 제후들이 땅을 떼어 楚나라를 섬기
고, 連橫을 하면 楚나라가 땅을 떼어 秦나라를 섬기니, 이 두 가지 계책은 서
로 거리가 멉니다. 대왕은 어느 쪽에 있으시겠습니까?" 하니, 楚王도 허락하
였다.
　이에 蘇秦이 從約長이 되어 아울러 六國의 정승이 되고 北으로 趙나라에
보고하니, 車騎와 輜重이 王者에 비견되었다.

1) 〔釋義〕輜重：慈湖王氏曰 輜는 載衣車요 重은 載物車라 〈顔〉師古曰 行者之資를 總曰輜重이라

　　慈湖王氏가 말하였다. "輜는 옷을 싣는 수레이고 重은 물건을 싣는 수레이다. 顔師古가 말하기를 '길 가는 자에게 필요한 물건을 통틀어 輜重이라고 한다.' 하였다."

【己丑】三十七年이라

　37년(기축 B.C.332)

秦惠王이 使犀首[1]로 欺齊, 魏하야 與共伐趙하야 以敗從約이어늘 趙肅侯讓蘇秦한대 秦이 恐하야 請使燕必報齊라하고 蘇秦이 去趙하니 而從約이 皆解러라

　秦나라 惠王이 犀首(公孫衍)로 하여금 齊, 魏를 속여 함께 趙나라를 치게 해서 從約을 무너뜨렸다. 趙나라 肅侯가 蘇秦을 꾸짖자, 蘇秦이 두려워하여 燕나라에 사신 가서 반드시 齊나라에 보복하게 하겠다고 청하고 蘇秦이 趙나라를 떠나니, 從約이 모두 와해되었다.

1) 〔釋義〕犀首：魏官名이라 公孫衍爲此官하야 因號犀首하니 猶虎牙將軍之稱이라

　　犀首는 魏나라의 관직명이다. 公孫衍이 이 벼슬을 하고 인하여 犀首라고 이름하였으니, 虎牙將軍이라는 호칭과 같은 것이다.

【丙申】四十四年이라

　44년(병신 B.C.325)

夏四月에 秦이 初稱王하다

　여름 4월에 秦나라가 처음으로 王을 칭하였다.

【丁酉】四十五年이라

　45년(정유 B.C.324)

蘇秦이 說燕易(역)王曰 臣居燕이면 不能使燕重이요 而在齊則燕重이리이다 易王이 許之어늘 乃僞得罪於燕而奔齊하니 齊宣王이 以爲客卿[1]하다 蘇秦이 說齊王하야 高宮室·大苑囿하야 以明得意하니 欲以敝齊而爲燕이러라

蘇秦이 燕나라 易王을 설득하기를 "臣이 燕나라에 있으면 燕나라를 중하게 하지 못하고, 齊나라에 있으면 燕나라가 중하게 될 것입니다." 하니, 易王이 이를 허락하였다. 蘇秦이 마침내 거짓으로 燕나라에서 죄를 얻었다 하고 齊나라로 달아나니, 齊나라 宣王이 客卿으로 삼았다. 蘇秦이 齊王을 설득하여 궁실을 높게 짓고 苑囿를 크게 넓혀서 得意함을 밝히게 하니, 齊나라를 피폐하게 하여 燕나라를 위하고자 해서였다.

1) 〔頭註〕客卿 : 戰國時官名이니 爲他國遊宦者設也라

　　客卿은 戰國時代의 관명이니, 다른 나라에 가서 벼슬하는 자를 위하여 만든 것이다.

【己亥】 四十七年이라

47년(기해 B.C.322)

秦張儀免相하고 相魏하야 欲使魏先事秦하야 而諸侯效之호되 魏王이 不聽이라 秦王이 復(부)陰厚張儀益甚이러라

秦나라 張儀가 정승을 면직하고 魏나라 정승이 되어서 魏나라로 하여금 먼저 秦나라를 섬겨 제후들이 본받게 하고자 하였으나 魏王이 듣지 않았다. 秦王은 다시 은밀히 張儀를 후대하기를 더욱 심하게 하였다.

【庚子】 四十八年이라

48년(경자 B.C.321)

王崩하고 子愼靚王이 立하다

王이 崩하고 아들 愼靚王이 즉위하였다.

齊田文이 嗣爲薛公¹⁾하니 號曰孟嘗君²⁾이라 招致諸侯遊士及有罪亡人하야 皆厚遇之하니 食客이 嘗(常)數千人이라 各自以爲孟嘗君親已라하니 由是로 孟嘗君之名이 重天下러라

齊나라 田文이 뒤를 이어 薛公이 되니, 이름을 孟嘗君이라 하였다. 孟嘗君이 천하의 유세하는 선비 및 죄가 있어 도망온 사람들을 招致하여 모두 후대하니, 食客이 항상 수천 명이었다. 이들은 각자 孟嘗君이 자기를 친애한다고 생각하니, 이 때문에 孟嘗君의 이름이 천하에 중하게 되었다.

1) 〔頭註〕嗣爲薛公：封田嬰於薛하니 田文은 嬰之孽子러니 嗣封於薛하니라
   田嬰을 薛邑에 봉하였으니, 田文은 田嬰의 庶子였는데 뒤를 이어 薛邑에 봉해졌다.
2) 〔頭註〕孟嘗君：孟은 字요 嘗은 邑名이니 在薛之旁하니라
   孟은 字이고 嘗은 고을의 이름이니, 薛邑의 옆에 있었다.

溫公曰 君子之養士는 以爲民也라 易曰 聖人養賢하야 以及萬民이라하니 夫賢者는 其德이 足以敦化正俗하고 其才足以頓綱振紀하고 其明이 足以燭微慮遠하고 其强이 足以結仁固義하야 大則利天下요 小則利一國이라 是以로 君子豐祿以富之하고 隆爵以尊之하니 養一人而及萬人者는 養賢之道也라 今孟嘗君之養士也는 不恤智愚하고 不擇臧否(비)하고 盜其君之祿하야 以立私黨, 張虛譽하야 上以侮其君하고 下以蠹其民하니 是는 奸人之雄也라 烏足尙哉아 書曰 受爲天下逋逃主하야 萃淵藪¹⁾라하니 此之謂也니라

溫公이 말하였다.
"君子가 선비를 기르는 것은 백성을 위해서이다. ≪周易≫ 頤卦에 이

르기를 '聖人이 賢者를 길러서 萬民에게 미친다.' 하였으니, 賢者는 그
德이 충분히 교화를 돈독히 하고 풍속을 바로잡을 수 있으며, 그 재주가
기강을 정돈하고 떨칠 수 있으며, 그 밝음이 은미함을 밝히고 먼 것을
생각할 수 있으며, 그 강함이 仁義를 굳게 맺을 수가 있어서, 크게는 천
하를 이롭게 하고 작게는 한 나라를 이롭게 한다. 이 때문에 君子가 녹
봉을 많이 주어 부유하게 하고 벼슬을 높여 주어 존귀하게 하는 것이니,
한 사람을 길러 만민에게 미치는 것은 현자를 기르는 道이다. 그런데 지
금 孟嘗君이 선비를 기른 것은 지혜로운 자와 어리석은 자를 돌아보지
않고 착하고 착하지 않음을 가리지 않고, 군주의 녹을 도둑질하여 사사
로운 徒黨을 세우고 헛된 명예를 떠벌어 위로는 군주를 업신여기고 아
래로는 백성을 좀먹었으니, 이는 간사한 사람의 우두머리이다. 어찌 숭
상할 것이 있겠는가. ≪書經≫〈武成〉에 이르기를 '殷王 受는 천하의 도
망한 자들의 주인이 되어, 물고기가 못에 모이고 짐승이 수풀에 모이듯
한다.' 하였으니 이것을 말함일 것이다."

1) 〔譯註〕書曰……萃淵藪 : 죄악을 저지른 자들이 도망하여 모여드는 것으로, 이
   내용은 ≪書經≫〈商書 武成篇〉에 보인다.

愼靚王 名定이요 顯王子니 在位七年이라

　　愼靚王은 이름이 定이고 顯王의 아들이니, 재위가 7년이다.

【癸卯】 三年이라

　3년(계묘 B.C.318)

**楚‧趙‧魏‧韓‧燕이 同伐秦하야 攻函谷關이러니 秦人이 出兵逆之한대 五國之師
皆敗走하다**

　楚‧趙‧魏‧韓‧燕이 함께 秦나라를 정벌하여 函谷關을 공격하였는데,

秦나라 사람들이 군대를 내어 逆攻하니, 다섯 나라의 군대가 모두 敗走하였다.

【甲辰】四年이라

4년(갑진 B.C.317)

齊大夫與蘇秦爭寵하야 刺(척)秦殺之하다 張儀說魏襄王曰 梁地는 四平하야 無名山大川之限하고 卒戍楚‧韓‧齊‧趙之境하야 守亭障[1]者 不下十萬하니 梁之地勢 固戰場也라 夫諸侯之約從에 盟洹(원)水之上하야 結爲兄弟以相堅也어니와 今親兄弟同父母라도 尙有爭錢財相殺傷이어늘 而欲恃反(번)覆蘇秦之餘謀하시니 其不可成이 亦明矣니이다 魏王이 乃倍(背)從約而因儀하야 以請成[2]于秦하니 張儀歸復相秦하다

齊나라 大夫가 蘇秦과 은총을 다투어 蘇秦을 찔러 죽였다. 張儀가 魏나라 襄王을 설득하기를 "梁나라 땅은 사방이 평평하여 명산 대천의 한계가 없고 병사들이 楚‧韓‧齊‧趙의 국경에 수자리를 가서 亭障을 지키는 자가 10만 명을 밑돌지 않으니, 梁나라의 지형은 진실로 전쟁터입니다. 제후들이 約從할 때에 洹水 가에서 맹세하여 兄弟를 맺고 서로 우호를 견고히 하였으나, 지금 친형제로 부모를 함께 한 자들도 오히려 돈과 재물을 다투어 서로 죽이고 傷害를 입히는 자가 있는데, 번복하는 蘇秦의 남은 계책을 믿으려 하시니, 성공할 수 없음이 또한 분명합니다." 하였다. 魏王이 마침내 從約을 배반하고 張儀를 인하여 秦나라에 화친을 청하니, 張儀가 秦나라로 돌아가 다시 정승이 되었다.

1)〔頭註〕亭障 : 亭은 候望者所居요 障은 山中小城이라 漢制塞上要害處에 別築爲城하고 置吏士하야 以捍寇하니 卽此亭障也라
　亭은 望樓에서 관망하는 자가 머무는 곳이고, 障은 산속의 작은 城이다. 漢나라 제도에 변방의 要害處에 별도로 城을 쌓고 관리와 군사를 배치하여 적을 막았으니, 바로 亭障이다.

2)〔頭註〕請成 : 成은 平也, 和也라

　成은 평온함이요 화친함이다.

【乙巳】五年이라

5년(을사 B.C.316)

蘇秦弟代, 厲 亦以遊說로 顯於諸侯라 燕相子之 與蘇代婚하야 欲得燕權이
러니 蘇代使於齊而還이어늘 燕王噲問曰 齊王이 其霸乎아 對曰 不能이러이다 王
曰 何故오 對曰 不信其臣이러이다 於是에 燕王이 屬(촉)國於子之[1]하니 子之南
面行王事하고 而噲老不聽政하고 顧爲臣[2]하야 國事皆決於子之하다

　蘇秦의 아우 蘇代와 蘇厲 또한 유세로 제후에게 현달하였다. 燕나라 정승 子
之가 蘇代와 혼인을 맺어 燕나라 권력을 얻고자 하였는데, 蘇代가 齊나라에
사신 갔다가 돌아오자, 燕王 噲가 묻기를 "齊王이 霸者가 되겠는가?" 하니, 蘇
代가 대답하기를 "못됩니다." 하였다. 燕王이 "무슨 연고인가?" 하고 묻자, 대
답하기를 "그 신하를 믿지 않습니다." 하였다. 이에 燕王이 국정을 子之에게 맡
기니, 子之가 南面하여 왕의 일을 행하고, 噲는 늙어서 정사를 다스리지 못하
고 도리어 子之의 신하가 되어 國事가 모두 子之에게서 결단되었다.

1)〔頭註〕屬國於子之 : 鹿毛壽謂燕王曰 人謂堯賢者는 以其能讓於天下故也니 今王
　以國讓子之하면 是王與堯同名也라하니 從之하니라
　鹿毛壽가 燕王에게 이르기를 "사람들이 堯임금을 어질다고 하는 것은 천하를
　사양하였기 때문입니다. 이제 왕께서 나라를 子之에게 사양하시면 왕께서는 堯
　임금과 이름이 같게 될 것입니다."라고 하니, 왕이 그의 말을 따랐다.
2)〔釋義〕顧爲臣 : 顧는 反也니 言燕君이 反爲子之之臣이라
　顧는 도리어이니, 顧爲臣은 燕나라 임금이 도리어 子之의 신하가 되었음을
　말한다.

〔史略 史評〕[1] 孟子曰 子噲도 不得與人燕이며 子之도 不得受燕於子噲라하시
니 說者謂 諸侯는 土地人民을 受之天子하고 傳之先君하니 私以與人이면 則

與者受者가 皆有罪也라하니라

　孟子가 말씀하기를 "燕王 子噲도 남에게 燕나라를 줄 수 없으며, 子之도 子噲에게서 燕나라를 받을 수 없다." 하니, 해설하는 자가 이르기를 "諸侯는 토지와 인민을 天子에게서 받았으며 先君에게서 물려받았으니, 만일 사사로이 남에게 준다면 주는 자와 받는 자가 모두 죄가 있는 것이다." 하였다.

1) 〔譯註〕 史略 史評 : 이는 底本의 史評 외에 ≪二十史略≫의 史評을 뽑아 실은 것이다. ≪二十史略≫은 南宋 말 元나라 초기의 進士인 盧陵 曾先之가 만든 ≪十八史略≫에 ≪元史≫와 ≪明史≫를 加한 것이다. ≪十八史略≫은 ≪史記≫와 ≪漢書≫에서 ≪新五代史≫에 이르는 17종의 正史와 宋나라 말까지의 史實을 뽑아 초학자를 위한 초보적 역사교과서로 편찬한 것인데, 여기에 ≪元史≫를 보탠 것이 ≪十九史略≫이고, ≪十九史略≫에 ≪明史≫를 보탠 것이 ≪二十史略≫이다.

【丙午】 六年이라

　6년(병오 B.C.315)

王崩하고 子赧王[1])延이 立하다

　왕이 죽고 아들 赧王 延이 즉위하였다.

1) 〔頭註〕 赧王 : 諡法에 无赧字하니 赧은 慙之甚者라 輕微危弱하야 寄住東西하야 足爲慙赧故로 號之曰赧이라
　諡法(諡號 짓는 법)에 赧字가 없으니, 赧은 부끄러움이 심한 것이다. 경미하고 위태롭고 약하여 동쪽과 서쪽에 더부살이하여 족히 부끄러워할 만하기 때문에 赧이라고 이름한 것이다.

　　赧王 名延이요 慎靚王子니 在位五十九年이라

　　赧王은 이름이 延이고 慎靚王의 아들이니, 재위가 59년이다.

【丁未】元年_{이라}

元年(정미 B.C.314)

燕子之爲王三年_에 國內大亂_{이어늘} 齊王_이 伐燕_{하야} 取子之醢之_{하고} 遂殺燕
王噲_{하다}

  燕나라 子之가 왕이 된 지 3년에 나라 안이 크게 혼란하였다. 齊王이 燕나
라를 정벌하여 子之를 잡아 죽여서 젓을 담그고 마침내 燕王 噲를 죽였다.

【己酉】三年_{이라}

3년(기유 B.C.312)

燕人_이 共立太子平_{하니} 是爲昭王_{이라} 昭王_이 於破燕之後_에 卽位_{하야} 弔死問
孤_{하고} 與百姓同甘苦_{하며} 卑身厚幣_{하야} 以招賢者_{할새} 謂郭隗曰 齊因孤[1]之
國亂_{하야} 而襲破燕_{하니} 孤極知燕小力少_{하야} 不足以報_나 然誠得賢士_{하야} 與
共國_{하야} 以雪先王之恥 孤之願也_니 先生_은 視可者_{하라} 得身事之_{호리라} 郭隗
曰 古之人君_이 有以千金_{으로} 使涓人[2]_{하야} 求千里馬者_{러니} 馬已死_라 買其骨
五百金而返_{이어늘} 君大怒_{한대} 涓人曰 死馬_도 且買之_온 況生者乎_{잇가} 馬今至
矣_{리이다하더니} 不期年_에 千里之馬至者三_{이라하니이다} 今王_이 必欲致士_{인댄} 先從隗
始_{하시면} 況賢於隗者 豈遠千里哉_{리잇고} 於是_에 昭王_이 爲隗_{하야} 改築宮而師事
之_{하니} 於是_에 士爭趣(趨)燕_{이라} 樂毅_는 自魏往_{하고} 劇辛_은 自趙往_{하니} 昭王_이
以樂毅爲亞卿_{하야} 任以國政_{하다}

  燕나라 사람들이 함께 太子 平을 세우니 이가 昭王이다. 昭王은 燕나라가
격파된 뒤에 즉위하여 죽은 사람을 조문하고 고아들을 위문하며, 백성들과
괴로움과 즐거움을 함께 하며, 몸을 낮추고 폐백을 후하게 하여 賢者를 부를
적에 郭隗에게 말하기를 "齊나라는 孤(과인)의 나라가 혼란한 틈을 타서 우

리 燕나라를 습격하여 격파하였다. 과인은 燕나라가 작고 힘이 부족하여 보복할 수 없음을 잘 알고 있으나 진실로 어진 선비를 얻어 나라를 함께 다스려서 선왕의 치욕을 씻는 것이 과인의 소원이니, 선생은 합당한 자를 살펴보라. 몸소 그를 섬기겠다." 하였다. 이에 郭隗가 말하였다.

"옛날 人君 중에 千金을 가지고 涓人을 시켜 千里馬를 구하게 한 자가 있었습니다. 그런데 千里馬가 이미 죽었으므로 그 뼈를 五百金에 사 가지고 돌아오니, 군주가 크게 노하였습니다. 이에 涓人이 아뢰기를 '죽은 말도 샀으니 하물며 산 놈이겠습니까? 千里馬가 이제 이를 것입니다.' 하였는데, 1년이 못되어 千里馬가 이른 것이 세 필이었습니다. 지금 왕께서 반드시 어진 선비를 초치하려고 하신다면 먼저 이 郭隗부터 시작하신다면 하물며 郭隗보다 어진 자가 어찌 千里를 멀다고 여기겠습니까?"

이에 昭王이 郭隗를 위하여 궁궐을 개축하고 스승으로 섬기니, 이에 선비들이 다투어 燕나라로 달려왔다. 그리하여 樂毅는 魏나라에서 가고 劇辛은 趙나라에서 가니, 昭王이 樂毅를 亞卿으로 삼아 국정을 맡겼다.

1) 〔頭註〕因孤*) : 與臣民言則稱孤하니 孤者는 特立无德之稱이라
　　군주가 신하와 백성들을 상대하여 말할 때에 孤라고 칭하니, 孤는 외로이 서서 德이 없는 칭호이다.
　*) 孤 : 春秋時代에 諸侯가 자신을 칭하여 寡人이라고 하였는데, 凶事가 있으면 孤라고 칭하였다. 그러나 후대에는 점점 구별이 없어져 혼용하였다.
2) 〔釋義〕涓人 : 韋昭曰 涓人은 今中涓也라 漢儀註에 天子有中涓이라한대 〈顔〉師古曰 涓은 潔也니 主居中而潔除之人이라
　　韋昭가 말하였다. "涓人은 지금의 中涓이다." ≪漢儀≫의 註에 "天子는 中涓이 있다." 하였는데, 顔師古가 말하기를 "涓은 깨끗함이니, 궁중에 있으면서 깨끗이 소제하는 것을 맡은 사람이다." 하였다.

〔史略 史評〕愚按 燕昭遭家不造하야 破滅之餘에 爲衆所立하니 卽欲爲君父報仇라도 宜若衰微而不能濟也라 然이나 燕이 弔死問生하고 親賢下士하며 委任樂毅하야 使之伐齊하야 六月之間에 下齊七十餘城하니 其治效가 猶若是之速이온 而況强大之國과 聖明之君이 能用天下之賢才者乎아 詩曰 無競維人이면

四方其訓之라하니 豈不信哉아

　내가 살펴보건대 燕나라 昭王은 국가의 불행함을 만나서 국가가 파멸된 뒤에 민중에 의해 옹립되었으니, 만일 君父를 위하여 원수를 갚고자 해도 마땅히 미약하여 이루지 못했을 듯하다. 그러나 燕나라가 죽은 사람을 조문하고 산 사람을 위문하며, 어진 이를 친히 하고 선비들에게 자기 몸을 낮추며, 樂毅에게 國政을 맡겨서 그로 하여금 齊나라를 정벌하게 하여 6개월 만에 齊나라 70여 개의 城을 함락하였으니, 그 다스림의 효과가 오히려 이와 같이 신속하였는데, 하물며 강대한 나라와 聖明한 군주가 천하의 어진 이와 재주 있는 이를 등용함에 있어서랴. ≪詩經≫에 이르기를 "이보다 더 강함이 없는 사람(훌륭한 인재)을 등용하면 四方에서 그를 법으로 삼는다." 하였으니, 어찌 진실이 아니겠는가.

【庚戌】四年이라

4년(경술 B.C.311)

張儀說楚王曰 夫爲從者는 無以異於驅群羊而攻猛虎니 不格[1]이 明矣나이다 今王이 不事秦하시면 秦이 劫韓驅梁而攻楚하리니 則楚危矣리이다 楚王이 許之하다 張儀遂之韓하야 說韓王曰 夫戰孟賁, 烏獲[2]之士하야 以攻不服之弱國은 無異垂千鈞[3]之重於鳥卵之上이니 必無幸矣리이다 大王이 不事秦하시면 秦이 下甲[4]하야 據宜陽하고 塞成皐하리니 則王之國이 分矣리니 爲大王計컨대 莫如事秦而攻楚니이다 韓王이 許之하다 張儀歸報秦王하니 復使東說齊王曰 從人說大王者 必曰 齊蔽於三晉하고 地廣兵彊하니 雖有百秦이라도 將無奈齊何라하나니 今에 秦, 楚嫁女娶婦하야 爲昆弟之國하고 韓獻宜陽하고 梁效河外[5]하고 趙王이 入朝하야 割河間以事秦하니 大王이 不事秦하시면 秦이 驅韓, 梁, 趙하야 攻之하리니 雖欲事秦이나 不可得也리이다 齊王이 許之하다

　張儀가 楚王을 설득하기를 "合從을 하는 것은 여러 羊을 몰아 사나운 범을

공격하는 것과 다를 것이 없으니, 대적하지 못할 것이 분명합니다. 지금 王이 秦나라를 섬기지 않으시면 秦나라가 韓나라를 위협하고 梁(魏)나라를 몰아 楚나라를 공격할 것이니, 그렇게 되면 楚나라가 위태로울 것입니다." 하였다.

楚王이 허락하자, 張儀가 마침내 韓나라에 가서 韓王을 설득하였다.

"孟賁과 烏獲같은 용사를 싸우게 하여 복종하지 않는 약한 나라를 공격하는 것은 千鈞(3만 근)의 무게를 새알의 위에 올려놓는 것과 다름이 없으니, 반드시 불행하게 될 것입니다. 大王이 秦나라를 섬기지 않으시면 秦나라가 군대를 주둔하여 宜陽을 점거하고 成皐를 막을 것이니, 그렇게 되면 왕의 나라가 분열될 것입니다. 大王을 위하여 계책해 보건대 秦나라를 섬기고 楚나라를 공격하는 것만 못합니다."

韓王이 허락하자, 張儀가 돌아가 秦王에게 보고하니, 〈秦王은〉 다시 동쪽으로 사신 가서 齊王을 설득하게 하였다.

"合從하는 사람으로 大王을 설득하는 자들은 반드시 말하기를 '齊나라는 三晉에 가려져 있고 땅이 넓고 군대가 강하니, 비록 백 개의 秦나라가 있더라도 장차 齊나라를 어찌할 수 없다.'고 합니다. 그런데 이제 秦나라와 楚나라가 딸을 시집보내고 며느리를 얻어 형제의 나라가 되었고, 韓나라는 宜陽을 바치고 梁나라는 河外를 바치고 趙王은 入朝하여 河間을 떼어 秦나라를 섬기니, 大王이 秦나라를 섬기지 않으시면 秦이 韓·梁·趙를 몰아 공격할 것이니, 비록 秦나라를 섬기고자 해도 할 수가 없을 것입니다."

이에 齊王이 허락하였다.

1) 〔釋義〕不格 : 猶言不敵也라
   不格은 대적하지 못한다고 말하는 것과 같다.
2) 〔譯註〕孟賁, 烏獲 : 모두 戰國時代의 力士로 孟賁은 소뿔을 산 채로 뽑았다 하며 烏獲은 무게가 千鈞인 솥을 들었다 한다.
3) 〔頭註〕千鈞 : 十黍爲絫요 絫百爲銖요 二十四銖爲兩이니 象二十四氣요 十六兩成斤하니 象四時乘四方也요 三十斤成鈞이니 象一月也요 四鈞成石이니 象四時요 重百二十斤은 象十二月也라

10黍를 絫라 하고 100絫를 銖라 하고 24銖를 兩이라 하니 24節氣를 상징한 것이요, 16兩을 斤이라 하니 四時가 四方을 탐을 상징한 것이요, 30斤을 鈞이라 하니 한 달을 상징한 것이요, 4鈞을 石이라 하니 四時를 상징한 것이요, 1石의 무게가 120斤인 것은 12개월을 상징한 것이다.

4) 〔釋義〕 下甲 : 猶言頓兵也라
下甲은 군대를 주둔하였다는 말과 같다.

5) 〔釋義〕 河外 : 河之南邑이니 若曲沃, 平周等이라 正義에 謂同華州地也라
河外는 黃河 남쪽의 고을이니, 曲沃과 平周 등과 같은 것이다. ≪史記正義≫에 "同州와 華州 땅을 이른다." 하였다.

張儀去하야 西說趙王曰 大王이 收率天下하야 以擯秦하시니 秦兵이 不敢出函谷關이 十五年이라 大王之威 行於山東이어니와 今에 楚與秦爲昆弟之國하고 而韓, 梁이 稱東藩之臣하고 齊獻魚鹽之地하니 此는 斷趙之右肩也라 夫斷右肩而與之鬪하고 失其黨而孤居하면 求欲無危나 得乎잇가 爲大王計컨대 莫如與秦王面約하야 常爲兄弟之國이니이다 趙王이 許之하다 張儀乃北說燕王曰 大王이 不事秦하시면 秦이 下甲雲中, 九原하야 驅趙而攻燕하리니 則易(역)水, 長城은 非大王之有也리이다 燕王이 請獻常山之尾五城하야 以和하다 張儀歸報할새 未至咸陽하야 秦惠王薨하고 子武王立하니 武王이 自爲太子時로 不說(열)張儀러니 及卽位에 群臣이 多毁短之라 諸侯聞儀與秦王有隙하고 皆畔(반)衡하고 復(부)合從하다

張儀가 떠나 서쪽으로 가서 趙王을 설득하였다.

"大王이 천하를 거두어 인솔하여 秦나라를 물리치시니, 秦나라 군대가 감히 函谷關을 나가지 못한 지가 15년입니다. 대왕의 위엄이 山東 지방에 행해지고 있습니다만, 지금 楚나라는 秦나라와 형제의 나라가 되었고 韓나라와 梁나라는 東藩의 신하를 칭하고 齊나라는 어물과 소금이 나는 땅을 바쳤으니, 이는 趙나라의 오른쪽 어깨를 끊은 것입니다. 오른쪽 어깨를 끊고서 남과 싸우며 黨을 잃고 외롭게 있으면서 위태로움이 없기를 바란다면 되겠습

니까. 대왕을 위하여 계책해 보건대 秦王과 대면하여 맹약해서 항상 형제의 나라가 되는 것만 못합니다.”

趙王이 허락하자, 張儀가 마침내 북쪽으로 가서 燕王을 설득하였다.

“대왕이 秦나라를 섬기지 않으시면 秦나라가 군대를 雲中과 九原에 주둔시키고 趙나라를 몰아 燕나라를 공격할 것이니, 이렇게 되면 易水와 長城은 大王의 소유가 아닐 것입니다.”

이에 燕王이 常山의 끝 다섯 城을 떼어 바쳐 화친을 청하였다.

張儀가 秦나라에 돌아가 보고할 적에 咸陽에 이르기 전에 秦나라 惠王이 죽고 아들 武王이 즉위하니, 武王은 太子 시절부터 張儀를 좋아하지 않았는데, 그가 즉위하자 여러 신하들이 張儀를 비방하고 단점을 지적하는 자가 많았다. 諸侯들은 張儀가 秦王과 틈이 있다는 말을 듣고는 모두 連橫을 배반하고 다시 合從을 하였다.

【辛亥】五年이라

5년(신해 B.C.310)

張儀相魏一歲에 卒하다 儀與蘇秦이 皆以縱橫之術로 遊諸侯하야 致位富貴하니 天下爭慕效之러라 又有魏人公孫衍者하니 號曰犀首라 亦以談說(세)로 顯名하고 其餘蘇代, 蘇厲, 周最, 樓緩之徒 紛紜徧於天下하야 務以舌詐相高하니 不可勝紀로되 而儀, 秦, 衍이 最著러라

張儀가 魏나라에서 정승이 된 지 1년 만에 죽었다. 張儀와 蘇秦은 모두 合從, 連橫의 방법으로 諸侯를 유세하여 富貴한 지위를 이루니, 天下가 다투어 사모하고 본받았다. 또 魏나라 사람 公孫衍이란 자가 있어 호를 犀首라 하였는데 그 역시 유세로 이름을 드날렸고, 그 나머지 蘇代·蘇厲·周最·樓緩의 무리가 분분하게 천하에 널려 있어 변설과 속임수로 서로 높이기를 힘쓰니, 이루 다 기록할 수가 없으나 그 중에 張儀와 蘇秦, 公孫衍이 가장 드러났다.

〔史略 史評〕景春曰 公孫衍張儀는 豈不誠大丈夫乎아 一怒而諸侯懼하고 安居
而天下熄이라하니 孟子曰 是는 妾婦之道也니 惡(오)得爲大丈夫乎리오 居天
下之廣居하며 立天下之正位하며 行天下之大道하야 得志하야는 與民由之하고
不得志하야는 獨行其道하야 富貴不能淫하며 貧賤不能移하며 威武不能屈이
此之謂大丈夫[1]라하시니라

　　景春이 말하기를 "公孫衍과 張儀는 어찌 진실로 대장부가 아니겠습니까.
한 번 노하면 諸侯들이 두려워하고 편안히 있으면 천하가 잠잠하였습니다."
하니, 孟子가 말씀하기를 "이는 妾婦의 道이니, 어떻게 대장부가 될 수 있겠
는가. 천하의 넓은 집〔仁〕에 거하며 천하의 바른 자리〔禮〕에 서며 천하의 큰
道〔義〕를 행하여, 뜻을 얻으면 백성들과 함께 이것을 행하고 뜻을 얻지 못하
면 홀로 그 道를 행해서, 부귀가 마음을 음탕하게 하지 못하고 빈천이 의지
를 바꾸지 못하고 위엄과 무력이 지조를 굽히지 못하는 것, 이것을 일러 대
장부라 한다." 하였다.

1)〔譯註〕景春曰……此之謂大丈夫 : 이 내용은 ≪孟子≫ 〈滕文公〉에 보인다.

【壬戌】十六年이라

　　16년(임술 B.C.299)

秦王[1]이 約楚王會盟於武關이러니 楚王이 入秦한대 秦人이 留之하다

　　秦王이 楚王과 武關에서 會盟하기로 약속하였는데, 楚王이 秦나라로 들어
가자 秦나라 사람이 억류하였다.

1)〔釋義〕秦王 : 昭襄王稷也니 立於乙卯年이라
　　秦王은 昭襄王 稷이니 을묘년에 즉위하였다.

【癸亥】十七年이라

　　17년(계해 B.C.298)

秦王이 聞孟嘗君之賢하고 使涇陽君¹⁾으로 爲質於齊하고 以請하니 孟嘗君이 來入秦이라 秦王이 以爲丞相한대 或謂秦王曰 孟嘗君이 相秦이면 必先齊而後秦하리니 秦其危哉리이다 秦王이 乃以樓緩爲相하고 囚孟嘗君하야 欲殺之하다 孟嘗君이 使人으로 求解於秦王幸姬한대 姬曰 願得君狐白裘²⁾하노라 孟嘗君이 有狐白裘러니 已獻之秦王하야 無以應姬求라 客에 有善爲狗盜者하야 入秦藏中하야 盜狐白裘하야 以獻姬한대 姬乃爲之言於王而遣之러니 王이 後悔하야 使追之하다 孟嘗君이 至關하니 關法에 鷄鳴이라야 而出客이라 時尙早하고 追者將至러니 客에 有善爲鷄鳴者하야 野鷄聞之하고 皆鳴이어늘 孟嘗君이 乃得脫歸하다

　秦王은 孟嘗君이 어질다는 말을 듣고 涇陽君으로 하여금 齊나라에 인질이 되게 하고 孟嘗君을 청하니, 孟嘗君이 秦나라로 들어갔다. 秦王이 孟嘗君을 丞相으로 삼자, 혹자가 秦王에게 이르기를 "孟嘗君이 秦나라의 정승이 되면 반드시 齊나라를 먼저 하고 秦나라를 뒤로 할 것이니, 秦나라가 위태로울 것입니다." 하였다. 秦王이 마침내 樓緩을 정승으로 삼고 孟嘗君을 가두어 죽이려 하였다.

　孟嘗君이 사람을 시켜 秦王의 幸姬(총애하는 애첩)에게 풀어줄 것을 요구하니, "君의 狐白裘를 얻기를 원한다." 하였다. 孟嘗君이 狐白裘를 가지고 있었는데 이미 秦王에게 바쳐 幸姬의 요구에 응할 수가 없었다. 따라온 門客 중에 개처럼 도둑질을 잘하는 자가 있어서 秦나라의 창고 안에 들어가 狐白裘를 훔쳐 幸姬에게 바치니, 幸姬가 마침내 그를 위하여 王에게 말하여 보내주었는데, 왕이 후회하여 그를 뒤쫓게 하였다. 孟嘗君이 關門에 이르니 關門의 법에 닭이 울어야 객을 내보냈다. 때는 아직 이르고 추격하는 자는 장차 이르게 되었는데, 門客 중에 닭울음소리를 잘 흉내 내는 자가 있어서 들의 닭들이 이 소리를 듣고 모두 울었으므로 孟嘗君이 마침내 탈출하여 돌아올 수 있었다.

1) 〔頭註〕涇陽君 : 名悝니 秦王同母弟라
　涇陽君은 이름이 悝이니, 秦王의 同母弟이다.

2)〔釋義〕狐白裘 : 以狐之白毛爲裘라 謂集狐腋之毛니 言美而難得者라 說者謂此天
子諸侯燕居之盛服이라

狐白裘는 여우의 흰 털로 갖옷을 만든 것이다. 여우의 겨드랑이에 있는 흰 털
을 모은 것을 이르는 바, 아름다워 얻기가 어려움을 말한 것이다. 해설하는 자
가 이르기를 "이것은 천자와 제후가 편안히 거처할 때에 입는 성대한 복장이다."
하였다.

〔史略 史評〕王荊公曰 世皆稱孟嘗君이 能得士라 士以故歸之하여 而卒賴其力
하여 以脫於虎豹之秦이라하니 嗟乎라 孟嘗君은 特鷄鳴狗吠之雄耳니 豈足以
言得士리오 不然이면 擅齊之强하여 得一士焉이라도 宜可以南面而制秦이어니
尙取鷄鳴狗吠之力哉아 鷄鳴狗吠之出其門하니 此士之所以不至也니라

王荊公(王安石)이 말하였다.

"세상에서 모두 칭하기를 '孟嘗君이 선비를 얻었으므로 선비들이 이 때문
에 그에게 귀의하여 孟嘗君이 마침내 그 힘을 의뢰하여 호랑이와 표범과 같
은 秦나라에서 벗어났다' 하니, 아! 슬프다. 孟嘗君은 다만 닭울음소리와
개 짖는 소리를 흉내 내는 자들의 우두머리일 뿐이다. 어찌 선비를 얻었다
고 말할 수 있겠는가? 그렇지 않다면 齊나라의 강성함을 독차지해서 한 선
비만 얻어도 南面하여 秦나라를 제압할 수 있었을 것이니, 오히려 닭울음
소리와 개 짖는 소리를 흉내 내는 자의 힘을 취할 것이 있겠는가? 닭울음
소리와 개 짖는 소리를 흉내 내는 자가 그 門下에서 나왔으니, 이것이 훌륭
한 선비들이 이르지 않은 이유이다."

○ 趙王이 封其弟勝하야 爲平原君하니 平原君이 好士하야 食客이 常數千人
이러라

趙王이 그의 아우 勝을 봉하여 平原君을 삼으니, 平原君이 선비를 좋아하
여 食客이 항상 수천 명이었다.

【乙丑】十九年이라

19년(을축 B.C.296)

楚懷王이 發病하야 薨於秦하니 楚人이 皆憐之하야 如悲親戚이라 諸侯由是로 不直秦이러라

楚나라 懷王이 병이 나서 秦나라에서 죽으니, 楚나라 사람들이 모두 불쌍히 여겨 친척의 죽음을 슬퍼하듯 하였다. 諸侯들이 이 때문에 秦나라를 정직하게 여기지 않았다.

〔史略 史評〕臨江梁氏曰 懷王이 以貪地之故로 而爲秦所誑하여 輕絶齊交하고 又興忿兵하야 伐秦取敗하니 亦可悟矣어늘 而又信秦之詭言하고 往會武關하야 迫以入秦하고 朝於章臺하야 要以割地라가 卒至客死하니 可悲也夫인저

臨江梁氏(梁寅)가 말하였다.

"懷王이 땅을 탐하였기 때문에 秦나라에게 속임을 당하여 齊나라와의 國交를 가볍게 끊고, 또 분개하여 군대를 일으켜서 秦나라를 공격하다가 패하였으니, 또한 깨달을 만하다. 그런데 또다시 秦나라의 속이는 말을 믿고 武關의 모임에 가서 강제로 秦나라로 들어갔고, 章臺宮에 조회하여 땅을 떼어 줄 것을 요구하다가 끝내 客死하였으니, 가련하다."

【丙子】三十年이라

30년(병자 B.C.285)

齊湣(민)王이 旣滅宋而驕하야 乃南侵楚하고 西侵三晉하고 欲幷二周[1]하야 爲天子라 燕昭王이 日夜에 撫循其人하고 乃與樂毅로 謀伐齊할새 王이 悉起兵[2]하야 以樂毅로 爲上將軍하고 幷將秦·魏·韓·趙之兵하야 以伐齊하니 齊湣王이 悉國中之衆하야 以拒之할새 戰于濟西하야 齊師大敗라 遂進軍한대 齊人이 大亂失度하니 湣王이 出走하다 樂毅入臨淄[3]하야 取寶物祭器[4]하야 輸之於燕하니 燕王이 封樂毅하야 爲昌國[5]君하고 遂使留徇[6]齊城之未下者하다 齊王이 走莒[7]어늘

楚使淖(뇨)齒⁸⁾로 將兵救齊하고 因爲齊相이러니 淖齒欲與燕分齊地하야 乃遂
弑王於鼓里하다

齊나라 湣王이 宋나라를 멸망시키고는 교만해져서 마침내 남쪽으로 楚나
라를 침공하고 서쪽으로 三晉을 침공하고 두 周나라를 兼倂하여 天子가 되고
자 하였다. 燕나라 昭王이 밤낮으로 백성들을 어루만져 따르게 하고, 마침내
樂毅와 齊나라를 정벌할 것을 도모하였다. 昭王이 군대를 모두 일으켜 樂毅
를 上將軍으로 삼고는 秦·魏·韓·趙의 군대를 아울러 거느리고 齊나라를
정벌하였다. 齊나라 湣王이 국중의 병력을 총동원하여 항거할 적에 濟西에서
싸워 齊나라 군대가 대패하였다. 樂毅가 마침내 進軍하자 齊나라 사람들이
크게 혼란하여 법도를 잃으니, 湣王이 나가 도망하였다.

樂毅가 齊나라 都城인 臨淄에 들어가 寶物과 祭器를 취하여 燕나라로 수송
하니, 燕王이 樂毅를 봉하여 昌國君을 삼고 마침내 齊나라에 머물면서 齊나
라 성 가운데 아직 항복하지 않은 곳을 순행하여 항복받게 하였다. 齊王이
莒 땅으로 도망가자 楚나라가 淖齒를 시켜 병력을 인솔하고 齊나라를 구원하
게 하고, 인하여 齊나라 정승이 되게 하였는데, 淖齒가 燕나라와 함께 齊나
라 땅을 나누어 소유하고자 하여 마침내 湣王을 鼓里에서 시해하였다.

1) 〔譯註〕二周 : 東周와 西周를 이른다. 赧王이 미약하여 東周와 西周로 나뉘어 정
사를 다스려서 각각 한 도읍에 거하였기 때문에 二周라 한 것이다. 西周의 王城
은 지금의 河南이고, 東周의 鞏은 지금의 成周 洛陽이다.

2) 〔譯註〕王悉起兵 : 赧王 30年條에는 31年條의 내용이 섞여 있는 바, '王悉起兵'
이하부터 32年條 이전까지의 내용이 ≪資治通鑑≫에는 赧王 31年條에 보인다.

3) 〔釋義〕臨淄 : 臨淄水는 出泰山梁父(보)縣西北하야 入汶하니 隋置淄州라 括地志
云 靑州臨淄縣은 一名齊城이니 古營丘地니 今益都屬縣이라
臨淄水는 泰山 梁父縣 서북쪽에서 나와 汶水로 들어가니, 隋나라 때 淄州를 두
었다. ≪括地志≫에 이르기를 "靑州 臨淄縣은 일명 齊城이니 옛날 營丘 땅으로
지금 益都의 屬縣이다." 하였다.

4) 〔釋義〕祭器 : 凡王者大祭祀에 必陳設文物軒車彝器等하니 因謂此爲祭器라
王者가 크게 제사 지낼 때에 반드시 文物과 軒車와 彝器(종묘의 제기) 등을 진

설하니, 인하여 이런 것들을 일러 祭器라고 한 것이다.

5)〔釋義〕昌國 : 地志에 齊〈郡〉有昌國縣이라 括地志云 漢武更山陽爲昌國하니 今曹州城武東北三十二里梁丘故城이 是라

　昌國은 ≪漢書≫〈地理志〉에 "齊郡에 昌國縣이 있다." 하였다. ≪括地志≫에 이르기를 "漢나라 武帝가 山陽을 고쳐 昌國이라 하였으니, 지금의 曹州 城武 동북쪽 32리 梁丘의 옛 城이 이곳이다." 하였다.

6)〔釋義〕留徇 : 巡師宣令也라

　留徇은 군대를 순행하여 명령을 선포하는 것이다.

7)〔釋義〕莒 : 今益都莒州是라 故莒子國이니 郭周四十餘里라

　莒는 지금의 益都 莒州가 바로 이곳이다. 옛날에 莒는 子爵의 나라이니, 성곽의 둘레가 40여 리였다.

8)〔釋義〕淖齒 : 淖는 姓也라 楚人이니 江都易王傳에 有美人淖姬한대 蘇林註에 淖音은 泥淖之淖니 尼敎反이라

　淖는 姓이다. 楚나라 사람이니, ≪漢書≫〈江都易王傳〉에 "미인 淖姬가 있다." 하였는데, 蘇林의 註에 "淖의 音은 泥淖의 淖로 읽으니, 尼敎反(뇨)이다." 하였다.

〔史略 史評〕荀子曰 國者는 天下之利用也요 人主者는 天下之利勢也라 得道以持之면 則大安也요 大榮也요 積美之源也며 不得道以持之면 則大危也요 大累也니 有之不如無之라 及其綦也하야는 索爲匹夫라도 不可得也니 齊湣宋獻[1]이 是也니라

　荀子가 말하였다.

　"나라는 천하의 이로운 쓰임이고, 人主는 천하의 이로운 권세이다. 道를 얻어 이를 유지하면 크게 편안하고 크게 영화롭고 아름다움이 쌓이는 근원이며, 道를 얻어 이를 유지하지 못하면 크게 위태롭고 크게 누가 되니, 있는 것이 없는 것만 못하다. 그 심함에 미쳐서는 匹夫가 되려 해도 될 수가 없으니, 齊나라 湣王과 宋나라 獻王이 이들이다."

1)〔譯註〕宋獻 : 宋나라 獻公으로, 이름은 偃이다. 獻公은 宋나라의 마지막 군주로 齊나라 湣王에게 패망하였는 바, 獻은 시호이며 또 다른 시호는 康이다. 이 내용은 ≪荀子≫〈霸王篇〉에 보인다.

○ 毅聞畫邑¹⁾人王蠋(촉)賢하고 令軍中하야 環畫邑三十里無入하고 使人請蠋한대 蠋이 謝不往이어늘 燕人曰 不來면 吾且屠邑²⁾하리라 蠋曰 忠臣은 不事二君이요 烈女는 不更(경)二夫라 齊王이 不用吾諫故로 退而耕於野러니 國破君亡에 吾不能存하고 而又欲劫之以兵하니 吾與其不義而生으론 不若死라하고 遂經其頸而死하니라

樂毅는 畫邑 사람 王蠋이 어질다는 말을 듣고는 軍中에 명령하여 畫邑 30리를 에워싸서 들어가지 못하게 하고 사람을 시켜 王蠋을 초청하였으나 王蠋이 사양하고 가지 않았다. 燕나라 사람이 위협하기를 "오지 않으면 내 장차 고을을 屠戮하겠다." 하니, 王蠋이 말하기를 "忠臣은 두 임금을 섬기지 않고 烈女는 두 남편을 섬기지 않는다. 齊王이 내 諫言을 따르지 않았기 때문에 물러나 들에서 농사짓고 있었는데, 나라가 격파되고 군주가 망함에 내가 보존하지 못하였고 또 그대들이 군대로 위협하니, 내 의롭지 못하게 살기보다는 죽는 것이 낫다." 하고는 마침내 목을 매어 죽었다.

1) 〔釋義〕畫邑 : 括地志云 戟里城은 在臨淄西北三十里하니 春秋棘邑也라 又名畫邑이니 王蠋所居라

畫邑은 《括地志》에 이르기를 "戟里城이 臨淄 서북쪽 30리 지점에 있으니, 春秋時代의 棘邑이다. 또 畫邑이라고도 이름하니, 王蠋이 살던 곳이다." 하였다.

2) 〔頭註〕屠邑 : 屠는 殺也니 殺其民을 若屠六畜然也라

屠는 죽임이니, 백성을 죽이기를 六畜(집에서 기르는 여섯 가지 가축인 소, 말, 양, 돼지, 개, 닭)을 도살하듯이 하는 것이다.

○ 燕師乘勝長驅하니 齊城이 皆望風奔潰¹⁾러라 樂毅修整燕軍하야 禁止侵掠하고 求齊之逸民하야 顯而禮之²⁾하며 寬其賦斂하고 除其暴令하고 修其舊政하니 齊民이 喜悅이라 祀桓公·管仲於郊하고 表賢者之閭하고 封王蠋之墓하니 六月之間에 下³⁾齊七十餘城하야 皆爲郡縣하다

燕나라 군대가 승승장구하니, 齊나라 城들이 모두 멀리서 기세만 보고도

달아나 무너졌다. 樂毅는 燕나라 군대를 정돈하여 침략하는 것을 금지하고
齊나라의 逸民(뛰어난 인물)을 찾아 드러내어 예우하였으며, 부역과 세금을
관대하게 하고 포악한 명령을 제거하고 옛 政事를 닦으니, 齊나라 백성들이
기뻐하였다. 桓公과 管仲을 郊外에서 제사하고 어진 자의 마을 문에 旌表하
고 王蠋의 무덤을 봉분하니, 여섯 달 사이에 齊나라 70여 성을 항복시켜 모
두 郡縣을 만들었다.

1) 〔譯註〕望風奔潰 : 望風은 바람을 바라본다는 뜻으로, 적이 쳐들어온다는 소문만
듣고도 그 기세에 놀라 달아남을 이른다.
2) 〔釋義〕求齊之逸民 顯而禮之 : 逸民者는 節行超逸也라 林少穎曰 逸은 俊逸之逸
이니 如俊民之義요 非隱逸也라 禮之는 謂以禮遇之也라
　逸民은 절행이 뛰어난 것이다. 林少穎(林之奇)이 말하였다. "逸은 俊逸(재주가
뛰어남)의 逸이니, 俊民이라는 뜻과 같고 隱逸을 말한 것이 아니다. 禮之는 禮로
써 대우함을 이른다."
3) 〔釋義〕下 : 彼自歸伏曰下요 又以兵威伏人曰下라
　저가 스스로 귀순하여 항복하는 것을 下라고 하고, 또 군대의 위세로 남을 굴복
시키는 것을 下라고 한다.

【戊寅】三十二年이라

32년(무인 B.C.283)

齊淖齒之亂에 王孫賈從湣王이라가 失王之處러니 其母曰 汝朝出而晚來면
則吾倚門而望하고 汝暮出而不還이면 則吾倚閭而望[1]이로라 汝今事王이라가 王
走어시늘 汝不知其處하니 汝尙何歸焉고 王孫賈乃攻淖齒하야 殺之[2]하니 於是에
齊亡臣이 相與求湣王子法章하야 立以爲齊王하고 保莒城하야 以拒燕하다

　齊나라 淖齒의 난리에 王孫賈가 湣王을 수행하다가 왕이 계신 곳을 잃었는
데, 그 어머니가 말하기를 "네가 아침에 나가서 늦게 오면 내가 문에 기대어
바라보고, 네가 저녁에 나가서 돌아오지 않으면 내가 마을 문에 기대어 바라
본다. 네가 이제 왕을 섬기다가 왕이 도망가셨는데 네가 그 처소를 알지 못

하니, 네가 그러고도 어떻게 돌아온단 말이냐?" 하였다. 王孫賈가 마침내 淖齒를 공격하여 죽이니, 이에 齊나라의 도망한 신하들이 서로 함께 湣王의 아들 法章을 찾아 세워 齊王으로 삼고 莒城을 지켜 燕나라에 항거하였다.

1) 〔譯註〕倚門而望……倚閭而望 : 門은 한 가호의 문이고 閭는 25가호의 마을 문을 가리킨다.

2) 〔譯註〕王孫賈乃攻淖齒 殺之 : ≪戰國策≫〈齊策〉에 "王孫賈가 시장 가운데로 들어가 '淖齒가 齊나라를 어지럽혀 閔(湣)王을 시해하였으니, 나와 함께 淖齒를 토벌하고자 하는 자는 오른쪽 어깨를 드러내어 보이라.' 하였는데, 시장 사람들이 따르는 자가 4백 명이었으므로 王孫賈가 이들과 함께 淖齒를 토벌하여 찔러 죽였다." 하였다. 오른쪽 어깨를 드러내는 것은 찬성의 의사를 표시하는 것이다.

○ 趙王이 得楚和氏璧[1]이러니 秦昭王이 欲之하야 請易以十五城이라 趙王이 以問藺(인)相如[2]한대 對曰 秦以城求璧이어늘 而王不許면 曲在我矣요 我與之璧이어늘 而秦不與我城이면 則曲在秦이니 臣은 願奉璧而往하야 使秦城不入이어든 臣이 請完璧而歸호리이다 相如至秦하니 秦王이 無意償趙城이라 相如乃紿秦王하야 復取璧하야 遣使者懷歸趙하고 而以身待命於秦하니 秦王이 賢而弗誅하고 禮而歸之라 趙王이 以相如爲上大夫하다

趙王이 楚나라 和氏璧을 얻었는데, 秦나라 昭王이 이것을 욕심내어 15개 城과 바꿀 것을 청하였다. 趙王이 이것을 藺相如에게 물으니, 藺相如가 대답하기를 "秦나라가 城을 가지고 璧玉(화씨벽)을 바꿀 것을 요구하는데 왕이 허락하지 않으시면 잘못이 우리에게 있고, 우리가 秦나라에 벽옥을 주었는데도 秦나라가 우리에게 城을 주지 않는다면 잘못이 秦나라에 있으니, 신이 원컨대 벽옥을 받들고 가서 만일 秦나라가 성을 들이지 않으면 신이 벽옥을 온전히 하여 돌아오겠습니다." 하였다.

藺相如가 秦나라에 이르니, 秦王은 趙나라에 성을 줄 뜻이 없었다. 藺相如가 마침내 秦王을 속여 다시 벽옥을 취해서, 使者에게 품고서 趙나라로 돌아가게 하고 자신은 秦나라에서 명령이 내리기를 기다리니, 秦王이 어질게 여겨 죽이

지 않고 예우하여 돌려보냈다. 趙王은 藺相如를 上大夫로 임명하였다.

1) 〔釋義〕楚和氏璧*〕：卞和는 楚之野民이라 韓子曰 和得璞於楚山中하야 獻之武王
한대 王使玉人相之러니 曰 石也라하야늘 刖其左足하고 文王立에 和又奉璞獻한
대 玉人曰 石也라하야늘 刖其右足하다 成王立에 和抱璞泣이어늘 王使玉人破之
하야 得寶하니라

卞和는 楚나라의 시골 백성이다. ≪韓非子≫에 다음과 같이 말하였다. "卞和가
楚나라 산중에서 璞玉을 얻어 武王에게 바쳤는데, 왕이 玉工으로 하여금 이것을
감정하게 하니, '돌입니다.' 하였다. 이에 왕이 그의 왼쪽 발꿈치를 잘랐다. 文王
이 즉위하자 변화가 또다시 璞玉을 받들고 가서 바쳤으나 玉工이 '돌입니다.' 하
니, 왕이 그의 오른쪽 발꿈치를 잘랐다. 成王이 즉위하자 변화가 璞玉을 안고 우
니, 왕이 玉工을 시켜 그것을 깨게 하여 寶玉을 얻었다."

*〕 和氏璧 : 卞和가 발견한 옥으로 뒤에 秦나라의 소유가 되어 황제의 옥새가 되
었다.

2) 〔釋義〕藺相如：韓獻子玄孫曰康이니 食邑於藺하야 因氏焉이라 按藺은 趙邑이라

藺相如는 韓獻子의 玄孫인 康이니, 藺을 食邑으로 받았으므로 인하여 氏로 삼
았다. 살펴보건대 藺은 趙나라 邑이다.

【壬午】三十六年이라

36년(임오 B.C.279)

秦王이 會趙王於河外澠(면)池1)할새 王與趙王으로 飮酒酣에 秦王이 請趙王鼓
瑟2)한대 趙王이 鼓之어늘 藺相如復請秦王擊缶3)한대 秦王이 不肯이라 相如曰
五步之內4)에 臣이 請得以頸血濺大王5)矣리이다 左右欲刃相如어늘 相如張
目叱(질)之하니 左右皆靡라 王不豫6)하야 爲一擊缶하고 罷酒하다 秦終不能有
加於趙하고 趙人亦盛爲之備하니 秦不敢動이러라

秦王이 趙王과 河外의 澠池에서 會盟할 적에 秦王이 趙王과 함께 술을 마
셔 취하였다. 秦王이 趙王에게 비파를 탈 것을 청하자 趙王이 비파를 타니,
藺相如가 다시 秦王에게 질장구를 칠 것을 청했으나 秦王은 치려 하지 않았

다. 藺相如가 말하기를 "5步 안에서 신이 목의 피를 대왕에게 뿌리겠습니다." 하니, 左右의 신하들이 藺相如를 칼로 찌르고자 하였다. 藺相如가 눈을 부릅뜨고 꾸짖으니, 좌우의 신하들이 모두 흩어졌다. 秦王이 기뻐하지 않으면서 趙王을 위하여 한 번 질장구를 치고 술자리를 파하였다. 秦나라는 끝내 趙나라에 침략을 가하지 못하였고 趙나라 사람들도 성대히 대비하니, 秦나라가 감히 움직이지 못하였다.

1) 〔譯註〕河外澠池 : 河外는 河內와 상대하여 말한 것으로, 옛날에 黃河 以北의 濟源부터 修武까지의 일대를 河內라 하고, 黃河 以南의 陜州부터 洛陽 以西까지를 河外라 하였다.

2) 〔頭註〕鼓瑟 : 瑟은 二十五絃이니 伏羲所作이라 趙人善瑟故로 秦王請鼓之하니라
   비파는 스물다섯 개의 줄이 있는 현악기이니, 伏羲氏가 만든 것이다. 趙나라 사람이 비파를 잘 탔기 때문에 秦王이 비파를 타기를 청한 것이다.

3) 〔釋義〕擊缶 : 缶는 盛酒瓦器니 秦俗에 擊之以節樂이라 爾雅云 盎을 謂之缶라한대 註에 盆也라
   缶는 술을 담는 질그릇이니, 秦나라 풍속에 이것을 두드려 음악의 장단을 맞추었다. 《爾雅》에 이르기를 "盎을 일러 缶라 한다." 하였는데, 註에 "동이이다." 하였다.

4) 〔釋義〕五步之內 : 禮記에 八尺爲步요 今以周尺六尺四寸爲步라 此言五步之內는 蓋言至近也라
   《禮記》〈王制〉에 "옛날에는 8척을 1보라 하였고, 지금은 周尺으로 6척 4촌을 1보라 한다." 하였다. 여기에서 5보의 안이라고 말한 것은 지극히 가까움을 이른다.

5) 〔譯註〕請得以頸血濺大王 : 자신의 목을 찔러 그 피를 대왕에게 뿌리겠다는 것은 자신도 죽고 아울러 상대방도 죽일 것임을 암시한 것이다.

6) 〔譯註〕王不豫 : 《資治通鑑》에는 '王不懌'으로 되어 있는데, 朝鮮朝 中宗의 諱가 懌이므로 피하여 豫자로 바꾼 것이다.

趙王이 歸國하야 以藺相如爲上卿하니 位在廉頗之右라 廉頗曰 我見相如하면 必辱之하리라 相如聞之하고 每朝에 常稱病하고 不欲爭列하야 出而望見이면 輒引車避匿하니 其舍人[1]이 皆以爲恥라 相如曰 子視廉將軍컨대 孰與秦王고 曰

不若이니이다 相如曰 夫以秦王之威로도 而相如廷叱之하고 辱其群臣하니 相如
雖駑나 獨畏廉將軍哉아 顧吾念之컨대 彊秦之所以不敢加兵於趙者는 徒以
吾兩人在也라 今兩虎共鬪면 其勢不俱生이니 吾所以爲此者는 先國家之急
而後私讐也로라 廉頗聞之하고 肉袒負荊2)하야 至門謝罪하고 遂爲刎頸(문경)之
交3)하니라

趙王이 서울로 돌아와 藺相如를 上卿으로 삼으니, 지위가 廉頗의 위에 있
었다. 廉頗가 말하기를 "내 藺相如를 만나면 반드시 모욕을 주겠다." 하니 藺
相如가 이 말을 듣고 매번 조회할 때마다 항상 병을 칭탁하여 班列을 다투고
자 하지 않았다. 그리하여 나가다가 廉頗가 멀리 보이면 번번이 수레를 이끌
고 피하여 숨으니, 舍人들이 수치스럽게 여겼다.

藺相如가 말하기를 "그대가 보기에 廉將軍과 秦王이 누가 더 무서운가?"
하니, "秦王만 못합니다." 하고 대답하였다. 藺相如가 말하기를 "秦王의 위엄
에도 내가 조정에서 그를 꾸짖고 여러 신하들을 모욕하였으니, 내가 비록 노
둔하나 유독 廉將軍을 두려워하겠는가? 다만 내가 생각건대 강한 秦나라가
감히 우리 趙나라에 침략을 가하지 못하는 까닭은 다만 우리 두 사람이 있기
때문이다. 이제 두 마리 범이 함께 싸우면 그 형세가 둘 다 살지 못할 것이
니, 내가 이렇게 하는 까닭은 국가의 위급함을 먼저 하고 사사로운 원수를
뒤로 하는 것이다." 하였다. 廉頗가 이 말을 듣고 웃통을 벗고 가시나무를 지
고 藺相如의 문(집)에 이르러 사죄하고 마침내 刎頸之交를 맺었다.

1) 〔頭註〕 舍人*) : 親近左右之通稱也니 後遂以爲親屬官號하니라
   舍人은 左右에 가까이 있는 사람의 통칭인데, 후세에는 마침내 親屬의 官名으
   로 삼았다.
*) 舍人 : 지금의 개인비서와 같은 것으로 戰國時代에 大夫들은 家臣인 舍人을 두었
   는데, 뒤에는 정식 관직이 되었다. 朝鮮朝에도 議政府의 4품인 舍人이 있었다.
2) 〔頭註〕 負荊 : 荊은 楚也니 可以爲鞭이니 蓋令其鞭己以謝罪也라
   荊은 가시나무이니 채찍을 만들 수 있는 바, 자신을 채찍질하게 하여 謝罪한 것
   이다.

3) 〔釋義〕刎頸之交 : 刎은 斷也라 崔浩曰 言交契深重하야 要齊生死하야 雖斷頸而
   無悔니 是爲刎頸之交라

   刎은 자름이다. 崔浩가 말하였다. "교분이 깊고 중해서 생사를 함께 하고자 하
   여 비록 목을 베이더라도 후회함이 없음을 이르니, 이것을 刎頸之交라 한다."

龜山楊氏曰 趙社稷安危之機가 不在璧之存亡이라 夫以小事大에 古人有以皮
幣犬馬珠玉而不得免者[1]어든 況一璧乎아 雖與之라도 可也라 相如計不出此
라가 不三數年에 趙卒有覆軍陷城之禍者하니 徒以璧爲之祟也라 然則全璧歸
趙가 何益哉아 至於澠池之會하야는 則其危又甚矣라 相如智勇이 不足重趙
하야 使秦不敢憚[2]焉하고 乃欲以頸血濺之하니 豈孔子所謂暴虎憑河하야 死
而無悔者歟아

   龜山楊氏(楊時)가 말하였다.

   "趙나라 社稷의 편안하고 위태로운 기틀은 璧玉의 存亡에 달려 있지 않았
다. 약소국으로서 강대국을 섬길 때에 옛사람은 짐승의 가죽과 폐백과 개와
말과 주옥을 가지고 섬겼어도 위태로움을 면할 수 없는 경우가 있었는데, 하
물며 한 벽옥에 있어서이겠는가. 비록 이것을 秦나라에 준다 해도 괜찮은 것
이다. 그런데 藺相如는 이러한 계책을 내지 않았다가 수삼 년이 못되어 趙나
라는 끝내 군대가 전복되고 성이 함락되는 화가 있었으니, 이는 한갓 이 벽
옥이 빌미가 된 것이다. 그렇다면 벽옥을 온전히 보전하여 趙나라로 돌아온
것이 무슨 유익함이 있겠는가. 澠池의 會盟에 이르러서는 그 위태로움이 더
심하였다. 藺相如의 지혜와 용맹이 趙나라를 중하게 만들어서 秦나라가 〈趙
나라를〉 감히 두려워하게 하지 못하고는 마침내 목의 피를 뿌리고자 하였으
니, 어찌 孔子의 이른바 '맨손으로 호랑이를 때려 잡고 맨몸으로 黃河를 건너
다가 죽어도 후회함이 없다.'는 자가 아니겠는가."

1) 〔頭註〕不得免者 : 謂太王事니 見孟子하니라

   면할 수 없다는 것은 周나라 太王의 일을 이르니, ≪孟子≫ 〈梁惠王 下〉에 보
   인다.

2) 〔頭註〕不敢憚 : 憚는 憂懼也니 言秦不敢使趙憂懼也라

   憚는 근심하고 두려워함이니, 秦나라가 감히 趙나라로 하여금 〈秦나라를〉 두려

위하고 근심하게 하지 못함을 말한 것이다.

○ 是時에 齊地皆屬燕호되 獨莒, 卽墨이 未下라 樂毅圍卽墨하니 卽墨大夫出戰而死어늘 卽墨人曰 安平之戰에 田單宗人[1]이 以鐵籠得全[2]하니 是는 多智習兵이라하고 因共立以爲將하야 以拒燕하다

이때에 齊나라 땅이 모두 燕나라에 속하였으나 오직 莒와 卽墨만이 항복하지 않았다. 樂毅가 卽墨을 포위하니 卽墨大夫가 나와 싸우다가 죽었다. 卽墨 사람들이 말하기를 "安平의 전투에서 田單의 宗人만이 鐵籠으로 온전하였으니, 이는 지혜가 많고 병법에 익숙하기 때문이다." 하고는 인하여 함께 세워서 장군으로 삼아 燕나라에 항거하였다.

1) 〔頭註〕 田單宗人 : 田單은 臨淄市掾이니 齊之踈族이라 宗人은 官名也라 周禮에 有都宗人, 家宗人하니 掌禮與其衣服宮室車旗之禁令이라

田單은 臨淄 시장의 아전이니, 齊나라의 먼 王族이었다. 宗人은 官名이다. ≪周禮≫에 都宗人과 家宗人이 있는 바, 禮와 衣服·宮室·車旗의 禁令을 맡았다.

2) 〔釋義〕 田單宗人 以鐵籠得全 : 田單이 使其宗人으로 以鐵籠傳車轊라 註에 傳는 音附요 轊는 音衛라 傳者는 截其軸하야 與轂齊하야 以鐵鍱傳軸末하고 施轄(할)於鐵中하야 以制轂하야 堅而易進也라 轊는 車軸頭也라 〔頭註〕 得全은 以鐵籠傳車轊니 及城潰에 人爭門出할새 皆以軸折被擒이로되 獨單宗人이 得免하야 奔卽墨하니라

〔釋義〕田單이 宗人으로 하여금 鐵籠을 수레바퀴 축의 끝 부분에 붙이게 한 것이다. 註에 "傳는 음이 부이고 轊는 음이 위이다. 傳는 수레바퀴 축을 잘라 수레바퀴통과 똑같게 하고 쇳조각을 수레바퀴 축의 끝 부분에 붙인 다음 빗장을 鐵籠 가운데에 걸어서 바퀴통을 제어하여 견고하고 나아가기 쉽게 한 것이다. 轊는 차축의 끝 부분이다." 하였다. 〔頭註〕 得全은 鐵籠을 차축에 붙인 것이니, 城이 함락되자 사람들이 다투어 성문을 나올 적에 모두 차축이 부러져 사로잡혔으나 유독 田單의 宗人만은 죽음을 면하여 卽墨으로 달아날 수 있었다.

○ 樂毅圍二邑三年에 未下라 或이 讒之於燕昭王曰 樂毅는 智謀過人하야 伐齊呼吸之間에 剋七十餘城하고 今不下者兩城爾니 非其力不能拔이라 欲久

仗兵威하야 以服齊人하야 南面而王爾라하다 昭王이 於是에 置酒大會하고 引言
者하야 斬之하고 遣國相하야 立樂毅爲齊王하니 毅惶恐不受하고 拜書하야 以死自
誓라 由是로 齊人이 服其義하고 諸侯畏其信하야 莫敢復有謀者러라

　樂毅가 莒와 卽墨 두 고을을 포위한 지 3년이 되었는데도 함락하지 못하
니, 혹자가 燕나라 昭王에게 참소(모함)하기를 "樂毅는 智謀가 보통 사람보
다 뛰어나서 齊나라를 정벌하여 숨쉬는 사이(잠깐 동안)에 70여 개의 성을
이기고 지금 함락시키지 못한 것은 두 성뿐이니, 그 힘이 함락시키지 못하는
것이 아니라 오랫동안 군대의 위엄에 의지하여 齊나라 사람들을 복종시켜 南
面하여 왕 노릇 하려는 것입니다." 하였다.

　昭王이 이에 술자리를 베풀어 크게 사람들을 모으고, 참소한 자를 끌어내
어 목을 베고는 國相을 보내어 樂毅를 세워 齊王으로 삼으니, 樂毅가 황공하
여 받지 않고 글을 올려 죽음으로써 스스로 맹세하였다. 이 때문에 齊나라
사람들은 그 의리에 감복하고 諸侯들은 그의 신의를 두려워하여 감히 다시는
도모하는 자가 없었다.

頃之요 昭王薨하고 惠王立하니 惠王은 自爲太子時로 嘗不快於樂毅라 田單이
聞之하고 乃縱反間[1]曰 樂毅與燕新王으로 有隙하야 畏誅而不敢歸하고 以伐
齊爲名하니 齊人은 唯恐他將來면 卽墨殘矣라하다 燕王已疑러니 得齊反間하고
乃使騎劫[2]代將하고 而召樂毅한대 毅遂犇(奔)趙하니 燕將士由是로 憤惋不
和라 田單이 乃身操版鍤(삽)[3]하야 與士卒分功하고 妻妾을 編於行伍[4]之間하
고 盡散飲食하야 饗士하며 令甲卒皆伏하고 使老弱女子로 乘城[5]約降하니 燕軍
益懈라

　얼마 후 昭王이 죽고 惠王이 즉위하니, 惠王은 태자가 되었을 때부터 일찍
이 樂毅를 좋게 여기지 않았다. 田單은 이 말을 듣고 마침내 反間을 놓아 말
하기를 "樂毅가 燕나라의 새로 즉위한 왕과 틈이 있어서 죽음을 당할까 두려
워하여 감히 돌아가지 못하고 齊나라를 정벌하는 것을 명분으로 삼으니, 齊

나라 사람들은 행여 다른 장수가 오면 卽墨이 잔파할까 두려워한다.”하였
다. 燕王이 이미 樂毅를 의심하고 있었는데, 齊나라의 反間을 얻고는 마침내
騎劫으로 하여금 대신 장수가 되게 하고 樂毅를 불렀다. 이에 樂毅가 趙나라
로 도망가니, 燕나라 장병들이 이로 말미암아 분해 하며 불화하였다.

　田單이 마침내 몸소 판자와 삽을 잡고 사졸들과 일을 나누고, 妻妾을 行伍
의 사이에 편입시키고 음식을 모두 흩어 군사들을 먹이며, 갑옷 입은 병사들
을 모두 매복시키고 노약자와 여자들로 하여금 城에 올라가 항복할 것을 약
속하게 하니, 燕나라 군사들이 더욱 해이해졌다.

1) 〔釋義〕 縱反間 : 孫子兵法曰 反間者는 因敵間而用之也니 凡軍之所欲擊과 城之所
　　欲攻과 人之所欲殺에 必先知其守將左右謁者(間)〔門〕者舍人之姓名하고 令吾之間
　　으로 必索敵間之來間我者하야 因而利〈之〉하고 導〈而〉舍之라 故反間을 可得用也
　　라하니라
　　≪孫子兵法≫에 말하였다. “反間은 적의 첩자를 인하여 이용하는 것이니, 무릇
　　군대를 공격하고자 하고 성을 공략하고자 하고 사람을 죽이고자 할 때에는 반드
　　시 먼저 그 守將과 左右 謁者와 문지기와 舍人의 姓名을 알아낸 다음 반드시 우
　　리측 첩자로 하여금 적국의 첩자로서 우리나라에 와서 첩자 노릇 하는 자를 찾아
　　내어 우리 쪽에 유리하게 이용하고 유도하여 놓아 보낸다. 그러므로 反間을 쓸
　　수 있는 것이다.”
2) 〔釋義〕 騎劫 : 姓名也라
　　騎劫은 姓名이다.
3) 〔釋義〕 鍤 : 與臿通하니 鍫也라
　　鍤은 臿과 통하니 가래이다.
4) 〔頭註〕 行伍 : 二十五人爲行이요 伍人爲伍라
　　25명을 行이라 하고 5명을 伍라 한다.
5) 〔釋義〕 乘城 : 登城而守也라
　　乘城은 성에 올라가서 지키는 것이다.

田單이 乃收城中하야 得牛千餘하야 爲絳繒衣호되 畫以五采龍文하고 束兵刃
於其角하고 而灌脂束葦於其尾하야 燒其端하고 鑿城數十穴하야 夜縱牛하고 壯

士五千人이 隨其後하니 牛尾熱하야 怒而奔燕軍이라 燕軍이 大驚視牛하니 皆龍文이라 所觸에 盡死傷이요 而城中이 鼓譟從之하고 老弱이 皆擊銅器爲聲하니 聲動天地라 燕軍이 大敗走어늘 齊人이 殺騎劫하고 追亡逐北(배)[1]하니 所過城邑이 皆叛燕하고 復爲齊하야 齊七十餘城이 皆復焉이라 乃迎襄王於莒하야 入臨淄하니 封田單하야 爲安平君하다

田單이 마침내 城 안에서 거두어 천여 마리의 소를 얻어서 붉은 비단옷을 만들어 입히되 五采와 용 무늬를 그리고 소의 뿔에 병기와 칼날을 묶어 매고는 기름을 부은 갈대를 소꼬리에 묶어 그 끝에 불을 붙이고, 城에 수십 군데 구멍을 뚫은 다음 밤에 소를 풀어놓고 장사 5천 명이 그 뒤를 따르게 하였다. 소는 꼬리가 뜨거워지자 성이 나서 燕나라 군대로 달려갔다. 燕나라 군사들이 크게 놀라 소를 바라보니 모두 용의 문채였다. 소에게 받쳐 모두 죽거나 부상을 당하였으며, 城 안에서는 북을 치고 함성을 지르며 소의 뒤를 따르고 노약자들이 모두 구리 그릇을 두드려 소리를 내니, 소리가 천지를 진동하였다. 燕나라 군사들이 대패하여 도망하자, 齊나라 사람들은 騎劫을 죽이고 도망하는 자를 추격하고 敗走하는 자를 쫓아가니, 지나가는 城邑들이 모두 燕나라를 배반하고 다시 齊나라가 되어서 齊나라 70여 성이 모두 수복되었다. 마침내 襄王을 莒에서 맞이하여 臨淄로 들어오니, 田單을 봉하여 安平君을 삼았다.

1) 〔頭註〕追亡逐北 : 逃亡者追之하고 奔北者逐之라 北方은 幽陰之地니 軍敗曰北라
   追亡逐北는 도망가는 자를 추격하고, 패하여 달아나는 자를 쫓는 것이다. 北方은 그윽한 陰地이기 때문에 군대가 패주하는 것을 北라 한다.

○ 田單이 將攻狄할새 往見魯仲連한대 仲連曰 將軍攻狄에 不能下也리라 田單曰 臣이 以卽墨破亡餘卒로 破萬乘之燕하고 復齊之墟어늘 今攻狄而不下는 何也오하고 上車弗謝而去하다 遂攻狄하야 三月不克하니 田單이 乃懼하야 問魯仲連한대 仲連曰 將軍之在卽墨엔 坐則織蕢하고 立則杖鍤하야 爲士卒倡하니 當

此之時하야 將軍은 有死之心하고 士卒은 無生之氣라 所以破燕也어니와 今엔 將軍이 東有夜(掖)邑¹⁾之奉하고 西有淄上之娛하고 黃金橫帶而騁乎淄, 澠(승)²⁾之間하야 有生之樂하고 無死之心하니 所以不勝也니라 田單曰 單之有心을 先生志之矣로다하고 明日에 乃厲(勵)氣循城하야 立於矢石³⁾之所하야 援枹鼓之하니 狄人이 乃下하다

田單이 狄(북쪽 오랑캐)을 공격하려 할 적에 魯仲連을 찾아가서 만나 보니, 魯仲連이 말하기를 "장군이 狄을 공격함에 함락시키지 못할 것이다." 하였다. 田單이 말하기를 "신이 卽墨의 패망하고 남은 병졸로 萬乘의 燕나라를 격파하고 齊나라의 옛 땅을 수복하였는데 지금 狄을 공격하여 함락시키지 못한다고 함은 어째서인가?" 하고, 수레에 올라 하직인사도 하지 않고 떠나갔다.

마침내 狄을 공격하여 석 달이 되어도 이기지 못하니, 田單이 비로소 두려워하여 魯仲連에게 그 이유를 물었다. 魯仲連이 대답하기를 "장군이 卽墨에 있을 적에는 앉으면 삼태기를 짜고 서면 삽을 잡아 사졸들의 창도가 되었으니, 이때를 당하여 장군은 죽으려는 마음이 있었고 士卒들은 살려는 기운이 없었다. 이 때문에 燕나라를 격파한 것이었는데, 지금은 장군이 동쪽으로는 掖邑의 반듦이 있고 서쪽으로는 淄水 가의 즐거움이 있고 황금을 띠에 두르고 淄水와 澠水 사이를 달려서 사는 즐거움이 있고 죽으려는 마음이 없으니, 이 때문에 이기지 못하는 것이다." 하였다. 田單이 말하기를 "내가 가지고 있는 마음을 선생이 알았다." 하고는 다음날 마침내 기운을 가다듬어 성을 순행하여 화살과 돌이 쏟아지는 곳에 서서 북채를 당겨 북을 치니, 狄人이 마침내 항복하였다.

1)〔釋義〕夜邑:益封田單以夜邑萬戶하니 今益都萊州掖縣이 是也라
　　田單에게 夜邑 만 호를 더 봉해 주니, 지금의 益都 萊州 掖縣이 이곳이다.
2)〔釋義〕淄澠:澠은 音繩이라 淄水는 出淄州淄川縣하고 澠水는 出益都臨淄縣이라
　　澠은 음이 승이다. 淄水는 淄州 淄川縣에서 발원하고 澠水는 益都 臨淄縣에서 발원한다.
3)〔頭註〕矢石:越范蠡始制石砲하니 重十二斤이라 爲機以發하면 行三百步라

越나라 范蠡가 처음으로 石砲를 만드니, 무게가 12斤이었다. 틀을 만들어 발사하면 300步를 날아갔다.

【辛卯】四十五年이라

45년(신묘 B.C.270)

魏人范雎(수)[1]亡入秦하야 說秦王曰 以秦國之大와 士卒之勇으로 以治諸侯는 譬如走韓盧[2]而搏蹇(건)兎也어늘 而閉關十五年에 不敢窺兵於山東者는 是穰侯[3]爲秦謀不忠이요 而大王之計 亦有所失也로소이다 王跽(기)曰 願聞失計하노라 雎曰 夫穰侯越韓魏而攻齊는 非計也라 今王은 不如遠交而近攻이니 得寸이면 則王之寸也요 得尺이면 則王之尺也라 今夫韓魏는 中國之處而天下之樞也니 王若欲霸인댄 必親中國하야 以爲天下樞[4]하야 以威楚趙니 楚趙皆附면 齊必懼矣요 齊附則韓魏를 因可虜也리이다 王曰 善타하고 乃以范雎爲客卿하야 與謀國事러라

魏나라 사람 范雎가 도망하여 秦나라에 들어가서 秦王을 설득하기를 "秦나라의 강대함과 士卒의 용맹함을 가지고 諸侯를 다스리는 것은 비유하면 韓盧(名犬)를 달리게 하여 다리를 저는 토끼를 잡는 것과 같습니다. 그런데 關門을 닫은 지 15년 동안 감히 山東 지방에 군대를 출동시켜 엿보지 못하는 것은 穰侯가 秦나라를 위하여 도모함이 불충하고 大王의 계책이 또한 잘못된 바가 있기 때문입니다." 하니, 王이 무릎을 꿇고 말하기를 "失策을 듣기를 원합니다." 하였다. 이에 范雎는 다음과 같이 말하였다.

"穰侯가 韓·魏를 넘어 齊나라를 공격하는 것은 좋은 계책이 아닙니다. 지금 왕께서는 먼 나라와는 사귀고 가까운 나라는 공격하는 것만 못하니, 〈가까운 나라를 공격할 경우〉 한 치의 땅을 얻으면 왕의 한 치 땅이 되고 한 자의 땅을 얻으면 왕의 한 자 땅이 될 것입니다. 지금 韓·魏는 中國의 중앙에 해당하는 곳이고 天下의 中樞이니, 왕께서 만약 霸者가 되고자 하신다면 반

드시 中國(韓·魏)을 가까이하여 천하의 중추를 삼아서(잡아서) 楚와 趙를 위협해야 할 것이니, 楚와 趙가 모두 따르면 齊나라가 반드시 두려워할 것이고 齊나라가 따르면 韓과 魏를 인하여 사로잡을 수 있을 것입니다."

王이 "좋다." 하고는 마침내 范雎를 客卿으로 삼아 함께 國事를 도모하였다.

1) 〔譯註〕范雎 : 戰國時代 魏나라 사람으로, 雎는 음이 수인데 雎(저)의 誤記라 하나 명확하지 않으므로 옛것을 그대로 따랐음을 밝혀둔다.

2) 〔頭註〕韓盧 : 盧는 田犬也니 韓國盧는 天下之駿犬이라
   盧는 사냥개이니, 韓나라의 盧犬은 천하의 잘 달리는 개였다.

3) 〔譯註〕穰侯 : 秦나라 재상 魏冉을 가리킨다. 穰邑에 봉해졌기 때문에 穰侯라 칭하였는 바, 秦나라 昭襄王의 母后인 宣太后의 배다른 오라비로 당시 秦나라의 권력을 독점하고 있었다.

4) 〔釋義〕天下樞 : 猶言出入來往所由라
   출입하고 왕래할 적에 경유하는 곳이라고 말함과 같다.

林之奇曰 六國之於秦에 其地則六倍之地요 其兵則六倍之兵이요 其食則六倍之食이로되 所以卒幷於秦者는 蓋秦知天下之勢하고 而六國不知故也라 秦之所以知之者는 其謀出於范雎遠交近攻之策이라 取韓魏하야 以執天下之樞하야 旣在我矣면 則齊楚安得而不滅哉아 其遠交齊楚也라 故로 二十年不加兵於楚하고 四十年不加兵於齊하며 其近攻韓魏也라 故로 今年伐韓하고 明年伐魏하야 更(경)出迭入하야 殆無寧歲라 故로 韓魏不支하야 終折而入於秦하니 韓魏旣折而入于秦은 此燕齊楚所以相繼而亡也라 秦之取六國에 謂之蠶食이라하니 蓋蠶之食葉이 自近而及遠이라 六國이 不知天下之樞在於韓魏하야 秦人伐之로되 而齊楚不救하니 是는 以天下之樞로 而委之於秦也니 六國이 安得而不亡哉리오 大抵欲平天下者는 必先知其難易之勢니 自其易而攻之而後에 及其難이라 故로 唐憲宗이 欲平藩鎭에 張弘靖以爲先淮蔡而後魏博하고 周世宗이 欲平天下에 王朴以爲先江南而後河東이러니 卒如其言하니라

林之奇가 말하였다.

"六國이 秦나라에 있어서 영토는 여섯 배의 땅을 소유하였고, 병력은 여섯 배의 군대를 보유하였고, 식량은 여섯 배의 양식이 있었으나 끝내 秦나라에

게 겸병당한 까닭은 秦나라는 천하의 형세를 알았고 六國은 이를 알지 못했기 때문이다. 秦나라가 이것을 알 수 있었던 것은 그 계책이 范雎의 遠交近攻(먼 나라와는 사귀고 가까운 나라는 공격)하는 계책에서 나왔기 때문이다. 가까이 있는 韓나라와 魏나라를 취하여 천하의 中樞를 잡아서 이미 자신에게 있게 한다면 먼 齊나라와 楚나라가 어찌 멸망하지 않을 수 있겠는가. 멀리 있는 齊나라와 楚나라와는 친교를 맺었기 때문에 20년 동안 楚나라에 침공을 가하지 않고 40년 동안 齊나라에 침공을 가하지 않았으며, 가까이 있는 韓나라와 魏나라를 공격하였기 때문에 올해에 韓나라를 정벌하고 다음해에 魏나라를 공격하여 번갈아 출병하고 번갈아 들어와서 자못 편안한 해가 없었다. 이 때문에 韓나라와 魏나라가 지탱하지 못하고 끝내 꺾여서 秦나라에 들어갔으니, 韓나라와 魏나라가 이미 꺾여서 秦나라에 들어간 것이 燕나라와 齊나라와 楚나라가 서로 뒤이어 멸망하게 된 이유인 것이다. 秦나라가 六國을 취할 때에 蠶食이라고 말하였으니, 누에가 뽕잎을 먹는 것은 가까운 곳으로부터 먼 곳에 이른다. 六國은 천하의 중추가 韓나라와 魏나라에 있음을 알지 못해서 秦나라 사람들이 韓나라와 魏나라를 공격하는데도 齊나라와 楚나라가 구원하지 않았으니, 이는 천하의 중추를 秦나라에 내버린 것이니, 六國이 어찌 망하지 않을 수 있겠는가. 대저 천하를 평정하고자 하는 자는 반드시 먼저 어렵고 쉬운 형세를 알아야 하니, 그 쉬운 곳부터 공격한 뒤에야 그 어려운 곳에 미칠 수 있는 것이다. 그러므로 唐나라 憲宗이 藩鎭을 평정하고자 하자 張弘靖이 '淮蔡를 먼저 토벌하고 魏博을 뒤에 토벌해야 한다.'고 주청하였고, 周나라 世宗이 천하를 평정하고자 하자 王朴이 '江南을 먼저 정벌하고 河東을 뒤에 정벌해야 한다.'고 주청하였는데, 끝내 그의 말과 같았다."

【辛丑】五十五年이라

55년(신축 B.C.260)

秦左庶長王齕이 伐韓하야 攻上黨[1])拔之하니 上黨民이 走趙라 趙廉頗軍於長

平²⁾하야 以按(遏)據³⁾上黨民하니 王齕이 因伐趙한대 趙軍이 戰數(삭)不勝이라 廉頗堅壁不出이어늘 趙王이 以頗失亡多而更怯不戰이라하야 怒數讓之하다 應侯使人反間曰 秦之所畏는 獨畏馬服君之子趙括爲將爾니 廉頗는 易與요 且降矣리라 趙王이 遂以趙括로 代頗將하니 藺相如曰 王以名使括하시니 若膠柱鼓瑟⁴⁾이로소이다 括은 徒能讀其父書傳이요 不知合變⁵⁾也니이다 王이 不聽하다

　秦나라 左庶長 王齕이 韓나라를 정벌하여 上黨을 공격해서 함락시키니, 上黨의 백성들이 趙나라로 도망하였다. 趙나라 장군 廉頗가 長平에 군대를 주둔시켜 上黨의 백성들을 보호하고 살게 하니, 王齕이 인하여 趙나라를 정벌하였는데, 趙나라 군대가 여러 번 싸웠으나 승리하지 못하였다. 廉頗가 성벽을 굳게 지키고 출전하지 않자, 趙王은 廉頗가 망실한 것이 많고 또 겁을 내어 싸우지 않는다고 해서 노하여 여러 번 꾸짖었다. 應侯(范睢)가 사람을 시켜 反間하기를 "秦나라가 두려워하는 것은 오직 馬服君(趙奢)의 아들 趙括이 장수가 되는 것일 뿐이니, 廉頗는 상대하기 쉽고 장차 항복할 것이다." 하였다.

　趙王이 마침내 趙括로 廉頗를 대신하여 장수를 삼으니, 藺相如가 간하기를 "王께서 명성만 가지고 趙括을 부리시니, 雁足을 아교풀로 붙여놓고 비파를 타는 것과 같습니다. 趙括은 다만 그 아비가 글로 전한 것을 읽었을 뿐이고 변화에 대응할 줄은 알지 못합니다." 하였으나 왕은 듣지 않았다.

1) 〔釋義〕 上黨 : 地理志에 河東上黨縣은 屬幷州라 正義曰 潞州에 有上黨縣이라
　　上黨은 《漢書》〈地理志〉에 "河東 上黨縣은 幷州에 속한다." 하였고, 《史記正義》에 "潞州에 上黨縣이 있다." 하였다.

2) 〔釋義〕 長平 : 在上黨滋氏縣이라
　　長平은 上黨 滋氏縣에 있다.

3) 〔頭註〕 按據 : 按은 抑也, 止也요 據는 依據也라
　　按은 억제함이고 그침이며, 據는 의거함이다.

4) 〔頭註〕 膠柱鼓瑟 : 鼓瑟者는 絃有緩急하니 調之在於運轉其柱어늘 若膠其柱면 則絃不可得以調之라
　　비파를 연주하는 자는 줄에 느림(풀어놓음)과 빠름(조임)이 있으니, 이것을 고름은 雁足을 움직임에 달려 있는데, 만약 雁足에 풀을 칠하여 고정시키면 줄을

고를 수가 없다.

5)〔頭註〕合變 : 兵은 以正合하고 以奇變이라

　　군대는 正(정면 공격)으로써 合戰하고 奇(기습 공격)로써 변화하여 예측할 수
　　없게 한다.

○ 初에 趙括이 自少時로 學兵法하야 以天下莫能當이라 嘗與其父奢로 言兵事에 奢不能難이나 然不謂善이라 括母問其故한대 奢曰 兵은 死地也어늘 而括이 易言之하니 趙若將括이면 破趙軍者는 必括也리라하니라 及括將行에 其母上書하야 言括不可使라한대 王曰 吾已決矣로라 母曰 卽有不稱[1]이라도 妾은 請無隨坐[2]하소서 王이 許之하다

　　처음에 趙括이 어렸을 때부터 병법을 배워 천하가 자신을 당할 수 없다고 여겼다. 일찍이 그 아비 趙奢와 군대의 일을 말할 적에 趙奢가 논란하지 못하였으나 잘한다고는 말하지 않았다. 趙括의 어미가 그 이유를 묻자, 趙奢가 말하기를 "전쟁은 죽는 곳인데 趙括이 쉽게 말하니, 趙나라에서 만약 趙括을 장수로 삼는다면 趙나라 군대를 패망시킬 자는 반드시 趙括일 것이다." 하였다.

　　趙括이 장차 길을 떠나게 되자, 그 어미가 글을 올려 趙括을 시켜서는 안 됨을 말하니, 王이 말하기를 "내 이미 결정하였다." 하였다. 어미가 말하기를 "만일 趙括이 임무를 제대로 거행하지 못함이 있더라도 첩은 따라서 연좌시키지 마소서." 하니, 王은 이를 허락하였다.

1)〔譯註〕卽有不稱 : 卽은 若과 같은 뜻으로 假設하는 말이며 稱은 제대로 임무를 수행함을 이른다.

2)〔頭註〕隨坐 : 謂相隨而坐罪也라

　　隨坐는 서로 따라서 죄에 연좌됨을 이른다.

○ 秦王은 聞括爲趙將하고 乃陰使武安君爲上將하고 而王齕爲裨將하야 令軍中호되 有敢泄(설)武安君將者면 斬하리라

秦王은 趙括이 趙나라 장수가 되었다는 말을 듣고는 마침내 은밀히 武安君(白起)을 上將軍으로 삼고 王齕을 裨將(副將)으로 삼고서 군중에 명령하기를 "武安君이 장수가 된 것을 감히 누설하는 자가 있으면 斬刑에 처하겠다." 하였다.

○ 趙括이 至軍하야 悉更(경)約束하고 易置軍吏하고 出兵擊秦이어늘 武安君이 佯敗而走하고 張二奇兵1)하야 以劫之하다 趙括이 乘勝하야 追造秦壁하니 堅拒不得入하고 奇兵이 絶趙軍之後하니 趙軍이 食絶四十六日에 皆內陰相殺食이라 趙括이 自出銳卒하야 搏戰이러니 秦人이 射殺之한대 趙師大敗하야 卒四十萬人이 皆降이라 武安君이 乃挾詐而盡坑殺之2)하고 遺其小者二百四十人하야 歸趙하다

趙括이 군중에 이르러 약속(規約)을 모두 변경하고 軍吏를 바꾸어 두고는 군대를 내어 秦나라를 공격하였다. 武安君이 거짓으로 패하여 달아나면서 두 奇兵(기습부대)을 풀어 위협하였다. 趙括이 승세를 타고 추격하여 秦나라 성벽에 이르렀는데, 秦나라에서 굳게 항거하여 들어가지 못하고 奇兵이 趙나라 군대의 후미를 끊으니, 趙나라 군대가 양식이 떨어진 지 46일 만에 모두 안으로 몰래 서로 잡아먹었다. 趙括이 스스로 精銳兵을 내어 육박전을 하였는데, 秦나라 사람이 그를 쏘아 죽이니, 趙나라 군대가 대패하여 병졸 40만 명이 모두 항복하였다. 武安君이 마침내 속임수를 써서 모두 구덩이에 빠뜨려 죽이고, 나이 어린 자 240명을 남겨서 趙나라로 돌려보냈다.

1) 〔釋義〕奇兵 : 奇는 謂無窮이니 奇正*)還相生하야 如環之無端이라
   奇는 무궁함을 이르니, 奇와 正이 번갈아 相生하여 고리가 끝이 없는 것과 같은 것이다.
*) 奇正 : 奇는 奇兵으로 변화무쌍하게 출몰하여 기습공격하는 군대를 이르는 반면, 정면으로 공격하는 군대를 正兵이라 한다.
2) 〔頭註〕坑殺之 : 坑은 塹也, 陷也니 謂陷之於坑而殺之라
   坑은 구덩이요 빠뜨림이니, 구덩이에 빠뜨려서 죽임을 이른다.

【壬寅】五十六年이라

56년(임인 B.C.259)

秦之始伐趙也에 魏王이 問諸大夫한대 皆以爲秦伐趙는 於魏에 便이라하야늘 孔斌(빈)[1]曰 不然하다 秦은 貪暴之國也라 勝趙면 必復他求하리니 吾恐於時[2]에 魏受其師也하노라 先人有言호되 燕雀이 處堂에 子母相哺[3]하야 呴(구)呴焉相樂也하야 自以爲安이라 竈突炎上하야 棟宇將焚호되 燕雀이 顔不變하야 不知禍之將及己也라하니 今子不悟趙破면 患將及己하니 可以人而同於燕雀乎아 當今에 山東之國이 敝而不振하고 三晉이 割地以求安하고 二周折而入秦하고 燕,齊,楚已屈服矣니 以此觀之컨대 不出二十年하야 天下其盡爲秦乎인저

秦나라가 처음 趙나라를 정벌할 적에 魏王이 여러 大夫에게 물으니, 모두 秦나라가 趙나라를 정벌하는 것은 魏나라에게 편리하다고 말하였으나 孔斌은 다음과 같이 말하였다.

"그렇지 않다. 秦나라는 탐욕스럽고 포악한 나라이다. 趙나라를 이기면 반드시 다시 다른 것을 요구할 것이니, 나는 이때 魏나라가 그 군대의 침공을 받을까 두려워한다. 先人이 말하기를 '제비가 堂에 살면서 새끼와 어미가 서로 먹여 주어 다정하게 서로 즐거워하여 스스로 편안하다고 여긴다. 부엌 굴뚝에서 불길이 올라와 집이 장차 타려 하는데도 제비는 낯빛을 변치 않고 禍가 장차 자신에게 미칠 줄을 알지 못한다.' 하였으니, 지금 그대들은 趙나라가 격파되면 환난이 장차 자신에게 미칠 줄을 깨닫지 못하니, 사람으로서 제비와 같을 수 있겠는가? 지금에 山東의 나라가 피폐하여 떨치지 못하고 三晉이 땅을 떼어 秦나라에 바쳐서 편안함을 구하고, 二周(西周와 東周)가 꺾여서 秦나라에 들어가고 燕·齊·楚가 이미 굴복하였으니, 이것을 가지고 관찰하건대 20년이 못되어 天下는 모두 秦나라가 될 것이다."

1)〔原註〕孔斌:孔子六世孫子順也라
　　孔斌은 孔子의 6세손인 子順이다.

2) 〔頭註〕 於時 : 猶言於此時也라

　　於時는 '이때에'라는 말과 같다.

3) 〔譯註〕 子母相哺 : 어미가 새끼에게 먹이를 먹여 줌을 이른다.

【癸卯】五十七年이라

57년(계묘 B.C.258)

秦이 以王陵攻邯鄲하니 武安君[1]曰 邯鄲이 實하니 未易攻也요 且諸侯之救日
至하리니 破秦軍必矣라하고 辭疾不行한대 乃以王齕로 代王陵하다

　秦나라가 王陵으로 邯鄲을 공격하자, 武安君이 말하기를 "邯鄲은 충실하니
쉽게 공격할 수가 없고 또 諸侯들의 구원이 날로 이를 것이니, 秦나라 군대
가 틀림없이 격파당할 것이다." 하고는 병으로 사양하고 길을 떠나지 않았
다. 그리하여 마침내 王齕로 王陵을 대신하였다.

1) 〔頭註〕 武安君 : 武安은 縣名이라 一說에 戰必克하야 得百姓安集故로 曰武安也라

　　武安은 縣의 이름이다. 一說에 白起가 싸우면 반드시 이겨서 백성들이 편안하
게 살았으므로 武安이라고 했다 한다.

趙王이 使平原君으로 求救於楚한대 平原君이 約其門下食客文武備具者二
十人하야 與之俱러니 得十九人하고 餘無可取者라 毛遂自薦於平原君이어늘 平
原君曰 夫賢士之處世也는 譬若錐(추)之處囊中하야 其末立見(현)하나니 今先
生이 處勝之門下 三年於此矣로되 勝이 未有所聞하니 是는 先生이 無所有也로다
毛遂曰 臣乃今日에 請處囊中爾니 使遂蚤(조)得處囊中이면 乃穎脫而出[1]이
요 非特其末見(현)而已니이다 平原君이 乃與之俱하니 十九人이 相與目笑之러라

　趙王이 平原君을 시켜 楚나라에 구원을 청하게 하였다. 平原君은 門下의
食客 중에 文武를 구비한 자 20명과 약속하여 함께 가려고 하였는데, 19명
만 얻고 나머지는 취할 만한 자가 없었다.

毛遂가 자신을 平原君에게 천거하자, 平原君이 말하기를 "어진 선비가 세상에 처함은 비유하건대 송곳이 주머니 속에 있어서 그 끝이 당장 드러나는 것과 같소. 이제 선생이 나의 문하에 있은 지가 지금 3년이 되었는데 내가 들은 바가 없으니, 이는 선생이 아무것도 가지고 있는 것이 없는 것이오." 하였다.

毛遂가 대답하기를 "신이 오늘에야 비로소 주머니 속에 있기를 청하는 것이니, 만일 제가 진작 주머니 속에 처할 수 있었다면 마침내 송곳 끝이 〈주머니 밖으로〉 빠져 나왔을 것이요, 〈송곳이 주머니 속에 있어서〉 다만 그 끝이 드러날 뿐만이 아닙니다." 하였다. 平原君이 마침내 毛遂와 함께 가니, 19명이 서로 눈짓하며 비웃었다.

1) 〔釋義〕穎脫而出 : 脫은 突也요 穎은 錐鋩也니 言猶錐鋩銳上突然而出이라

脫은 돌출하여 나온 것이고 穎은 송곳 끝이니, 송곳 끝이 위로 돌출하여 〈주머니 밖으로 빠져〉 나옴과 같음을 말한 것이다.

平原君이 至楚하야 與楚王으로 言合從之利害할새 日出而言之하야 日中不決이라 毛遂按劍歷階而上하야 謂平原君曰 從之利害는 兩言而決爾어늘 今에 日出而言하야 日中不決은 何也잇고 楚王이 怒叱曰 胡不下오 吾乃與而君言이어늘 汝는 何爲者也오 遂按劍而前曰 王之所以叱遂者는 以楚國之衆이어니와 今十步之內에 不得恃衆也리이다 王之命이 懸於遂手하니 吾君이 在前이어늘 叱者는 何也잇고 今以楚之彊으로 天下弗能當이라하나 白起는 小竪子[1]爾로되 一戰而擧鄢郢(언영)하고 再戰而燒夷陵[2]하고 三戰而辱王之先人[3]하니 此는 百世之怨이요 而趙之所羞어늘 而王弗知惡(오)焉하시니 合從者는 爲楚요 非爲趙也니이다 楚王曰 唯唯라 誠若先生之言인댄 謹奉社稷以從호리라 毛遂謂楚王之左右曰 取鷄狗馬之血來하라 毛遂奉銅盤而跪進之楚王曰 王은 當歃(삽)血[4]而定從하소서 次者는 吾君이요 次者는 遂라하고 遂定從於殿上하고 毛遂左手持盤血而右手招十九人하야 歃血於堂下하고 曰 公等은 碌碌하니 所謂因人成事者也로다 平原君이 已定從而歸하야 至於趙하야 曰 勝이 不敢復相天下士矣라하고 遂以

毛遂爲上客하다 於是에 楚王이 使春申君으로 將兵救趙하다

平原君이 楚나라에 이르러 楚王과 合從의 이해를 말할 적에 해가 뜨면서부터 말을 하여 해가 중천인데도 결정하지 못하였다. 毛遂가 칼을 어루만지면서 계단을 지나 올라가서 平原君에게 말하기를 "合從의 利害는 두 마디 말이면 결정되는데 지금 해가 뜨면서부터 말씀을 하여 해가 중천인데도 결정하지 못함은 어째서입니까?" 하였다. 楚王이 노하여 꾸짖기를 "어찌 내려가지 않는가? 내가 너의 군주와 말을 하는데, 너는 어떠한 자인가?" 하니, 毛遂가 검을 어루만지며 앞으로 나아가 말하였다.

"군주께서 저를 꾸짖는 까닭은 楚나라의 많은 병력 때문이겠지만 이제 10보 안에서는 많은 병력을 믿을 수 없을 것입니다. 왕의 목숨이 이 毛遂의 손에 달렸으니, 우리 군주가 앞에 계신데 꾸짖는 것은 어째서입니까? 이제 楚나라의 강함을 천하가 당해낼 수 없다고 말하나 白起는 철부지 어린아이일 뿐인데 한 번 싸워 鄢과 郢을 점령하고 두 번 싸워 夷陵을 불태우고 세 번 싸워 왕의 先人(先親)을 욕보였으니, 이는 楚나라에 百代의 원수이고 우리 趙나라에서도 수치로 여기는 바입니다. 그런데도 왕이 미워할 줄을 알지 못하시니, 合從하는 것은 楚나라를 위한 것이지 우리 趙나라를 위한 것이 아닙니다."

이에 楚王은 "옳소. 옳소. 진실로 선생의 말과 같을진댄 삼가 사직(국가)을 받들어 따르겠소." 하였다. 毛遂가 楚王의 左右에게 이르기를 "개와 닭과 말의 피를 가지고 오라." 하였다. 毛遂가 〈짐승의 피가 담긴〉 구리 쟁반을 받들어 무릎을 꿇고 楚王에게 올리며 말하기를 "왕은 마땅히 피를 마셔 合從을 정하소서. 다음은 우리 군주이고 다음은 이 毛遂입니다." 하고는 마침내 전각 위에서 合從을 정하였다. 毛遂가 왼손으로 쟁반의 피를 잡고 오른손으로 19명을 불러 堂下에서 피를 마시게 하며 말하기를 "公들은 碌碌(평범하고 보잘것없음)하니, 이른바 '다른 사람을 인하여 일을 이룬다.'는 것이다." 하였다.

平原君이 이미 合從을 정하고 돌아와 趙나라에 이르러 말하기를 "나는 감

히 다시 천하의 선비를 相 본다고 못하겠다." 하고는 마침내 毛遂를 上大夫
로 삼았다. 이에 楚王이 春申君(黃歇)으로 하여금 군대를 거느리고 趙나라를
구원하게 하였다.

1) 〔釋義〕小竪子 : 言其庸劣無智하야 若童竪然이라

   小竪子는 용렬하고 지혜가 없어 어린아이와 같음을 말한 것이다.
2) 〔譯註〕夷陵 : 楚나라 先王의 墓號이다.
3) 〔譯註〕辱王之先人 : 白起가 楚나라 종묘를 부순 것을 가리킨다.
4) 〔釋義〕歃血 : 盟者以血塗口旁曰歃血이라 師古曰 預盟者各歃血하고 餘者瘞之라

   故云歃이라 索隱曰 盟之用牲에 貴賤不同하야 天子用牛馬하고 諸侯犬猳하고 大
   夫以下用鷄하니 毛遂請取鷄狗馬血來者는 蓋總盟之用牲也라

   맹약하는 자가 피를 입가에 바르는 것을 歃血이라고 한다. 顔師古가 말하였다.
   "맹약에 참여한 자가 각자 입가에 피를 바르고 나머지는 땅에 묻는다. 그러므로
   歃이라고 한 것이다." 《史記索隱》에 말하였다. "맹세할 때에 쓰는 희생은 귀천
   이 똑같지 않아 천자는 소와 말을 쓰고 제후는 개와 돼지를 쓰고 대부 이하는 닭
   을 썼으니, 毛遂가 닭과 개와 말의 피를 가지고 올 것을 청한 것은 맹세할 때 쓰
   는 희생을 총괄한 것이다."

通鑑節要 卷之二

周 紀

赧王 下

【甲辰】五十八年이라

58년(갑진 B.C.257)

魏王이 使晉鄙救趙러니 秦王이 使謂魏曰 吾攻趙하야 旦暮에 且下하리니 諸侯敢救者면 必移兵先擊之하리라 魏王이 恐하야 止晉鄙壁鄴[1]하고 又使將軍新垣衍으로 說趙王하야 欲共尊秦爲帝하야 以却其兵이러라 魯仲連이 聞之하고 往見衍曰 彼秦者는 棄禮義而上首功之國[2]也라 彼卽肆然而爲帝면 則連은 有蹈東海而死耳언정 不願爲之民也하노라 今秦도 萬乘之國也요 梁亦萬乘之國也어늘 從而帝之면 秦이 將行天子之禮하야 以號令於天下하고 變易諸侯之大臣하리니 彼將奪其所不肖而與其所賢하며 奪其所憎而與其所愛하면 梁王이 安得晏然而已乎아 衍이 起再拜曰 吾乃今에 知先生天下之士也로니 不敢復言帝秦矣리이다

　魏王이 晉鄙를 시켜 趙나라를 구원하게 하였는데, 秦王이 사신을 보내어 魏나라에 이르기를 "내가 趙나라를 공격하여 조만간에 장차 항복시킬 것이니, 諸侯 중에 감히 구원하는 자가 있으면 반드시 군대를 옮겨 먼저 공격하겠다." 하였다. 魏王이 두려워하여 晉鄙를 중지시켜 鄴 땅의 성벽에 군대를 주둔시키고, 또 장군 新垣衍을 시켜 趙王을 설득해서 함께 秦나라를 높여 황

제로 삼아 秦나라의 군대를 퇴각하게 하고자 하였다.

魯仲連이 이 말을 듣고 가서 新垣衍을 보고 말하기를 "저 秦나라는 禮義를 버리고 戰功을 으뜸으로 삼는 나라이다. 저들이 만약 방자하게(건방지게) 황제가 된다면 나(連)는 東海에 뛰어들어 죽음이 있을지언정 그 백성이 되기를 원치 않노라. 지금 秦나라도 萬乘의 나라이고 梁(魏)나라 또한 萬乘의 나라인데, 따라서 저 秦나라를 황제로 삼으면 秦나라는 장차 天子의 禮를 행하여 천하에 호령하고 제후들의 대신을 바꾸어 둘 것이니, 저 秦나라가 장차 不肖하다고 여기는 사람의 것을 빼앗아 어질다고 여기는 자에게 주고 미워하는 사람의 것을 빼앗아 사랑하는 자에게 준다면 梁王이 어떻게 편안히 있을 뿐이겠는가?" 하니, 新垣衍이 일어나 재배하고 말하였다. "나는 지금에야 선생이 천하의 선비인 줄을 알았으니, 감히 다시는 秦나라를 황제로 삼자고 말하지 않겠습니다." 하였다.

1) 〔譯註〕壁鄴 : 壁은 성벽에 군대를 주둔하는 것이며, 鄴 땅은 지금의 河南省 臨漳縣 40리 지점에 있으니, 趙나라 수도인 邯鄲과의 거리가 채 100리가 못 되었다.

2) 〔釋義〕上首功之國 : 譙周曰 秦用商鞅計하야 置爵二十等하고 以戰獲首級者로 計而受爵하니 天下謂之上首功之國이라하니 皆以惡之也라 索隱云 秦法에 斬首多爲上功하니 謂斬一人首면 賜爵一級이라 故謂之首功之國이라

譙周가 말하였다. "秦나라가 商鞅의 계책을 써서 20등급의 작위를 설치하고 전투에서 잡은 적의 首級을 계산하여 작위를 주자, 천하에서 이를 일러 '戰功을 으뜸으로 삼는 나라'라고 하였으니, 모두 이를 미워한 것이다." 《史記索隱》에 말하였다. "秦나라 법에는 首級을 많이 벤 것을 상등의 功으로 삼았으니, 적 한 명의 목을 베면 한 등급의 작위를 하사하였기 때문에 이를 일러 戰功을 으뜸으로 삼는 나라라고 한 것이다."

○ 初에 魏公子無忌 愛人下士¹⁾하야 致食客이 三千人이라 魏有隱士하니 曰侯嬴²⁾이라 年七十에 家貧하야 爲夷門監者³⁾러니 公子置酒하고 大會賓客할새 坐定에 公子從車騎虛左⁴⁾하고 自迎侯生이라가 侯生至에 引坐上坐(座)하니 賓客이 皆驚이러라

처음에 魏나라 公子 無忌가 사람을 사랑하고 선비에게 몸을 낮추어 食客을
招致한 것이 3천 명이었다. 魏나라에 隱士가 있으니 侯嬴이라 하였다. 나이
70에 집이 가난하여 夷門의 監者(문을 감독하는 사람)가 되었는데, 公子가
술자리를 베풀고 빈객을 크게 모을 적에 빈객이 자리를 정하자, 公子가 車騎
를 수행시키되 왼쪽을 비워두고 직접 侯生을 맞이하러 갔다가 侯生이 이르자
인도하여 上座에 앉히니, 빈객들이 모두 놀랐다.

1) 〔釋義〕 下士 : 下는 謂禮遇之라

　 下는 〈몸을 낮추어〉 예우함을 이른다.

2) 〔釋義〕 侯嬴 : 姓名也니 嬴은 音盈이라 索隱云 又音贏(리)라

　 侯嬴은 성명이니, 嬴은 음이 영이다. ≪史記索隱≫에 이르기를 "또 다른 음은
　 리이다." 하였다.

3) 〔釋義〕 夷門監者 : 夷門은 梁城之東門이라 按魏公子傳曰 夷門之抱關者也라하
　 니라

　 夷門은 梁나라 도성의 동쪽 문이다. 살펴보건대 ≪史記≫ 〈魏公子傳〉에 "夷門
　 을 지키는 자이다." 하였다.

4) 〔釋義〕 虛左 : 師古曰 凡乘車에 尊者居左하고 御者居中하고 又一人處車之右하야
　 以備傾側이라하니 虛左者는 謂空左方一位以迎之니 蓋尊之也라

　 顔師古가 말하기를 "무릇 수레를 탈 적에 높은 자는 왼쪽에 타고, 수레를 모는
　 자는 가운데에 타고, 또 한 사람은 수레의 오른쪽에 타서 수레가 한쪽으로 기우
　 는 것에 대비한다."라고 하였으니, 왼쪽을 비워두었다는 것은 왼쪽 한 자리를 비
　 워두어 맞이함을 이르니, 높이는 것이다.

及秦圍趙에 趙平原君之夫人은 公子無忌之姊也라 平原君使者冠蓋相屬
(촉)於魏하야 讓公子曰 勝이 所以自附於婚姻者는 以公子之高義로 能急人
之困也러니 今邯鄲이 旦暮降秦이어늘 而魏救不至라한대 公子數(삭)請魏王勅晉
鄙救趙하고 及賓客辯士 遊說[1]萬端호되 王終不聽이러라 公子乃屬賓客하야 約
車騎百餘乘하야 欲赴鬪以死於趙할새 過見侯生한대 生曰 公子無他端하야 而
欲赴秦軍하시니 如以肉投餒(뇌)虎니 何功之有리잇고 公子再拜問計한대 生曰

吾聞晉鄙兵符[2]在王臥內하고 而如姬[3]最幸이라하니 力能竊之요 且公子嘗
爲報其父仇하니 如姬欲爲公子하야 死無所辭라 誠一開口면 則得虎符하야 奪
鄙兵하리니 北救趙하고 西却秦이면 此는 五伯(霸)之功也니이다 公子如其言하야
得兵符한대 侯生曰 將在外에는 君令도 有所不受하나니 有如鄙疑而復請之면
則事危矣라 臣客朱亥는 力士니 可與俱라가 鄙不聽이어든 使擊之하소서

秦나라가 趙나라를 포위하자, 趙나라 平原君의 부인은 公子 無忌의 누님이
었으므로 平原君의 使者들의 冠蓋가 魏나라에 서로 이어져 公子를 꾸짖기를
"내(勝)가 스스로 婚姻하여 장가든 것은 公子의 높은 의리로 남의 곤궁함을
급히 구원해 줄 것이라고 여겼기 때문이었다. 그런데 이제 邯鄲이 조만간에
秦나라에게 항복하게 되었는데도 魏나라의 구원이 이르지 않는다." 하였다.
公子가 여러 번 魏王에게 晉鄙에게 명하여 趙나라를 구원하게 할 것을 청하
고 빈객과 변사들도 萬端으로 설득하였으나 왕은 끝내 듣지 않았다. 公子가
마침내 빈객들을 모으고 車騎 백여 乘을 모아 싸움에 달려가 趙나라에서 죽
고자 할 적에 지나는 길에 侯生을 방문하니, 侯生이 말하기를 "公子가 별다
른 방도가 없이 秦나라 군대에게 달려가 싸우고자 하시니, 이는 마치 굶주
린 호랑이에게 고기를 던져주는 것과 같으니, 무슨 공(효과)이 있겠습니
까?" 하였다.

公子가 재배하고 계책을 물으니, 侯生이 말하였다. "내가 들으니 晉鄙의
兵符가 왕의 침실 안에 있고, 如姬가 가장 총애를 받는다 하니, 힘이 兵符를
훔쳐낼 수 있으며, 또 公子가 일찍이 그녀 아비의 원수를 갚아 주었으니, 如
姬는 公子를 위하고자 하여 죽는 것도 사양하지 않을 것입니다. 진실로 한
번 입을 열면 虎符(兵符)를 얻어 晉鄙의 군대를 빼앗을 수 있을 것이니, 북
쪽으로 趙나라를 구원하고 서쪽으로 秦나라 군대를 퇴각시키면 이는 五 霸의
공입니다."

公子가 그 말과 같이 하여 兵符를 얻으니, 侯生이 다음과 같이 당부하였다.
"장군이 밖에 있을 적에는 임금의 명령도 받지 않는 경우가 있습니다. 만일 晉
鄙가 의심하여 다시 청하면 일이 위태롭게 될 것입니다. 신의 門客인 朱亥는

힘이 센 장사이니, 함께 갔다가 晉鄙가 듣지 않거든 공격하게 하소서."

1) 〔釋義〕遊說 : 荀悅曰 飾辯辭, 設詐謀하야 馳逐於天下하야 以要時勢者를 謂之遊
   說라
   　荀悅이 말하였다. "말을 잘 꾸미고 속이는 모략을 써서 천하를 놓고 角逐을 벌
   여 당시의 권세를 잡으려고 하는 것을 일러 유세라 한다."

2) 〔釋義〕兵符 : 慈湖王氏曰 符는 信也요 輔也니 所以輔信이라 古者에 以竹爲之라
   故字從竹이러니 後世詐僞蜂起하니 以竹易得之物이라 不足爲之防이라하야 於是
   에 有銅鐵金銀으로 鑄爲物象而用之라 漢文帝初에 與郡國爲銅虎符竹使符라 應劭
   曰 銅虎符는 長六寸이니 第一至五는 國家發兵遣使에 至郡合符하야 符合이면 乃
   聽受之라 竹使符는 以竹箭五枚로 長五寸이요 旁鐫篆書하고 亦一至五하니 出人
   徵發에 用之라 張晏曰 符以代古之珪璋하니 從簡易也라 師古曰 與郡國爲符호되
   各分一半하야 右留京師하고 左以與之하니 此漢制也라 唐高祖入長安에 罷隋竹使
   符하고 班銀菟符러니 其後에 改爲銅魚木契하니 朝廷徵發에 下敕書契魚어든 都
   督郡府參驗하야 皆合然後遣之하니라
   　慈湖王氏가 말하였다. "符는 符信이고 돕는 것이니, 信을 돕는 것이다. 옛날에
   는 대나무로 만들었기 때문에 글자가 竹자를 따랐는데, 후세에 속임수가 벌떼처
   럼 일어나자, 대나무는 얻기가 쉬운 물건이라 위조하는 것을 막을 수 없다 해서
   이에 銅과 鐵과 金과 銀을 주조하여 물건의 모양을 만들어서 사용하였다. 漢나
   라 文帝 초년에 郡國에게 銅虎符와 竹使符를 만들어 주었다. 應劭는 말하기를
   '銅虎符는 길이가 6寸이니 제1부터 제5까지는 국가에서 군대를 동원하기 위하여
   사신을 보낼 적에 郡에 이르러 兵符를 맞춰보아 兵符가 맞으면 비로소 명을 따
   랐다. 竹使符는 竹箭 5매로 길이가 5寸이고 옆에 篆書를 새기며 또한 1부터 5까
   지 있으니 사람을 내고 징발할 적에 이것을 썼다.' 하였다. 張晏이 말하기를 '符
   는 옛날의 珪璋을 대신한 것인데 간편함을 따른 것이다.' 하였다. 顔師古는 말하
   기를 '郡國에게 符를 만들어 주되 각각 반씩을 나누어 오른쪽은 京師에 남겨두고
   왼쪽은 郡國에게 주었으니, 이는 漢나라의 제도이다. 唐나라 高祖가 長安에 들
   어가자 隋나라의 竹使符를 없애고 銀菟符를 나누어 주었는데 그 뒤에 銅魚와 木
   契를 만드니, 조정에서 징발할 적에 敕書와 契魚를 내리면 都督이 郡府의 것과
   맞춰보아 모두 합치된 뒤에야 보냈다.' 하였다."

3) 〔釋義〕如姬 : 其愛姬姓如氏라
   　如姬는 王이 총애하는 여자의 姓이 如氏인 것이다.

公子至鄴하니 晉鄙合符하고 果疑之하야 擧手視公子曰 吾擧十萬之衆하야 屯
於境上하니 國之重任이어늘 今單車來代之는 何如哉오 亥袖四十斤鐵椎(퇴)라
가 椎殺鄙하다 公子下令曰 父子俱在軍中者는 父歸하고 兄弟俱在軍中者는
兄歸하고 獨子無兄弟者는 歸養하라하야 得選兵八萬人하야 將之而進하다 王齕이
久圍邯鄲호되 不拔하고 諸侯來救하야 數(삭)戰不利라 武安君이 聞之하고 曰 王
不聽吾計러니 今何如矣오 秦王이 聞之하고 怒하야 免武安君하야 爲士伍[1]하야 遷
之陰密할새 至杜郵하야 使使(시)者賜之劍한대 武安君이 遂自殺하니 秦人이 憐之
러라 魏公子無忌 大破秦師於邯鄲下하니 王齕이 解邯鄲圍하고 走하다 公子無
忌旣存趙에 遂不敢歸魏하고 使將으로 將其軍以還[2]하다 〈無忌 封爲信陵君〉

公子가 鄴 땅에 이르자, 晉鄙가 兵符를 맞춰보고 과연 의심하여 손을 들어
公子에게 보이며 말하기를 "내가 10만의 군대를 동원하여 국경에 주둔하고
있으니 국가의 중대한 임무인데, 이제 단 한 대의 수레로 와서 이를 대신함
은 어째서인가?" 하였다. 朱亥가 40근짜리 철퇴를 소매 속에 넣고 있다가 晉
鄙를 쳐서 죽였다.

公子가 명령을 내리기를 "父子가 함께 軍中에 있는 자는 아버지가 돌아가
고, 兄弟가 함께 軍中에 있는 자는 형이 돌아가고, 獨子로 형제가 없는 자는
돌아가 부모를 봉양하라." 하여 선발한 병사 8만 명을 얻어서 이들을 거느리
고 전진하였다.

王齕이 오랫동안 邯鄲을 포위하였으나 함락시키지 못하고 諸侯들이 와서
구원하여 여러 번 싸웠으나 승리하지 못하였다. 武安君이 이 말을 듣고 말하
기를 "왕께서 내 계책을 듣지 않더니, 지금 어떠한가?" 하니, 秦王이 이 말을
듣고 노하여 武安君을 파면하여 士伍(卒兵)로 만들고 陰密로 유배 보낼 적
에, 杜郵라는 곳에 이르러 使者를 시켜 검을 하사하니, 武安君이 마침내 자
살하였다. 이에 秦나라 사람들이 불쌍히 여겼다.

魏나라 公子 無忌가 秦나라 군대를 邯鄲 아래에서 대파하니, 王齕이 邯鄲

의 포위를 풀고 도망하였다. 公子 無忌가 趙나라를 보존하고는 마침내 감히 魏나라로 돌아가지 못하고 장수를 시켜 그 군대를 거느리고 돌아가게 하였다. - 無忌를 信陵君으로 봉하였다. -

1) 〔頭註〕士伍 : 嘗有爵而有罪奪爵者를 稱士伍라하니 言使役士卒之伍也라
   일찍이 벼슬이 있었는데 죄를 지어 벼슬을 빼앗긴 자를 士伍라 칭하니, 사역하는 士卒의 대오를 말한다.

2) 〔譯註〕魏王使晉鄙救趙……將其軍以還 : 赧王 58年條에는 57年條의 내용이 섞여 있는 바, 이 책에는 이 단락이 赧王 58年條에 나오지만 《資治通鑑》에는 57年條에 보인다.

○ 秦太子之子異人¹⁾이 自趙逃歸秦하다 太子妃曰華陽夫人이니 無子하고 夏姬生子異人하야 質於趙러니 秦數(삭)伐趙하니 趙不禮之하야 困不得意라 陽翟大賈(고)²⁾呂不韋 適邯鄲이라가 見之하고 曰 此는 奇貨可居³⁾라하고 乃說(세)之曰 秦王老矣요 太子愛華陽夫人而無子하고 子之兄弟二十餘人에 子居中하야 不甚見幸하니 太子卽位라도 子不得爭爲嗣矣라 異人曰 奈何오 不韋曰 能立適(嫡)嗣者는 獨華陽夫人耳니 不韋雖貧이나 請以千金爲子西游하야 立子爲嗣호리라 異人曰 必如君策인대 秦國을 與子共之호리라

秦나라 太子의 아들 異人이 趙나라에서 도망하여 秦나라로 돌아왔다.

太子의 妃는 華陽夫人인데 아들이 없었고, 夏姬가 아들 異人을 낳아 趙나라에 인질이 되었는데, 秦나라가 자주 趙나라를 정벌하니 趙나라가 그를 예우하지 아니하여 곤궁해서 뜻을 얻지 못하였다.

陽翟의 큰 장사꾼인 呂不韋가 邯鄲에 갔다가 異人을 보고 말하기를 "이는 기이한 보화이니 쌓아둘 만하다." 하고는 마침내 설득하기를 "秦王이 늙었고 太子가 華陽夫人을 사랑하나 아들이 없으며, 그대의 형제 20여 명 중에 그대는 중간에 있어 그리 총애받지는 못하니, 태자가 즉위하더라도 그대가 後嗣(후계자)가 됨을 다투지 못할 것이다." 하였다.

異人이 "어찌하면 좋은가?" 하고 묻자, 呂不韋가 말하기를 "嫡嗣를 세울 수

있는 사람은 오직 華陽夫人뿐이니, 내(不韋)가 비록 가난하나 청컨대 천금을 가지고 그대를 위하여 서쪽으로 가서, 그대를 세워 후사로 삼게 하겠다." 하니, 異人이 말하기를 "반드시 그대의 계책처럼 한다면 秦나라를 그대와 함께 하겠다." 하였다.

1) 〔釋義〕異人 : 孝文王子也니 後更名楚하니라

　　異人은 孝文王의 아들이니, 뒤에 이름을 楚로 고쳤다.

2) 〔釋義〕陽翟大賈 : 索隱曰 翟은 音狄이니 俗又音宅이라 地理志에 潁川陽翟縣이라 慈湖王氏曰 按戰國策에 以不韋爲濮陽人이라하니라 正義云 陽翟은 今河南府也라 賈는 音古니 往來賤買貴賣者也라

　　《史記索隱》에 말하였다. "翟은 음이 적이니, 시속의 또 다른 음은 택(책)이다. 《漢書》〈地理志〉에 '潁川郡 陽翟縣이다.' 하였다." 慈湖王氏가 말하였다. "살펴보건대 《戰國策》에 '呂不韋는 濮陽 사람이다.' 하였다. 《史記正義》에 '陽翟은 지금의 河南府이다.' 하였다. 賈는 음이 고이니, 왕래하면서 싼 것을 사다가 비싸게 파는 자이다."

3) 〔釋義〕奇貨可居 : 慈湖王氏曰 以異人으로 方財貨也라 居는 蓄積也라 漢張湯傳에 田信居物致富라한대 註云 謂居蓄賤物하야 以乘時射利也라

　　慈湖王氏가 말하였다. "異人을 재화에 견준 것이다. 居는 쌓아두는 것이다. 《漢書》〈張湯傳〉에 '田信이 물건을 사서 쌓아두어 부자가 되었다.' 하였는데, 註에 이르기를 '싼 물건을 사서 쌓아두었다가 기회를 틈타 이익을 노리는 것이다.' 하였다."

不韋乃與五百金하야 令結賓客하고 復以五百金으로 買奇物玩好하야 自奉而西하야 見夫人姊而以獻於夫人하고 因譽異人之賢호되 賓客이 遍天下하고 日夜에 泣思太子及夫人曰 異人也 以夫人爲天이라한대 夫人이 喜러라 不韋因使其姊說(세)曰 夫人이 愛而無子하니 不以繁華時로 蚤(早)自結於諸子中賢孝者하야 擧以爲適이라가 卽色衰愛弛면 雖欲開一言이나 尙可得乎아 今異人이 賢而自知中子不得爲適하니 誠以此時拔之면 是는 異人은 無國而有國이요 夫人은 無子而有子也니 則終身有寵於秦矣리이다 夫人이 以爲然하야 乘間言

之러니 太子與夫人으로 又刻玉符하야 約以爲嗣하고 因請不韋하야 傅之하다

不韋가 마침내 5백 금을 異人에게 주어서 賓客을 맺게(사귀게) 하고, 다시 5백 금을 가지고 기이한 물건과 玩好品을 사서 스스로 받들고 서쪽으로 가서 부인의 언니를 만나 이것을 부인에게 바치게 하고, 인하여 異人의 어짊을 칭찬하되 〈異人은 교유하는〉 빈객이 온 천하에 두루 널리 퍼져 있으며 밤낮으로 울면서 태자와 부인을 생각하여 '異人은 부인을 하늘로 여긴다.'고 말한다 하니, 부인이 기뻐하였다.

不韋가 인하여 그 언니를 시켜 부인을 설득하기를 "부인이 사랑을 받고 있으나 아들이 없으니, 번화할 때에 일찍 스스로 여러 아들 중에 어질고 효성스러운 자를 맺어서 그를 들어 嫡子로 삼지 않았다가 만일 미모가 쇠하여 사랑이 풀어지면 비록 한마디 말을 하고자 한들 오히려 될 수 있겠습니까? 지금 異人이 어질지만 스스로 中子라서 嫡子가 될 수 없음을 알고 있으니, 진실로 이러한 때에 그를 嫡子로 뽑는다면 異人은 나라가 없다가 나라가 있게 되고 부인은 자식이 없다가 자식이 있게 되는 것이니, 종신토록 秦王에게 총애가 있을 것입니다." 하였다.

부인이 그 말을 옳게 여겨 틈을 타서 태자에게 말하니, 태자가 부인과 함께 또 玉符를 새겨 後嗣로 삼을 것을 약속하고, 인하여 呂不韋를 청하여 異人을 가르치게 하였다.

不韋娶邯鄲姬絶美者하야 與居하야 知其有娠이러니 異人이 見而請之어늘 不韋佯怒라가 旣而요 獻之하야 期年而生子政[1]하니 異人이 遂以爲夫人하다 邯鄲之圍에 趙人이 欲殺之어늘 不韋賂守者하야 得脫이라 亡赴秦軍하야 遂歸하다 異人이 楚服而見(현)夫人[2]한대 夫人曰 吾는 楚人也니 當自子之[3]라하고 更(경)名曰楚[4]라하다

呂不韋는 邯鄲의 여자로 絶色인 자를 취하여 함께 살아 그녀가 임신한 것을 알았는데, 異人이 그녀를 보고 청하였다. 呂不韋는 거짓으로 노한 체하다

가 이윽고 그녀를 바쳐 期年(1년) 만에 아들 政을 낳으니, 異人이 마침내 그녀를 부인으로 삼았다.

邯鄲이 포위되자 趙나라 사람들이 異人을 죽이려고 하였는데, 呂不韋가 지키는 자에게 뇌물을 주어 탈출할 수 있었다. 異人이 도망하여 秦나라 군영으로 달려와서 마침내 본국으로 돌아왔다.

異人이 楚나라 복식을 하고 부인을 뵈니, 부인이 말하기를 "나는 楚나라 사람이니, 마땅히 스스로 너를 길러 아들(後嗣)로 삼겠다." 하고는 이름을 고쳐 楚라고 하였다.

1) 〔釋義〕期年而生子政 : 慈湖王氏曰 呂不韋傳에 姬自匿有身(娠)하야 至大期時하야 生子政이라 註에 徐廣曰 期는 十二月也라 索隱曰 譙周云 人十月生이어늘 此過二月이라 故云大期라하니 蓋當然也라 旣云自匿有娠이면 則生政自當踰常期也라 政後爲秦始皇帝하니라

   慈湖王氏가 말하였다. "≪史記≫〈呂不韋傳〉에 '여자가 스스로 임신한 사실을 숨기고 大期에 이르러 아들 政을 낳았다.' 하였는데, 註에 徐廣이 말하기를 '期는 12개월이다.' 하였다. ≪史記索隱≫에 '譙周가 이르기를 「사람이 열 달 만에 태어나는데, 이는 두 달이 더 지난 것이다. 그러므로 大期라고 이른 것이다.」 하였으니, 마땅하다. 이미 스스로 임신한 사실을 숨겼다고 했으면 政을 낳은 것은 마땅히 보통 기한을 넘어야 하는 것이다. 政은 뒤에 秦始皇帝가 되었다.' 하였다."

2) 〔釋義〕異人楚服而見夫人*) : 慈湖王氏曰 不韋以王后楚人이라 故使異人服楚製而說(悅)之하니라

   慈湖王氏가 말하였다. "王后가 楚나라 사람이기 때문에 呂不韋가 異人에게 楚나라 옷을 입게 하여 王后를 기쁘게 한 것이다."

*) 異人楚服而見夫人 : 楚나라는 衣服과 言語 등이 中國과 달랐는데, 華陽夫人이 楚나라 사람이므로 異人이 楚나라 복식을 하여 환심을 산 것이다.

3) 〔釋義〕當自子之 : 慈湖王氏曰 子는 嗣也니 我當自養之爲嗣也라

   慈湖王氏가 말하였다. "子는 후사이니, 내가 마땅히 스스로 길러 후사로 삼겠다고 한 것이다."

4) 〔釋義〕更名曰楚 : 戰國策曰 本名異人이러니 王后說其狀하고 高其(智)〔志〕하야 曰 吾楚人也니 而(自子)〔子字〕之라하고 乃變其名曰楚라하니라 更은 改也라

≪戰國策≫〈秦策〉에 이르기를 "본명이 異人이었는데 王后가 그의 모습을 좋아하고 그의 뜻을 높이 여겨 말하기를 '나는 楚나라 사람이니 너를 아들로 삼아 기르겠다.' 하고 마침내 그의 이름을 고쳐 楚라고 했다." 하였다. 更은 고침이다.

【乙巳】五十九年이라

59년(을사 B.C.256)

秦伐韓하야 取陽城負黍[1]하니 斬首四萬이요 伐趙하야 取二十餘縣하니 斬首九萬이라 赧王이 恐하야 倍(背)秦하고 與諸侯約從하야 欲伐秦이러니 秦이 使將軍樛(규)[2]로 攻西周하니 赧王이 入秦하야 頓首[3]受罪하고 盡獻其邑三十六과 口三萬이어늘 秦受其獻而歸赧王於周러니 是歲에 赧王崩하다

秦나라가 韓나라를 정벌하여 陽城의 負黍를 점령하니 首級을 벤 것이 4만이었고, 趙나라를 정벌하여 20여 縣을 점령하니 首級을 벤 것이 9만이었다. 赧王이 두려워하여 秦나라를 배반하고 諸侯들과 合從을 약속하여 秦나라를 정벌하고자 하였는데, 秦나라가 장군 樛를 시켜 西周를 공격하니, 赧王이 秦나라에 들어가 머리를 조아려 죄를 받고 고을 36개와 戶口 3만을 모두 바쳤다. 秦나라가 그 바치는 것을 받고 赧王을 周나라로 돌려보냈는데, 이 해에 赧王이 崩하였다.

1) 〔釋義〕取陽城負黍 : 徐廣曰 陽城에 有負黍聚라 括地志云 陽城은 洛州縣也요 負黍亭은 在陽城西南三十五里하니 故周之邑이라 左傳云 鄭伐周負黍 是也니 戰國屬韓이라 慈湖王氏曰 取者는 春秋傳例曰 克邑에 不用師徒曰取라 左傳昭四年에 取鄶하니 言易也라하니 是已라

徐廣이 말하기를 "陽城에 負黍聚가 있다." 하였다. ≪括地志≫에 이르기를 "陽城은 洛州縣이고 負黍亭은 陽城 서남쪽 35리 지점에 있으니, 옛날 周나라 읍이다. ≪春秋左傳≫에 '鄭나라가 周나라 負黍를 쳤다.'는 것이 이곳이다." 하였다. 戰國時代에 韓나라에 속하였다. 慈湖王氏가 말하였다. "取는 ≪春秋集傳纂例≫에 이르기를 '邑을 점령할 적에 군대를 사용하지 않고 취하는 것을 取라고 한다.' 하였다. ≪春秋左傳≫ 昭公 4年에 '鄶을 取하였으니, 쉬움을 말한 것이다.' 한 것

이 이것이다."

2) 〔釋義〕 將軍樛 : 將軍之名也니 史失其姓이라 前漢百官表曰 前後左右將軍은 皆周
末官이니 秦因之라 位上卿이요 漢不常置하니라

　　樛는 장군의 이름이니, 姓은 史策에 전해지지 않는다. ≪漢書≫〈百官表〉에 이
르기를 "前後左右의 將軍은 모두 周나라의 말단 관직이니, 秦나라가 이것을 따랐
다. 지위는 上卿이고, 漢나라 때에는 항상 설치하지는 않았다." 하였다.

3) 〔頭註〕 頓首 : 下首也라 拜而額至手伏地久라가 方起를 謂之稽首니 稽는 遲也라
拜而額至手卽起를 謂之頓首요 拜而頭不至地卽起를 謂之控首라

　　頓首는 머리를 숙이는 것이다. 절하여 이마가 손에 닿아 오랫동안 엎드려 있다
가 비로소 일어나는 것을 稽首라 이르니 稽는 지체한다는 뜻이다. 절하여 이마가
손에 닿으면 즉시 일어나는 것을 頓首라 이르고, 절하여 머리가 땅에 닿지 않고
즉시 일어나는 것을 控首라 이른다.

○ 先是에 東‧西周分治¹⁾러니 赧王이 徙都西周²⁾하니 〈出史記〉 蓋以微弱하야
不能主盟이라 會武公依³⁾焉하니라

　　이보다 앞서 周나라가 東周와 西周로 나뉘어 다스려졌는데 赧王이 도읍을
西周로 옮기니, – ≪史記≫에 나옴 – 이는 미약하여 盟約을 주관할 수 없어
서였다. 武公에게 의지하였다.

1) 〔釋義〕 東西周分治 : 雙湖胡氏曰 赧王微弱하야 東西周分王正理하야 各居一都라
故曰東西周라 高誘曰 西周王城은 今河南이요 東周鞏은 今成周洛陽也라

　　雙湖胡氏(胡一桂)가 말하였다. "赧王이 미약하여 周나라가 東周와 西周로 나뉘
어 다스려져서 각각 한 도읍에 거하였기 때문에 東西周라 한 것이다. 高誘가 말
하기를 '西周의 王城은 지금의 河南이고, 東周의 鞏은 지금의 成周 洛陽이다.'
하였다."

2) 〔釋義〕 赧王徙都西周 : 自洛陽徙河南이라

　　赧王이 도읍을 洛陽으로부터 河南으로 옮긴 것이다.

3) 〔釋義〕 武公依 : 武公은 西周君也라

　　武公은 西周의 임금이다.

東周君

東周는 自考王封其弟于河南하니 是爲桓公이라 以續周公官職이러니 桓公卒에 子威公立하고 威公卒에 子惠公立이라 惠公이 乃封其少子於鞏하야 以奉王하고 號東周惠公이라하니라〈出史記 ○ 東西周之稱이 又起於此라 索隱曰 惠公立長子하니 曰西周公이요 又封少子於鞏하야 仍襲父號하니 曰東周惠公이라 於是에 又稱東西二周也하니라 按世本에 西周桓公은 名揭니 居河南하고 東周惠公은 名班이니 居洛陽이 是也라 復齋胡氏曰 其後에 揭沒而長子成公이 襲有其地하고 少子班이 專制洛陽하야 兄弟角立하니 史冊逸其世數名氏라 至赧王三十四年하야 楚謀入寇어늘 王使東周君으로 諭止之하니 蓋班之後也라 至赧王入秦하야 秦遷西周君於★狐聚하야 而河南亡하고 莊襄元年에 遷東周君於陽人聚而洛陽之鞏亡하니라〉 ○ 南宮氏靖一[1]曰 周自武王으로 至東周君滅而周始亡于秦하니 斯實錄也라 後有秉春秋之筆者면 盍改而正諸리오〈按舊本엔 仍溫公之書하야 自赧王入秦之後로 卽以秦昭襄承周統爲秦紀러니 劎旣已遵朱子綱目之例하야 正之[2]矣요 今復得南宮氏之說이어늘 而雙湖胡氏深有取焉하니 極爲確論하니 眞所謂發先賢之所未發者也라 舊本正之而未盡이어늘 今復正之于左하야 以俟質于高明史學先生云[3]이라〉

東周는 考王이 그 아우를 河南에 봉함으로부터 비롯되니, 이가 桓公이다. 周公의 官職을 이었는데, 桓公이 죽자 아들 威公이 서고, 威公이 죽자 아들 惠公이 섰다. 惠公은 마침내 그 少子(작은아들)를 鞏 땅에 봉하여 왕을 받들게 하고 이름을 東周 惠公이라 하였다. -≪史記≫에 나옴 ○ 東周와 西周의 칭호가 또 여기서 시작되었다. ≪史記索隱≫에 이르기를 "惠公이 長子를 세우니 西周公이라 하였고, 또 少子를 鞏 땅에 봉하여 아버지의 칭호를 그대로 세습하니 東周 惠公이라 하였다. 이에 또 東周와 西周라고 칭하게 되었다." 하였다. 살펴보건대 世本에 "西周의 桓公은 이름이 揭이니 河南에 거주하고, 東周의 惠公은 이름이 班이니 洛陽에 거주하였다." 하였다. 復齋胡氏가 말하기를 "그 뒤에 揭

가 죽고 長子인 成公이 세습하여 河南을 소유하고 少子인 班이 오로지 洛陽을 점령하여 형제가 상대하고 있었는데, 역사책에는 그 世數와 名氏를 잃었다. 赧王 34년에 이르러 楚나라가 周나라를 침입할 것을 도모하자 赧王은 東周君으로 하여금 타일러서 중지하게 하였으니, 이 東周君은 班의 후손일 것이다. 赧王이 秦나라에 들어가게 되자 秦나라가 西周君을 ★狐聚로 옮겨서 河南이 망하였고, 莊襄王 元年에 東周君을 陽人聚로 옮겨서 洛陽의 鞏이 망하게 되었다." 하였다. -

○ 南宮靖一이 말하였다. "周나라는 武王으로부터 東周君이 멸망함에 이르러 周나라가 비로소 秦나라에게 망하였으니, 이것이 진실한 기록이다. 뒤에 春秋의 붓을 잡는 자(역사를 기술하는 자)가 있으면 어찌 이것을 고쳐서 바로잡지 않겠는가." - 살펴보건대 舊本에는 溫公의 ≪資治通鑑≫을 따라 赧王이 秦나라로 들어간 뒤로부터 곧바로 秦나라 昭襄王이 周나라의 계통을 이어받아 秦紀로 삼았는데, 내(劉剡)가 이미 朱子의 ≪資治通鑑綱目≫의 例를 따라서 바로잡았고, 이제 다시 南宮氏의 說을 얻었는데 雙湖胡氏(胡一桂)가 이것을 깊이 취함이 있었으니, 지극히 확고한 논의가 되는 바, 진실로 이른바 '先賢들이 미처 발명하지 못한 것을 발명하였다.'는 것이다. 舊本에는 바로잡았으나 미진하였는데, 이제 다시 아래에 바로잡아서 高明한 史學先生을 기다려 질정하는 바이다. -

1) 〔譯註〕南宮氏靖一 : 南宮靖一은 南宋 말기 사람으로 字가 仲靖이다. 저서로 ≪小學史斷≫ 2권이 있다.

2) 〔譯註〕按舊本……正之 : ≪資治通鑑≫에는 赧王이 항복하고 죽은 뒤에 周나라가 완전히 멸망한 것으로 보고 바로〈秦紀〉昭襄王 52년(丙午)으로 이었는데, 朱子의 ≪資治通鑑綱目≫에는 秦나라를 列國과 함께 나열하여 雙行으로 分註하였고, 이 책에서는 南宮靖一의 말에 의거하여 東周를 正統으로 보아 7년을 더 연장한 다음 分註하였다. 그러나 이는 南宮靖一의 주관적인 판단에 의한 것으로 비판이 없지 않다. 여기에 대해 일찍이 金都鍊 氏는 그의 譯書에서 다음과 같은 按說을 붙인 바 있다.

"《資治通鑑》에서는 赧王 59年條에서 〈秦紀〉로 이어져 秦 昭襄王 52년으로 넘어간다. 《通鑑節要》의 舊本도 《資治通鑑》과 마찬가지로 昭襄王으로 周統을 이었는데, 후대에는 朱子의 《資治通鑑綱目》의 규례를 따라 秦의 정통을 인정하지 않고 '東周君'을 설정한 것이다. 위의 첫 대목은 《資治通鑑》에는 없고 《史記》에서 따온 것이다. 이 부분은 문맥이 어색하여 마치 桓公 이래로 惠公까지가 모두 東周君인 것처럼 보기 쉬우나 실제로는 桓公 이래로 惠公까지는 西周公인데, 惠公이 그 작은아들을 鞏에 보내어 東周君을 받들게 하였으므로 그 아버지의 이름을 따서 '東周의 惠公'이라고 했던 것이다. 그러므로 東周君은 실제로는 東周公이라야 옳다. 赧王의 죽음으로 周나라는 사실상 완전히 망하였으나 秦에 정통을 부여하지 않으려다 보니, 본래 실체도 없던 東周君을 《史記》에 의거하여 내세운 것이다. 南宮氏의 말 또한 후대에 《資治通鑑綱目》의 정통주의를 적용하면서 그 근거로 삽입한 것이다."

3) 〔譯註〕剋旣已遵朱子綱目之例……高明史學先生云：《通鑑節要》 통행본에는 이 부분이 약간 다르게 표현되어 있다.

【丙午】元年이라 〈秦昭襄王稷五十二요 楚考烈王八이요 燕孝王三이요 魏安釐王二十二요 趙孝成王十一이요 韓桓惠王十八이요 齊王建十年이라 ○ 凡七國이라〉

元年(병오 B.C.255) - 秦 昭襄王 稷 52년, 楚 考烈王 8년, 燕 孝王 3년, 魏 安釐王 22년, 趙 孝成王 11년, 韓 桓惠王 18년, 齊王 建 10년이다. ○ 모두 일곱 나라이다. -

周民이 東亡[1]이어늘 秦이 取其寶器하고 遷西周公於★狐聚[2]하다 ○ 秦丞相范睢免하다

周나라 백성들이 동쪽으로 도망하자, 秦나라가 그 寶器를 취하고 西周公을 ★狐聚로 옮겼다.

○ 秦나라 승상 范睢가 면직하였다.

1) 〔譯註〕周民東亡：秦나라 백성이 되고자 하지 아니하여 周나라 백성들이 동쪽으로 향하여 도망한 것이다.

2) 〔釋義〕遷西周公於★狐聚：索隱曰 西周公은 武公子文公也라 ★狐는 地名이니

★은 音憚이라 徐廣曰 ★狐聚는 近陽人聚하니 在洛陽南百五十里라 括地志에 汝州之外古梁城이 卽★狐聚라

≪史記索隱≫에 말하기를 "西周公은 武公의 아들 文公이다." 하였다. ★狐는 지명이니 ★은 음이 탄이다. 徐廣이 말하기를 "★狐聚는 陽人聚에 가까우니, 洛陽 남쪽 150리에 있다." 하였다. ≪括地志≫에 "汝州의 밖 옛 梁城이 곧 ★狐聚이다." 하였다.

【丁未】二年이라〈秦五十三. 楚九. 燕王喜元. 魏二十三. 趙十二. 韓十九. 齊十一年이라〉

2년(정미 B.C.254) - 秦나라 53년, 楚나라 9년, 燕王 喜 元年, 魏나라 23년, 趙나라 12년, 韓나라 19년, 齊나라 11년이다. -

秦伐魏하야 取吳城하다 ○ 韓王이 入朝於秦하다

秦나라가 魏나라를 정벌하여 吳城을 점령하였다.
○ 韓王이 秦나라에 들어가 조회하였다.

【庚戌】五年이라〈秦五十六. 楚十二. 燕四. 魏二十六. 趙十五. 韓二十二. 齊十四年이라〉

5년(경술 B.C.251) - 秦나라 56년, 楚나라 12년, 燕나라 4년, 魏나라 26년, 趙나라 15년, 韓나라 22년, 齊나라 14년이다. -

秋에 秦昭襄王이 薨[1]하고 子孝文王柱立하다 ○ 趙公子勝이 卒[2]하다

가을에 秦나라 昭襄王이 죽고 아들 孝文王 柱가 즉위하였다.
○ 趙나라 公子 勝이 별세하였다.

1) 〔譯註〕 薨 : 公侯와 같은 諸侯의 죽음을 가리킨다.
2) 〔譯註〕 卒 : 大夫의 죽음을 가리킨다.

【辛亥】六年이라〈秦孝文王柱元. 楚十三. 燕五. 魏二十七. 趙十六. 韓二十三. 齊

十五年이라〉

6年(신해 B.C.250) - 秦 孝文王 柱 元年, 楚나라 13년, 燕나라 5년, 魏나라 27년, 趙나라 16년, 韓나라 23년, 齊나라 15년이다. -

十月에 **秦王柱卽位三日**에 **薨**하고 **子楚立**하니 **是爲莊襄王**이러라

10月에 秦王 柱가 즉위한 지 3일 만에 죽고 子楚가 즉위하니, 이가 莊襄王이다.

○ **燕將**이 **攻齊聊城**[1]하야 **拔之**러니 **或**이 **譖之燕王**한대 **燕將**이 **保聊城**하고 **不敢歸**라 **齊田單**이 **攻之歲餘**에 **不下**어늘 **魯仲連**이 **乃爲書**하야 **約之矢**[2]하야 **以射城中**하야 **遺燕將**하야 **陳利害**[3]한대 **燕將**이 **見書**하고 **泣三日**에 **遂自殺**하니 **聊城**이 **亂**이라 **田單**이 **克聊城**[4]하고 **歸言魯仲連於齊王**하야 **欲爵之**한대 **仲連**이 **逃之海上**曰 **吾與富貴而詘**(굴)**於人**[5]으론 **寧貧賤而輕世肆志**[6]**焉**이라하더라

燕나라 장수가 齊나라 聊城을 공격하여 함락하였었는데, 혹자가 燕王에게 참소하니, 燕나라 장수가 聊城을 지키고 감히 돌아가지 못하였다. 齊나라 田單이 이를 공격한 지 1년이 넘었으나 항복시키지 못하자, 魯仲連이 마침내 편지를 써서 이것을 화살에 묶어 城안으로 쏘아 燕나라 장수에게 보내서 利害를 말하였다. 燕나라 장수가 그 편지를 보고 3일 동안 울다가 마침내 자살하니, 聊城이 혼란하였다. 田單이 聊城을 이기고 돌아가 魯仲連을 齊王에게 말하여 벼슬을 주려 하자, 魯仲連이 海上으로 도망하며 말하기를 "내 부귀하면서 남에게 예절을 잃기보다는 차라리 빈천하면서 세상을 하찮게 여기고 내 뜻대로 하겠다." 하였다.

1) 〔釋義〕聊城 : 慈湖王氏曰 聊城은 在平原이라 〈括〉地志에 故聊城은 在博州聊城縣西二十里하니 戰國時에 亦齊地라 秦漢이 皆爲東郡之聊城하니라 慈湖王氏는 名幼學이요 字行卿이니 後只稱王氏曰이라

慈湖王氏가 말하였다. "聊城은 平原에 있다. 《括地志》에 '옛 聊城은 博州 聊城縣 서쪽 20리 지점에 있으니, 戰國時代에도 齊나라 땅이었다. 秦나라와 漢나라

가 모두 東郡의 聊城으로 삼았다.' 하였다." 慈湖王氏는 이름이 幼學이고 字가 行卿이니, 이 뒤로는 다만 '王氏曰'이라고 칭하였다.

2) 〔釋義〕爲書 約之矢 : 王氏曰 纒束書於矢上이라

王氏가 말하였다. "편지를 화살 위에 묶은 것이다."

3) 〔頭註〕陳利害 : 遺燕將曰 爲公計者컨대 不歸燕則歸齊니 今猶守孤城이라가 齊兵日益而燕救不至면 將何爲乎아

燕나라 장수에게 편지를 보내어 이르기를 "公을 위하여 계획해 보건대 燕나라로 돌아가지 않으면 齊나라로 돌아가야 할 터인데, 지금까지도 외로운 성을 지키다가 齊나라 군대는 날로 증강되고 燕나라의 구원은 이르지 않는다면 장차 어찌하겠는가?"라고 하였다.

4) 〔譯註〕克聊城 : 克은 많은 군대를 동원하여 승리함을 가리킨다.

5) 〔釋義〕富貴而詘於人 : 記儒行曰 不充詘於富貴라한대 註에 〈充〉詘은 喜失節也라

≪禮記≫ 〈儒行〉에 이르기를 "부귀 때문에 기쁜 나머지 예절을 잃지 않는다." 하였는데, 註에 "充詘은 기쁜 나머지 예절을 잃는 것이다." 하였다.

6) 〔釋義〕輕世肆志 : 輕世는 眇視天下也요 肆志는 放縱志意也라

輕世는 천하를 하찮게 여기는 것이고, 肆志는 뜻대로 방종하는 것이다.

○ 魏安釐(희)王이 問天下之高士於子順[1]한대 子順曰 世無其人也어니와 抑可以爲次는 其魯仲連乎인저 王曰 魯仲連은 彊作之者니 非體自然也니라 子順曰 人皆作之하나니 作之不止면 乃成君子요 作之不變하야 習與體成이면 則自然也니이다

魏나라 安釐王이 천하에 道德이 높은 선비를 子順(孔斌)에게 묻자, 子順이 대답하기를 "세상에 그러한 사람은 없으나 그 다음이 될 만한 자는 魯仲連일 것입니다." 하였다. 왕이 말하기를 "魯仲連은 억지로 힘써서 作爲하는 자이니, 體가 자연스럽게 이루어진 것이 아니다."라고 하자, 子順이 대답하기를 "사람은 모두 作爲하니, 作爲하기를 그치지 않으면 마침내 君子를 이루고, 作爲하기를 변치 아니하여 습관이 體와 더불어 이루어지면 자연스러워집니다." 하였다.

1) 〔頭註〕子順 : 孔斌字니 孔子六世孫이라

子順은 孔斌의 字이니, 孔子의 6세손이다.

【壬子】七年이라〈秦莊襄王楚元‧ 楚十四‧ 燕六‧ 魏二十八‧ 趙十七‧ 韓二十四‧ 齊
十六年이라 是歲에 周亡이라〉

　7년(임자 B.C.249) - 秦 莊襄王 楚 元年, 楚나라 14년, 燕나라 6년, 魏
나라 28년, 趙나라 17년, 韓나라 24년, 齊나라 16년이다. 이 해에 周나라가
망하였다. -

秦이 以呂不韋爲相國하야 封文信侯하다 ○ 東周君이 與諸侯로 謀伐秦이어늘 秦
王이 使相國呂不韋로 帥師滅之하고 遷東周君於陽人聚[1]하니 周遂不祀하다
周比亡에 凡有七邑[2]이러라

　秦나라가 呂不韋를 相國으로 삼아 文信侯에 봉하였다.

　○ 東周君이 諸侯와 더불어 秦나라를 정벌할 것을 도모하자, 秦王이 相國
呂不韋로 하여금 군대를 거느리고 가서 멸망시키고 東周君을 陽人聚로 옮기
니, 周나라가 마침내 제사 지내지 못하게 되었다. 周나라가 망할 때에 이르
러 모두 7개 고을을 소유하였다.

1)〔釋義〕陽人聚 : 地理志云 河南梁縣에 有陽人聚라 括地志云 陽人故城은 在汝州
　　梁縣西四十里라
　　陽人聚는 《漢書》〈地理志〉에 "河南 梁縣에 陽人聚가 있다."하였고, 《括地志》
　　에 "陽人의 古城이 汝州 梁縣 서쪽 40리에 있다."하였다.
2)〔釋義〕七邑 : 徐廣曰 周比亡時에 凡七縣이니 河南‧ 洛陽‧ 穀城‧ 平陰‧ 偃師‧ 鞏‧
　　緱氏가 是也라
　　徐廣이 말하였다. "周나라가 망할 때에 이르러 모두 7縣이 있었으니, 河南‧ 洛
　　陽‧ 穀城‧ 平陰‧ 偃師‧ 鞏‧ 緱氏가 이것이다."

〔新增〕雙湖胡氏曰 西都는 自涇舟膠楚澤[1]하고 下堂見諸侯[2]로 綱常陵遲하야
已爲春秋之漸이요 東都는 自春秋已來로 弱不可支로되 猶幸五霸[3]挾天子하야
以令諸侯하야 尙寄空名於天下라 然이나 繻(수)葛倒懸[4]하야 已爲戰國之漸이

요 戰國엔 首命韓趙魏爲諸侯하야 綱常之道盡矣라 於是에 七雄競彊하야 蘇秦
張儀肆從橫之術하니 從者는 猶知合六國以抗秦이로되 橫者는 甘於事秦而不恥
라 事秦者는 固不知有周요 抗秦者도 不過自爲니 亦豈復知有周哉아 而周亡에
亦無一能倡大義於天下하고 僅有魯仲連이 義不帝秦하야 負當世高士重名이라
使當時之士에 有如三老董公之遮說⁵⁾하고 當時之君에 有如漢王三軍縞素하야
爲板王하야 與東周君發喪하야 爲天下誅無道秦하야 名其爲賊이면 敵乃可服이
리니 齊桓晉文之事를 寧不可復見於今日이리오 何計不出此하고 顧乃區區欲與
秦鬪智角力이라가 卒之賓服恐後하야 以待滅亡之不暇하니 可痛也哉인저 又嘗
合三代論之컨대 三代之王은 有天下가 一千九百六十九年이어늘 何聖賢之君無
幾하야 夏有禹, 啓, 少康하고 商有成湯, 太甲, 太戊, 盤庚, 武丁하고 周有武
王, 成王, 康王, 宣王이요 外無聞焉이라 然이나 後之言治者 以三代爲稱首하
야 巍巍皇皇하야 卓冠千古하야 而莫及者는 禹湯文武 以聖王之道로 立經陳紀
하고 創法定制라 其尤卓卓然者는 如井田封建學校兵師之要가 靡不備具하고
而又固結之以仁하고 維持之以禮하야 端本洪源하야 自足與天無極이라 故其後
世子孫이 非有剛惡如桀紂幽厲之暴하고 非有柔惡如板王之衰면 皆足以世守之
而勿失也니 豈偶然哉아

　雙湖胡氏(胡一桂)가 말하였다.

　"西都(西周)는 涇水의 배가 楚나라의 못에서 아교가 녹아 침몰되고, 堂 아
래로 내려가서 제후를 만나 본 뒤로부터 綱常이 침체되어 이미 春秋時代의
조짐이 있었으며, 東都(東周)는 春秋時代 이후로 미약하여 지탱할 수가 없었
으나 그래도 다행히 五霸가 천자를 끼고서 제후를 호령하여 天子라는 빈 칭
호를 천하에 붙이고 있었다. 그러나 繻葛의 싸움에서 군신간의 도리가 도치
되어서 이미 戰國時代의 조짐이 되었고, 戰國時代에는 먼저 韓·趙·魏를 명
하여 제후로 삼아서 綱常의 道가 다 없어졌다. 이에 七雄이 강성함을 다투어
蘇秦과 張儀가 合縱과 連橫의 술책을 펴니, 合縱하는 자들은 그래도 六國을
모아 秦나라에 항거할 줄을 알았으나, 連橫하는 자들은 秦나라를 섬기는 것
을 달게 여겨 부끄러워하지 않았다. 秦나라를 섬기는 자들은 진실로 周나라
가 있음을 알지 못하였고, 秦나라에 대항하는 자들도 또한 자신을 위함에 불

과할 뿐이었으니, 또한 어찌 다시 周나라가 있음을 알았겠는가. 周나라가 망하자 또한 大義를 천하에 제창하는 자가 한 사람도 없었고, 겨우 魯仲連이 있어서 의리상 秦나라를 황제로 삼을 수가 없다 하여, 당대 高士의 두터운 名望을 지니게 되었다. 만일 당시의 선비 중에 三老인 董公이 漢王(劉邦)을 가로막고 설득한 것과 같이 하고, 당시의 군주 중에 漢王이 三軍에게 소복을 입힌 것과 같이 하여, 赧王을 위해 東周君과 함께 發喪해서 천하를 위해 무도한 秦나라를 주벌하여 역적임을 분명히 밝혔으면 적이 비로소 굴복하였을 것이니, 齊나라 桓公과 晉나라 文公의 일을 어찌 다시 今日에 보지 못하였겠는가. 어찌하여 이러한 계책을 내지 않고, 도리어 마침내 구구히 秦나라와 지혜를 다투고 힘을 겨루고자 하다가 끝내 복종함이 뒤늦을까 두려워하여 멸망함을 기다릴 겨를조차 없었으니, 애통해 할 만하다.

또 일찍이 三代를 합하여 논하건대, 三代가 왕 노릇 함은 천하를 소유한 것이 1천 9백 69년이었는데, 어질고 성스러운 군주가 몇 명이 못되어서 夏나라에는 禹王·啓·少康이 있었고, 商나라에는 成湯·太甲·太戊·盤庚·武丁이 있었고, 周나라에는 武王·成王·康王·宣王이 있었으며, 그 외에는 알려진 군주가 없다. 그러나 후세에 정치를 말하는 자들은 三代를 첫 번째로 칭하여, 드높고 위대하여 우뚝이 千古에 뛰어나서 미칠 수가 없으니, 이는 禹王·成湯·文王·武王이 聖王의 道로써 떳떳한 법칙을 세우고 기강을 펴며 법을 창건하고 제도를 정하였기 때문이다. 이 중에도 더욱 우뚝이 드러난 것은 井田, 封建, 學校, 兵師와 같은 중요한 제도들이 자세히 구비되지 않음이 없었으며, 또 仁으로 굳게 맺고 禮로 유지하여, 뿌리를 바로잡고 근원을 키워서 스스로 하늘과 더불어 무궁하게 한 것이다. 그러므로 후세의 자손들이 剛惡(剛이 過함)함으로 桀王·紂王·幽王·厲王 같은 포악함이 있지 않고, 柔惡(柔가 過함)함으로 赧王과 같이 나약한 자가 있지 않으면 모두 충분히 대대로 지켜서 잃지 않은 것이니, 이 어찌 우연이겠는가.”

1) 〔頭註〕涇舟膠楚澤：涇은 水名이니 在西周地라 昭王이 巡狩濟漢이러니 漢濱人이 以膠膠舟하야 中流膠液하야 王溺死하니라 漢은 楚地라

涇은 물 이름이니, 西周의 땅에 있다. 周나라 昭王이 巡狩하여 漢水를 건너가는

데, 漢水 가에 있는 사람이 아교풀로 배를 붙여 놓았다. 그리하여 중류에 이르러
서 아교가 녹자 昭王이 漢水에 빠져 죽었다. 漢水는 楚나라 땅이었다.

2) 〔頭註〕下堂見諸侯 : 平王東遷하야 都于洛邑한대 王室微弱하야 政由下하니 下堂
見諸侯하니라

　　平王이 동쪽으로 遷都하여 洛邑에 도읍하자, 왕실이 미약해져서 정사가 아랫사
람에게서 나오니, 天子가 堂을 내려가 諸侯를 보게 되었다.

3) 〔頭註〕五霸 : 齊桓, 晉文, 秦穆, 宋襄, 楚莊이라

　　五霸는 齊나라 桓公, 晉나라 文公, 秦나라 穆公, 宋나라 襄公, 楚나라 莊王이다.

4) 〔頭註〕繻葛倒懸^{*)} : 周桓王伐鄭한대 鄭與王戰于繻葛할새 射王中肩하니 易理猶
倒懸也라

　　周나라 桓王이 鄭나라를 정벌하자, 鄭나라가 王과 繻葛에서 싸울 적에 왕을 쏘
아 어깨를 맞혔으니, 이치를 거역함이 거꾸로 매달린 것과 같은 것이다.

＊) 繻葛倒懸 : 繻葛은 鄭나라의 地名으로 魯나라 桓公 5년 가을에 蔡・衛・陳이 周
王을 따라 鄭나라를 치자, 鄭伯이 繻葛에서 맞아 싸워서 周나라 군사를 대패시
켰는데, 繻葛의 싸움에서 鄭나라의 祝聃이 桓王의 어깨를 쏘아 맞추기까지 하
였다.

5) 〔譯註〕三老董公之遮說 : 뒤의 4권 병신(B.C.205)에 보이는 내용으로 당시 楚
나라의 項羽가 義帝를 시해하자, 新城의 三老인 董公이 漢나라 劉邦의 가는 길
을 가로막고 "義帝를 위해 군사들에게 素服(상복)을 입히고 義帝를 시해한 項羽
를 토벌하시오."라고 권하였다. 이에 劉邦은 그의 말을 따라 義帝를 시해하였다
는 대의명분을 내세워 제후들을 거느리고 項羽를 토벌할 수 있었다.

溫公歷年圖曰 周自平王東遷으로 日以衰微하고 至於戰國하야는 又分而爲二하
야 其土地人民이 不足以比彊國之大夫라 然이나 天下猶尊而事之하야 以爲共
主하야 守文武之宗祧하야 綿綿然久而不絶하니 其故는 何哉오 植本固而發源
深也일새라 昔周之興也에 禮以爲本하고 仁以爲源이라 自后稷以來로 至於文
武成康히 其講禮也備矣요 其施仁也深矣라 民習於耳目하고 浹於骨髓하야 雖
後世微弱이나 其民將有陵慢之心이면 則畏先王之禮而不敢爲하고 將有離散之
心이면 則思先王之仁而不忍去하니 此其所以享國長久之道也라 不然이면 以區
區數邑으로 處於七暴國之間하야 一日不可存이어든 況於數十年乎아 〈歷年圖

는 乃溫公未作通鑑之前에 先進此圖하니 歷述古今治亂호되 於一代之終엔 則 立一論하야 以斷其興亡하니 後倣此하니라〉

溫公의 ≪歷年圖≫에 말하였다.

"周나라는 平王이 東遷(東都인 洛邑으로 遷都)한 뒤로부터 날마다 쇠약해 졌고 戰國時代에 이르러서는 또 나뉘어 둘이 되어서 그 土地와 人民이 강대 국의 大夫에도 비견되지 못하였다. 그러나 천하가 오히려 周나라를 높여 섬 겨서 共主라 하여, 文王・武王의 宗廟를 지켜 綿綿히 이어와 오랫동안 끊이 지 않았으니, 그 연고는 어째서인가? 심겨진 뿌리가 견고하고 나오는 근원이 깊기 때문이었다. 옛날 周나라가 일어날 때에 禮로써 뿌리를 삼고 仁으로써 근원을 삼았다. 后稷으로부터 이래로 文王, 武王, 成王, 康王에 이르기까지 禮를 강론함이 구비되었고 仁을 베풂이 깊었다. 백성들이 귀와 눈에 익숙하 고 골수에 젖어 들어서 비록 후세가 미약하였으나 그 백성들이 장차 능멸하 고 태만한 마음이 있게 되면 先王의 禮를 두려워하여 감히 하지 못하였고, 장차 離反할 마음이 있게 되면 先王의 仁을 생각하여 차마 버리지 못하였으 니, 이것이 나라를 향유하기를 장구하게 한 방도이다. 그렇지 않다면 구구한 몇 고을을 가지고 포악한 일곱 나라의 사이에 처하여 단 하루도 보존할 수가 없었을 터인데, 하물며 수십 년을 보존함에 있어서이겠는가." - ≪歷年圖≫ 는 바로 溫公이 ≪資治通鑑≫을 저술하기 전에 먼저 이 ≪歷年圖≫를 올렸는 바, 古今의 다스려짐과 혼란함을 차례로 서술하되 한 왕조가 끝날 때에는 한 議論을 세워서 興亡을 결단하였으니, 뒤도 이와 같다. -

右周는 三十七王이니 幷東周君이라 按經世書하면 始武王己卯하야 終東 周君壬子히 該八百七十三年[1]이라

이상 周나라는 37왕이니, 東周君까지 넣었다. ≪皇極經世書≫를 살 펴보면 武王 己卯年에서 시작하여 東周君 壬子年에 이르기까지 총 873년이다.

1)〔譯註〕右周……該八百七十三年 : 東周의 기록은 ≪史記≫에도 자세하지

않다. 요약하면 周나라의 天子인 赧王이 西周君인 武公에게 더부살이하였는데, 赧王이 秦나라에 항복하고 西周 역시 秦나라에 멸망당하였으며 東周는 그보다 7년 후에 역시 秦나라에 멸망당하였다.

〔新增〕愚按 南宮氏曰 作史者는〈司馬氏〉當於莊襄元年東周旣滅에 方書周亡하고 然後進秦하야 使接周統이요 於莊襄終年呂政嗣位에 特書秦亡하고 然後正其姓氏하야 別爲後秦이니 斯實錄矣라 今乃不然하야 東周未滅에 遽進昭襄之秦하고 呂政嗣位로되 猶冒嬴秦之姓하야 於周則絶之如恐其不亟하고 於秦則進之如恐其不多하야 好惡不公하고 是非逆置하니 其諸謂之何哉오 秦自孝公以來로 累世窺周하야 一念僭竊이라가 至莊襄하야 百有餘年에 東周始滅하니 彼固謂嬴氏之業이 可傳之不墜러니 未幾에 呂政立而嬴氏之秦이 已亡이라 嗚呼라 赧王入秦之後에 歷七年而東周如線之緖尙存이러니 莊襄取周之餘才(纔)三載에 而柏翳[1]數百年之宗祀遽滅[2]이라 孟子曰 殺人之父면 人亦殺其父하고 殺人之兄이면 人亦殺其兄이라하시니 天道好還하야 福善禍淫이 無毫髮爽이어늘 而世之窺覦僭竊于人之國者 每迷而不悟하니 悲夫라

　　내(胡一桂의 ≪史纂通要≫)가 살펴보건대, 南宮氏(南宮靖一)가 말하기를 "역사책을 지은 자(司馬光을 가리킴)가 마땅히 莊襄王 元年에 東周가 멸망하고 난 뒤에 비로소 周나라가 망한 것을 쓰고 그런 뒤에 秦나라를 올려서 周나라의 계통을 이었어야 하고, 莊襄王의 마지막 해에 呂政이 왕위를 계승함에 있어서는 秦나라가 망한 것을 특별히 쓰고 그런 뒤에 姓氏를 바로잡아 별도로 後秦이라고 했어야 하니, 이것이 사실 그대로의 진실한 기록이다." 하였다. 그런데 지금은 그렇지 않아서 東周가 멸망하기 전에 갑자기 昭襄王의 秦나라를 올리고, 呂政이 왕위를 계승하자 그대로 嬴秦의 姓을 무릅써서, 周나라에 있어서는 끊어버리기를 행여 빨리하지 못할까 염려하는 듯하고, 秦나라에 있어서는 올리기를 행여 많이 하지 못할까 염려하는 듯해서, 좋아하고 미워함이 공정하지 못하고 옳고 그름이 도치되었으니 이를 일러 뭐라고 하겠는가.

　　秦나라는 孝公 이래로 여러 대 동안 周나라 왕실을 엿보아 한결같이 참람

하고 도둑질할 것을 생각하다가 莊襄王에 이르러 백여 년 만에 東周가 비로소 멸망하자, 저들은 진실로 嬴氏의 基業이 길이 전해져 실추되지 않을 것이라고 생각하였는데, 얼마 안 되어 呂政이 즉위하자 嬴氏의 秦나라가 이미 망하였다. 아, 赧王이 秦나라로 들어간 후에 7년이 지나도록 東周의 실낱같은 전통이 그래도 남아 있었는데, 莊襄王이 周나라를 취한 뒤로 겨우 3년 만에 柏翳의 수백 년 동안 이어온 宗祀가 마침내 멸망하였다. 孟子가 말씀하기를 "남의 아버지를 죽이면 남이 또한 나의 아버지를 죽이고 남의 형을 죽이면 남이 또한 나의 형을 죽인다."라고 하였으니, 天道는 돌려주기를 좋아하여 선한 자에게 복을 내려주고 악한 자에게 화를 내려줌이 털끝만큼도 어긋남이 없는데, 세상에 남의 나라를 엿보고 도둑질하는 자들은 매양 어두워 깨닫지 못하니, 슬프다.

1) 〔頭註〕 柏翳 : 書稱伯益*)이라 周平王이 封伯益之裔襄公於秦하니라
　　柏翳를 ≪書經≫에는 伯益이라 칭하였다. 周나라 平王이 伯益의 후손인 襄公을 秦나라에 봉하였다.
*) 伯益 : 옛날 堯舜의 신하로, 舜임금을 도와 새와 짐승들을 길들였으며, 공로가 있어 嬴氏姓을 받았는데, 이가 바로 秦나라의 始祖이다. ≪史記 卷五 秦本紀≫
2) 〔原註〕 數百年之宗祀遽滅 : 襄公始封諸侯로 至莊襄甲寅히 五百七十年이라
　　襄公을 처음 제후로 봉한 뒤로부터 莊襄王 갑인년까지 570년이다.

秦　紀

莊襄王※

※ 名楚니 孝文王子라 初質於趙러니 因不韋策하야 歸以爲嗣하니라 其先은 柏翳니 佐舜有功하야 賜姓嬴이라 後有非子封秦하고 秦仲始大하며 自孝公用商鞅하야 以利而致富强하고 廢井田, 開阡陌하며 莊襄滅周러니 三年而亡

하니라

　　莊襄王은 이름이 楚이니 孝文王의 아들이다. 처음에 趙나라에 볼모가 되
었는데 呂不韋의 계책을 따라 秦나라로 돌아와서 후계자가 되었다. 그 선조
는 柏翳이니 舜임금을 도와 공이 있어서 嬴氏姓을 하사받았다. 뒤에 非子가
있어 秦나라에 봉해지고 秦仲이 비로소 나라를 키웠으며, 孝公이 商鞅을 등
용하여 이익으로 부강함을 이룩하였으며 井田法을 폐지하고 阡陌을 개간하
였다. 莊襄王이 周나라를 멸망시켰는데, 즉위한 지 3년에 망하였다.

【癸丑】〈秦莊襄王二. 楚考烈王十五. 燕王喜七. 魏安釐王二十九. 趙孝成王十
八. 韓桓惠王二十五. 齊王建十七年이라 ○ 凡七國이라〉

　계축(B.C.248) - 秦 莊襄王 2년, 楚 考烈王 15년, 燕王 喜 7년, 魏 安釐
王 29년, 趙 孝成王 18년, 韓 桓惠王 25년, 齊王 建 17년이다. ○ 모두 일
곱 나라이다. -

日食하다 ○ 秦이 伐趙하야 定太原하고 取三十七城하다

　日食이 있었다.
　○ 秦나라가 趙나라를 쳐서 太原을 평정하고 37개 성을 점령하였다.

【甲寅】〈秦三. 楚十六. 燕八. 魏三十. 趙十九. 韓二十六. 齊十八年이라 ○ 是歲에
秦亡하고 呂政代하니라〉

　갑인(B.C.247) - 秦나라 3년, 楚나라 16년, 燕나라 8년, 魏나라 30년,
趙나라 19년, 韓나라 26년, 齊나라 18년이다. ○ 이 해에 秦나라가 망하고
呂政이 대신하였다. -

蒙驁(오)[1]帥(솔)師伐魏하니 魏師數(삭)敗라 魏王이 患之하야 乃使人請信陵君[2]
於趙한대 信陵君이 畏得罪하야 不肯還이라 毛公. 薛公[3]이 見信陵君하고 曰 公
子所重於諸侯者는 徒以有魏也라 今魏急而公子不恤이라가 一旦에 秦人이
克大梁[4]하고 夷先王之宗廟면 公子何面目立天下乎잇가 語未畢에 信陵君이

色變하야 趣(促)駕還魏하니 魏王이 持信陵君而泣하고 以爲上將軍하다 信陵君이 使人求援於諸侯한대 諸侯聞信陵君復爲魏將하고 皆遣兵救魏하니 信陵君이 率五國之師하야 敗蒙驁於河外[5]하다

蒙驁가 군대를 이끌고 魏나라를 정벌하니, 魏나라 군대가 자주 패하였다. 魏王이 근심하여 마침내 사람을 시켜 趙나라에 있는 信陵君(公子 無忌)을 청하니, 信陵君이 죄를 얻을까 두려워하여 돌아가려고 하지 않았다. 毛公과 薛公이 信陵君을 만나 말하기를 "公子께서 諸侯들에게 존중받는 것은 다만 魏나라가 있기 때문입니다. 이제 魏나라가 급한데 公子가 돌보지 않다가 하루아침에 秦나라 사람들이 大梁을 이기고 先王의 宗廟를 부순다면 公子께서 무슨 면목으로 천하에 설 수 있겠습니까?" 하였다.

말을 마치기 전에 信陵君이 낯빛이 변해서 수레를 재촉하여 魏나라로 돌아오니, 魏王이 信陵君을 붙들고 눈물을 흘리며 上將軍으로 삼았다. 信陵君이 사람을 시켜 諸侯들에게 구원을 청하니, 諸侯들이 信陵君이 다시 魏나라 장수가 되었다는 말을 듣고 모두 군대를 보내어 魏나라를 구원하였다. 信陵君이 다섯 나라의 군대를 이끌고 河外에서 蒙驁를 패배시켰다.

1) 〔釋義〕蒙驁 : 齊人이니 蒙武之父요 蒙恬之祖也라
   蒙驁는 齊나라 사람이니, 蒙武의 아버지이고 蒙恬의 조부이다.

2) 〔釋義〕信陵君 : 卽公子無忌也라
   信陵君은 바로 公子 無忌이다.

3) 〔譯註〕毛公, 薛公 : 趙나라의 두 隱士로, 毛公은 도박을 하며 은둔하였고, 薛公은 漿(음료)을 팔며 은둔하였다.

4) 〔釋義〕大梁*) : 魏地라 按魏有小梁이라 故以大梁別之라
   大梁은 魏나라 땅이다. 살펴보건대 魏나라에 小梁이 있기 때문에 大梁이라 하여 구별한 것이다.

*) 大梁 : 魏나라의 都城이다.

5) 〔釋義〕河外 : 謂陝華二州也라 河外者는 河南岸也니 魏州地라
   河外는 陝州와 華州 두 州를 이른다. 河外는 黃河의 남쪽 기슭이니, 魏州 땅이다.

〔史略 史評〕臨江梁氏寅曰 從橫之說이 固皆詭術이나 然爲從者는 實六國之利
也라 當無忌之時하야 六國이 益不支於秦矣라 然이나 無忌一旦爲魏將에 五國
이 助之하야 大破秦軍하니 況於其初에 能以信義相親하여 并力西向이면 則秦
雖強暴나 安得而亡之哉아 故로 曰滅六國者는 六國也요 非秦也라하니라

臨江梁氏(梁寅)가 말하였다.

"合從과 連橫의 내용이 진실로 모두 속이는 술책이나, 六國이 合從하는
것은 실로 六國의 이익이었다. 無忌의 때를 당해서는 六國이 더욱 秦나라
를 버텨내지 못하였다. 그러나 無忌가 하루아침에 魏나라 장수가 되자,
다섯 나라가 도와서 秦나라 군대를 대파하였으니, 하물며 六國이 처음에
신의로써 서로 친하여 힘을 합해 서쪽으로 秦나라를 향하였더라면 秦나라
가 비록 강하고 포악하나 어떻게 六國을 멸망시킬 수 있었겠는가. 그러므
로 말하기를 六國을 멸망시킨 것은 六國 자신이고 秦나라가 아니라고 한
것이다."

○ 五月에 秦王薨하니 立三年이라 其子政이 立[1]하야 封相國呂不韋하야 爲文信
侯하고 號稱仲父[2]라하다

5월에 秦王이 죽으니, 즉위한 지 3년이었다. 그 아들 政이 즉위해서 相國
呂不韋를 봉하여 文信侯로 삼고 仲父라 칭하였다.

1)〔原註〕其子政立 : 時政生十三年矣라 ○ 潁濱蘇轍이 嘗謂六國未亡에 而嬴氏先亡
이라하니 信哉라 言乎여
이때 政이 태어난 지 13년이었다. ○ 潁濱 蘇轍이 일찍이 이르기를 "六國이 멸
망하기 전에 嬴氏가 먼저 망하였다." 하였으니, 그 말이 사실이다.
2)〔譯註〕號稱仲父 : 仲은 버금이니, 仲父는 그를 공경하기를 자신을 낳아준 아버
지와 같이 함을 이르는 바, 春秋時代 齊나라 桓公이 管仲을 仲父라 칭한 것을 모
방한 것이다.

〔新增〕胡氏曰 不韋能以其子로 爲秦王之子하니 豈不能疾去二君하야 以其子

爲王哉아 要之孝文莊襄이 蓋死於弑也니라

胡氏가 말하였다.

"呂不韋가 자기 자식을 秦王의 자식으로 삼았으니, 어찌 속히 두 人君을 제거하여 자기 자식을 왕으로 삼지 않았겠는가. 요컨대 孝文王과 莊襄王은 呂不韋의 시해에 죽은 것이다."

〔史略 史評〕雙湖胡氏曰 七國이 莫强於秦이요 亦莫强於六國이로되 秦은 用遠交近攻之策하야 卒以蠶食天下하고 六國은 爲謀不固하며 齊獨坐視五國之亡하고 自謂得計라가 同歸于盡하니 吁라 秦이 非强也라 詐有餘也요 六國이 非弱也라 智不足也니 使智足以燭秦之詐하고 信足以結六國之交하고 義足以尊周而爲之主면 雖族秦하여 求吾所大欲이라도 可也어늘 奈何其不然하고 以待覆亡之不暇하니 可勝歎哉아

雙湖胡氏(胡一桂)가 말하였다.

"七國은 秦나라보다 강한 나라가 없었고 또한 六國보다 강한 나라가 없었으나, 秦나라는 遠交近攻의 계책을 써서 끝내 천하를 잠식하였고, 六國은 계책을 세움이 견고하지 못하였으며, 齊나라는 五國이 망하는 것을 단지 앉아서 보기만 하고 스스로 좋은 계책이라고 여겼다가 똑같이 멸망하고 말았으니, 아, 슬프다. 秦나라가 강한 것이 아니라 속임수가 有餘해서였고, 六國이 약한 것이 아니라 지혜가 부족해서였으니, 만일 지혜가 秦나라의 속임수를 환히 알 수 있고 믿음이 六國의 교제를 공고히 할 수 있고 義理가 천자국인 周나라를 높여 宗主로 삼을 수 있었더라면 비록 秦나라를 멸망시켜 자신들이 크게 원하는 바를 구하더라도 가능하였을 터인데, 어찌하여 이렇게 하지 않았단 말인가. 그러고는 손쓸 새도 없이 전복하고 멸망하고 말았으니, 어찌 한탄함을 이루 다 말할 수 있겠는가."

後秦紀

始皇帝[※] 上 名政_{이요} 實姓_은 呂氏_니 卽王位二十五年_{이요} 幷天下_{하야} 卽帝位 凡 十二年_{이요} 壽五十_{이라}

始皇帝는 이름이 政이고 실제 姓은 呂氏이니, 王位에 오른 것이 25년이고, 천하를 兼幷하여 帝位에 오른 것이 모두 12년이며, 壽가 50세이다.

※ 恃嬴秦之富强_{하고} 滅六國_{하야} 遂幷天下_{러니} 專以刑威立國_{하고} 焚書坑儒 _{하며} 暴虐不道_{라가} 二世而亡_{하니라} ○ 愚按正月之正_을 蓋秦法_에 諱政爲征_이 _라 故當時呼爲征月_{하야} 而轉其聲_{이라} 且無道之君_이 歷千有餘年_{이어늘} 而俗 仍呼作平聲者_는 豈不謬哉_아 今正月〈之〉正_은 當讀如字_{하야} 去聲爲是_라 凡六經 四書中_에 皆當以此例之_{니라}

始皇帝는 嬴秦의 부강함을 믿고서 六國을 멸하여 마침내 천하를 겸병하였 는데, 오로지 형벌과 위엄으로 나라를 세우고는 서적을 불태우고 儒生들을 묻어 죽였으며 포학무도하다가 2세 만에 망하였다. ○ 살펴보건대 正月의 正 을, 秦나라 法에 政을 휘하여 征이라고 하였다. 그러므로 당시에 征月이라 하 여 그 聲調를 바꾼 것이다. 지금 무도한 임금의 때가 천여 년이 지났는데 시 속에서 아직도 正字를 平聲으로 소리 내어 읽는 것이 어찌 잘못이 아니겠는 가. 지금 正月의 正은 마땅히 본래 글자대로 읽어 去聲으로 읽는 것이 옳다. 六經과 四書에서도 모두 마땅히 이것을 준례로 삼아야 한다.

【丁巳】〈秦王政三· 楚十九· 燕十一· 魏三十三· 趙悼襄王偃元· 韓二十九· 齊二十 一年_{이라}〉

정사(B.C.244) - 秦王 政 3년, 楚나라 19년, 燕나라 11년, 魏나라 33년, 趙나라 悼襄王 偃 元年, 韓나라 29년, 齊나라 21년이다. -

趙王이 以李牧爲將하야 伐燕하야 取武遂, 方城[1]하다 李牧者는 趙之北邊良將
也라 嘗居代雁門[2]하야 備匈奴[3]할새 以便宜[4]置吏하고 市租[5]를 皆輸入莫
(幕)府[6]하야 爲士卒費하고 日擊數牛하야 饗士하다 習騎射하고 謹烽火하며 多間
諜[7]하고 爲約曰 匈奴卽入盜어든 急入收保하고 有敢捕虜者면 斬하리라 匈奴每
入에 烽火謹하고 輒入保不戰하니 如是數歲에 亦不亡失이라 匈奴皆以爲怯하고
邊士日得賞賜而不用[8]하야 皆願一戰이러라 於是에 大破殺匈奴十餘萬騎하
고 滅襜襤(담람)[9]하고 破東胡하니 單(선)于犇(奔)走[10]하야 十餘歲를 不敢近趙
邊하니라

趙王이 李牧을 장수로 삼아 燕나라를 정벌해서 武遂와 方城을 점령하였
다. 李牧이란 자는 趙나라 북쪽 변방의 훌륭한 장수이다. 일찍이 代郡의 雁
門에 있으면서 匈奴를 방비할 적에 편의에 따라 관리를 두고, 시장의 조세
를 모두 幕府로 들여와서 士卒들의 비용으로 쓰고, 날마다 몇 마리의 소를
잡아 군사들을 먹였다. 말 타기와 활쏘기를 익히고 烽火를 삼가며 간첩을
많이 이용하고, 약속하기를 "匈奴가 만약 들어와 도둑질하거든 급히 城으로
들어와 거두어 지킬 것이요, 감히 匈奴를 포로로 잡는 자가 있으면 斬刑에
처하겠다." 하였다.

匈奴가 매번 쳐들어올 때마다 烽火를 삼가고(철저히 들어올리고) 번번이
城으로 들어와 지키고 싸우지 않으니, 이와 같이 하기를 몇 년 동안 함에 또
한 망실한 것이 없었다. 匈奴들은 모두 겁쟁이라 하였고 변방의 군사들은 날
마다 상으로 하사하는 물건(병기)을 얻었으나 쓸 곳이 없어서 모두 한 번 싸
우기를 원하였다. 이에 〈출전하여〉 匈奴의 10여 만 騎兵을 대파하여 죽이고,
襜襤을 멸망시키고 東胡를 격파하니, 單于가 달아나서 10여 년 동안 감히 趙
나라 변경에 접근하지 못하였다.

1) 〔釋義〕武遂方城：地理志에 武遂는 屬河間國하고 方城은 屬廣陽郡이라 〈括〉地
志에 武遂는 易州遂城也요 方城은 在幽州固安南十七里라

武遂와 方城은 ≪漢書≫〈地理志〉에 "武遂는 河間國에 속하고 方城은 廣陽郡에 속한다." 하였고, ≪括地志≫에 "武遂는 易州의 遂城이고 方城은 幽州 固安縣 남쪽 17리 지점에 있다." 하였다.

2) 〔釋義〕代雁門 : 雁門縣이 在代地라 故云代雁門이라 漢代郡城은 古代國也라

雁門縣이 代 땅에 있으므로 代雁門이라고 이른 것이다. 漢나라의 代郡의 城은 옛날 代國이다.

3) 〔釋義〕匈奴 : 王氏曰 唐, 虞以上曰山戎이요 亦曰獯鬻(훈육)이요 夏曰淳維요 殷曰鬼方이요 周曰獫狁(험윤)이요 秦, 漢曰匈奴요 魏, 隋, 唐은 皆曰突厥이라

王氏가 말하였다. "匈奴를 堯·舜 이전에는 山戎이라 하고 또 獯鬻이라 하였으며, 夏나라 때에는 淳維, 殷나라 때에는 鬼方, 周나라 때에는 獫狁, 秦나라와 漢나라 때에는 匈奴, 魏나라·隋나라·唐나라 때에는 모두 突厥이라 하였다."

4) 〔譯註〕便宜 : 법규에 구애받지 않고 오로지 형편에 맞게 조처함을 이른다.

5) 〔譯註〕市租 : 軍中에 시장을 열고 시장에서 거둔 세금을 이른다.

6) 〔釋義〕莫府 : 莫府者는 以軍幕爲義하니 古字通用이라 古者出征에 以幕帳爲府署也라

莫府는 軍幕을 의미하니, 古字에 莫과 幕이 통용되었다. 옛날에 出征할 때에는 장막으로 府署를 만들었다.

7) 〔頭註〕間諜 : 諜은 卽游偵이니 使之間行하야 以伺敵하야 觀其變動이라

諜은 바로 돌아다니며 정탐하는 자이니, 몰래 돌아다니면서 적을 정탐하여 그 변동을 살펴보는 것이다.

8) 〔頭註〕不用 : 不用之以戰也라

不用은 그것(병기)을 사용하여 싸우지 않는 것이다.

9) 〔釋義〕襜襤 : 一作臨駰이라 如淳[*]曰 胡名也니 在代地라

襜襤은 一本에는 臨駰으로 되어 있다. 如淳이 말하기를 "오랑캐 이름이니 代 땅에 있다." 하였다.

[*] 如淳 : ≪漢書≫에 주석을 단 자로 馮翊 사람이며, 魏나라 때 陳郡丞을 지냈다.

10) 〔釋義〕破東胡 單于犇走 : 趙東有瀛(洲)〔州〕之東北營州之境이 卽東胡烏丸地니 國在匈奴東이라 故曰東胡라 王氏曰 〈單于는〉 匈奴天子之號니 猶華言皇帝也라 漢書音義曰 單于者는 廣大貌니 言其象天單于然也라 單은 音蟬이라

趙나라 동쪽 瀛州의 동북쪽 營州의 경계가 바로 東胡의 烏丸 땅이니, 나라가 匈奴의 동쪽에 있기 때문에 東胡라고 한 것이다. 王氏가 말하였다. "單于는 匈奴의

天子의 칭호이니 中華에서 皇帝라고 말하는 것과 같다. ≪漢書音義≫에 이르기
를 '單于는 廣大한 모양이니, 하늘의 광대함을 본떴음을 말한 것이다.' 하였다.
單은 음이 선이다."

○ 是時에 天下冠帶之國七而三國[1]邊於戎狄이라 秦은 滅義渠하고 始於隴
西ㆍ北地ㆍ上郡하야 築長城以拒胡하고 趙武靈王은 北破林胡[2]ㆍ樓煩[3]하고 築
長城호되 自代竝(傍)陰山[4]하야 下至高闕[5]하야 爲塞하고 其後에 燕은 破東胡하
야 却千餘里하고 亦築長城하야 以拒胡러니 及戰國之末하야 而匈奴始大하니라

이때 천하에 冠을 쓰고 띠를 매는 예의의 나라가 일곱인데, 세 나라가 戎
狄과 邊境을 접하고 있었다. 秦나라는 義渠를 멸하고 隴西ㆍ北地ㆍ上郡에서
부터 시작하여 長城을 쌓아 오랑캐를 막았으며, 趙나라 武靈王은 북쪽으로
林胡와 樓煩을 격파하고 長城을 쌓되 代郡에서부터 陰山 곁을 따라 아래로
高闕에 이르러 요새를 만들었으며, 그 후에 燕나라는 東胡를 격파하여 천여
리를 물리치고 또한 長城을 쌓아 오랑캐를 막았는데, 戰國時代 말기에 이르
러 匈奴가 비로소 커졌다.

1) 〔頭註〕三國 : 三國은 秦趙燕이라
   三國은 秦나라, 趙나라, 燕나라이다.
2) 〔釋義〕林胡 : 西胡國名이라 如淳曰 林胡는 卽(襜)〔儋〕林이니 爲趙武靈王所滅
   하니라
   林胡는 서쪽 오랑캐의 나라 이름이다. 如淳이 말하였다. "林胡가 바로 儋林이
   니, 趙나라 武靈王에게 멸망당하였다."
3) 〔釋義〕樓煩 : 雁門郡에 有樓煩縣하니 胡之故地也라 輿地要覽云 樓煩故城은 在
   今太原府崞州東이라
   樓煩은 雁門郡에 樓煩縣이 있으니, 오랑캐의 옛 땅이다. ≪輿地要覽≫에 이르
   기를 "樓煩의 옛 城이 지금 太原府 崞州 동쪽에 있다." 하였다.
4) 〔釋義〕陰山 : 北戎地라 在朔州北塞外하니 東西千餘里라 草木茂盛하니 匈奴依阻
   其中이러니 漢武克匈奴하고 置陰山縣하니라
   陰山은 북쪽 오랑캐 땅이다. 朔州 북쪽 변방 밖에 있으니, 동서로 천여 리이다.
   초목이 무성하니, 匈奴가 그 가운데에 의지하여 살았는데 漢나라 武帝가 匈奴를

이기고 陰山縣을 설치하였다.

5) 〔釋義〕高闕：括地志云 朔方郡臨戎縣北에 有連山하니 險於長城이라 其山中斷하
   야 兩峯極峻하고 相對若闕이라 故名焉이라

   高闕은 ≪括地志≫에 이르기를 "朔方郡 臨戎縣 북쪽에 連山이 있으니 長城보다
   도 험하다. 산 중간이 끊어져 두 봉우리가 지극히 높고 서로 마주 대하여 闕門과
   같기 때문에 이름한 것이다." 하였다.

【庚申】〈秦六. 楚二十二. 燕十四. 魏二. 趙四. 韓三十二. 齊二十四年이라〉

   경신(B.C.241) - 秦나라 6년, 楚나라 22년, 燕나라 14년, 魏나라 2년,
趙나라 4년, 韓나라 32년, 齊나라 24년이다. -

楚. 趙. 魏. 韓. 燕이 合從1)以伐秦할새 楚王이 爲從長하고 而春申君이 用事하야
取壽陵2)이러니 至函谷하야 秦師出에 五國之師皆敗走라 楚王이 以咎春申君하
니 春申이 以此益疎러라

   楚·趙·魏·韓·燕이 合從하여 秦나라를 정벌할 적에 楚王이 從約의 長
이 되고 春申君이 用事(권력을 행사)하여 壽陵을 차지하였는데, 函谷關에 이
르러 秦나라 군대가 나오자 다섯 나라의 군사가 모두 패주하였다. 楚王이 이
것을 春申君에게 허물하니, 春申君이 이 때문에 더욱 소원해졌다.

1) 〔原註〕合從：漢書音義에 以利合曰從이요 以威力相脅曰橫이라
   合從은 ≪漢書音義≫에 "이익으로써 합하는 것을 從이라 하고 威力으로써 서로
   위협하는 것을 橫이라 한다." 하였다.
2) 〔釋義〕壽陵：在常山郡하니 本趙邑이라
   壽陵은 常山郡에 있으니, 본래 趙나라 읍이다.

【甲子】〈秦十. 楚幽王悍元. 燕十八. 魏六. 趙八. 韓二. 齊二十八年이라〉

   갑자(B.C.237) - 秦나라 10년, 楚나라 幽王 悍 元年, 燕나라 18년, 魏나
라 6년, 趙나라 8년, 韓나라 2년, 齊나라 28년이다. -

宗室大臣이 諫曰 諸侯人來仕者 皆爲其主遊間耳니 請一切逐之하소서 於是에 大索逐客하니 客卿楚人李斯亦在逐中이라 行且上書曰 昔에 穆公은 求士하야 西取由余於戎[1]하고 東得百里奚於宛[2]하고 迎蹇叔於宋[3]하고 求丕豹, 公孫支於晉[4]하야 幷國二十하야 遂霸西戎하니이다 孝公은 用商鞅之法하야 諸侯親服하야 至今治彊하고 惠王은 用張儀之計하야 散六國之從하야 使之事秦하고 昭王은 得范睢하야 彊公室하고 杜私門[5]하니 此四君[6]者는 皆以客之功하시니 由此觀之컨대 客何負於秦哉잇가 臣聞太(泰)山은 不讓土壤故로 能成其大하고 河海는 不擇細流故로 能就其深하고 王者는 不却衆庶故로 能明其德이라하니 此는 五帝三王[7]之所以無敵也라 今乃棄黔首[8]하야 以資敵國하고 却賓客하야 以業諸侯하시니 所謂藉寇兵而齎(재)盜糧[9]者也로소이다 王이 乃召李斯하야 復其官하고 除逐客之令하고 卒用李斯之謀하야 兼天下하다

宗室 大臣이 간하기를 "諸侯國의 사람으로 秦나라에 와서 벼슬하는 자들은 모두 자기 나라 군주를 위하여 유세하고 이간질할 뿐이니, 청컨대 일체 축출하소서." 하였다. 이에 객들을 크게 찾아서 쫓아내었는데, 客卿인 楚나라 사람 李斯도 쫓겨나는 가운데 있었다. 그가 떠나면서 한편으로 다음과 같은 글을 올렸다.

"옛날 穆公은 선비를 구하여 서쪽으로 由余를 戎에서 취하고, 동쪽으로 百里奚를 宛에서 얻고, 蹇叔을 宋나라에서 맞이하고, 丕豹와 公孫支를 晉나라에서 구하여 20개국을 겸병해서 마침내 西戎의 패자가 되었습니다. 孝公은 商鞅의 法을 써서 諸侯들이 친근하고 복종하여 지금까지 秦나라가 다스려지고 강하며, 惠王은 張儀의 계책을 써서 六國의 合從을 와해시켜 六國으로 하여금 秦나라를 섬기게 하였고, 昭王은 范睢를 얻어 公室을 강하게 하고 私門(權臣의 가문)을 막았습니다. 이 네 군주는 모두 객의 공으로 성공하였으니, 이것을 가지고 살펴보건대 客이 어찌 秦나라를 저버렸습니까?

신은 듣건대 '泰山은 작은 흙덩이를 사양하지 않기 때문에 그 큼을 이루고, 河海는 작은 물을 가리지 않고 받아들이기 때문에 그 깊음을 이루고, 王

者는 여러 백성들을 물리치지 않기 때문에 그 德을 밝힌다.'고 하였으니, 이
는 五帝와 三王이 천하에 대적할 자가 없었던 이유입니다. 지금 도리어 黔
首(백성)를 버려서 적국을 돕게 하고 빈객들을 물리쳐 諸侯들에게 功業을
이루게 하니, 이른바 '적에게 병기를 빌려주고 도둑에게 양식을 갖다 준다.'
는 것입니다."

　왕이 마침내 李斯를 불러 그 관작을 회복시키고 客을 축출하는 명령을 제
거하였으며, 마침내 李斯의 계책을 써서 천하를 겸병하였다.

1) 〔釋義〕西取由余於戎 : 由余者는 其先春秋晉人也러니 亡入戎耳라
　　由余는 그 선조가 春秋時代 晉나라 사람이었는데, 도망하여 戎으로 들어갔다.

2) 〔譯註〕東得百里奚於宛 : 百里奚는 楚나라 宛 땅 사람으로 虞나라에 벼슬하여 大
　　夫가 되었다. 晉나라 獻公이 虞나라를 멸하고 그를 포로로 데리고 가서 자기 딸
　　의 媵臣으로 삼으려 하자, 百里奚는 이것을 부끄러워하여 宛 땅으로 도망하였다
　　가 楚나라 사람에게 잡혔다. 뒤에 秦나라 穆公이 그가 어질다는 말을 듣고 재물
　　로 속량시키고자 하였으나 楚나라 사람이 내놓지 않을까 염려하여 마침내 다섯
　　마리의 검은 양가죽을 주고 百里奚를 데려다가 國政을 맡겼는데, 재상이 된 지
　　7년 만에 秦나라가 마침내 霸者가 되었다.

3) 〔釋義〕迎蹇叔於宋 : 秦本紀云 百里奚謂穆公曰 臣友蹇叔이 賢而世莫知라한대 穆
　　公이 遂厚幣迎之라하야늘 今云迎於宋이라하니 未詳所出이라 或曰 岐州人으로
　　〈時〉遊於宋耳라
　　≪史記≫〈秦本紀〉에 이르기를 "百里奚가 穆公에게 이르기를 '신의 벗 蹇叔이
　　어진데도 세상에 알아주는 자가 없습니다.' 하자, 穆公이 마침내 후한 폐백으로
　　맞이하였다." 하였는데, 지금 宋나라에서 맞이하였다고 말하였으니 出典이 자세
　　하지 않다. 혹자(≪史記正義≫)는 말하기를 "岐州 사람으로 이때 宋나라에 가 있
　　었다." 한다.

4) 〔釋義〕求丕豹公孫支於晉 : 丕豹는 自晉奔秦하니 左傳〈有〉明文이라 公孫支는 卽
　　子桑也니 是秦大夫어늘 而云求於晉이라하니 未詳이라 或曰 亦岐州人으로 時遊
　　於晉이라
　　丕豹는 晉나라에서 秦나라로 망명하였는데 ≪春秋左傳≫에 분명한 글이 있다.
　　公孫支는 바로 子桑이니, 이는 秦나라 大夫인데 晉나라에서 구했다고 하였으니,
　　자세하지 않다. 혹자(≪史記正義≫)는 말하기를 "公孫支 또한 岐州 사람으로 이

때 晉나라에 가 있었다." 한다.

5)〔譯註〕昭王……杜私門 : 范雎는 전국시대 魏나라 사람으로, 秦나라로 망명하여
   昭王에게 遠交近攻策을 제시하고 재상이 되어 應侯에 봉해졌다. 이 당시 宣太后
   (昭王의 어머니)의 동생인 魏冉과 羋(미)戎이 권세를 쥐고 있었는데, 范雎가 昭
   王을 설득하여 이들을 모두 축출해서 秦나라 王室을 강하게 하였다.

6)〔譯註〕四君 : 위에 나오는 穆公, 孝公, 惠王, 昭王 네 임금을 가리킨다.

7)〔譯註〕五帝三王 : 五帝에 대해서는 여러 가지 설이 있으나 ≪史記≫에 의거하면
   黃帝, 顓頊, 帝嚳, 唐堯, 虞舜을 가리키며, 三王은 夏나라 禹王, 殷나라 湯王, 周
   나라 文王·武王을 가리킨다.

8)〔釋義〕黔首 : 黔은 黧也라 始皇名民曰黔首라하니 以其頭黑也라
   黔은 검음이다. 始皇帝가 백성들을 이름하여 黔首라 하였으니, 머리가 검기 때
   문이라 한다.

9)〔釋義〕藉寇兵而齎盜糧 : 藉는 或作借하니 謂以兵假(借)〔寇〕也요 齎는 持遺也니
   言爲盜齎糧也라
   藉는 혹 借로 되어 있으니 병기를 빌려줌을 이르고, 齎는 가져다 주는 것이니
   도적을 위하여 양식을 가져다 줌을 말한다.

【戊辰】〈秦十四, 楚五, 燕二十二, 魏十, 趙三, 韓六, 齊三十二年이라〉

무진(B.C.233) - 秦나라 14년, 楚나라 5년, 燕나라 22년, 魏나라 10년,
趙나라 3년, 韓나라 6년, 齊나라 32년이다. -

韓王이 納地하야 請爲藩臣하고 使韓非로 來聘1)하니 韓非者는 韓之諸公子也라
善刑名2)法律之學이러니 見韓之削弱하고 數(삭)以書干韓王호되 韓王이 不能
用이라 於是에 韓非作說(세)難3), 孤憤4), 五蠹(두)5), 說林6) 五十六篇十餘
萬言하다

韓王이 땅을 바쳐 藩臣이 되기를 청하고 韓非를 시켜 와서 聘問하니, 韓非
라는 자는 韓나라의 公子였다. 刑名과 法律의 학문을 잘하였는데, 韓나라가
侵削당하고 약해지는 것을 보고는 자주 글로 韓王에게 등용해 줄 것을 요구
하였으나 韓王이 쓰지 못하였다. 이에 韓非는 〈說難〉, 〈孤憤〉, 〈五蠹〉, 〈說

林〉등 56편, 10여 만 글자를 지었다.

1) 〔譯註〕來聘 : 諸侯가 다른 나라에 大夫를 보내어 문안하는 것을 聘이라 한다.
2) 〔譯註〕刑名 : 形名으로도 쓰는 바, 法律學을 이르는데 戰國時代 申不害로 대표
   되는 學派이다. 名에 따라 實을 추구하고 賞罰을 신중하고 분명하게 할 것을 주
   장하였기 때문에 이름한 것이라 한다.
3) 〔釋義〕說難 : 說는 音稅니 言遊說之道不易也라
   說는 음이 세이니, 〈說難은〉 유세하는 길이 쉽지 않음을 말한 것이다.
4) 〔釋義〕孤憤 : 言孤直不容於時라
   孤憤은 외롭고 정직하여 세상에 용납받지 못함을 말한 것이다.
5) 〔釋義〕五蠹 : 蠹는 音妬니 言蠹政之事有五라
   蠹는 음이 투(두)이니, 〈五蠹는〉 정사를 좀먹는 일이 다섯 가지가 있음을 말한
   것이다.
6) 〔釋義〕說林 : 言廣說諸事하야 其多若林이라
   說林은 여러 가지 일을 널리 말하여 그 많음이 숲과 같음을 말한 것이다.

【己巳】〈秦十五, 楚六, 燕二十三, 魏十一, 趙四, 韓七, 齊三十三年이라〉

  기사(B.C.232) - 秦나라 15년, 楚나라 6년, 燕나라 23년, 魏나라 11년,
趙나라 4년, 韓나라 7년, 齊나라 33년이다. -

初에 燕太子丹이 嘗質於趙하야 與王善이러니 王卽位에 丹이 爲質於秦하니 王이
不禮焉이어늘 丹이 怒하야 亡歸하다

  당초에 燕나라 太子 丹이 일찍이 趙나라에 볼모(인질)가 되어서 秦王과 친
하였다. 왕이 즉위하자 丹이 秦나라에 볼모가 되었는데, 왕이 예우하지 않으
니 丹이 노하여 도망해 돌아왔다.

【辛未】〈秦十七, 楚八, 燕二十五, 魏十三, 趙六, 韓九, 齊三十五年이라 ○ 是歲에
韓亡하니 凡六國이라〉

  신미(B.C.230) - 秦나라 17년, 楚나라 8년, 燕나라 25년, 魏나라 13년,

趙나라 6년, 韓나라 9년, 齊나라 35년이다. ○ 이 해에 韓나라가 망하니 모두 여섯 나라이다. -

內史勝이 滅韓하야 虜韓王安하고 以其地로 置潁川郡하다

內史 勝이 韓나라를 멸하여 韓王 安을 사로잡고 그 땅으로 潁川郡을 설치하였다.

【癸酉】〈秦十九, 楚十, 燕二十七, 魏十五, 趙八, 齊三十七年이라 ○ 是歲에 趙亡하니 凡五國이라〉

계유(B.C.228) - 秦나라 19년, 楚나라 10년, 燕나라 27년, 魏나라 15년, 趙나라 8년, 齊나라 37년이다. ○ 이 해에 趙나라가 망하니 모두 다섯 나라이다. -

王翦이 擊趙軍하야 大破之하고 遂克邯鄲하야 虜趙王遷하다

王翦이 趙나라 군대를 공격하여 대파하고 마침내 邯鄲을 이기고서 趙王 遷을 사로잡았다.

○ 燕太子丹이 怨王欲報之러니 將軍樊於(오)期得罪하고 亡之燕한대 太子受而舍之하다 太子聞衛人荊軻之賢하고 卑辭厚禮而請見之하야 欲使劫秦王하야 反諸侯侵地라가 不可어든 因刺殺之러라 軻曰 今行而無信이면 則秦을 未可親也니 誠得樊將軍首와 與燕督亢之地圖[1]하야 奉獻秦王이면 秦王이 必說(悅)見臣하리니 臣이 乃有以報라하고 乃私見樊於期曰 聞購將軍首를 金千斤, 邑萬家라하니 願得將軍之首하야 以獻秦王이면 秦王이 必喜而見臣하리니 臣이 左手把其袖하고 右手揕(침)其胸이면 則將軍之仇報하고 而燕見陵之愧除矣리이다 樊於期曰 此는 臣之日夜切齒腐心也라하고 遂自刎이어늘 以函盛其首하고 太子豫求天下之利匕首[2]하야 使工으로 以藥焠(쇄)之하야 以試人하니 血濡縷(루)[3]에 人

無不立死者라 乃遣入秦하다

燕나라 太子 丹이 王을 원망하여 보복하고자 하였는데, 장군 樊於期가 죄를 얻고 도망하여 燕나라로 가니, 太子가 받아들여 집에 머물게 하였다. 太子가 衛나라 사람 荊軻가 어질다는 말을 듣고, 말을 낮추고(겸손하게 하고) 禮를 후하게 하여 만나 보기를 청해서 秦王을 위협하여 諸侯들에게서 빼앗은 땅을 반환하게 하다가 그것이 불가하면 인하여 찔러 죽이고자 하였다.

荊軻가 말하기를 "이제 가면서 믿을 만한 신표가 없으면 秦王을 가까이할 수가 없으니, 진실로 樊將軍의 머리와 燕나라 督亢의 지도를 얻어서 秦王에게 받들어 올리면 秦王이 반드시 기뻐하여 臣을 만나 볼 것이니, 臣이 그제야 보복할 수 있을 것입니다." 하고는 마침내 사사로이 樊於期를 보고 말하였다.

"내 들으니 秦나라에서 장군의 머리를 金 千斤과 萬家의 고을로 현상을 내걸었다 하니, 장군의 머리를 얻어 秦王에게 바치면 秦王이 반드시 기뻐하여 신을 만나 볼 것입니다. 신이 왼손으로 그 소매를 잡고 오른손으로 그의 가슴을 찌른다면 장군의 원수를 갚고 燕나라가 능멸을 당한 수치를 제거할 수 있을 것입니다."

樊於期가 말하기를 "이는 신이 밤낮으로 이를 갈며 마음을 썩히는 것입니다." 하고는 마침내 스스로 목을 찔러 죽으니, 그 머리를 함에 담았다. 태자가 천하의 예리한 匕首(단검)를 미리 구하여 工人을 시켜 독약으로 담금질하게 해서 사람에게 시험해 보니, 피가 실오라기를 적실 만큼 조금만 나도 사람이 당장에 죽지 않는 자가 없었다. 이에 荊軻를 秦나라로 들여보냈다.

1) 〔釋義〕燕督亢之地圖 : 劉向云 督亢은 燕之膏腴地니 今涿州南新城縣이 古督亢亭也라 燕欲以獻秦이라 故畫地獻之하니라

　　劉向이 이르기를 "督亢은 燕나라의 비옥한 땅이니, 지금 涿州 남쪽 新城縣이 옛날 督亢亭이다." 하였다. 燕나라가 이곳을 秦나라에 바치고자 하였으므로 지도를 그려서 바친 것이다.

2) 〔頭註〕匕首 : 尺八短劍이니 其頭類匕故로 名匕首라

　　1尺 8寸의 단검이니, 그 머리 부분이 숟가락과 비슷하기 때문에 匕首라 한 것

이다.

3) 〔釋義〕 以試人 血濡縷 : 以匕首試人하야 血出이 如絲縷之細라

　　匕首를 사람에게 시험하여 피가 실오라기처럼 가늘게 나온 것이다.

【甲戌】〈秦二十, 楚王負芻元, 燕二十八, 魏王假元, 齊三十八年이라 ○ 代王嘉元
年이라 ○ 舊國五요 新國一이라 ○ 凡六國이라〉

　갑술(B.C.227) - 秦나라 20년, 楚王 負芻 元年, 燕나라 28년, 魏王 假
元年, 齊나라 38년이다. ○ 代王 嘉 元年이다. ○ 옛 나라가 다섯이고 새로
운 나라가 하나이다. ○ 합해서 여섯 나라이다. -

荊軻至咸陽하니 王이 大喜하야 朝服設九賓¹⁾而見之하다 荊軻奉圖하야 以進於
王이러니 圖窮而匕首見(현)이어늘 因把王袖而揕之할새 未至身하야 王이 驚起하야
袖絶하니 荊軻逐王한대 王이 環柱而走하다 秦法에 群臣侍殿上者 不得操尺寸
之兵이라 左右以手共搏之하고 且曰 王은 負劍²⁾負劍하소서 王이 遂拔〈劍〉하야
以擊荊軻하야 斷其左股하고 遂體解以徇하다 於是에 益發兵伐燕하야 戰於易
水³⁾之西하야 大破之하니 燕王이 斬丹獻王이어늘 王이 復進兵攻之하다

　荊軻가 咸陽에 이르니, 왕이 크게 기뻐하여 朝服 차림으로 九賓의 禮를 陳
設하고 만나 보았다. 荊軻가 지도를 받들어 왕에게 올렸는데, 지도가 다하자
匕首가 보였다. 荊軻가 인하여 왕의 소매를 잡고 찌르려 할 적에 匕首가 왕
의 몸에 이르기 전에 왕이 놀라 일어나 소매가 끊어졌다. 荊軻가 왕을 쫓자
왕이 기둥을 돌며 도망하였다.

　秦나라 법에 대궐 위에서 모시는 신하들은 한 자나 한 치의 병기도 휴대할
수가 없었다. 좌우의 신하들이 손으로 함께 荊軻를 붙잡고, 또 말하기를 "왕
은 칼을 등으로 돌려 뽑으소서." 하니, 왕이 마침내 검을 뽑아 荊軻를 쳐서
왼쪽 다리를 자르고 마침내 해체하여 조리돌렸다. 이에 더욱 군대를 일으켜
燕나라를 쳐서 易水의 서쪽에서 싸워 대파하니, 燕王이 丹을 목 베어 왕에게
바쳤으나 왕이 다시 進軍하여 공격하였다.

1) 〔頭註〕九賓*）: 文物大備를 卽謂九賓也라 或云 周禮九儀公侯伯子男公卿大夫士
也라 一說에 賓은 謂傳儐之儐이니 儐者는 九人也라
   文物을 크게 구비함을 九賓이라 이른다. 혹자는 말하기를 "≪周禮≫의 九儀이
니, 公·侯·伯·子·男과 公·卿·大夫·士이다." 하였다. 一說에 "賓은 명령을
전달하는 儐을 이르니, 儐하는 자가 아홉 명이다." 하였다.
*) 九賓 : 荊軻 일행을 國賓으로 예우한 것이다.

2) 〔頭註〕負劍 : 古者帶劍하니 劍長하야 未易拔故로 欲王推之於背하야 令前短하야
易拔也라 一曰 負猶持也라 曲禮에 負劍辟咡라한대 註에 以手挾童子於脅下하야
如帶劍然也라
   옛날에 검을 차니, 검이 길어서 쉽게 뽑을 수가 없기 때문에 왕으로 하여금 등
으로 밀어서 앞이 짧게 하여 뽑기 쉽게 하고자 한 것이다. 一說에 "負는 잡음과
같다. 〈曲禮〉에 '칼을 차듯이 옆에 끼고 입가까지 몸을 기울인다.' 하였는데, 註
에 '손으로 童子를 겨드랑이 밑에 잡아서 마치 칼을 차는 듯한 것이다.'라고 했
다." 하였다.

3) 〔原註〕易水 : 源出易州南安閭山하야 東經霸州文安하야 入寇〔滱〕하니 按卽漢固
安縣也라
   易水는 근원이 易州 남쪽 安閭山에서 나와 동쪽으로 霸州 文安을 지나 滱州로
들어가니, 바로 漢나라 固安縣이다.

○ 王이 問於將軍李信曰 吾欲取荊1)하노니 於將軍度(탁)에 用幾何人而足고
李信曰 不過用二十萬이니이다 問王翦한대 王翦曰 非六十萬人이면 不可하니이다
曰 王將軍은 老矣로다 何怯也오하고 遂使李信, 蒙恬으로 將二十萬人하야 伐楚하다

   王이 장군 李信에게 묻기를 "내가 荊(楚나라)을 취하려고 하는데 장군의
생각에 몇 명의 병력을 쓰면 충분하겠는가?" 하니, 李信이 말하기를 "20만
명을 동원하는 데 불과합니다." 하였다. 王翦에게 물으니, 王翦은 말하기를
"60만 명이 아니면 안 됩니다." 하였다. 왕이 말하기를 "王장군은 늙었도다.
어찌 그리도 겁을 내는가." 하고는 마침내 李信과 蒙恬으로 하여금 20만 명
을 거느리고 楚나라를 정벌하게 하였다.

1) 〔譯註〕荊 : 楚나라를 가리킨다. 始皇帝의 아버지인 莊襄王의 이름이 楚이므로

楚를 諱하여 荊이라 한 것이다.

【丙子】〈秦二十二. 楚三. 燕三十. 魏三. 齊四十. 代三年이라 ○ 是歲에 魏亡이라 ○ 凡五國이라〉

병자(B.C.225) - 秦나라 22년, 楚나라 3년, 燕나라 30년, 魏나라 3년, 齊나라 40년, 代나라 3년이다. ○ 이 해에 魏나라가 망하였다. ○ 합해서 다섯 나라이다. -

王賁[1]이 伐魏한대 魏王假降이어늘 殺之하고 遂滅魏하다 ○ 楚人이 大敗李信한대 李信이 犇(奔)還이어늘 王翦曰 必不得已用臣인댄 非六十萬人이면 不可하니이다 於是에 將六十萬人하야 伐楚하다

王賁이 魏나라를 정벌하자 魏王 假가 항복하였는데, 그를 죽이고 마침내 魏나라를 멸망시켰다.

○ 楚나라 사람이 李信을 대파하니, 李信이 도망하여 돌아왔다. 王翦이 말하기를 "부득이 신을 쓰신다면 60만 명이 아니면 안 됩니다." 하였다. 이에 60만 명을 거느리고 楚나라를 정벌하였다.

1) 〔釋義〕王賁 : 翦之子也라 賁은 音奔이라
　　王賁은 翦의 아들이다. 賁은 음이 분이다.

【戊寅】〈秦二十四. 楚五. 燕三十二. 齊四十二. 代五年이라 ○ 是歲에 楚亡이라 ○ 凡四國이라〉

무인(B.C.223) - 秦나라 24년, 楚나라 5년, 燕나라 32년, 齊나라 42년, 代나라 5년이다. ○ 이 해에 楚나라가 망하였다. ○ 모두 네 나라이다. -

王翦이 虜楚王負芻하고 以其地로 置楚郡하다

王翦이 楚王 負芻를 사로잡고 그 땅으로 楚郡을 설치하였다.

【己卯】〈秦二十五. 燕三十三. 齊四十三. 代六年이라 ○ 是歲에 燕, 代亡이라 ○ 凡二國이라〉

기묘(B.C.222) - 秦나라 25년, 燕나라 33년, 齊나라 43년, 代나라 6년이다. ○ 이 해에 燕나라와 代나라가 망하였다. ○ 모두 두 나라이다. -

王賁이 攻遼東하야 虜燕王喜하다

王賁이 遼東을 공격하여 燕王 喜를 사로잡았다.

溫公曰 燕丹이 不勝一朝之忿하야 以犯虎狼之秦하야 輕慮淺謀로 挑怨速禍하야 使召公之廟로 不祀忽諸[1]하니 罪孰大焉이리오 而論者或謂之賢이라하니 豈不過哉아 夫爲國家者는 任官以才하고 立政以禮하고 懷民以仁하고 交隣以信이라 是以로 官得其人하고 政得其節하고 百姓懷其德하고 四隣親其義하니 夫如是면 則國家安如磐石하고 熾如焱(염)火하야 觸之者碎하고 犯之者焦하니 雖有彊暴之國이나 尙何足畏哉리오 丹이 釋此不爲하고 顧以萬乘之國으로 決匹夫之怒하고 逞盜賊之謀라가 功隳(휴)身僇하고 社稷爲墟하니 不亦悲哉아 夫其膝行蒲伏(匍匐)이 非恭也요 復(복)言重諾이 非信也요 糜金散玉이 非惠也요 刎頸決腹이 非勇也니 要之컨대 謀不遠而動不義면 其楚白公勝[2]之流乎인저 荊軻懷其豢養[3]之私하야 不顧七族[4]하고 欲以尺八七首로 彊燕而弱秦하니 不亦愚乎아

溫公이 말하였다.

"燕나라 丹이 하루아침의 분노를 이기지 못하여 호랑이와 같은 秦나라를 범해서 짧은 생각과 얕은 꾀로 원망을 돋우고 화를 불러서 召公의 사당으로 하여금 갑자기 제사가 끊어지게 만들었으니, 죄가 무엇이 이보다 크겠는가. 그런데도 논하는 자들은 혹 어질다고 하니, 어찌 잘못이 아니겠는가.

국가를 다스리는 자는 재주에 따라 관직을 맡기고 禮로써 정사를 세우고 仁으로써 백성을 품어주고 信으로써 이웃 나라와 사귄다. 이 때문에 관원은 그 적임자를 얻고 정사는 그 절도를 얻고 백성은 그 덕을 그리워하고 사방의 이웃 나라는 그 의리(신의)로 친하는 것이다. 이와 같이 하면 국가가 반석처럼 편안하고 타오르는 불꽃처럼 치성하여 대드는 자는 부서지고 범하는 자는 타버리니, 비록 彊暴한 나라가 있으나 오히려 어찌 두려워할 것이 있겠는가. 丹이 이것을 버리고 하지 않고는 도리어 萬乘의 나라를 가지고 匹夫의 분노를 터뜨리고 도적(자객)을 보내어 사람을 죽이는 꾀를 부리다가 功이 무너지고 몸이 죽었으며 社稷이 빈 터가 되었으니, 슬프지 않은가.

무릇으로 기어가고 포복하는 것이 공손함이 아니요, 말을 실천하고 승낙을 중히 하는 것이 信이 아니요, 金을 쓰고 玉을 흩어주는 것이 은혜가 아니요, 목을 찌르고 배를 가르는 것이 용맹이 아니니, 요컨대 계책이 원대하지 못하고 행동이 의롭지 못하면 楚나라 白公 勝의 부류인 것이다. 荊軻는 길러주는 사사로운 은혜를 고마워하여 七族을 돌아보지 않고 한 자 여덟 치의 匕首를 가지고 燕나라를 강하게 하고 秦나라를 약하게 만들고자 하였으니, 어리석지 않은가."

1) 〔頭註〕 忽諸 : 言忽然而亡也라
　忽諸는 갑자기 망함을 말한 것이다.

2) 〔頭註〕 白公勝 : 楚太子建이 遇讒在鄭이러니 鄭人殺之한대 其子勝이 在吳라 子西欲召之한대 葉公曰 吾聞勝也好復言而期死라하니 復言은 非信也요 期死는 非勇也니 子必悔之리라 子西不從하고 召之爲白公하다 請伐鄭이어늘 子西許之러니 未起師에 晉人伐鄭한대 楚救之하니 勝怒하야 厲劍하고 遂作亂하야 殺子西, 子期, 子朝하고 劫惠王이러니 後奔山自縊하니라
　楚나라 太子 建이 참소당하여 망명해서 鄭나라에 있었는데, 鄭나라 사람이 그를 죽였다. 그 아들 勝이 吳나라에 있으므로 子西가 부르고자 하였는데, 葉公이 말하기를 "내가 들으니, 勝은 말을 실천하고 죽기를 기약한다 하니, 말을 실천함은 信이 아니고 죽기를 기약함은 용맹이 아니니, 그대는 반드시 후회할 것이다."라고 하였다. 子西가 그의 말을 따르지 않고 불러와 白公으로 삼았다. 白公 勝이

鄭나라를 칠 것을 청하자 子西가 이를 허락하였는데, 군대를 일으키기 전에 晉나라 사람이 鄭나라를 정벌하자 楚나라가 이를 구원하니, 勝이 노하여 검을 갈고 마침내 난을 일으켜 子西와 子期, 子朝를 죽이고 惠王을 위협하였는데, 뒤에 산으로 달아나 스스로 목매어 죽었다.

3)〔頭註〕芻養 : 草食曰芻요 穀食曰豢이라 又牛馬曰芻요 犬豕曰豢이라

　풀을 먹여 키운 동물을 芻라 하고 곡식을 먹여 키운 동물을 豢이라 하며, 또 소와 말을 芻라 하고 개와 돼지를 豢이라 한다.

4)〔頭註〕七族 : 父之姓一이요 姑之娣〔子〕二요 妹之子三이요 女之子四요 母之姓五요 從子六이요 妻父母七이라

　七族은 아버지의 姓이 첫 번째이고, 고모의 아들이 두 번째이고, 姉妹의 아들이 세 번째이고, 딸의 아들이 네 번째이고, 어머니의 姓(外族)이 다섯 번째이고, 從子가 여섯 번째이고, 妻父母가 일곱 번째이다.

初에 齊事秦謹하고 與諸侯信하며 齊亦東邊海上이라 秦이 日夜攻三晉[1]燕楚하니 五國이 各自救라 以故로 齊王建이 立四十餘年에 不受兵이러라 後에 齊相及賓客이 多受秦間金[2]하고 勸王朝秦하고 不修攻戰之備하며 不助五國攻秦이라 秦이 以故로 得滅五國하니라

　처음에 齊나라는 삼가 秦나라를 섬기고 諸侯와 더불어 약속을 잘 지키며 齊나라는 또한 동쪽 변방 海上에 있었다. 그리하여 秦나라가 밤낮으로 三晉과 燕·楚를 공격하니, 다섯 나라가 각각 스스로 구원하였다. 이 때문에 齊王 建이 즉위한 지 40여 년에 병란을 입지 않았다. 그 후 齊나라의 재상과 빈객들이 秦나라의 反間(첩자)의 돈을 많이 받고는 왕에게 秦나라에 조회하도록 권하고 攻戰의 대비를 닦지 않았으며, 다섯 나라를 도와 秦나라를 공격하지 않았다. 秦나라가 이 때문에 다섯 나라를 멸망시킬 수 있었다.

1)〔譯註〕三晉 : 韓, 魏, 趙가 모두 옛날 晉나라 땅이었으므로 통틀어 三晉이라 칭한 것이다.

2)〔譯註〕間金 : 間은 이간질하는 것으로, 적에게 돈을 주어 君臣間을 이간질하기 때문에 間金이라고 한다.

〔新增〕雙湖胡氏曰 六國之滅에 惟齊最愚라 不悟姦人賓客之受間金하고 聽勸
朝秦하야 不修攻戰之備하고 不助五國攻秦이라 秦以故로 得滅五國하니 殊不
知五國滅矣면 齊其能獨存乎아 迨王賁猝入에 民莫敢格이로되 猶信五百里之約
封하야 竟以餓死하니 觀松耶柏耶之歌[1]하면 至今可爲於邑(嗚唈)也니라

雙湖胡氏가 말하였다.

"六國이 멸망함에 오직 齊나라가 가장 어리석었다. 간사한 자들과 빈객들
이 反間의 돈을 받은 것을 알아차리지 못하고는 秦나라에 조회하도록 권하는
말을 따라서 공격과 전투의 대비를 닦지 않았으며 다섯 나라를 도와 秦나라
를 공격하지 않았다. 秦나라가 이 때문에 다섯 나라를 멸망시킬 수 있었으
니, 이는 다섯 나라가 멸망하면 齊나라가 홀로 보존할 수 없다는 것을 전혀
알지 못한 것이다. 王賁이 갑자기 臨淄로 들어가니 백성들이 감히 대항하는
자가 없었는데 오히려 5백 리를 봉해주겠다는 약속을 믿고서 항복했다가 끝
내 굶어 죽었으니, '소나무여, 측백나무여' 하는 노래를 보면 지금까지도 서
글프다."

1) 〔譯註〕松耶柏耶之歌 : 戰國시대 말기에 秦始皇이 齊나라를 멸망시키고 齊王 建
을 共 땅으로 옮겨서 松柏 사이에서 살게 하였는데, 굶어 죽었다. 이에 齊나라
백성들이 齊王이 諸侯들과 연합하여 秦나라를 치지 않고 빈객들의 참소하는 말
을 듣다가 나라를 망하게 한 것을 원망하여 노래하기를 "소나무여, 측백나무여!
建을 共에 머물게 한 자가 참소한 빈객이라네.〔松耶柏耶 住建共者客耶〕"하였
다. ≪史記 卷46≫

後秦紀

始皇帝 下

【庚辰】 二十六年이라

26년(경진 B.C.221)

王賁이 自燕南攻齊하야 猝入臨淄하니 民莫敢格者러라 秦이 使人誘齊王하야 約封以五百里之地한대 齊王이 遂降이어늘 秦이 遷之共[1]하야 處之松柏之間이러니 餓而死하니라

王賁이 燕나라에서 남쪽으로 齊나라를 공격하여 갑자기 도성인 臨淄에 들어가니, 백성들이 감히 대항하는 자가 없었다. 秦나라가 사람을 시켜 齊王을 유인하여 500리의 땅을 봉해주겠다고 약속하자, 齊王이 마침내 항복하였다. 秦나라가 그를 共 땅으로 옮겨서 松柏이 자라는 사이에 처하게 하였는데, 굶어 죽었다.

1) 〔釋義〕 共：音恭이니 屬河內郡이라
   共은 음이 공이니, 河內郡에 속하였다.

溫公曰 從衡之說[1]이 雖反覆百端이나 然大要合從者는 六國之利也라 昔에 先王이 建萬國하고 親諸侯하야 使之朝聘以相交하고 饗宴以相樂하고 會盟以相結者는 無他라 欲其同心戮力하야 以保家國也라 鄕(曏)使六

國이 能以信義相親이런들 則秦雖彊暴나 安得而亡之哉아 夫三晉者는 齊
楚之藩蔽요 齊楚者는 三晉之根柢니 形勢相資하고 表裏相依라 故로 以
三晉而攻齊楚는 自絶其根柢也요 以齊楚而攻三晉은 自撤其藩蔽也니
安有撤其藩蔽以媚盜曰 盜將愛我而不攻이리오 豈不悖哉아

溫公이 말하였다.

"合從과 連衡의 說이 비록 백 가지로 반복하였으나 큰 요점은 合從하
는 것이 六國의 이익이라는 것이다. 옛날에 先王이 萬國을 세우고 諸侯
를 친하여 그들로 하여금 朝聘하여 서로 사귀게 하고 宴饗하여 서로 즐
겁게 하고 會盟하여 서로 결속을 다지게 한 것은 다름이 아니라 마음을
함께 하고 힘을 합하여 집안과 나라를 보전하려는 것이었다. 지난번 六
國이 信義로써 서로 친하게 지냈더라면 秦나라가 비록 강포하나 어찌
六國을 멸망시킬 수 있었겠는가. 三晉은 齊나라와 楚나라의 울타리이
고, 齊나라와 楚나라는 三晉의 뿌리이니, 형세가 서로 도와주고 表裏가
서로 의지하였다. 그러므로 三晉으로서 齊나라와 楚나라를 공격하는
것은 스스로 그 뿌리를 제거하는 것이고, 齊나라와 楚나라로서 三晉을
공격하는 것은 스스로 그 울타리를 철거하는 것이니, 어찌 울타리를 철
거하여 도적에게 잘 보이기를 구하면서 말하기를 '도적이 장차 우리를
사랑하여 공격하지 않을 것이다.'라고 한단 말인가. 어찌 사리에 어긋
나지 않겠는가."

1) 〔譯註〕 從衡之說 : 從衡은 合縱과 連衡으로 蘇秦은 中國의 동쪽에 있는 楚·燕·
齊·韓·魏·趙의 六國이 縱으로 연합하여 서쪽에 있는 강성한 秦나라에 대항
해야 한다는 合縱策을 주장하였고, 이와 반대로 張儀는 六國이 秦나라를 황제국
으로 섬겨 평화와 안녕을 누려야 한다는 連衡策을 주장하였다.

蘇老泉曰 六國破滅은 非兵不利, 戰不善이요 弊在賂秦하니 賂秦而力虧는 破
滅之道也라 思厥先祖父 暴(폭)霜露하고 斬荊棘하야 以有尺寸之地어늘 子孫
視之不甚惜하야 擧以予人을 如棄草芥하야 今日割五城하고 明日割十城然後에

得一夕安寢하고 起視四境하면 而秦兵又至矣라 然則諸侯之地有限하고 暴秦之
欲無厭하니 奉之彌繁에 侵之愈急이라 故로 不戰而强弱勝負已判하야 至於顚
覆하니 理固宜然이라 齊人은 未嘗賂秦이로되 終繼五國遷滅은 何哉오 與嬴而
不助五國也일새라 五國旣喪이면 齊亦不免矣라 嗚呼라 以賂秦之地로 封天下
之謀臣하고 以事秦之心으로 禮天下之奇才하야 幷力西嚮이면 則臣恐秦人食之
에 不得下咽也리니 悲夫라 有如此之勢어늘 而爲秦人積威之所劫하야 日削月
割하야 以趨於亡하니 爲國者는 無使爲積威之所劫哉인저

蘇老泉(蘇洵)이 말하였다.

"六國이 파멸한 것은 병기가 예리하지 못하고 싸움을 잘하지 못해서가 아
니고 병폐가 秦나라에 뇌물을 준 데에 있었으니, 秦나라에 뇌물을 주어 힘이
다한 것은 파멸하는 방법이다. 생각해 보면 그 할아버지와 아버지가 서리와
이슬을 맞고 가시나무를 베어서 한 자와 한 치의 땅을 소유하였는데, 자손들
은 이것을 보기를 그다지 아까워하지 아니하여 들어서 남에게 주기를 마치
草芥를 버리는 것처럼 하였다. 그리하여 오늘 다섯 개의 성을 떼어 주고 다
음날 열 개의 성을 떼어 준 뒤에 하루저녁의 편한 잠을 자고는 일어나서 사
방의 국경을 보면 秦나라 군대가 또 쳐들어왔다. 그렇다면 제후들의 땅은 한
계가 있고 포악한 秦나라의 욕심은 만족함이 없으니, 받들기를 많이 하면 할
수록 침략하기를 더욱 급하게 하였다. 그러므로 싸우지 않고도 强弱과 勝負
가 이미 판별되어 전복함에 이르렀으니, 이는 진실로 당연한 이치이다.

齊나라 사람들은 秦나라에 뇌물을 준 적이 없는데 끝내 다섯 나라의 뒤를
이어 옮겨 가고 멸망함은 어째서인가? 嬴秦을 편들고 다섯 나라를 도와주지
않았기 때문이다. 다섯 나라가 망하고 나면 齊나라 또한 화를 면할 수 없는
것이다. 아! 秦나라에 뇌물로 준 땅을 가지고 천하의 謀臣을 봉해주고, 秦
나라를 섬기는 마음을 가지고 천하의 뛰어난 인재를 예우해서 힘을 합쳐
서쪽(秦나라)을 향했더라면, 내 생각에는 秦나라 사람들이 밥을 먹을 적에
제대로 목구멍으로 삼키지 못했을 듯하니, 슬프다. 이와 같은 형세가 있는
데도 예전부터 쌓아온 秦나라 사람의 위세에 눌려서 영토가 날로 깎이고
달로 떼어 가 멸망으로 치달렸으니, 나라를 위하는 자는 위세에 눌리지 말

아야 한다."

蘇東坡曰 秦幷天下는 非有道也요 特巧耳니 非幸也라 然이나 愚以謂巧於取齊
而拙於取楚하니 其不敗於楚者는 幸也라하노라 齊秦不兩立하니 秦未嘗須臾忘
齊也어늘 而四十餘年不加兵者는 豈其情乎아 齊人不悟하고 與秦合이라 故秦
得以取三晉이니 三晉亡이면 齊蓋岌岌矣라 方是時하야 猶有楚與燕也어늘 而
齊不救라 故二國亡에 而齊亦虜[1]不閱歲하야 如晉取虞虢也하니 可不謂巧乎아
二國旣滅에 齊乃發兵守西界하고 不通秦使하니 嗚呼라 亦晩矣라 秦初遣李信
하야 以二十萬人으로 取楚不克하고 乃使王翦으로 以六十萬人攻之하니 蓋空
國而戰也라 使齊有中主具臣하야 知亡之無日하고 而掃境以伐秦이런들 以久安
之齊로 而入厭兵空虛之秦은 如反掌也라 吾故曰 拙於取楚라하노라 吳爲三軍
하야 迭出以肆楚하야 三年而入郢하니 晉之平吳와 隋之平陳이 皆以是物也라
惟苻堅不然하니 使堅知出此하야 以百倍之衆으로 爲迭出之計런들 雖韓白이라
도 不能支어든 而況謝玄劉牢之之流乎아 以是로 知二秦之一律[2]也니 始皇幸
勝而堅不幸耳니라

蘇東坡(蘇軾)가 말하였다.

"秦나라가 천하를 겸병함은 道가 있었던 것이 아니고 다만 공교로웠기 때
문이니, 요행이 아니었다. 그러나 내가 생각하건대 秦나라가 齊나라를 취하
는 데는 공교로웠고 楚나라를 취하는 데는 졸렬하였으니, 楚나라에 패하지
않은 것은 요행이었다. 齊나라와 秦나라는 양립할 수 없었으니, 秦나라가 잠
시도 齊나라를 잊은 적이 없었으나 40여 년 동안 침공을 가하지 않은 것은
어찌 그 진정이었겠는가. 그런데 齊나라 사람들은 이것을 깨닫지 못하고 秦
나라와 연합하였다. 그러므로 秦나라가 三晉을 점령할 수 있었으니, 三晉이
망하면 齊나라가 위태로워진다. 이 당시에는 아직 楚나라와 燕나라가 남아
있었으나 齊나라가 이들을 구원하지 않았다. 그러므로 두 나라가 망하자 齊
나라 또한 포로가 되어 해를 넘기지 못해서 옛날 晉나라가 虞나라와 虢나라
를 점령한 것처럼 하였으니, 공교하다고 이르지 않을 수 있겠는가. 두 나라
(楚와 燕)가 이미 멸망하고 난 뒤에 齊나라가 비로소 군대를 내어 서쪽 국경

을 지키고 秦나라 使者을 오지 못하게 하였으니, 아! 또한 늦었다. 秦나라가 처음에 李信을 보내어 20만의 병력으로 楚나라를 취하려 하였으나 이기지 못하자, 이에 王翦으로 하여금 60만의 병력으로 공격하게 하였으니, 국내에 있는 병력을 총동원하여 싸운 것이다. 만일 齊나라에 평범한 군주와 웬만한 신하가 있어서 망할 날이 닥쳐왔다는 것을 알고 경내의 군사를 모두 동원하여 秦나라를 쳤더라면 오랫동안 편안한 齊나라로서 오랫동안 전쟁하여 텅 비어 있는 秦나라로 쳐들어가기는 손바닥을 뒤집는 것처럼 쉬웠을 것이다. 내가 그러므로 '楚나라를 취하는 데는 졸렬하였다.'고 말한 것이다. 吳나라는 三軍을 만들어 번갈아 출동하여 楚나라를 수고롭게 해서 3년 만에 도성인 郢 땅으로 쳐들어갔으니, 晉나라가 吳나라를 평정하고 隋나라가 陳나라를 평정할 때에 모두 이 방법을 사용하였다. 오직 苻堅만은 그렇게 하지 않았으니, 만일 苻堅이 이렇게 할 줄을 알아서 백 배의 병력을 가지고 번갈아 출동하는 계책을 냈더라면 비록 韓信과 白起 같은 名將이라도 지탱할 수 없었을 터인데, 하물며 謝玄과 劉牢之의 무리이겠는가. 이로써 二秦이 똑같은 방법임을 알 수 있으니, 始皇은 요행으로 이겼고 苻堅은 불행하였을 뿐이다."

1) 〔頭註〕齊亦虜 : 生得曰虜요 斬首曰獲也라
  사로잡는 것을 虜라 하고, 참수하는 것을 獲이라 한다.
2) 〔譯註〕二秦之一律 : 二秦은 두 秦나라로, 하나는 始皇의 秦이고 하나는 五胡十六國 시대 苻堅의 先秦이다. 苻堅은 당시 百萬의 大軍으로 東晉을 침공하였다가 8만의 병력으로 이에 맞서는 東晉의 謝玄에게 대패하여 결국 패망하였는바, 秦始皇 역시 온 병력을 총동원하여 공격하였으므로 똑같은 방법이라고 말한 것이다.

王이 初幷天下에 自以爲德兼三皇하고 功過五帝라하야 乃更(경)號曰皇帝라하고 命爲制, 令爲詔1)하며 自今以來로 除諡法2)하야 朕3)爲始皇帝하노니 後世以計數하야 二世三世로 至于萬世하야 傳之無窮이라하다

王이 처음으로 천하를 겸병함에 스스로 德은 三皇을 겸하고 功은 五帝보다 더하다 하여 마침내 이름을 고쳐 皇帝라 하고, 命을 制라 하고 令을 詔

라 하였으며 "지금부터 이후로는 諡法(시호 짓는 법)을 없애어 朕이 始皇帝
가 되니, 후세에는 숫자로 계산해서 2世, 3世로 萬世에 이르기까지 무궁토
록 전한다." 하였다.

1) 〔譯註〕命爲制, 令爲詔 : 天子가 제도를 반포하는 명령을 制書라 하고, 백성들에
   게 포고하는 글을 詔書라 한다. 秦나라 이전에는 윗사람과 아랫사람이 서로 고
   하는 말을 모두 詔라 하였는데, 秦·漢 이후로는 오직 天子만이 칭할 수 있었다.

2) 〔釋義〕除諡法*1) : 史記諡法解*2)에 惟周公, 太公이 開嗣王業하야 建功於牧野러
   니 終將葬에 乃制諡하야 遂敍諡法하니라
   ≪史記≫〈諡法解〉에 "오직 周公과 太公이 王業을 開創하고 이어 牧野에서 공
   을 세웠는데, 죽어서 장차 장례 하려 할 적에 諡號를 지어 마침내 諡法을 제정하
   게 되었다." 하였다.

*1) 除諡法 : 諡號는 생전의 행실의 美·惡에 따라서 지으니, 만일 악한 행실이 있
   어 惡諡(나쁜 시호)를 가하여 幽·厲라 이름하면 비록 孝子와 慈孫이 있더라도
   百世토록 惡諡를 고칠 수가 없다. 秦始皇이 諡法을 제거한 것은 後人들이 자신
   에게 惡諡를 가할까 두려워한 것이다.

*2) 史記諡法解 : 通行本에는 ≪逸周書≫〈諡法解〉라고 되어 있는데 ≪逸周書≫는
   ≪汲冢周書≫(10권)를 가리킨다.

3) 〔譯註〕朕 : 옛날에는 君臣間에 모두 자신을 朕이라고 통칭하였으나 始皇帝가 제
   도를 정하면서부터 오직 천자만이 칭할 수 있게 하였는데, 漢나라 이후에 그대
   로 따르고 바꾸지 않았다.

〔新增〕胡氏曰 古之聖人이 應時稱號하니 非帝貶於皇이요 王貶於帝也라 後世
에 不知此義하고 遂以皇帝自居하고 而以王封其臣子하니 失之甚矣로다 王之
爲名은 繼天撫世之謂니 曾是而可使臣子稱之乎아 孔子作春秋하사 尊周立號에
係王於天하시니 其禮隆矣라 有天下者는 必法孔子稱天王이요 其列爵은 自公
以降이면 則名正言順하야 百世以俟而不惑矣리라

　胡氏가 말하였다.

　"옛날에 聖人은 때에 따라 호칭하였으니, 帝가 皇만 못하고 王이 帝만 못
한 것은 아니다. 후세에 이러한 뜻을 알지 못하고 마침내 皇帝라 자처하고는
그 臣子들을 王으로 봉하였으니, 이는 매우 잘못된 것이다. 王이라는 명칭은

하늘의 뜻을 계승하여 세상을 어루만짐을 이르니, 일찍이 그 뜻이 이러한데 臣子로 하여금 王을 칭하게 할 수 있겠는가. 孔子께서 ≪春秋≫를 지으시면서 周나라를 높여 호칭을 정할 때에 天王이라고 하셨으니, 그 禮가 높다. 천하를 소유한 자는 반드시 孔子께서 天王이라 칭한 것을 본받아야 할 것이요, 여러 제후들의 爵位는 公으로부터 내려오면(公·侯·伯·子·男으로 이어지면) 이름이 바르고 말이 이치에 맞아 百代가 지난 뒤에 聖人을 기다려도 의혹함이 없을 것이다."

林之奇曰 堯舜禹湯文武之爲君은 不自聖而人以爲聖이어늘 秦始皇은 除諡法하고 而謂以子議父, 臣議君이라하니 是는 畏天下之議己也라 天下不以爲聖이어늘 而自以爲德兼三皇하고 功過五帝라하야 乃更號曰皇帝라하니 則是自聖矣라 嗚呼라 若始皇者는 可謂大愚者也로다 其自爲謀는 則欲長生而不死하고 其爲子孫計는 則欲二世三世로 至于萬世하야 傳之無窮이라 昔光武之幸南頓也에 復(복)田租一歲한대 父老願賜復十年이어늘 光武曰 天下는 重器라 常恐不任하야 日復一日이니 安敢遠期十年乎아하니 光武之言이 似若不如始皇者也라 然이나 自以爲遠期十歲로되 而子孫相承하야 至數百年而不替하고 始皇은 雖自以爲萬世之久로되 而其傳이 止於二世而遂亡者는 何哉오 易曰 危者는 安其位者也요 亡者는 保其存者也요 亂者는 有其治者也라하니 蓋以危亡自處면 則天下不可得亡이라 向若安而不思其危하고 存而不思其亡하고 治而不思其亂이면 則亂亡之至也必矣니라

林之奇가 말하였다.

"堯, 舜, 禹, 湯, 文王·武王이 人君이 되었을 때에는 스스로 聖人이라고 하지 않았으나 사람들이 聖人이라고 하였는데, 秦나라의 始皇은 諡法을 없애며 이르기를 '자식으로서 아버지를 의논하고(아버지의 행적을 논하여 시호를 짓고) 신하로서 군주를 의논하는 것이다.' 하였으니, 이는 천하 사람들이 자신이 죽은 뒤에 자신의 행적을 비난할까 두려워한 것이다. 천하 사람들이 자신더러 聖人이라고 하지 않는데도 스스로 이르기를 '德은 三皇을 겸하고 功은 五帝보다 더하다.' 하여 마침내 칭호를 고쳐 皇帝라고 하였으니, 이는 스

스로 聖人이라고 한 것이다. 아! 秦始皇과 같은 자는 크게 어리석다고 이를 만하다. 자신을 위한 도모는 長生不死하고자 하였고, 자손들을 위한 계책은 二世와 三世로부터 萬世에 이르러서 무궁한 후세에 전하고자 하였다.

옛날 光武帝가 南頓에 갔을 때에 田租를 1년 동안 면제해 주었는데, 父老들이 다시 10년 동안 면제해 줄 것을 원하자, 光武帝가 말하기를 '천하는 소중한 기물이라서 나는 항상 감당하지 못할까 두려워하여 날마다 하루하루 연장해 갈 뿐이니, 어찌 감히 멀리 10년을 기약하겠는가.'라고 하였으니, 光武帝의 말씀이 秦始皇만 못한 듯하다. 그러나 光武帝는 스스로 어찌 멀리 10년을 기약하겠느냐고 하였으나 자손들이 서로 계승하여 수백 년에 이르도록 침체하지 않았고, 秦始皇은 비록 스스로 만세토록 오래간다고 하였으나 그 전함이 二世에 이르러 마침내 망한 것은 어째서인가? ≪周易≫〈繫辭傳〉에 이르기를 '위태롭게 여김은 지위를 편안히 하는 것이요, 망할까 두려워함은 보존함을 지키는 것이요, 어지러울까 염려함은 다스림을 보유하는 것이다.'라고 하였으니, 위태롭게 여기고 망할까 염려함으로써 자처하면 천하 사람들이 망하게 할 수가 없는 것이다. 만약 편안하다고 하여 위태로움을 생각하지 않고, 보존되었다고 하여 망함을 생각하지 않고, 나라가 잘 다스려진다고 하여 어지러움을 생각하지 않는다면 혼란과 멸망이 이름은 필연적인 것이다."

〔史略 史評〕胡氏曰 子議父하고 臣議君而非其禮면 罪不容誅矣어니와 考德行之實하야 而以天誅之면 臣子亦安得而私之哉아 然이나 後世諡法雖存이나 而公道不暢하야 爲臣子者 往往加美諡於君親하야 使死受所不當하야 取世訕笑하니 則又不若不諡之爲愈也니라

胡氏가 말하였다.

"자식이 아버지를 의논(논평)하고 신하가 임금을 의논하되 그 禮가 아니라면 죄가 죽음을 받아도 용서될 수 없거니와, 德과 행실의 실제를 상고하여 天命에 따라 시호를 내린다면 臣子가 또한 어찌 사사로이 바꿀 수 있겠는가. 그러나 후세에는 시호 짓는 법이 비록 남아 있었으나 공정한 道가 펴지지 못해서 臣子된 자들이 왕왕 아름다운 시호를 군주와 어버이에게 가하

여 죽은 사람으로 하여금 받아서는 안될 이름을 받게 해서 세상 사람들의 꾸짖음과 비웃음을 취하고 있으니, 이는 또 시호를 내리지 않는 것이 나음만 못한 것이다."

〔史略 史評〕愚按 始皇이 更改古制하야 大虐無道하니 宜其畏天下議己而除諡法也요 其爲子孫計는 則欲萬世無窮이라 然이나 其傳이 止於二世而亡者는 何哉오 梁氏所謂治天下而法先聖이면 猶飢之必食하야 不可一日廢어늘 今也에 絶先聖之道而欲以長繼면 是猶却食而求生也니 豈不難哉아하니 斯言이 得之矣로다

　내가 살펴보건대, 秦始皇이 옛 제도를 고쳐서 크게 포악하고 무도하였으니, 천하 사람들이 자신을 비판할까 두려워하여 시호 짓는 법을 없앤 것이 당연하고, 자손을 위한 계책은 만대토록 무궁하기를 바랐으나 국가를 전함이 2대에 그치고 멸망한 것은 어째서인가? 梁氏가 이르기를 "천하를 다스리면서 先聖을 본받는 것은 배가 고프면 반드시 음식을 먹는 것과 같아서 단 하루도 폐할 수가 없는 것인데, 지금 先聖의 道를 끊어버리고서 장구하게 계승하고자 한다면 이는 음식을 물리치고서 살기를 바라는 것과 같으니, 어찌 어렵지 않겠는가." 하였으니, 이 말이 맞다.

　○ 初에 齊威宣之時에 鄒衍이 論著終始五德之運[1]이러니 及始皇幷天下에 齊人이 奏之어늘 始皇이 采用其說하야 以爲周得火德[2]하니 秦代周에 從所不勝이라하야 爲水德하고 始改年[3]하야 朝賀를 皆自十月朔하고 衣服旄旌節旗[4]를 皆尙黑[5]하고 數를 以六爲紀[6]하니라

　처음에 齊나라 威王과 宣王의 때에 鄒衍이 五德이 끝나고 시작하는 運을 논하여 저술하였는데, 始皇이 천하를 겸병하자 齊나라 사람이 이것을 아뢰었다. 始皇이 그 말을 채용하여 이르기를 "周나라가 火德으로 천하를 얻었으니, 秦나라가 周나라를 대신함에 이기지 못하는 것을 따르겠다." 하여 水德으로 하고, 처음으로 연도를 고쳐 朝會와 賀禮를 모두 10월 초하루부터 하고, 衣服과 旄旌와 節旗를 모두 黑色을 숭상하고, 數는 6을 기준으로 삼았다.

1) 〔譯註〕終始五德之運 : 金·木·水·火·土를 일러 五德이라고 한다. 鄒衍이 왕조교체의 법칙을 五行의 변화에 맞추어 설명한 것으로, 五德의 한 운행이 끝나면 다시 하나가 시작하기 때문에 五德이 끝나고 시작하는 運이라고 말한 것이다.

2) 〔附註〕周得火德*) : 鄒衍이 蓋以火流王屋으로 爲周受命之符하고 且色尙赤故也라 胡氏庭芳曰 衍이 但取黃帝土德하야 以黃而推하니 乃一時詭談也라 古之王者 易代改號에 取法五行하야 更旺相生하니 先起於木이라 太昊以木德王하니 木德은 春令故로 易에 稱帝出乎震이라 木生火故로 神農以火德王하고 火生土故로 黃帝 以土德王하고 土生金故로 少昊以金德王하고 金生水故로 顓頊以水德王하고 水生 木故로 帝嚳以木德王하고 木又生火故로 帝堯火요 帝舜土요 夏金, 商水, 周木이 니 木色靑故로 謂周爲蒼姬하니 此五德之終而復始也라

　鄒衍은, 불이 武王이 머무는 집으로 흘러든 것을 周나라가 天命을 받은 징조로 여기고 또 색깔은 적색을 숭상하였기 때문에 周나라를 火德이라 한 것이다. 胡氏 庭芳(胡一桂)이 말하였다. "鄒衍이 다만 黃帝의 土德을 취하여 黃色으로 유추하 였으니, 바로 한때의 궤변이다. 옛날의 王者는 代(왕조)가 바뀌어 號를 고칠 때에 五行에서 法을 취하여 번갈아 왕성하고 서로 낳게 하였으니, 먼저 木에서 시작하 였다. 太昊 伏羲氏는 木德으로 王하였으니 木德은 春令이기 때문에 ≪周易≫에 '帝가 震方에서 나왔다.'고 칭하였다. 木은 火를 낳으므로 炎帝 神農氏는 火德으 로 王하였고, 火는 土를 낳으므로 黃帝 軒轅氏는 土德으로 王하였고, 土는 金을 낳으므로 少昊氏는 金德으로 王하였고, 金은 水를 낳으므로 顓頊은 水德으로 王 하였고, 水는 木을 낳으므로 帝嚳은 木德으로 王하였고, 木은 또 火를 낳으므로 帝堯는 火이고, 帝舜은 土이고, 夏나라는 金, 商나라는 水, 周나라는 木이니, 木 의 색깔은 靑色이다. 그러므로 周나라를 일러 蒼姬라고 하였으니, 이것이 五德이 끝나면 다시 시작하는 것이다."

*) 周得火德 : ≪史記≫〈周本紀〉를 보면 武王이 殷나라 紂王을 정벌하려고 黃河를 건널 적에 흰 물고기가 배 안으로 뛰어들어 왔으며, 黃河를 건너자 불이 위에서 내려와 왕이 머무는 집에 이르러 까마귀가 되었는데, 그 색깔이 적색이었다 하 였다. 이 때문에 周나라를 火德이라 한 것이다.

3) 〔譯註〕始改年 : 夏나라는 建寅月을 歲首(正月)로 삼고, 殷나라는 建丑月을 歲首 로 삼고, 周나라는 建子月을 歲首로 삼았는데, 始皇帝가 建亥月로 歲首를 고친 것이다. 寅月은 지금의 음력 정월이고 建子月은 동짓달이고 建丑月은 섣달이며 建亥月은 10월로, 亥는 水에 속한다.

4) 〔附註〕旐旟節旗:周禮에 日月爲常이요 交龍爲旂요 通帛爲旜〔旜〕이요 雜帛爲物이요 熊虎爲旗요 鳥隼爲旟〔旟〕요 龜蛇爲旐요 全羽爲旞요 析羽爲旌이라 旄는 幢也니 以旄牛尾着竿頭라 幢은 纛(독)也니 以犛牛尾爲之하니 如斗라 秦文公時에 梓樹化爲旄牛而猛慭이어늘 使其牛하야 大有功하니 後世像而注之於旗竿之首라 又曰 梓樹化爲牛하니 以騎擊之나 不勝하고 或墮地하야 髻解被髮하니 牛畏入水라 秦因置旗〔旄〕頭騎하야 作先驅하니라 節은 操也니 謂持節者必盡人臣之節操라 編毛爲之하니 上下相重하야 取象竹節하야 因以爲名하니 長尺三寸이라 漢書〔周禮〕註에 節은 猶信也니 行者所執之信也라 長八尺이니 以旄牛라하야 爲其旄라

≪周禮≫에 "해와 달을 그린 것을 常이라 하고, 龍을 엇갈려 그린 것을 旂라 하고, 通으로 된 흰 비단을 旜이라 하고, 잡색 비단을 物이라 하고, 곰과 호랑이를 그린 것을 旗라 하고, 새와 매를 그린 것을 旟라 하고, 거북과 뱀을 그린 것을 旐라 하고, 온전한 새깃으로 만든 것을 旞라 하고, 새깃을 쪼개어 만든 것을 旌이라 한다." 하였다. 旄는 幢이니 깃대 끝에 들소꼬리를 매단 것이다. 幢은 纛이니 들소의 꼬리로 만드는데, 모습이 斗와 같다. 秦나라 文公 때에 梓나무가 변하여 들소가 되어 용감하였는데, 이 소를 부려 큰 공을 세우니 후세에 본떠서 들소꼬리를 깃대 끝에 매달았다. 또 말하였다. "梓나무가 변하여 소가 되니, 騎兵으로 공격하였으나 이기지 못하고 혹 땅에 떨어져 상투가 풀어져 머리가 흩어지자, 소가 두려워하여 물속으로 뛰어 들어갔다. 秦나라가 인하여 旄頭騎를 설치하여 先驅로 삼았다." 節은 잡는 물건이니, 節을 잡은 자는 반드시 신하의 節操를 다해야 함을 뜻한다. 털로 짜서 만드니, 上下가 서로 겹쳐서 대나무의 마디 모양을 취하여 본떴으므로 인하여 이로써 이름을 삼았으니, 길이가 1척 3촌이다. ≪周禮≫ 註에 "節은 信과 같으니, 길 떠나는 자가 잡는 신표이다." 하였다. 길이가 8척이니 들소〔旄〕꼬리를 사용했다 하여 旄라 칭하였다.

5) 〔釋義〕旐旟節旗皆尙黑:禮春官司常註에 旌旗之上에 綴旄牛尾於竿首하니 詳見(현)九旗圖라 地官掌節註에 節은 猶信也니 行者所執之信이니 詳見(현)八節圖라 秦以水德屬北方이라 故尙黑이라

≪周禮≫〈春官 司常〉註에 "旌旗의 위에 있는 깃대 끝에 들소꼬리를 매단다." 하였으니, 자세한 것은 九旗圖에 보인다. 〈地官 掌節〉註에 "節은 信과 같으니, 길 떠나는 자가 잡는 信標이다." 하였으니, 자세한 것은 八節圖에 보인다. 秦나라는 水德을 따르니, 水는 北方에 속하기 때문에 검은색을 숭상한 것이다.

6) 〔釋義〕數以六爲紀:水終數六*)이라 故以六寸爲符하고 六尺爲步하니라

水의 마침 數가 6이다. 그러므로 6촌으로 符를 만들고 6尺을 1步라 하였다.

*) 水終數六 : 五行說에 의하면 1과 6은 北方 水로 黑色이고, 2와 7은 南方 火로 赤色이고, 3과 8은 東方 木으로 靑色이고, 4와 9는 西方 金으로 白色이며, 5와 10은 中央 土로 黃色인 바, 水克火의 원리를 따라 水德으로 하고 흑색을 숭상하며 숫자 역시 6을 따라 印符에도 모두 여섯 자가 되게 한 것이다. 水는 1에서 생겨 6에서 완성되므로, 6을 水의 마침 數라고 한 것이다.

〔新增〕尹氏曰 孔子曰 行夏之時라하시니 以商之建丑과 周之建子로도 且不可用이어든 況以十月爲歲首乎아 秦不師古하니 無足道也니라

尹氏(尹起莘)가 말하였다.

"孔子께서 말씀하기를 '夏나라의 철(月曆)을 행한다.' 하셨으니, 商나라의 建丑月과 周나라의 建子月도 오히려 쓸 수 없는데, 하물며 10월을 歲首로 삼는단 말인가. 秦나라는 옛것을 본받지 않았으니, 굳이 말할 것이 없다."

○ 丞相綰[1]等이 言 燕·齊·荊地遠하야 不爲置王이면 無以鎭之하니 請立諸子하소서 始皇이 下其議한대 廷尉斯[2]曰 周文武所封子弟同姓이 甚衆이나 然後屬이 疏遠하야 相攻擊을 如仇讐호되 周天子弗能禁止하나이다 今海內賴陛下神靈하야 一統하야 皆爲郡縣하니 諸子功臣을 以公賦稅로 重賞賜之면 甚足易制요 天下無異意하리니 則安寧之術也니 置諸侯不便하나이다 始皇曰 天下共苦戰鬪不休는 以有侯王이러니 賴宗廟하야 天下初定이어늘 又復立國이면 是는 樹兵也니 而求其寧息이면 豈不難哉아 廷尉議是라하고 於是에 分天下爲三十六郡하야 郡置守·尉·監[3]하고 收天下兵하야 聚咸陽하야 銷以爲鍾·鐻(虡)·金人十二[4]하니 重各千石이라 置宮庭中[5]하다

丞相 王綰 등이 말하기를 "燕·齊·荊(楚나라)은 땅이 멀어서 王을 두지 않으면 鎭撫할 수가 없으니, 여러 아들을 왕으로 세우소서." 하자, 始皇이 이 의논을 내렸다. 廷尉 李斯가 말하기를 "周나라 文王과 武王이 봉한 子弟와 同姓들이 심히 많았으나 후손들이 소원해져서 서로 공격하기를 원수와 같이

하였지만 周나라 天子가 금지하지 못하였습니다. 지금 海內가 폐하의 신령스러움에 힘입어 통일되어서 모두 郡縣이 되었으니, 여러 아들과 功臣들에게 公的인 賦稅로 후하게 상을 내려주시면 매우 풍족하여 제재하기가 쉬울 것이요 천하에 딴 뜻을 품는 자가 없을 것입니다. 이렇게 되면 편안한 방법이니, 제후를 두는 것은 불편합니다." 하였다.

始皇이 말하기를 "천하가 함께 괴롭게 전투하면서 그치지 않은 것은 侯와 王이 있었기 때문이다. 宗廟의 도움을 입어 천하가 처음으로 평정되었는데, 또다시 나라를 세우면 이것은 병란(전쟁의 화근)을 세우는 것이니, 이러고서 편안히 쉬기를 바란다면 어찌 어렵지 않겠는가. 廷尉의 의론이 옳다." 하고는 이에 천하를 나누어 36개 郡으로 만들고 郡마다 守와 尉와 監을 두었으며, 천하의 병기를 거두어 咸陽에 모아서 녹여 鍾과 종틀과 金人 12개를 만드니, 무게가 각각 천 石이었다. 이것을 宮庭의 가운데에 두었다.

1) 〔釋義〕 丞相綰 : 王氏曰 丞은 承也요 相은 助也니 謂掌承天子하야 助理萬機也라 綰은 姓王氏라

　　王氏가 말하였다. "丞은 받듦이고 相은 도움이니, 天子를 받들어 萬機를 도와 다스림을 이른다. 綰은 姓이 王氏이다."

2) 〔釋義〕 廷尉斯 : 王氏曰 廷은 平也니 治獄貴平이라 故號廷尉라 斯는 姓李氏라

　　王氏가 말하였다. "廷은 공평함이니, 옥사를 다스림은 공평함을 귀하게 여긴다. 그러므로 廷尉라고 이름한 것이다. 斯는 姓이 李氏이다."

3) 〔釋義〕 郡置守尉監 : 郡守는 掌治其郡하고 丞尉는 掌佐守하야 典武職甲卒하고 監은 御史니 掌監郡이라

　　郡守는 郡을 다스리는 일을 맡고, 丞尉는 郡守를 보좌하는 일을 맡아 무관의 일과 甲兵을 주관하고, 監은 御史이니 郡을 감독하는 일을 맡았다.

4) 〔釋義〕 收天下兵……金人十二 : 周禮에 梓人爲筍虡하니 厚脣弇口하고 出目短耳하며 大胸燿後하고 大體短脰하니 若是者를 謂之(羸)〔臝〕屬이라 其聲大而宏하니 則於鍾宜라 若是者는 以爲鍾鐻라 是故로 擊其所縣而由其虡鳴이라 註에 橫曰筍이요 植曰虡라 王氏曰 始皇二十六年에 有大人十二 見於臨洮하니 身長五丈이요 足履六尺이요 皆夷狄服이니 天誠若曰 勿大爲夷狄하라 行將滅其國이라하야늘 始皇不知하고 反以爲瑞라하야 乃銷兵器하야 鑄爲金人象之하니라

≪周禮≫에 "梓人이 종과 경쇠를 거는 틀을 만드니, 틀의 모양이 입술은 두껍고 입은 크고 깊으며 눈은 불거져 나오고 귀는 짧으며 가슴은 크고 점점 작아지며 몸은 크고 장딴지는 짧으니, 이와 같은 것을 蠃屬(맹수류)이라 한다. 그 소리가 커서 울리니 鐘에 적합하다. 이와 같은 것으로 종과 종틀을 만들기 때문에 매달아 놓은 경쇠나 종을 치면 종틀에 따라 울리는 것이다." 하였는데, 그 註에 "가로로 된 것을 筍이라 하고, 세로로 된 것을 虡라 한다." 하였다. 王氏가 말하였다. "始皇 26년에 大人 12명이 臨洮에 나타나니 신장이 다섯 길이고 신발 크기가 여섯 자이며 모두 오랑캐 복장을 하였는데, 하늘에서 경계하기를 '오랑캐를 크게 정벌하지 말라. 장차 너희 나라를 멸망하게 할 것이다.'라고 하였으나 始皇帝는 이것을 모르고 도리어 祥瑞라 하여 마침내 병기를 녹여 金人을 만든 것이다."

5) 〔釋義〕 重各千石*) 置宮庭中 : 各重千石이요 坐高二丈이니 號曰翁仲이라 漢世에 在長樂宮門하니라

  각각 무게가 千石이고 앉은 키가 2丈이니, 이름하기를 翁仲이라고 하였다. 漢나라 때에 長樂宮 문에 있었다.

*) 石 : 120근을 1석이라 한다.

〔新增〕 胡氏曰 聖人理天下에 以萬物各得其所로 爲極至라 封建也者는 帝王所以順天理, 承天心하야 公天下之大端大本也요 郡縣也者는 霸世暴主之所以縱人欲, 悖天道하야 私一身之大孽大賊也라 分天下有德有功者以地하야 而不敢以天下自私일새 於是에 有百里, 七十里, 五十里, 不能五十里의 邦國之制[1]焉하고 於是에 有君朝, 卿大聘, 大夫小聘, 王巡狩, 侯述職之禮樂法度[2]焉하고 於是에 有千雉, 百雉, 三之一, 五之一의 高城深池[3]焉하고 於是에 有井, 邑, 丘, 甸, 縣, 都之夫數[4]焉하고 於是에 有十乘, 百乘, 千乘, 萬乘之車數[5]焉하고 於是에 有伍, 兩, 卒, 旅, 師, 軍之制[6]焉하고 於是에 有鄕大夫, 司徒, 樂正取士之法[7]焉이라 邦國之制廢에 而郡縣之制作矣요 郡縣之制作에 而世襲之制亡矣요 世襲之制亡에 而數易之弊生矣요 數易之弊生에 而民無定志矣라 巡狩述職之禮廢면 則上下之情不通하야 攷文案而不究事實하고 信文案而不信仁賢하야 其弊를 有不可勝言者矣요 城池之制廢면 而禁禦暴客, 威服四夷之法이 亡矣요 夫家之法廢면 而民數를 不可詳矣요 民數不可詳이면 而車乘不可出矣요 車乘不可出이면 而軍師不隱於農矣요 軍師不隱於農이면 坐食者衆而公私困

窮矣라 世儒는 不知王政之本하고 反以亡秦爲可法하며 所謂明君良臣者도 亦
未免以天下自私하야 無意於裁成輔相[8)]하야 使萬物各得其所하니 所以歷千五
百餘歲토록 未有能復之者也라 聖人이 制四海之命하야 法天而不私하고 盡制
而不曲防하야 分天下之地하야 以爲萬國하야 而(擧)〔與〕英才共焉하니 非後世
擅天下者의 以大制小, 以强制弱之謀也요 誠盡制而已矣라 是以로 虞夏商周는
傳於長久하여 皆千餘載하니 論興廢則均有焉이어니와 語絶滅이면 則至暴秦郡
縣天下然後에 極也라 自秦滅先王之制로 海內蕩然[9)]하야 無有根本之固라 有
今世王天下而繼世無置錐之地者하고 有今年貴爲天子而明年欲爲匹夫라도 不
可得者하니 天子尙然이온 況其下者乎아 物有其根이면 則常而靜하고 安而久
하나니 常靜安久면 則理得其終하고 物遂其性이라 封建者는 政之有根者也라
故로 上下辨하고 民志定하고 敎化[10)]行하고 風俗[11)]美하야 理之易治하고 亂之
難亡하며 扶之易興하고 亡之難滅하나니 郡縣은 反是니라 ○〈愚按封建之議
는 說者不一이라 五峯胡氏此說을 子朱子已分註於綱目하고 東萊呂氏又筆之於
大事記하니 蓋至當不易之論也라 故로 愚錄而附焉하노니 學者詳之니라〉

　胡氏가 말하였다.

　"聖人이 천하를 다스릴 때에 만물이 각기 제자리를 얻는 것을 지극함으로
삼는다. 封建制度라는 것은 帝王이 天理를 따르고 天心을 받들어서 천하를
공정히 하는 큰 단서이고 큰 근본이며, 郡縣制度라는 것은 세상을 제패한 포
악한 군주가 人欲을 부리고 天道를 어겨서 자기 한 몸을 사사로이 하는 큰
재앙이고 큰 賊이다. 군주가 천하의 德이 있는 자와 功이 있는 자에게 땅을
나누어 주어 감히 천하를 사사로이 할 수가 없기 때문에 이에 100리, 70리,
50리, 50리가 못 되는 邦國의 제도가 있었고, 이에 人君이 조회하고 卿이
크게 聘問하고 大夫가 작게 빙문하고 王이 巡狩하고 諸侯가 述職하는 禮樂과
法度가 있었고, 이에 千雉, 百雉, 3分의 1, 5分의 1의 높은 城과 깊은 垓子
가 있었고, 이에 井, 邑, 丘, 甸, 縣, 都의 夫數(세대의 수)가 있었고, 이에
十乘, 百乘, 千乘, 萬乘의 車數가 있었고, 이에 伍, 兩, 卒, 旅, 師, 軍의 제
도가 있었고, 이에 鄕大夫, 司徒, 樂正이 선비를 취하는 법이 있었다. 邦國의
제도가 폐지됨에 郡縣의 제도가 시작되었고, 郡縣의 제도가 시작됨에 세습하

는 제도가 없어졌고, 세습하는 제도가 없어짐에 守令을 자주 바꾸는 병폐가 생겨났고, 자주 바꾸는 병폐가 생겨남에 백성들이 안정된 뜻이 없어지게 되었다. 巡狩하고 述職하는 禮가 폐해지면 上下의 情이 통하지 못하여 문서만 살펴보고 사실을 구명하지 않으며 문서만 믿고 仁者와 賢者를 믿지 않아서 그 병폐를 이루 말할 수 없으며, 城과 垓子의 제도가 폐지되면 포악한 사람을 금지하고 사방의 오랑캐를 위엄으로 복종시키는 법이 없어지고, 夫家의 법이 없어지면 백성들의 숫자를 자세히 알 수 없고, 백성들의 숫자를 자세히 알 수 없으면 兵車를 낼 수 없고, 兵車를 낼 수 없으면 군대가 농사에 숨어 있지 못하고(유사시에는 종군하고 무사할 때에는 농사짓게 하지 못하고), 군대가 농사에 숨어 있지 못하면 앉아서 놀고 먹는 자가 많아져 국가와 개인이 곤궁해진다.

세상의 학자들은 王政의 근본을 알지 못하고 도리어 멸망한 秦나라를 본받을 만하다고 여기며, 이른바 현명한 군주와 어진 신하란 자들도 천하를 스스로 사사롭게 함을 면치 못해서 裁成(지나친 것을 억제함)하고 輔相(부족한 것을 보태줌)하여 萬物로 하여금 각각 제자리를 얻게 하는 데에 뜻이 없으니, 이 때문에 1천 5백여 년이 지나도록 이를 회복한 자가 있지 않은 것이다. 聖人이 온 천하의 命을 제재하여 하늘을 본받고 사사롭게 하지 못하게 하며 제도를 다하고 제방을 굽게 쌓지 않게 하여, 천하의 땅을 나누어 萬國으로 삼아서 英才들과 함께 하였으니, 후세에 천하를 독점한 자들이 큰 나라로써 작은 나라를 제재하고 강함으로써 약함을 제압하는 계책이 아니요, 진실로 제도를 다했을 뿐이다. 이 때문에 虞·夏·商·周는 장구하게 전하여 모두 천여 년을 누린 것이니, 흥하고 폐함을 논하면 똑같이 있었으나 아주 끊어 없앤 것으로 말하면 지극히 포악한 秦나라가 천하를 郡縣으로 만든 뒤에 지극하게 되었다.

秦나라가 先王의 제도를 없앤 뒤로부터 온 천하가 탕진하여 근본의 견고함이 있지 못하였다. 지금 세상에는 천하에 왕 노릇 하였으나 대를 이은 자는 송곳 꽂을 땅도 없는 자가 있었고, 금년에는 귀함이 천자가 되었으나 명년에는 匹夫가 되려 해도 될 수 없는 자가 있었으니, 천자도 오히려 그러한데 하물며 그보다 아래인 자에 있어서이겠는가. 물건은 근본이 있으면 항상하고 고요하고 편안하고 오래가니, 항상하고 고요하고 편안하고 오래가면 이치가 끝마침을 얻고 물건이 본성을 이룬다. 封建制度는 정사에 근본이 있는 것이다. 그러므로 상하가 분별되고 백성들의 마음이 안정되고 교화가 행해지고 풍속이 아름다워서, 다스리면 쉽게 다스려지고 어지러워도 쉽게 망하지 않으며, 붙들어 주면 쉽게 일어나고 멸망시키려 해도 멸망시키기 어려운 것이니, 郡縣 제도는 이와 반대이다."

○ - 내가 살펴보건대 封建制度에 대한 논의는 말한 자들이 똑같지 않다. 五峯胡氏의 이 말을 朱子가 이미 《資治通鑑綱目》에 分註하였고, 東萊呂氏가 또 《大事記》에 썼으니, 지극히 합당하여 바꿀 수 없는 의논이다. 그러므로 내가 기록하여 붙이는 것이니, 배우는 자들은 자세히 살펴보라. -

1) 〔原註〕有百里……邦國之制 : 記王制曰 公侯는 田方百里요 伯은 七十里요 子男은 五十里요 不能五十里者는 不合於天子하야 附於諸侯하니 曰附庸이라하니라

   《禮記》〈王制〉에 이르기를 "公과 侯는 田地가 100리이고, 伯은 70리이고, 子와 男은 50리이고, 50리가 못되는 나라는 천자에게 직접 통하지 못하여 제후에게 붙으니, 이를 附庸國이라 한다." 하였다.

2) 〔原註〕有君朝……侯述職之禮樂法度 : 記王制에 諸侯之於天子也에 比年一小聘하고 三年一大聘하고 五年一朝하며 天子는 五年一巡狩라하니라 公羊傳註에 諸侯卽位하면 比年에 使大夫小聘하고 三年에 使上卿大聘하고 四年에 又使大夫小聘하고 五年一朝하고 因助祭以述職이라하니라

   《禮記》〈王制〉에 "諸侯는 天子에게 比年(매년)마다 한 번 작게 빙문하고 3년에 한 번 크게 빙문하고 5년에 한 번 조회하며, 天子는 5년에 한 번 巡狩한다." 하였다. 《公羊傳》의 註에는 "諸侯는 즉위하면 比年마다 大夫로 하여금 작게 빙문하게 하고, 3년에 上卿으로 하여금 크게 빙문하게 하고, 4년에 또 大夫로 하여금 작게 빙문하게 하고, 5년에 한 번 조회하며 인하여 제사를 도와 述職을 한다." 하였다.

3) 〔原註〕有千雉……高城深池 : 按左傳隱元年에 大都는 不過三國之一이요 中은 五之一이요 小는 九之一이라한대 註에 方丈曰堵요 三堵曰雉니 一雉는 長三丈, 高一丈이라 天子는 千雉요 侯伯은 三百雉요 大都는 三分國城之一하야 不過百雉요

中都는 五分之一하야 不過六十雉요 小都는 九分之一하야 不過三十三雉라하니라

살펴보건대 ≪春秋左傳≫ 隱公 元年條에 "城은 大都는 國都의 3分의 1을 넘지 않고, 中都는 5分의 1이고, 小都는 9분의 1이다." 하였는데, 그 註에 "사방 1丈을 堵라 하고 3堵를 雉라 하니, 1雉는 길이가 3丈이고 높이가 1丈이다. 天子의 나라는 千雉이고, 侯와 伯은 300雉이고, 大都는 國城의 3分의 1이어서 百雉를 넘지 않고, 中都는 5分의 1이어서 60雉를 넘지 않고, 小都는 9分의 1이어서 33雉를 넘지 않는다." 하였다.

4) 〔原註〕 有井……都之夫數:禮地官小司徒에 經土地而井牧其田野하야 九夫爲井이요 四井爲邑이요 四邑爲丘요 四丘爲甸이요 四甸爲縣이요 四縣爲都니 以任地事而令貢賦하고 凡稅斂之事라하니라 群書考索曰 周禮所謂夫家之數者는 一夫受田百畝하야 家出一夫而已요 其合居者는 亦惟計其丁壯而用之하야 與別居者無異라하니라

≪周禮≫〈地官 小司徒〉에 "土地를 다스려 田地를 구획해서 혹은 井田을 만들어 경작하고 혹은 牧地를 만들어 牧畜하니, 9夫를 井이라 하고, 4井을 邑이라 하고, 4邑을 丘라 하고, 4丘를 甸이라 하고, 4甸을 縣이라 하고, 4縣을 都라 하는 바, 이로써 농사일을 맡겨 貢物과 부역을 내게 하고 세금 거두는 일을 명령한다." 하였다. ≪群書考索≫에 이르기를 "≪周禮≫에 이른바 '夫家의 數라는 것은 1夫(세대주)가 田地 100畝를 받아서 1가호에서 1夫를 낼 뿐이고 함께 사는 자는 또한 다만 丁壯의 수를 헤아려 동원해서 별거하는 자와 차이가 없다.'는 것이다." 하였다.

5) 〔原註〕 有十乘……萬乘之車數:禮地官小司徒註에 司馬法*)曰 畝百爲夫요 夫三爲屋이요 屋三爲井이요 井十爲通이요 通十爲成이니 革車一乘이요 十成爲終이니 革車十乘이요 十終爲同이니 革車百乘이라하니라 諸侯大國은 一封三百六十六里니 兵車千乘이요 天子畿內는 方千里니 兵車萬乘이라

≪周禮≫〈地官 小司徒〉의 註에 "≪司馬法≫에 이르기를 '100畝를 1夫라 하고, 3夫를 屋이라 하고, 3屋을 井이라 하고, 10井을 通이라 하고, 10通을 成이라 하니 革車 1乘을 내고, 10成을 終이라 하니 革車 10乘을 내고, 10終을 同이라 하니 革車 100乘을 낸다.' 하였다. 諸侯의 大國은 封地가 사방 366리이니 兵車가 千乘이요, 天子의 畿內는 사방 1천 리이니 兵車가 萬乘이다." 하였다.

*) 司馬法:武經 七書의 하나로 春秋時代 齊나라의 名將인 司馬穰苴가 지은 것이다. 司馬穰苴는 본래 姓이 田氏이나 大司馬를 지냈으므로 司馬穰苴라 칭하였다.

6)〔原註〕有伍……軍之制：禮地官小司徒에 五人爲伍요 五伍爲兩이요 四兩爲卒이
요 五卒爲旅요 五旅爲師요 五師爲軍이니 以起軍旅하고 以作田役이라하니라

≪周禮≫〈地官 小司徒〉에 "5人을 伍라 하고, 5伍를 兩이라 하고, 4兩을 卒이
라 하고, 5卒을 旅라 하고, 5旅를 師라 하고, 5師를 軍이라 하니, 이로써 군대를
일으키고 이로써 부역을 낸다." 하였다.

7)〔原註〕有鄕大夫……取士之法：禮에 鄕大夫受敎法于司徒하고 退而頒之于其鄕吏
하나니 三年則大比하야 考其德行道藝하야 而與賢者能者라하니라 記王制에 命鄕
論秀士하야 升之司徒曰選士요 司徒論選士之秀者하야 升之學曰俊士라 樂正이 順
先王詩書禮樂하야 以造士라하니라

≪周禮≫에 "鄕大夫가 가르치는 법을 司徒에게서 받아 가지고 물러가 鄕吏에게
반포해 주니, 3년이면 大比를 하여 德行과 道藝를 상고해서 德이 있는 자와 유
능한 자를 올려 보낸다." 하였다. ≪禮記≫〈王制〉에 "鄕에 명하여 뛰어난 선비를
논평해서 司徒에게 올려 보내는 것을 選士라 하고, 司徒가 選士 중에 빼어난 자
를 논평하여 國學에 올려 보내는 것을 俊士라 한다. 樂正이 先王의 詩・書・禮・
樂을 따라서 선비를 양성한다." 하였다.

8)〔附註〕裁成輔相：易泰卦大象注에 裁成은 謂體天地交泰之道而裁制하야 成其施
爲之方也요 輔相天地之宜는 天地通泰면 則萬物茂遂하나니 人君體之而爲法制하
야 使民用天時, 因地利하야 輔相化育之功하야 成其豐美之利也라

≪周易≫ 泰卦 大象傳 注에 "裁成은 天地가 交泰(서로 통함)하는 道를 체행하
여 裁制해서 시행하는 방법을 이루는 것이고, 天地의 마땅함을 輔相한다는 것은
天地가 通泰하면 만물이 무성하게 이루어지니, 人君이 이것을 체행하여 法制를
만들어서 백성들로 하여금 天時를 따르고 地利를 인하여 化育하는 功을 도와서
풍성하고 아름다운 이익을 이루는 것이다." 하였다.

9)〔通鑑要解〕蕩然：無檢束也니 法度廢壞貌라

蕩然은 檢束함이 없는 것이니, 法度가 해이하고 무너진 모양이다.

10)〔頭註〕敎化：以道業誨人曰敎요 躬行於上하야 風動於下曰化也라

道理와 術業을 가지고 사람을 가르치는 것을 敎라 하고, 몸소 위에서 실천하여
아랫사람을 風動(백성들이 스스로 좋아서 감화됨)함을 化라 한다.

11)〔頭註〕風俗：上所化爲風이요 下所習爲俗이라 又上行下效를 謂之風이요 衆心
安靜을 謂之俗이라

위에서 교화함을 風이라 하고, 아래에서 익히는 것을 俗이라 한다. 또 위에서

행하여 아래에서 본받는 것을 風이라 하고, 여러 사람들의 마음이 편안하게 여김을 俗이라 이른다.

【壬午】二十八年이라

28년(임오 B.C.219)

始皇이 東行郡縣할새 上鄒嶧山[1]하야 立石頌功業하고 上太(泰)山陽[2]至顚(巓)하야 立石頌德하고 從陰道[3]下하야 禪於梁父(보)[4]하다 遂東遊海上이러니 方士徐市(불)等이 上書호되 請得與童男女로 入海하야 求三神山不死藥이라하다 浮江할새 至湘山祠[5]하야 逢大風하야 幾不能渡라 上問 湘君何神고 對曰 堯女舜妻니이다 始皇이 大怒하야 使伐湘山樹하야 赭(자)其山하다

始皇이 동쪽으로 郡縣을 순행할 적에 鄒嶧山에 올라 비석을 세워 功業을 칭송하고, 泰山의 남쪽으로 올라가 정상에 이르러 비석을 세워 德을 칭송하고, 泰山의 북쪽 길을 따라 내려와 梁父에서 禪을 하고는 마침내 동쪽으로 海上에 유람하였다. 이때 方士인 徐市 등이 글을 올려 "童男·童女와 海島에 들어가 三神山의 不死藥을 구해오겠습니다." 하고 청하였다. 〈上이〉 江에 배를 띄워 갈 적에 湘山祠에 이르러 큰 바람을 만나 거의 건널 수가 없었다. 이에 上이 묻기를 "湘君은 어떤 神인가?" 하니, 대답하기를 "堯임금의 딸이고 舜임금의 아내입니다." 하였다. 始皇이 크게 노하여 湘山의 나무를 베어 그 산을 민둥산으로 만들었다.

1) 〔釋義〕 鄒嶧山 : 正義曰 邾嶧山은 一名鄒山이니 在兗州鄒縣南이라 魯繆公이 改邾作鄒하고 遂因縣名山하니라
   ≪史記正義≫에 말하였다. "邾嶧山은 一名 鄒山이니, 兗州 鄒縣 남쪽에 있다. 魯나라 繆公이 邾를 고쳐 鄒라 하고, 마침내 縣을 따라 산을 이름하였다."

2) 〔譯註〕 太山陽 : 산의 남쪽 기슭을 陽이라 한다.

3) 〔譯註〕 陰道 : 산의 북쪽 기슭을 陰이라 한다.

4) 〔釋義〕 禪*)於梁父 : 梁父는 泰山下小山名也니 因以名縣하니 屬泰山郡이라 梁父

는 在兗州泗水縣北八十里하니 父는 音甫라

　梁父는 泰山 아래의 작은 산 이름인데, 산 이름을 따라 縣을 이름하였으니 泰山郡에 속하였다. 梁父는 兗州 泗水縣 북쪽 80리 지점에 있으니, 父는 음이 보이다.

*) 禪 : 泰山 위에 壇을 쌓아 하늘에 제사하는 것을 封이라 하며, 泰山 아래에 땅을 평평히 고르고 后土神에게 제사하는 것을 墠이라 하였는데, 뒤에 墠을 고쳐 禪이라 하였다.

5) 〔譯註〕 湘山祠 : 湘山은 지금의 湖南省 岳陽市 서남쪽 洞庭湖 안에 있는 사당인데, 湘山 남쪽에 있어 湘水에 가까우므로 이렇게 칭한 것이다. 湘山祠는 堯임금의 두 딸이며 舜임금의 두 아내인 娥皇과 女英의 넋을 위로하기 위하여 세운 것으로, 순임금이 남쪽 지방을 순행하다가 蒼梧山에서 별세하자, 이들이 湘江을 건너가지 못하고 통곡하다가 죽었으므로 이들을 湘山에 장례하고 사당을 세운 것이다. 이들은 뒤에 선녀가 되었다 한다.

○ 初에 韓人張良이 父祖以上五世相韓1)이라 韓亡에 良이 欲爲韓報仇러니 始皇이 東遊하야 至陽武博浪沙2)中이어늘 張良이 令力士操鐵椎(퇴)하야 狙擊3)始皇이라가 誤中副車4)라 始皇이 驚하야 求弗得하고 令天下하야 大索十日5)하다

　처음에 韓나라 사람 張良은 父·祖 이상이 5대에 걸쳐 韓나라의 정승이 되었다. 韓나라가 망하자 張良은 韓나라를 위하여 원수를 갚고자 하였다. 始皇이 동쪽 지방을 유람하여 陽武의 博浪沙 가운데에 이르니, 張良이 力士를 시켜 철퇴를 잡고서 始皇을 저격하게 하였으나 잘못하여 副車를 맞추었다. 始皇이 놀라 찾았으나 잡지 못하자, 천하에 명령하여 열흘 동안 크게 수색하게 하였다.

1) 〔頭註〕 五世相韓 : 祖開地 相韓昭侯, 宣惠王, 襄王하고 父平이 相釐王, 桓惠王하야 凡五世라

　張良의 할아버지인 開地가 韓나라의 昭侯·宣惠王·襄王을 도왔고, 아버지인 平이 釐王·桓惠王을 도와 모두 5代에 걸쳐 정승 노릇을 하였다.

2) 〔釋義〕 陽武博浪沙 : 地理志에 陳留에 有陽武縣이라 括地志云 今鄭州陽武東北十八里漢陽武城也니 博浪沙는 在陽武南이라 王氏曰 按輿地要覽컨대 汴梁路延州陽武南에 有博浪沙亭이 是也라

《漢書》〈地理志〉에 "陳留에 陽武縣이 있다." 하였고, 《括地志》에 "지금의 鄭州 陽武 동북쪽 18리 지점이 漢나라 陽武의 옛 城이니, 博浪沙는 陽武 남쪽에 있다." 하였다. 王氏가 말하였다. "《輿地要覽》을 살펴보건대 汴梁路 延州 陽武 남쪽에 博浪沙亭이 있으니, 바로 이곳이다."

3) 〔釋義〕 狙擊 : 狙之伺物에 必伏而候之하니 凡伏而擊者를 謂之狙擊이라
    원숭이가 물건을 엿볼 적에 반드시 엎드려서 기다리니, 무릇 엎드려 있다가 습격하는 것을 일러 狙擊이라고 한다.

4) 〔譯註〕 副車 : 天子의 뒤를 따르는 수레를 이른다.

5) 〔譯註〕 初 韓人張良……大索十日 : 이 책에는 이 단락이 始皇帝 28年條에 나오지만 《資治通鑑》에는 29年條에 보인다.

【丙戌】三十二年이라

32년(병술 B.C.215)

始皇이 巡北邊할새 盧生이 入海還[1]하야 因奏錄圖書[2]曰 亡秦者는 胡也[3]라하야늘 始皇이 乃遣蒙恬하야 發兵三十萬人하야 北伐匈奴하고 收河南地[4]하야 爲四十四縣하고 築長城호되 因地形하야 用制險塞하야 起臨洮[5]하야 至遼東하니 延袤(무)[6]萬餘里라 威振匈奴러라

始皇이 북쪽 변경을 순행할 적에 盧生이 海島에 들어갔다가 돌아와 인하여 錄圖書를 얻었다고 아뢰었다. 그 녹도서에 이르기를 "秦나라를 멸망하게 할 자는 胡이다." 하였다. 始皇이 마침내 蒙恬을 보내어 군대 30만 명을 징발해서 북쪽으로 匈奴를 정벌하고 河南 땅을 거두어 44개 縣을 만들었으며, 長城을 쌓되 地形을 따라 험한 요새를 이용하여 적을 제어해서 臨洮에서 시작하여 遼東에 이르니, 뻗친 길이가 만여 리에 이어져 위엄이 匈奴에 떨쳤다.

1) 〔頭註〕 入海還 : 始皇이 使燕人盧生으로 求古仙人羨(연)門子高也라
    始皇이 燕나라 사람인 盧生으로 하여금 옛 신선인 羨門子高를 찾게 한 것이다.

2) 〔頭註〕 錄圖書[*] : 河圖符命之書와 後世讖緯之書가 始此라
    河圖·符命의 글과 후세의 圖讖書와 緯書가 여기에서 비롯되었다.

*) 錄圖書 : 讖緯書의 일종으로 미래에 대한 예언을 적은 글이다.

3) 〔釋義〕亡秦者胡也^{*)} : 所謂亡秦者胡는 乃胡亥也라

　　이른바 秦나라를 멸망하게 할 자는 胡라는 것은 바로 始皇의 아들인 胡亥이다.

*) 亡秦者胡也 : 鄭玄은 "胡는 胡亥이니, 二世皇帝의 이름이다. 秦나라가 圖讖書를
　　보고 이것이 사람 이름인 줄을 알지 못하고 도리어 북방의 胡를 대비하였다."
　　하였는데, 도참서의 내용은 본래 신빙할 수가 없고 胡를 胡亥라고 한 것도 후인
　　들이 附會한 말이다. 始皇帝가 본래 북방의 胡를 치고자 하였으므로 도참서의
　　내용에 의탁하여 자신의 뜻을 행한 것이라 한다.

4) 〔釋義〕河南地 : 河南은 竝匈奴地니 今亦謂之新秦中이라

　　河南은 모두 匈奴의 땅이니, 지금 또한 이를 일러 新秦中이라 한다.

5) 〔釋義〕臨洮 : 縣臨洮水라 故名臨洮하니 屬隴西郡이라 西魏改岷州하고 隋唐改臨
　　洮郡하고 宋改西和州하니 洮는 音滔라

　　縣이 洮水에 임해 있기 때문에 臨洮라 이름한 것이니, 隴西郡에 속하였다. 西魏
　　때 岷州로 고치고, 隋·唐 때에는 臨洮郡으로 고치고, 宋나라 때에는 西和州로
　　고쳤으니, 洮는 음이 도(조)이다.

6) 〔釋義〕延袤 : 延은 長行也요 南北曰袤라

　　延은 길게 늘어선 행렬이며, 남북의 길이를 袤라 한다.

【戊子】三十四年이라

34년(무자 B.C.213)

丞相李斯上書曰 異時에 諸侯竝爭하야 厚招遊學이러니 今天下已定에 法令이
出一하니 百姓當家則力農工하고 士則學習法令이어늘 今諸生이 不師今而學
古하야 以非當世하고 惑亂黔首하며 相與非法敎¹⁾하야 人聞令下면 則各以其學
議之하야 入則心非²⁾하고 出則巷議하야 誇主以爲名하고 異趣以爲高하야 率群
下以造謗하니 如此弗禁이면 則主勢降乎上하고 黨與成乎下리니 禁之便하니이다
臣은 請史官이 非秦記어든 皆燒之³⁾하고 非博士官所職이요 天下에 有藏詩書
百家語者어든 皆詣守尉⁴⁾하야 雜燒之하고 有偶語詩書者어든 棄市⁵⁾하고 以古

非今者는 族⁶⁾하고 所不去者는 醫藥卜筮種樹之書요 若欲有學法令이어든 以 吏爲師라한대 制曰可⁷⁾라하다

丞相 李斯가 글을 올리기를 "지난날 諸侯들이 함께 다투어서 遊學(遊說)하는 자를 후하게 초청하였는데, 지금 천하가 이미 평정되어 法令이 하나로 나오니, 백성들이 집안을 담당하면 농사와 공업에 힘쓰고 선비는 法令을 배워 익혀야 할 것입니다. 그런데 이제 諸生들이 지금 것을 스승 삼지 않고 옛것을 배워 當世를 비난하고 백성들을 미혹시키고 혼란하게 하며, 서로 더불어 법과 敎令을 비난합니다. 그리하여 사람들이 명령이 새로 내렸다는 말을 들으면 각기 자신이 배운 것을 가지고 비판하여 들어가서는 마음으로 그르다 하고 나와서는 골목에서 모여 비판해서, 군주에게 과시함으로써 명예를 삼고 취향을 달리함으로써 고상함을 삼아 아랫사람들을 유도하여 비방을 만들어내니, 이와 같이 하는 것을 금하지 않으면 군주의 권세가 위에서 내려가고 黨與가 아래에서 이루어질 것이니, 이것을 금하는 것이 편리합니다.

신은 청컨대 史官이 〈보관하고 있는 책들 중에〉 秦나라의 기록이 아니면 모두 불태우고, 博士의 관직을 맡은 자가 아니면서 천하에 詩書와 百家의 서적을 보관한 자가 있으면 모두 守와 尉에게 나아가서 모두 불태우게 하고, 두 사람 이상이 모여서 詩書를 말하는 자가 있으면 棄市하고, 옛날 법을 가지고 지금을 비판하는 자는 三族을 멸하며, 없애지 않을 것은 醫藥 · 卜筮 · 種樹(곡식과 나무 심는 방법)에 대한 책이고 만약 法令을 배우고자 하는 자가 있으면 관리로 스승을 삼게 하소서." 하니, 制하기를 "좋다." 하였다.

1) 〔頭註〕非法敎 : 敎句라 李斯傳에 作相與非法敎之制라
　敎에서 句를 뗀다. ≪史記≫ 〈李斯列傳〉에는 '서로 더불어 법과 敎令의 制를 비난하다.〔相與非法敎之制〕'로 되어 있다.
2) 〔譯註〕心非 : 겉으로는 순종하나 마음속으로는 비난함을 이른다.
3) 〔譯註〕請史官……皆燒之 : 秦나라의 역사 기록이 아닌 列國들의 史記를 모두 불태운 것이다.
4) 〔頭註〕守尉 : 守는 掌治其郡하고 尉는 掌佐守典武職甲卒이라 百官志에 大郡曰守요 小郡曰尉라

守는 郡을 맡아 다스리고, 尉는 守를 보좌하여 무관의 일과 甲兵을 맡았다. ≪後漢書≫〈百官志〉에 "큰 郡을 守라 하고, 작은 郡을 尉라 한다." 하였다.

5) 〔釋義〕棄市：刑人於市하야 與衆棄之라 故令律에 謂絞刑爲棄也라

시장에서 사람을 형벌하여 뭇사람들과 함께 그 시체를 버렸다. 그러므로 律令에 絞刑을 일러 棄라 하였다.

6) 〔釋義〕族：謂滅族이라

族은 滅族함을 이른다.

7) 〔通鑑要解〕制曰可：群臣有所奏請이면 尙書奉之하야 下有司曰制요 天子答曰可라

여러 신하들이 奏請할 일이 있으면 尙書가 이것을 받들어 올려서 有司에게 내리는 것을 制라 하고 天子가 답하는 것을 可라 하였다.

蘇東坡曰 昔者에 嘗怪李斯事荀卿[1]이라가 旣而滅其書하고 大變古先聖王之法하야 於其師之道에 不啻若寇讎러니 及今觀荀卿之書然後에 知李斯之所以事秦者가 皆出於荀卿而不足怪也로라 荀卿者는 喜爲異說而不遜하고 敢爲高論而不顧者也라 子思孟軻는 世之所謂賢人君子也어늘 荀卿獨曰 亂天下者는 子思孟軻也라하니 天下之人如此其衆也요 仁人義士如此其多也어늘 荀卿獨曰 人性惡하니 桀紂는 性也요 堯舜은 僞也라하니라 由是觀之하면 意其爲人이 必也剛愎(퍅)不遜而自許太過하고 彼李斯者는 又特甚者耳라 彼見其師歷詆天下之賢人하야 以自是其愚하고 以爲古先聖王이 皆無足法者라하니 不知荀卿이 特以快一時之論이요 而荀卿亦不知其禍之至於此也라 其父殺人報仇하면 其子必且行劫하나니 荀卿이 明王道하고 述禮樂이어늘 而李斯以其學亂天下하니 其高談異論이 有以激之也라 孔孟之論은 未嘗異也로되 而天下卒無有及者하니 苟天下果無有及者면 則尙安以求異爲哉리오

蘇東坡가 말하였다.

"나는 옛날에 일찍이 李斯가 荀卿을 事師하다가 이윽고 그 책을 없애고 옛날 聖王의 법을 크게 바꾸어 스승의 도를 원수처럼 여길 뿐만이 아님을 이상하게 여겼는데, 이제 荀卿의 책을 본 뒤에야 李斯가 秦나라를 섬긴 방법이 모두 荀卿에게서 나온 것이어서 이상하게 여길 것이 없음을 알게 되었다. 荀卿이란 자는 異說을 하기 좋아하여 공손하지 못하였고 과감하게 高談峻論을

하여 돌아보지 않은 자이다. 子思와 孟軻는 세상의 이른바 賢人 君子인데 荀卿이 홀로 말하기를 '천하를 어지럽힌 자는 子思와 孟軻이다.'라고 하였고, 천하의 사람들이 이렇게 많고 仁人과 義士가 이렇게 많은데 荀卿이 홀로 말하기를 '人性은 악하니, 桀·紂는 本性대로 하였고 堯·舜은 거짓이다.'라고 하였다. 이로 말미암아 관찰해보면 생각하건대 그의 사람됨이 반드시 까다롭고 괴팍하여 공손하지 못해서 스스로 허여함이 너무 지나쳤고, 저 李斯란 자는 특히 더 심한 자라고 여겨진다. 저 李斯는 그 스승이 천하의 賢人을 차례로 비방하여 스스로 자신의 어리석음을 옳다고 하는 것을 보고는 옛 聖王들을 모두 본받을 것이 없다고 여겼으니, 李斯는 荀卿이 다만 一時의 의론을 쾌하게 하였음을 알지 못하였고, 荀卿 또한 그 화가 여기에 이를 줄을 알지 못하였다. 아버지가 사람을 죽여 원수를 갚으면 그의 자식이 반드시 장차 劫掠을 행하나니, 荀卿이 王道를 밝히고 禮樂을 기술하였는데 李斯가 그의 학문으로 천하를 어지럽혔으니 그 高談과 異論이 激發함이 있었던 것이다. 孔子와 孟子의 議論은 일찍이 특이하지 않았으나 천하에 끝내 그에 미칠 수 있는 자가 있지 않으니, 만일 천하에 과연 그에 미칠 수 있는 자가 없다면 오히려 어찌 특이함을 구할 필요가 있겠는가."

1) 〔頭註〕 荀卿 : 名은 況이니 云荀卿者는 時人尊重之號라
　　荀卿은 이름이 況이니, 荀卿이라고 말한 것은 당시 사람들이 높인 칭호이다.

【己丑】三十五年이라

35년(기축 B.C.212)

使蒙恬으로 除直道1)호되 道九原2)하야 抵雲陽3)하야 塹山堙(인)谷4)하니 千八百里라 數年不就러라

蒙恬을 시켜 直道를 다스리게 하되 九原에서 시작하여 雲陽에 이르러 산을 파서 골짜기를 메우니, 길이가 1,800리였다. 여러 해가 지나도 이루지 못하였다.

1) 〔釋義〕除直道：除는 治也라 括地云 秦故道在慶州華池縣西四十五里子午山上하 니 自九原으로 至雲陽히 千八百里라

   除는 다스림이다. ≪括地志≫에 이르기를 "秦나라의 옛길이 慶州 華池縣 서쪽 45리 지점인 子午山 위에 있으니, 九原으로부터 雲陽에 이르기까지 1,800리이 다." 하였다.

2) 〔釋義〕道九原：道는 由也라 括地云 勝州(九原)〔連谷〕縣이 本秦九原郡이니 今豐 州是라

   道는 부터(시작)이다. ≪括地志≫에 이르기를 "勝州 連谷縣은 본래 秦나라 九 原郡이니 지금 豐州가 이곳이다." 하였다.

3) 〔釋義〕抵雲陽：抵는 至也라 括地云 今京兆雲陽縣이라

   抵는 이름이다. ≪括地志≫에 이르기를 "지금 京兆 雲陽縣이다." 하였다.

4) 〔釋義〕塹山堙谷：塹은 阬也요 堙은 塞也라

   塹은 구덩이를 파는 것이고, 堙은 막는 것이다.

○ 始皇이 以爲咸陽人多하고 先王之宮廷小라하야 乃營作朝宮渭南上林苑 中할새 先作前殿阿房[1]하니 東西五百步요 南北五十丈이라 上可以坐萬人이요 下可以建五丈旗라 周馳爲閣道[2]호되 自殿下로 直抵南山하고 表南山之顚 (巓)하야 以爲闕[3]하고 爲複道[4]호되 自阿房渡渭하야 屬(촉)之咸陽하니 以象天 極閣道絶漢抵營室[5]也라 隱宮徒刑者[6] 七十餘萬人이라 乃分作阿房宮하 고 或作驪山[7]할새 發北山石槨[8]하고 寫(瀉)蜀[9], 荊地材하야 皆至하니 關中[10] 에 計宮三百이요 關外에 四百餘라 於是에 立石東海上胸界中하야 以爲秦東門 하고 因徙三萬家驪邑[11]하고 五萬家雲陽하야 皆復[12]하야 不事十歲하다

   始皇이 "咸陽에는 사람이 많고 先王의 宮廷이 작다." 하여, 마침내 朝宮을 渭水 남쪽 上林苑 가운데에 지을 적에 먼저 前殿(앞 궁전)인 阿房宮을 지으 니, 東西가 500步이고 南北이 50丈이어서 위에는 만 명이 앉을 수 있고 아 래에는 5丈의 깃발을 세울 수 있었다. 빙둘러 閣道(複道)를 만들되 궁전 아 래로부터 곧바로 南山에 이르게 하고, 南山의 꼭대기를 표하여 대궐문을 만

들고, 複道를 만들되 阿房宮으로부터 渭水를 건너가 咸陽에 연결하게 하니, 이는 天極(北極星)의 閣道星이 漢(은하수)을 건너 營室星에 이름을 형상한 것이었다.

隱宮(宮刑)과 徒刑을 당한 자가 70여만 명이었으므로 마침내 이들을 나누어 阿房宮을 짓고 혹은 驪山을 만들게 할 적에 北山의 石槨을 파오고 蜀·荊 지방의 재목을 실어와서 모두 이르니, 關中에 있는 궁궐을 세어보면 300개이고 關外에 있는 궁궐이 400여 개였다. 이에 東海 가에 있는 朐縣 경계 가운데에 돌을 세워 秦나라의 東門으로 삼고, 인하여 3만 가호를 驪邑에 이주시키고 5만 가호를 雲陽에 이주시켜 모두 부역을 면제하여 10년 동안 일(부역)하지 않게 하였다.

1) 〔釋義〕阿房 : 初에 秦惠文王이 作宮阿基房이라가 未成而亡이러니 始皇이 廣其宮規하야 恢三百餘里하니라 房은 一作旁하고 或讀如房室之房이라 阿는 曲也니 言殿之四阿 皆爲房이라 一說에 大陵曰阿니 言殿高若於阿上爲房이라 括地云 阿房宮은 亦曰阿城이니 在雍州長安西北三十四里라 宮在上林苑中하니 雍州郭(州)〔城〕西南面이 卽宮城東面也라

처음에 秦나라 惠文王이 阿基房에 궁궐을 짓다가 완성하지 못하고 죽었는데, 始皇이 그 궁궐의 규모를 키워 300여 리를 넓혔다. 房은 一本에는 旁으로 되어 있고, 혹 房室의 房과 같이 읽는다. 阿는 모퉁이이니, 궁전의 네 모퉁이가 모두 房이 됨을 말한 것이다. 一說에 큰 언덕을 阿라 하니, 궁전의 높음이 큰 언덕 위에 방을 만든 것과 같음을 말한 것이다. ≪括地志≫에 이르기를 "阿房宮은 또한 阿城이라고도 하니, 雍州 長安 서북쪽 34리 지점에 있다." 하였다. 궁궐이 上林苑 가운데에 있으니, 雍州의 郭城 서남쪽이 바로 阿房宮城의 동쪽이다.

2) 〔頭註〕閣道 : 架木爲棚而行을 名閣道라

나무를 가설하여 棚(시렁이나 선반과 같은 모양을 한 것)을 만들어 사람들이 다닐 수 있게 한 것을 閣道라고 한다.

3) 〔附註〕闕 : 門觀也니 人臣至此하면 思其所闕이라 爲二臺於門外하고 作樓觀於上하니 以其懸法이라하야 謂之象魏라 象은 治象也요 魏者는 狀其巍然高大하니 使民觀之하야 因謂之觀하니 是觀與象魏一物而三名이라 又闕은 缺也니 兩觀雙植하고 中央闕然而爲道라 故謂之闕이니 宮門, 寢門, 冢門을 皆曰闕이라

闕은 門觀이니, 신하가 여기에 이르면 빠뜨린 것을 생각한다 하여 이름한 것이

다. 문밖에 두 臺를 세우고 그 위에 樓觀을 지으니, 여기에 法令을 게시한다 하여 象魏라 이름한다. 象은 治象(옛날에 政敎와 法令을 기재하는 문자)이요, 魏는 巍然히 높고 큼을 형상하니, 백성들로 하여금 이 法令을 보게 하고 인하여 觀이라 이름하였으니, 觀과 象과 魏는 한 물건이면서 명칭이 세 가지인 것이다. 또 闕은 빠뜨림이니 두 觀을 양쪽에 세우고 中央은 비워서 길을 만들기 때문에 이를 일러 闕이라고 하니, 宮門·寢門·冢門을 모두 闕이라고 한다.

4) 〔釋義〕複道: 複은 音福이니 重復也라 〔頭註〕架起爲道하야 不與民庶相雜하고 天子自行其上하며 有私路處엔 則作穴竇處如城門하야 百姓自其中往來라

〔釋義〕複은 음이 복이니, 중복함이다. 〔頭註〕複道는 나무를 가설하여 길을 만들어서 庶民들과 서로 뒤섞이지 않게 하고 天子만이 그 위로 다녔으며, 사사로운 길이 있는 곳에는 구멍을 내어 城門처럼 만들어서 백성들이 그 가운데로 왕래하였다.

5) 〔釋義〕天極閣道絶漢抵營室*): 營室은 星名이라 天官書曰 天極紫宮後十七星이 絶漢抵營室을 曰閣道하니 閣道者는 星名也니 北斗輔也라

營室은 별 이름이다. ≪史記≫〈天官書〉에 이르기를 "天極(북극성)의 紫微宮 뒤에 위치한 17개의 별이 은하수를 건너 營室星에 이른 것을 閣道라 한다." 하였다. 閣道는 별 이름이니, 北斗星의 左輔이다.

*) 天極閣道絶漢抵營室: 漢은 은하수이고 營室은 일명 定星으로, 음력 10월 초저녁에 이 별이 남쪽 하늘에 나타나는데, 이때 백성을 부역시켜 집을 지을 수 있다 하여 營室이라고 이름한 것이다.

6) 〔原註〕隱宮徒刑者: 宮刑在於隱室이라 故曰隱宮也라 〔釋義〕宮은 淫刑也니 男子割勢하고 婦人幽閉하니 次死之刑이라 正義曰 餘刑은 見於市朝로되 宮刑은 一百日을 隱於蔭室養之라야 乃可라 故曰隱宮이니 下蠶室이 是也라 徒刑은 徒奴役也니 以罪供徭作이라

〔原註〕宮刑을 받은 자는 어두운 방에 있으므로 隱宮이라고 한 것이다. 〔釋義〕宮은 음란한 자에게 내리는 형벌이니 男子는 거세하고 婦人은 幽閉하는 바, 사형의 다음 형벌이다. ≪史記正義≫에 "나머지 형벌은 市朝에서 보이게 하나 宮刑은 백일 동안 그늘진 방에 숨어서 요양해야 하므로 隱宮이라고 한 것이니, 蠶室에 가두는 것이 이것이다." 하였다. 徒刑은 죄수로 노역하는 것이니, 죗값으로 徭役에 이바지하게 하는 것이다.

7) 〔釋義〕驪山: 在雍州新豐南하니 古驪戎國이라 驪는 舊音黎러니 或音力知反이라

驪山은 雍州 新豐 남쪽에 있으니, 옛날 驪戎國이다. 驪는 옛 음이 려인데, 혹은 음을 力知反(리)로 읽는다.

8) 〔頭註〕 發北山石槨*) : 美石이 出於京兆北山하니 細密하야 可爲棺槨故로 云石槨이라

아름다운 돌이 京兆의 北山에서 나오니, 石質이 세밀하여 棺槨을 만들 수 있기 때문에 石槨이라 한 것이다.

*) 發北山石槨 : 혹은 槨을 衍字로 보기도 한다.

9) 〔釋義〕 寫蜀 : 舍車解馬爲寫니 或作卸(사)라

수레를 멈추고 말을 풀어놓는 것을 寫라고 하니, 혹은 卸로 되어 있다.

10) 〔頭註〕 關中 : 東有函谷關하고 南有嶢關武關하고 北有蕭關하고 西有散關하야 居四關之中故로 名이라

동쪽에는 函谷關이 있고 남쪽에는 嶢關과 武關이 있고 북쪽에는 蕭關이 있고 서쪽에는 散關이 있어, 네 관문의 가운데에 있기 때문에 關中이라 이름한 것이다.

11) 〔譯註〕 因徙三萬家驪邑 : 驪邑은 시황제의 능이 있는 곳이다. 漢나라는 임금이 즉위하면서 바로 山陵을 만들었는데, 백성들을 능 곁에 이주시켜서 읍을 만든 것은 모두 秦나라의 제도이다.

12) 〔釋義〕 復 : 除其賦役이라

復은 그 賦役을 면제해 주는 것이다.

○ 侯生. 盧生이 相與譏議始皇하고 因亡去어늘 始皇이 聞之하고 大怒曰 盧生等을 朕이 尊賜之甚厚러니 今乃誹謗我로다 諸生在咸陽者를 吾使人廉問호니 或爲妖言하야 以亂黔首라하고 於是에 使御史로 悉按問諸生하니 諸生이 傳相告引하야 乃自除하니 犯禁者四百六十餘人이라 皆坑之咸陽하다 始皇長子扶蘇諫曰 諸生이 皆誦法孔子어늘 今上이 皆重法繩之하시니 臣은 恐天下不安일까하노이다 始皇이 怒하야 使扶蘇로 北監蒙恬軍於上郡하다

侯生과 盧生이 서로 始皇을 譏議(비난)하고 인하여 도망가니, 始皇이 이 말을 듣고 크게 노하여 말하기를 "盧生 등을 朕이 높여 주고 하사하기를 매우 후하게 하였는데, 이제 마침내 나를 비방하는구나. 諸生으로서 咸陽에 있는 자를 내가 사람을 시켜 염탐해 물어보니, 혹 요망한 말을 하여 백성을 어

지럽힌다." 하고, 이에 御史로 하여금 諸生들을 모두 조사하여 묻게 하니, 諸生들이 돌아가며 서로 끌어들여 고발해서 마침내 자신의 죄를 면제하였다. 그리하여 法禁을 범한 자가 460여 명이었는데 이들을 모두 咸陽에 파묻어 죽였다.

始皇의 長子인 扶蘇가 간하기를 "諸生들이 모두 孔子를 외고 본받는데 이제 上께서 모두 중한 법으로 다스리시니, 신은 천하가 불안해할까 두렵습니다." 하자, 始皇이 노해서 扶蘇로 하여금 북쪽으로 蒙恬의 군대를 上郡에서 감독하게 하였다.

〔史略 史評〕 盧陵劉氏曰 秦所以亡은 以立少子胡亥也요 胡亥所以得立은 以長子扶蘇在外也요 扶蘇所以在外는 以諫坑儒也라 然則秦亡之禍가 自坑儒始하니 天道亦昭昭哉인저

盧陵劉氏(劉義眞)가 말하였다.

"秦나라가 멸망한 까닭은 少子인 胡亥를 세웠기 때문이요, 胡亥가 설 수 있었던 까닭은 長子인 扶蘇가 외지에 있었기 때문이요, 扶蘇가 외지에 있었던 까닭은 선비들을 구덩이에 묻어 죽이는 것을 간하였기 때문이었다. 그렇다면 秦나라가 멸망한 화는 선비들을 구덩이에 묻어 죽인 데에서 비롯된 것이니, 天道가 또한 분명하다 할 것이다."

【辛卯】三十七年이라

37년(신묘 B.C.210)

冬十月에 始皇이 出遊할새 左丞相斯從하고 少子胡亥最愛러니 請從이어늘 上이 許之하다 西至平原津[1]而病하야 秋七月丙寅에 始皇이 崩於沙丘平臺[2]하다 丞相斯爲上崩在外하니 恐諸公子及天下有變이라하야 乃秘之하야 不發喪하고 獨胡亥·趙高及幸宦者五六人이 知之러라 趙高乃與丞相斯謀하고 詐爲受始皇詔라하야 立胡亥爲太子하고 更(경)爲書[3]하야 賜扶蘇하야 數[4]以不能闢地立功

하고 上書誹謗하며 將軍恬은 不矯正하니 知其謀라하야 皆賜死한대 扶蘇自殺이라
胡亥至咸陽하야 發喪襲位하고 九月에 葬始皇於驪山下하다

겨울 10월에 始皇이 나가 유람할 적에 左丞相 李斯가 수행하고, 少子인 胡
亥가 가장 총애를 받았는데 수행할 것을 청하자 上이 이를 허락하였다. 서쪽
으로 平原津에 이르러 병이 들어 가을 7월 병인일에 始皇이 沙丘의 平臺에서
崩하였다. 丞相 李斯는 上의 승하가 밖에 있으니 여러 公子와 천하에 변란이
있을까 두렵다 하여, 마침내 이를 숨겨 喪을 발표하지 않고 다만 胡亥와 趙
高 및 총애하는 宦官 5, 6명만이 이것을 알았다.

趙高가 마침내 승상 李斯와 모의하고 거짓으로 始皇의 詔命을 받았다 하여
胡亥를 세워 太子로 삼고, 다시 편지를 조작해서 扶蘇에게 내려 '땅을 개척하
여 공을 세우지 못하고 글을 올려 비방하였다.'고 數罪하였으며, 장군 蒙恬은
이것을 바로잡지 않았으니 그 計謀를 알았을 것이라 하여 모두 賜死하니, 扶
蘇가 자살하였다. 胡亥가 咸陽에 이르러 喪을 발표하고 皇帝의 지위를 세습
하고, 9월에 始皇을 驪山 아래에 장례하였다.

1) 〔釋義〕平原津 : 平原은 地名이라 水經云 濁河東北過高唐이라하니 按高唐卽平原
   이니 在河西라 漢置平原郡하야 屬青州하니 今德州是라
    平原은 지명이다. ≪水經≫에 이르기를 "濁河가 동북쪽으로 高唐을 지난다." 하
   였으니, 살펴보건대 高唐이 바로 平原이니 河西에 있다. 漢나라 때 平原郡을 두
   어 青州에 속하였으니, 지금의 德州가 이곳이다.
2) 〔譯註〕沙丘平臺 : ≪史記正義≫에 이르기를 "始皇이 沙丘의 궁궐 平臺의 가운데
   에서 崩하였다.〔始皇崩在沙丘之宮平臺之中〕"라고 하였는 바, 沙丘는 원래 지명
   인데 인하여 궁궐의 이름으로 사용한 것이다.
3) 〔通鑑要解〕更爲書 : 更은 改也라 始皇至平原津而病하니 始皇惡言死하야 群臣
   莫敢言死라 病益甚한대 迺令中書府令으로 行符璽事하다 趙高爲書하야 賜扶蘇
   曰 與喪하야 會咸陽而葬하라하더니 未付使者하야 始皇崩이라 後에 趙高迺言斯
   曰 上賜長子書及符璽가 皆在胡亥所하니 定太子皆在君侯與高之口耳라 事將何
   爲오 斯曰 安得亡國之言고 非人臣所當議也니라 趙高固請하니 斯許之하야 更爲
   書하니라

更은 고침이다. 始皇이 平原津에 이르러 병이 드니, 始皇은 죽음에 대해 말하기 싫어하여 신하들이 감히 죽음을 말하지 못하였다. 병이 더욱 심해지자 中書府令인 趙高로 하여금 符璽의 일을 맡게 하였다. 趙高가 始皇의 편지를 만들어 扶蘇에게 내리기를 "喪에 참여하여 咸陽에서 모여 장례하라." 하였는데, 이 편지를 使者에게 주기 전에 始皇이 죽었다. 뒤에 趙高가 李斯에게 말하기를 "上께서 長子에게 내리신 편지와 符璽가 모두 胡亥의 처소에 있으니, 太子를 정하는 것은 君侯와 이 趙高의 입에 모두 달려 있습니다. 이 일을 장차 어떻게 하겠습니까?"라고 하자, 李斯는 말하기를 "어찌 나라를 망칠 말을 한단 말인가. 이는 신하가 의논할 바가 아니다."라고 하였다. 趙高가 굳이 청하자, 李斯가 이를 허락하여 편지를 고쳐서 만든 것이다.

4) 〔釋義〕 數 : 謂以一二而記之라

　　數는 〈죄목을〉 하나, 둘 세어서 열거함을 이른다.

蘇東坡曰 李斯佐始皇하야 定天下하니 不可謂不智라 扶蘇는 親始皇子니 秦人이 戴之久矣라 陳勝이 假其名하야도 猶足以亂天下하고 而蒙恬이 持重兵在外하니 使扶蘇不卽受誅而復請之면 則斯高無遺類矣어늘 以斯之智로 而不慮此는 何哉오 曰 嗚呼라 秦之失道가 有自來矣니 豈獨始皇之罪리오 自商鞅變法으로 以誅死爲輕典하고 以參夷爲常法하야 人臣이 狼顧脅息[1]하야 以得死爲幸하니 何暇復請이리오 方其法之行也에 求無不獲하고 禁無不止하니 鞅自以爲軼堯舜而駕湯武矣러니 及其出亡而無所舍然後에 知爲法之弊하니 夫豈獨鞅悔之리오 秦亦悔之矣리라 荊軻之變에 持兵者熟視始皇環柱而走하고 莫之救者는 以秦法重故也라 李斯之立胡亥에 不復忌扶蘇者는 知威令之素行하야 而臣子不敢復請也요 扶蘇之不敢請은 亦知始皇之鷙悍而不可回也니 豈料其僞也哉아 周公曰 平易近民이면 民必歸之라하시고 孔子曰 有一言而可以終身行之는 其恕矣乎인저하시니 夫以忠恕爲心하고 而以平易爲政이면 則上易知而下易達하야 雖有賣國之姦이라도 無所投其隙하야 倉卒之變이 無自發焉이라 然이나 其令行禁止는 蓋有不及商鞅者矣어늘 而聖人이 終不以彼易此라 商鞅이 立信於徙木하고 立威於棄灰[2]하고 刑其親戚師傅하야 積威信之極하니 以及始皇하야는 秦人이 視其君을 如雷電鬼神하야 不可測也라 古者에 公族有罪면 三宥然後制刑이어

늘 今至使人矯殺其太子而不忌하고 太子亦不敢請하니 則威信之過也라 故로
夫以法毒天下者는 未有不反中其身, 及其子孫者也니라

蘇東坡가 말하였다.

"李斯가 始皇을 보좌하여 천하를 평정하였으니, 지혜롭지 않다고 말할 수
없다. 扶蘇는 秦始皇의 친자식이니, 秦나라 사람들이 떠받든 지가 오래되었
다. 陳勝이 그 이름만 빌리고서도 오히려 천하를 어지럽힐 수 있었고, 蒙恬
이 막강한 군대를 보유하고 밖에 있었으니, 만일 扶蘇가 죽임을 즉시 받아들
이지 않고 다시 청했더라면 李斯와 趙高는 남은 무리가 없었을 것이다. 그런
데 李斯의 지혜로 이것을 염려하지 않은 것은 어째서인가. 아! 秦나라가 道
를 잃은 것은 유래가 있으니, 이 어찌 다만 始皇의 죄이겠는가. 商鞅이 법을
변경한 뒤로부터 사람을 죽이는 것을 가벼운 법으로 여기고 三族을 멸하는
것을 일상적인 법으로 여겨서, 신하들이 경계하고 두려워하여 이리처럼 돌아
보고 숨을 죽여 제대로 죽는 것을 요행으로 여겼으니, 어느 겨를에 다시 청
하였겠는가. 그 법이 행해질 때에는 바라는 바를 얻지 못함이 없고 禁令이
그치지 않음이 없었으니, 商鞅은 스스로 堯·舜을 능가하고 湯·武를 능가한
다고 여겼는데, 도망하여 달아나서 머물 곳이 없음에 이른 뒤에야 자신이 만
든 법의 폐단을 알았으니, 어찌 다만 商鞅만 후회하였겠는가. 秦나라 또한
후회했을 것이다.

荊軻의 변고에 병기를 잡고 있는 자가 秦始皇이 기둥을 잡고 빙빙 도는 것
을 눈여겨 보고도 구원하는 자가 없었던 것은 秦나라의 법이 무거웠기 때문
이다. 李斯가 胡亥를 세울 적에 다시 扶蘇를 꺼리지 않았던 것은 위엄 있는
명령이 평소에 행해져서 臣子가 감히 다시 청하지 못할 줄을 알았기 때문이
요, 扶蘇가 감히 다시 청하지 못한 것도 始皇이 사나워서 되돌릴 수 없음을
알았기 때문이니, 어찌 거짓임을 헤아릴 수 있었겠는가.

周公이 말씀하기를 '평이하게 하여 백성을 가까이하면 백성들이 반드시 돌
아온다.' 하였고, 孔子가 말씀하기를 '한 마디 말로써 종신토록 행할 수 있는
것은 恕일 것이다.' 하였으니, 忠恕를 마음으로 삼고 평이하게 정사를 한다면
윗사람이 알기 쉽고 아랫사람이 통달하기 쉬워서 비록 나라를 팔아먹는 奸臣

이 있더라도 그 틈에 낄 곳이 없어서 창졸간의 변란이 말미암아 생길 수가 없는 것이다. 그러나 명령이 행해지고 禁令이 그쳐짐은 商鞅에게 미치지 못함이 있었으나 그런데도 聖人이 끝내 저것을 가지고 이것과 바꾸지 않았다. 商鞅이 나무를 옮기는 데에서 신의를 세우고 재〔灰〕를 버리는 데에서 위엄을 세우며 군주의 친척과 사부를 형벌하여 위엄과 신의를 지극히 쌓았는데, 始皇에 이르러서는 秦나라 사람들이 군주를 보기를 우레와 벼락과 귀신처럼 여겨서 측량할 수가 없었다. 옛날에는 公族이 죄를 저지르면 세 번 용서해 준 뒤에 형벌하였는데, 지금은 사람으로 하여금 황제의 명령을 사칭하여 태자를 죽이면서도 꺼리지 않고 태자 또한 감히 다시 청하지 못하게 하였으니, 이는 위엄과 신의가 지나친 것이다. 그러므로 법으로써 천하에 해독을 끼치는 자는 해독이 도리어 자기 몸에 적중되고 그 자손에게 미치지 않는 자가 있지 않은 것이다.”

1) 〔頭註〕狼顧脅息 : 狼은 性㥘하야 走善回顧하니 言恐也요 脅息은 言不能息이라
　이리는 성질이 겁이 많아 달리면서 뒤를 잘 돌아보니, 狼顧는 두려움을 말한 것이고, 脅息은 숨을 제대로 쉬지 못함을 말한 것이다.
2) 〔譯註〕立威於棄灰 : 商鞅은 재를 길바닥에 버리는 자에게 棄市刑을 가하였으므로 말한 것이다.

二世皇帝※ 名胡亥니 在位三年이요 壽二十四라

二世皇帝는 이름이 胡亥이니, 재위가 3년이고 壽가 24세이다.

※ 繁刑重役하고 誅殺任情하야 罪盈怨積하여 而天下叛之라 在位三年에 爲趙高所殺하고 立子嬰爲王이러니 凡四十六日而降于漢하니라

二世皇帝는 형벌을 많이 내리고 부역을 무겁게 하며 형벌하고 죽이는 것을 자기 마음대로 하여 죄가 가득 차고 원망이 쌓여서 천하가 배반하였다. 그리하여 在位 3년 만에 趙高에게 죽임을 당했고, 子嬰을 세워 왕으로 삼았는데, 모두 46일 만에 漢나라에 항복하였다.

【壬辰】元年이라

元年(임진 B.C.209)

春에 二世東行郡縣하고 夏至咸陽하야 謂趙高曰 人生世間이 譬猶騁六驥過決隙也라 吾欲悉耳目之所好하고 窮心志之所樂하야 以終吾年壽하노니 可乎아 趙高曰 陛下嚴法而刻刑하사 盡除先帝之故臣하시고 更(경)置陛下之所親信하시면 則高枕肆志寵樂矣리이다 二世然之하야 乃更爲法律하야 務益刻深하니 大臣諸公子有罪면 輒僇死라 〈出李斯傳〉

봄에 二世가 동쪽으로 郡縣을 순행하고 여름에 咸陽에 이르러 趙高에게 이르기를 "사람이 세상에 사는 것은 비유하면 여섯 필의 驥馬를 달려 작은 틈을 지나가는 것과 같이 빠르다. 나는 귀와 눈의 좋아하는 바를 다하고 마음과 뜻의 즐거워하는 바를 다하여 나의 年壽(수명)를 마치고자 하니, 이것이 可하겠는가?"하니, 趙高가 말하였다. "폐하께서 법을 엄하게 하고 형벌을 까다롭게 하여 先帝의 옛 신하들을 모두 제거하시고, 폐하께서 친애하고 믿는 사람으로 바꾸어 두신다면 베개를 높게 하고 마음을 펴고 영광과 즐거움을 누릴 것입니다."

二世가 그의 말을 옳게 여기고 마침내 법률을 변경하여 되도록 더욱 까다롭고 심하게 하니, 大臣과 公子들이 죄가 있으면 번번이 죽음을 당하였다. -《史記 李斯傳》에 나옴 -

○ 復作阿房宮할새 盡徵材士[1]五萬人하야 屯衛咸陽하다

다시 阿房宮을 지을 적에 才士 5만 명을 징발해서 咸陽에 주둔하여 호위하게 하였다.

1) 〔釋義〕材士 : 有材多力之士也라
   재주가 있고 힘이 많은 용사이다.

○ 秋에 陽城人陳勝과 陽夏人吳廣이 起兵於蘄(기)하다 是時에 發閭左하야 戍漁陽[1]할새 九百人이 屯大澤鄕[2]하고 勝, 廣[3]이 皆爲屯長[4]이러니 會에 天大雨하야 道不通이라 度(탁)已失期하고 乃召令徒屬曰 公等이 皆失期하니 當斬이라 且 壯士不死則已어니와 死則擧大名耳니 王侯將相이 寧有種乎아한대 衆이 皆從之하다 乃詐稱公子扶蘇, 項燕[5]하고 爲壇而盟하야 稱大楚하고 勝이 自立爲將軍하고 廣이 爲都尉하야 入據陳하다 〈出陳涉傳〉

가을에 陽城 사람 陳勝과 陽夏 사람 吳廣이 蘄 땅에서 起兵(군대를 일으킴)하였다. 이때 閭左까지 징발하여 漁陽에 수자리 살게 할 적에 900명이 大澤鄕에 주둔하고 陳勝과 吳廣이 모두 屯長이 되었는데, 마침 날씨가 큰비가 내려 길이 통하지 못하였다. 이들은 이미 기한을 놓쳤음을 헤아리고는 마침내 徒屬을 불러 명령하기를 "公 등이 모두 기한을 놓쳤으니, 마땅히 斬刑에 처해질 것이다. 또 壯士가 죽지 않으면 모르지만 죽는다면 큰 이름을 날려야 하니, 王侯와 將相이 어찌 種子가 있겠는가?" 하니, 무리들이 모두 따랐다.

마침내 자기들이 公子 扶蘇와 項燕이라고 사칭하고는 壇을 만들어 맹세하고 國號를 大楚라 칭하였다. 그리하여 陳勝이 스스로 서서 將軍이 되고 吳廣이 都尉가 되어 陳 땅에 들어가 점거하였다. ─ 《史記 陳涉世家》에 나옴 ─

1) 〔釋義〕 發閭左 戍漁陽 : 王氏曰 閭左는 言居閭里之左也라 秦時에 復除者居閭左러니 今力役煩하야 在閭左者를 盡發之也라 一說에 所在에 以富强爲右하고 貧弱爲左하니 秦役戍多하야 富者役盡일새 兼取貧者發之라 戍者는 屯兵而守也라 漁陽은 幽州漁陽郡이라 括地志에 故城이 在檀州密雲縣南十八里漁水之北하니 今薊州是라

王氏가 말하였다. "閭左는 閭里의 왼쪽에 거하는 자들을 말한다. 秦나라 때에 〈가난하여〉 부역을 면제받은 자들은 閭左에 거하였는데, 이제 力役이 번거로워 閭左에 있는 자들까지 모두 징발한 것이다. 一說에 거주하는 곳이 부유하고 강한 자를 右라 하고 가난하고 약한 자를 左라 하니, 秦나라가 부역과 수자리 살러 가는 자가 많아서 부유한 자들의 力役이 다하였기 때문에 가난한 자들까지 겸하여

징발한 것이라 한다. 戍는 군대를 주둔시켜 지키는 것이다. 漁陽은 幽州의 漁陽
郡이다. ≪括地志≫에 '옛 城이 檀州 密雲縣 남쪽 18리 되는 漁水의 북쪽에 있
다.' 하였으니, 지금의 薊州가 이곳이다."

2) 〔釋義〕大澤鄕 : 在沛郡蘄縣이라

　大澤鄕은 沛郡 蘄縣에 있다.

3) 〔釋義〕勝廣 : 勝은 姓陳이요 字涉이며 廣은 姓吳요 字叔이라

　勝은 姓이 陳이고 字가 涉이며, 廣은 姓이 吳이고 字가 叔이다.

4) 〔通鑑要解〕屯長 : 屯은 猶營也니 每營에 置將卒하니라

　屯은 營과 같으니, 매 營마다 將卒을 두었다.

5) 〔釋義〕詐稱公子扶蘇項燕 : 公子扶蘇는 始皇長子也니 (今)〔令〕聞無罪러니 而二世
殺之하야 百姓未知其死하고 項燕은 楚之良將也니 或以爲死라하고 或以爲亡이라
今故詐自稱二人하야 以爲天下倡이라

　公子 扶蘇는 始皇의 長子이니, 지금 扶蘇가 훌륭한 명성이 있고 죄가 없는데 二
世가 그를 죽여서 백성들이 그의 죽음을 알지 못하였고, 項燕은 楚나라의 훌륭한
장수이니 혹은 죽었다고 하고 혹은 도망하였다고 하였다. 지금 이 때문에 이들
두 사람을 사칭하여 天下의 倡導로 삼은 것이다.

陳中父老 請立涉爲楚王이어늘 張耳, 陳餘曰 秦爲無道하야 暴虐百姓일새 將
軍이 出萬死之計하야 爲天下除殘이어늘 今始至陳而王之면 示天下私라 願將
軍은 毋王하고 急引兵而西하야 遣人立六國後하야 自爲樹黨하야 爲秦益敵하소서
敵多則力分이요 與衆[1]則兵强이니 誅暴秦하고 據咸陽하야 以令諸侯면 則帝業
이 成矣리이다 涉이 不聽하고 自立爲王하니 諸郡縣이 苦秦法하야 爭殺長吏하고 以
應涉이리라 〈出陳餘傳〉

　陳 땅의 父老들이 陳涉(陳勝)을 楚王으로 세울 것을 청하자, 張耳와 陳餘
가 말하였다. "秦나라가 무도한 짓을 하여 백성들에게 포악하였으므로 장군
(陳勝)이 만 번 죽을 계책을 내어 천하를 위해 잔인한 자들을 제거하려 하는
데, 이제 처음으로 陳 땅에 이르러 왕 노릇 하면 천하에 私心을 보이는 것이
니, 원컨대 장군은 왕이 되지 말고 급히 군대를 이끌고 서쪽으로 가서 사람

을 보내어 六國의 후손을 세워 스스로 黨을 심어 秦나라에 적이 더 많아지게
하십시오. 적이 많아지면 〈秦나라의〉 힘이 분산되고 黨與(同類)가 많아지면
우리 군대가 강해질 것이니, 포악한 秦나라를 주벌하고 咸陽을 점거하여 諸
侯들을 명령한다면 皇帝의 基業이 이루어질 것입니다."

陳涉이 듣지 않고 스스로 서서 왕이 되니, 여러 郡縣들이 秦나라 법을 괴
롭게 여겨서 다투어 長吏(지방 장관)를 죽이고 陳涉에게 호응하였다. - ≪史
記 陳餘傳≫에 나옴 -

1)〔釋義〕與衆 : 黨與衆多也라
　　 與衆은 黨與가 많은 것이다.

○ 謁者使(시)라가 從東方來하야 以反者聞이어늘 二世怒하야 下之吏러니 後使者
至에 上問之한대 對曰 群盜는 鼠竊狗偸니 不足憂也니이다 上이 悅하다

謁者가 使者로 나갔다가 東方으로부터 와서 모반한 자가 있다고 아뢰자,
二世가 노하여 그 使者를 獄吏에게 회부시켰다. 뒤에 使者가 이르자 上(二
世)이 물었는데, 대답하기를 "여러 도적들은 쥐가 도둑질하고 개가 도둑질하
는 정도이니, 근심할 것이 못됩니다." 하니, 상이 기뻐하였다.

○ 陳王이 以陳人武臣으로 爲將軍하고 以張耳, 陳餘로 爲左右校尉하야 予卒
二千人하야 徇趙1)하고 使周文2)으로 西擊秦하다 武臣等이 行收兵하야 得數萬人
이라 號武臣爲武信君이라하고 下趙三十餘城하다 八月에 武信君이 自立爲趙王
하다 〈出武臣傳〉

陳王(陳勝)이 陳 땅 사람 武臣을 將軍으로 삼고 張耳와 陳餘를 左右 校尉
로 삼아 兵卒 2천 명을 주어서 趙 지방을 순행하게 하고, 周文을 시켜 서쪽
으로 秦나라를 공격하게 하였다. 武臣 등이 지방을 순행하며 병력을 거두어
수만 명을 얻었다. 이에 武臣을 이름하여 武信君이라 하고 趙 지방의 30여
성을 함락시켰다. 8월에 武信君이 스스로 서서 趙王이 되었다. - ≪史記 張
耳陳餘傳≫에 나옴 -

1) 〔頭註〕徇趙 : 略地曰徇이니 謂行而取之也라

　　땅을 經略함을 徇이라 하니, 순행하여 취함을 이른다.

2) 〔釋義〕周文 : 史記에 作周章이라

　　周文은 ≪史記≫에는 周章으로 되어 있다.

○ 九月에 沛人劉邦[1]은 起兵於沛하고 下相人項梁은 起兵於吳하고 狄人田儋은 起兵於齊하다

　　9월에 沛郡 사람 劉邦은 沛郡에서 군사를 일으키고, 下相 사람 項梁은 吳縣에서 군사를 일으키고, 狄 땅 사람 田儋은 齊 지방에서 군사를 일으켰다.

1) 〔釋義〕沛人劉邦 : 王氏曰 漢高本紀에 作沛豐邑人하니 沛는 今徐州縣이라 漢改泗水爲沛하니 郡治相城이라

　　王氏가 말하였다. "≪漢書≫〈高帝紀〉에 沛郡 豐邑 사람으로 되어 있으니, 沛는 지금의 徐州縣이다. 漢나라가 泗水郡을 고쳐 沛郡이라고 하였으니 郡의 治所는 相城이다."

○ 劉邦은 字季니 爲人이 隆準龍顔[1]이요 左股에 有七十二黑子[2]하고 愛人喜施[3]하야 意豁如也하고 常有大度하야 不事家人生産作業이러라

　　劉邦은 字가 季이니, 사람됨이 높은 코에 용의 얼굴(이마)이고, 왼쪽 넓적다리에 72개의 黑子(검은 사마귀)가 있었으며 사람을 사랑하고 베풀기를 좋아하여 뜻이 활달하였으며 항상 큰 도량이 있어서 집안 사람의 産業(생업)을 일삼지 않았다.

1) 〔釋義〕隆準龍顔 : 王氏曰 準은 鼻也니 音은 準的之準이라 顔은 額顙也니 謂之龍顔은 見(현)其非凡이라

　　王氏가 말하였다. "準은 코이니, 음은 準的의 準(준)이다. 顔은 이마이니, 이를 일러 龍顔이라 한 것은 비범함을 나타낸 것이다."

2) 〔附註〕七十二黑子 : 赤帝七十二日之數也라 木火土金水 各一方이니 一歲三百六十日을 四方分之하면 各得九十日이요 土居中하야 並索四季各十八日하면 俱成七十二日이라 故高祖七十二黑子者는 應火德七十二日之徵也니 黑子는 卽靨(염)子

也라

72개의 黑子는 赤帝 72일의 數이다. 木·火·土·金·水가 각각 한 方位이니, 1년 360일을 四方으로 나누면 각각 90일을 얻고, 土가 중앙에 거하여 四時의 마지막 달 각 18일을 아울러 얻으면 모두 72일을 이룬다. 그러므로 高祖에게 있는 72개의 黑子는 火德 72일에 응하는 징조이니, 黑子는 곧 검은 사마귀이다.

3)〔釋義〕愛人喜施 : 班固漢紀云 寬仁愛人이라

班固의 ≪漢書≫〈高帝紀〉에는 '寬仁愛人(관대하고 인자하여 사람을 사랑하였다.)'으로 되어 있다.

史記本紀에 曰 常(嘗)繇(요)咸陽할새 縱觀[1]秦皇帝하고 喟然太息曰 嗟乎라 大丈夫[2]當如此矣라하더라

≪史記≫〈項羽本紀〉에 이르기를 "일찍이 咸陽에서 부역할 적에 秦나라 皇帝를 마음껏 구경하고 탄식하여 크게 한숨 쉬며 '아! 대장부는 마땅히 이와 같아야 한다.' 했다." 하였다.

1)〔譯註〕縱觀 : 楊愼이 말하기를 "당시에 천자의 車駕가 출행하면 구경하는 것을 금지하였는데, 이때에는 백성들이 구경하도록 허락하였다. 그러므로 마음대로 구경한 것이다." 하였다.

2)〔附註〕大丈夫 : 周制에 八寸爲尺이요 十尺爲丈이니 人長八尺이라 故曰丈夫라 詩疏에 夫有傅相之德而可倚仗을 謂之丈夫라하고 易師卦丈人註에 尊嚴之稱이라하니라

周나라 制度에 8寸을 尺이라 하고 10尺을 丈이라 하였으니, 남자의 身長이 8尺이므로 丈夫라고 하였다. ≪詩經疏≫에는 "임금을 도와 나라를 다스릴 만한 德이 있어서 의지하고 믿을 만한 자를 일러 丈夫라 한다." 하였고, ≪周易≫ 師卦의 丈人 註에는 "尊嚴함의 칭호이다." 하였다.

○ 單父(선보)人呂公[1]이 好相人이러니 見季狀貌하고 因重敬之하야 曰 臣이 相人多矣로되 無如季相하니 願季는 自愛하라 臣有息女[2]하니 願爲箕帚妾[3]하노라하고 卒與劉季하니 乃呂后也러라

單父 사람 呂公이 사람의 相을 보기를 좋아하였는데, 劉季의 狀貌(모습)를 보고 인하여 소중히 여기고 공경하여 말하기를 "臣이 많은 사람을 관상 보았으나 季의 相과 같은 이는 없었으니, 季는 自重自愛하십시오. 臣이 女息이 있으니 箕帚(청소)하는 妾으로 삼아주기를 원합니다." 하고 마침내 劉季에게 주니, 그녀가 바로 呂后이다.

1) 〔釋義〕單父人呂公 : 濟陰單父縣이니 音善甫니 今縣屬濟寧路單州라 索隱曰 呂公은 史失其名이라 又相經云 魏人也니 名文이요 字淑平이라

　　單父는 濟陰 單父縣으로 음이 선보이니, 지금 縣이 濟寧路 單州에 속하였다. 《史記索隱》에 "呂公은 史策에 그 이름이 전해지지 않는다." 하였고, 또 《相經》에 이르기를 "魏나라 사람이니, 이름이 文이고 字가 淑平이다." 하였다.

2) 〔頭註〕息女 : 息은 生也니 己所生女也라

　　息은 낳는다는 의미이니, 息女는 자기 所生의 딸이다.

3) 〔譯註〕箕帚妾 : 箕는 쓰레받기이고 帚는 빗자루로 청소하는 여인을 이르는 바, 妻의 겸칭으로 쓰인다.

○ 秦始皇帝常(嘗)曰 東南에 有天子氣[1]라하야 於是에 因東游以厭(壓)之어늘 季卽自疑亡匿하야 隱於芒‧碭(탕)山澤間[2]이러니 呂后與人俱求에 常得之라 季怪問之한대 呂后曰 季所居上에 常有雲氣라 故로 從往이면 常得季라하니 沛中子弟聞之하고 多欲附者러라

　　秦始皇帝가 일찍이 말하기를 "東南 지방에 天子의 기운이 있다." 하여, 이에 동쪽 지방을 유람해서 그 기운을 누르려 하였다. 劉季가 즉시 스스로 의심하고 도망해 숨어서 芒縣과 碭縣의 山과 늪 사이에 숨어 있었는데, 呂后가 사람과 함께 찾으면 항상 찾아내곤 하였다. 季가 괴이하게 여겨 물으니, 呂后가 말하기를 "季가 머무는 곳 위에는 항상 구름 기운이 있기 때문에 따라가면 항상 季를 찾아냅니다." 하니, 沛縣 가운데의 자제들이 이 말을 듣고 따르고자 하는 자가 많았다.

1) 〔附註〕天子氣 : 晉天文志에 天子氣는 內赤外黃하니 所發之處에 當有王者라 若天子欲游往處엔 其地亦先發此氣하니 或如城門하야 隱隱在氛霧中하고 或如龍馬

雜色하야 鬱鬱衝天者하니 皆帝王氣라

《晉書》〈天文志〉에 "天子의 기운은 안은 붉고 밖은 누르니, 천자의 기운이 발하는 곳에는 마땅히 王者가 있게 된다. 만약 天子가 가고자 하면 그곳에도 또한 이 기운이 먼저 나타나니, 혹은 城門이 은은하게 안개 속에 있는 것 같기도 하고, 혹은 龍馬나 뒤섞인 색깔과 같아서 성대하여 하늘을 찌를 듯하기도 하니, 이는 모두 帝王의 기운이다." 하였다.

2) 〔釋義〕隱於芒碭山澤間 : 碭은 音唐이요 又音宕이라 芒縣은 屬臨淮郡하고 碭縣은 屬梁國하니 二縣之界에 有山澤之固라 故隱其間이라 按今歸德府秦碭郡也라

碭은 음이 당이고, 또 다른 음은 탕이다. 芒縣은 臨淮郡에 속하고 碭縣은 梁國에 속하니, 두 縣의 경계에 산과 늪이 험고하기 때문에 그 사이에 숨은 것이다. 살펴보건대 지금의 歸德府 秦碭郡이다.

初에 爲泗上亭長[1]하야 爲縣送徒驪山[2]이러니 徒多道亡이라 自度(탁)比至에 皆亡之하고 乃解縱所送徒曰 公等은 皆去하라 吾亦從此逝矣라하니 徒中壯士願從者十餘人이러라

처음에 泗上亭長이 되어 縣을 위해 徒刑을 받은 무리를 驪山으로 호송하였는데, 무리들이 도중에 도망하는 자가 많았다. 도착할 때에 이르면 이들이 모두 도망할 것을 스스로 헤아리고는 마침내 호송하던 무리들을 풀어 놓아주며 말하기를 "公들은 모두 떠나가라. 나 또한 여기서부터 가겠다." 하니, 무리 가운데 壯士로서 따르기를 원하는 자가 10여 명이었다.

1) 〔釋義〕爲泗上亭長 : 亭者는 停留니 行旅宿食處니 猶今之館驛也라 秦法에 十里一亭이요 亭置長하야 督盜賊하니 泗水亭은 在沛縣東百步라

亭은 멈추어 머무는 것으로 나그네가 숙식하는 곳이니, 지금의 館驛(驛舍)과 같다. 秦나라의 法에 10里마다 1亭이 있고 亭에는 長을 두어 도적을 감독하였으니, 泗水亭은 〈沛郡의〉 沛縣 동쪽 100보 되는 곳에 있었다.

2) 〔釋義〕爲縣送徒驪山 : 時에 始皇葬驪山하니 郡縣이 皆送徒하야 土役作하니라 〔頭註〕送徒 : 徒는 卽徒刑이라

〔釋義〕이때에 始皇을 驪山에 장례하니, 郡縣에서 모두 徒刑(노역에 종사하는 형벌)을 받은 자를 보내어 土役을 하였다. 〔頭註〕徒는 바로 徒刑이다.

○ 劉季被酒¹⁾하야 夜徑澤中²⁾할새 有大蛇當徑이어늘 季拔劍斬蛇하다 後人이 來至蛇所하니 有老嫗夜哭曰 吾子는 白帝子³⁾也라 化爲蛇하야 當道러니 今赤帝子⁴⁾斬之⁵⁾라하고 嫗因忽不見이어늘 後人이 告劉季한대 季乃心獨喜自負하고 諸從者日益畏之러라

劉季가 술에 취하여 밤에 작은 길을 따라 늪 가운데를 지나는데, 큰 뱀이 길을 막고 있으므로 劉季가 검을 뽑아 뱀을 베었다. 뒷사람이 오다가 뱀이 있는 곳에 이르니, 늙은 할미가 밤에 통곡하며 말하기를 "내 아들은 白帝의 아들이다. 변하여 뱀이 되어 길을 막고 있었는데, 이제 赤帝의 아들이 베었다." 하고는 할미가 인하여 갑자기 보이지 않았다. 뒷사람이 이 사실을 劉季에게 알리니, 劉季는 마침내 마음에 홀로 기뻐하여 자부하였고 여러 따르는 자들이 날로 더욱 敬畏하였다.

1) 〔釋義〕被酒 : 謂爲酒所加被也라

　　被酒는 술에 사역 당함을 이른다.

2) 〔釋義〕夜徑澤中 : 徑은 小道也니 從小道而行하야 過於澤中이라 一說에 徑은 斜過也라

　　徑은 작은 길이니, 작은 길을 따라서 늪 가운데를 지나간 것이다. 一說에 徑은 비스듬히 지나가는 것이라 한다.

3) 〔頭註〕白帝子 : 秦以居西戎으로 主少昊之神하고 作西畤하야 祠白帝하니라

　　秦나라는 西戎에 거한다는 이유로 少昊의 神을 主神으로 받들고 西畤를 만들어 白帝를 제사하였다.

4) 〔通鑑要解〕赤帝子 : 赤帝는 謂漢也니 漢承堯緒하야 爲火德也라

　　赤帝는 漢나라를 이르니, 漢나라는 堯임금의 전통을 이어 火德이다.

5) 〔譯註〕吾子……今赤帝子斬之 : 秦나라는 金德으로 통치하였는데 金은 白色이므로 秦나라를 가리켜 白帝의 아들이라 하고, 火는 金을 이기는데 火는 赤色이므로 劉邦을 赤帝의 아들이라 하여, 漢나라가 秦나라를 대신해서 天命을 받는 징조로 삼은 것이다.

○ 及陳涉起에 沛令이 欲以沛應之어늘 掾主吏¹⁾蕭何, 曹參曰 君爲秦吏하야

今欲背之하고 率沛子弟하면 恐不聽이니 願君은 召諸亡在外者면 可得數百人하리니 因劫衆이면 衆不敢不聽이리이다 乃令樊噲(번쾌)로 召劉季하니 時에 劉季之衆이 已數十百人矣라 沛令이 後悔어늘 父老乃率子弟하야 共殺沛令하고 開門迎劉季하야 立以爲沛公2)하고 旗幟를 皆赤하니 由所殺蛇者赤帝子故也라 蕭, 曹等이 爲收沛子弟하야 得三千人하야 以應諸侯하다 〈已上 竝出史記高祖本紀〉

陳涉이 군사를 일으키자, 沛令(沛縣의 현령)이 沛縣을 가지고 호응하고자 하였다. 掾主吏 蕭何와 曹參이 말하기를 "君께서 秦나라 관리가 되어 이제 秦나라를 배반하고 沛縣의 자제를 거느리고자 하면 이들이 듣지 않을까 두렵습니다. 君께서 도망하여 밖에 있는 여러 사람들을 부르면 수백 명을 얻을 수 있을 것이니, 〈이들을〉인하여 여러 사람들을 위협하면 사람들이 감히 듣지 않을 수 없을 것입니다." 하였다.

이에 樊噲로 하여금 劉季를 부르게 하니, 이때 劉季의 무리가 이미 수십 백 명이었다. 沛令이 후회하자 父老들이 마침내 子弟들을 거느리고 함께 沛令을 죽이고 문을 열어 劉季를 맞이하여 그를 세워서 沛公으로 삼았다. 旗幟를 모두 赤色으로 하였으니, 이는 뱀을 죽인 자가 赤帝의 아들이라고 말했기 때문이었다. 蕭何와 曹參 등이 劉邦을 위하여 沛縣의 子弟를 거두어 3천 명을 얻어서 제후에게 호응하였다. - 이상은 모두 ≪史記 高祖本紀≫에 나옴 -

1) 〔頭註〕掾主吏 : 參爲獄掾하고 何爲主吏하니 謂分部列局之吏也라 史는 掌書者也요 吏는 治人者也니 治人之心이 主於一故로 吏字從一從史하니라
   曹參은 獄掾이 되고 蕭何는 主吏가 되었으니, 部를 나누고 局을 나열하는 관리를 이른다. 史는 문서를 관장하는 자이고 吏는 사람을 다스리는 자이니, 사람을 다스리는 자의 마음은 하나를 주장하기 때문에 '吏'자가 '一'을 따르고 '史'를 따른 것이다.

2) 〔頭註〕立以爲沛公 : 春秋時에 楚僭稱王하야 其大夫多封縣公하니 今立高祖爲沛公은 用楚制也라
   春秋時代에 楚나라가 王의 칭호를 僭稱하여, 大夫들을 縣의 公에 많이 봉하였으니, 지금 高祖를 세워 沛公이라 함은 楚나라의 제도를 따른 것이다.

○ 項梁者는 楚將項燕의 子也라 嘗殺人하고 與兄子籍으로 避仇吳中이러니 籍이 少時에 學書不成去하고 學劍又不成이어늘 項梁이 怒之한대 籍曰 書는 足以記名姓而已요 劍은 一人敵이라 不足學이니 學萬人敵하노이다 於是에 項梁이 乃敎籍兵法하다 籍이 長八尺餘요 力能扛(강)鼎하고 才氣過人이러라 會稽守殷通이 聞陳涉起하고 欲發兵以應涉하야 使項梁將이어늘 梁이 乃使籍으로 拔劍斬守頭하고 佩其印綬[1]하니 門下大驚擾亂이러니 籍所擊殺이 數十百人[2]이라 一府中이 皆慴伏하야 莫敢起러라 梁이 乃擧吳中兵하고 使人收下縣[3]하야 得精兵八千人하다 梁爲會稽守하고 籍爲裨將하야 徇下縣하니 籍이 是時에 年二十四러라〈史項羽本紀〉

項梁이란 자는 楚나라 장수 項燕의 아들이다. 일찍이 사람을 죽이고 형의 아들 項籍(項羽)과 함께 吳中에서 원수를 피하였다. 項籍은 젊었을 때에 글을 배웠으나 이루지 못하고 그만두고, 검술을 배웠으나 또 이루지 못하자 項梁이 노하였는데, 項籍이 말하기를 "글은 이름과 성을 기록하면 족할 뿐이요, 검술은 한 사람을 대적하는 것이니 배울 것이 못됩니다. 만 사람을 대적하는 兵法을 배우겠습니다." 하였다. 이에 項梁이 마침내 項籍에게 병법을 가르쳤다. 項籍은 신장이 8척이 넘고 힘이 九鼎을 들었으며 才氣가 보통 사람보다 뛰어났다.

會稽守 殷通은 陳涉이 군사를 일으켰다는 말을 듣고는 군대를 내어 陳涉에게 호응하고자 하여 項梁을 장수로 삼았다. 項梁이 마침내 項籍으로 하여금 검을 뽑아 太守의 머리를 베게 하고 그 印綬를 차니, 門下가 크게 놀라 어지러웠다. 項籍이 쳐죽인 자가 수십 백 명이나 되니, 온 府中이 모두 두려워하고 복종하여 감히 일어나지 못하였다.

項梁이 마침내 吳中의 병력을 모두 동원하고 사람을 시켜 下縣(管下의 縣)을 거두어 정예병 8천 명을 얻었다. 項梁은 會稽守가 되고 籍은 裨將이 되어 下縣을 순행하니, 籍이 이때 24세였다. - 《史記 項羽本紀》에 나옴 -

1) 〔附註〕佩其印綬 : 古者에 授官賜印〈綬〉하야 常佩於身이요 解官이면 解印綬러니 至唐에 始〈置〉職印하야 任其職者傳而用之하야 藏之以匣하고 當官者實之於臥內

하니라

　옛날에 관직을 제수하면 印綬를 하사하여 항상 몸에 찼으며, 관직을 해임하면 印綬를 풀었는데, 唐나라에 이르러서야 비로소 職印을 두어 그 직임을 맡은 자가 전해가면서 사용하여 갑 속에 보관하였으며 관직을 맡은 자가 이것을 臥內에 두었다.

2)〔頭註〕數十百人：不定數也니 自百以下或至八十九十也라

　數十百人은 정해지지 않은 수이니, 100부터 이하로 혹 80과 90에 이르는 것이다.

3)〔頭註〕下縣：會稽管下諸縣이라

　下縣은 會稽 管下에 있는 여러 현이다.

○ 田儋者는 故齊王族也라 自立爲齊王1)하고 率兵東하야 略定齊地하다

　田儋이란 자는 옛 齊나라 왕족이었다. 스스로 서서 齊王이 되고 군대를 인솔하여 동쪽으로 가서 齊 지방을 공략하여 평정하였다.

1)〔附註〕田儋者……自立爲齊王：儋은 古齊王族也라 從弟榮及橫이 皆豪健得人하다 儋死에 子市立이러니 項羽徙田市하야 爲膠東王하고 而立齊將田都하야 爲齊王한대 榮怒하야 擊都走之하고 留市하야 不令之膠東하다 市畏羽하야 亡之膠東한대 榮又怒하야 追殺之하고 而自立爲齊王하니라*)

　田儋은 옛날 齊나라의 王族이었다. 從弟인 榮과 橫이 모두 豪健하여 민심을 얻었다. 田儋이 죽자 아들 田市가 섰는데, 項羽가 田市를 옮겨 膠東王으로 삼고 齊나라 장수 田都를 세워 齊王으로 삼자, 田榮이 노하여 田都를 공격해서 패주시키고 田市를 만류하여 膠東으로 가지 못하게 하였다. 田市가 項羽를 두려워하여 膠東으로 도망가자 田榮이 다시 노하여 쫓아가 그를 죽이고 스스로 서서 齊王이 되었다.

*)儋……而自立爲齊王：본 附註의 내용은 원래 ≪通鑑節要≫ 4권의 卷末에 있는 것을 여기에 옮겨 실었다. 4권에는 이에 해당하는 내용이 없는 것으로 보아 3권의 내용을 4권에 잘못 실은 것으로 보인다.

○ 韓廣이 自立爲燕王하다 ○ 周市1)立魏公子咎하야 爲魏王하다

　韓廣이 스스로 서서 燕王이 되었다.

○ 周市가 魏나라 公子 咎를 세워 魏王으로 삼았다.

1)〔譯註〕周市 : 楚나라 장수이다.

【癸巳】二年이라

2년(계사 B.C.208)

二世數(삭)詰讓李斯호되 居三公位하야 如何令盜如此오 李斯恐懼하야 乃阿二
世意하야 以書對曰 賢主는 必能行督責之術하야 以獨斷於上하니 群臣百姓
이 救過不給이어니 何變之敢圖리잇고 二世說(열)하야 於是에 行督責益嚴하야 稅
民深者를 爲明吏하고 殺人衆者를 爲忠臣이라하니 刑者相半於道하고 而死人이
日成積於市라 秦民이 益駭懼思亂이러라〈出李斯傳〉

二世皇帝가 자주 李斯를 꾸짖기를 "三公의 지위에 있으면서 어찌 도적들로
하여금 이렇게 성하게 하는가?"하니, 李斯가 두려워하여 마침내 二世의 뜻
에 아첨하여 글로써 대답하기를 "어진 군주는 반드시 督責하는 방법을 잘 행
하여 홀로 위에서 결단합니다. 이렇게 하면 여러 신하와 백성들이 자신의 과
실을 구원하기에도 여유가 없으니, 어찌 변란을 감히 도모할 수 있겠습니
까?"하였다.

二世가 기뻐하여 이에 督責을 행하기를 더욱 엄하게 하여, 백성들에게 세
금을 많이 거두는 자를 현명한 관리라 하고 사람을 죽이기를 많이 하는 자를
충신이라 하니, 형벌받은 자가 길 가는 사람 중에 반이나 되었고 죽은 사람
이 날마다 시장에 쌓였다. 秦나라 백성들이 더욱 놀라고 두려워하여 반란할
것을 생각하였다. - ≪史記 李斯傳≫에 나옴 -

○ 趙將李良이 襲殺趙王이어늘 張耳, 陳餘1) 收散兵擊良하고 乃求趙後하야 立
趙歇(알)爲趙王하다

趙나라 장수 李良이 趙王(武臣)을 습격하여 죽이자, 張耳와 陳餘가 흩어진

병력을 수습하여 李良을 공격하고 마침내 趙나라 후손을 구하여 趙歇을 세워
趙王으로 삼았다.

1) 〔附註〕 張耳陳餘: 張耳, 陳餘一體러니 而羽徙趙王歇하야 爲代王하고 分趙地하
  야 立張耳爲常山王하다 餘不得封하고 怒하야 乃說齊王榮하야 擊常山하고 復
  (복)趙王하야 以趙爲捍蔽하니 齊王許之하고 遣兵助之하다 時에 彭越이 在鉅野
  하야 有衆萬餘호되 無所屬이러니 榮與越將軍印하야 使擊楚하고 收魏地하니 魏
  는 卽梁也라*⁾

  張耳와 陳餘는 본래 한 몸이었는데, 項羽가 趙王 歇을 옮겨 代王으로 삼고 趙나
  라 땅을 나누어 張耳를 常山王으로 봉하였다. 陳餘는 봉함을 받지 못하고는 노해
  서 마침내 齊王 田榮을 설득하여 常山王 張耳를 공격하고 趙王(趙歇)을 복위시
  켜 趙나라로써 齊나라의 울타리가 되어 줄 것을 청하니, 齊王이 허락하고 군대를
  보내어 그를 도왔다. 이때 彭越이 鉅野에 있어 병력 만여 명을 보유하였으나 소
  속된 곳이 없었는데, 田榮이 彭越에게 將軍의 印을 주어 楚나라를 공격하게 하고
  魏나라 땅을 거두게 하니, 魏나라는 곧 梁나라이다.

*⁾ 張耳……卽梁也: 본 附註의 내용은 원래 《通鑑節要》 4권의 卷末에 있는 것을
  여기에 옮겨 실었다.

○ 二世益遣司馬欣·董翳하야 佐章邯擊盜하니 陳王이 敗走어늘 其御莊賈 殺
陳王以降하다

  二世가 司馬欣과 董翳를 더 보내어 章邯을 도와 도둑을 치게 하니, 陳王
(陳勝)이 패주하였다. 그 마부인 莊賈가 陳王을 죽이고 항복하였다.

○ 陳人秦嘉¹⁾起兵於郯(담)²⁾이러니 聞陳王軍敗하고 乃立景駒爲楚王하다 景駒
在留³⁾에 沛公이 往從之러니 張良이 亦聚少年百餘人하야 道遇沛公⁴⁾하야 遂屬焉
하다 良이 數(삭)以太公兵法⁵⁾으로 說沛公하니 沛公이 善之하야 常用其策이라 良이 爲
他人言에 皆不省하니 良曰 沛公은 殆天授라하다 故로 遂從不去라 〈出本傳〉

  陳 땅 사람 秦嘉가 郯에서 起兵하였는데, 陳王의 군대가 패했다는 말을 듣
고 마침내 景駒를 세워 楚王으로 삼았다. 景駒가 留 땅에 있을 적에 沛公이

가서 따랐는데, 張良 또한 소년 100여 명을 모아 도중에서 沛公을 만나 마침내 그에게 소속하였다. 張良이 자주 太公의 兵法을 가지고 沛公을 설득하니, 沛公이 그를 좋게 여겨 항상 그의 계책을 따랐다. 張良이 다른 사람에게 계책을 말할 적에는 모두 거들떠보지 않으니, 張良이 말하기를 "沛公은 아마도 하늘이 내려 주신 듯하다."라고 하였다. 그러므로 마침내 따르고 떠나가지 않았다. - ≪漢書 張良傳≫에 나옴 -

1) 〔譯註〕陳人秦嘉 : ≪漢書≫〈陳勝傳〉에는 '凌人秦嘉'로 되어 있다. 凌은 縣의 이름이다.

2) 〔釋義〕郯 : 音談이라 東海郯縣이니 古郯國也니 今海寧州是라
  郯은 음이 담이다. 東海郡의 郯縣으로 옛날의 郯國이니, 지금의 海寧州가 이곳이다.

3) 〔釋義〕留 : 地名이라 漢置留城縣이러니 今廢爲鎭하고 屬徐州彭城縣하니 在沛縣東南五十里라 張良封留 卽此라
  留는 지명이다. 漢나라 때 留城縣을 두었는데, 지금 폐하여 鎭을 만들고 徐州彭城縣에 소속시키니, 沛縣의 동남쪽 50리 지점에 있다. 張良을 留에 봉한 것이 바로 이곳이다.

4) 〔通鑑要解〕道遇沛公 : 沛公이 以良爲廐將하니 廐將은 卽掌馬之官名也라
  沛公이 張良을 廐將으로 삼으니, 廐將은 곧 말을 관장하는 관직명이다.

5) 〔釋義〕太公兵法 : 太公은 姓姜이요 名牙니 蓋牙(太)〔本〕是字요 尙是名也라 其先祖封呂하니 從其封姓이라 故曰呂尙이라 文王出獵而遇之하야 載與俱歸하야 立爲師하고 言 吾先君太公이 望子久矣라하고 因號太公望하다 太公兵法은 一峡三卷이라
  太公은 姓이 姜이고 이름이 牙이니, 아마도 牙는 본래 字이고 尙이 이름인 듯하다. 그 先祖가 呂 땅에 봉해지니 그 封地를 따랐기 때문에 呂尙이라 한 것이다. 文王이 사냥을 나갔다가 呂尙을 만나 수레에 태우고 함께 돌아와 스승으로 삼고는 말하기를 "우리 先君인 太公(太王)이 그대를 기다린 지 오래되었다." 하고 인하여 太公望이라고 이름하였다. 太公의 兵法은 1峡 3卷이다.

○ 項梁이 以八千人으로 渡江而西하다 ○ 黥布1)者는 六人也니 姓英氏2)라 亡之江中하야 爲群盜러니 聞項梁渡淮하고 引兵屬焉하다

項梁이 8천 명을 거느리고 강을 건너 서쪽으로 갔다.

○ 黥布란 자는 六 땅 사람이니, 姓이 英氏이다. 揚子江의 섬 가운데로 도망하여 도둑떼가 되었는데, 項梁이 淮水를 건너왔다는 말을 듣고 병력을 인솔하여 그에게 속하였다.

1) 〔頭註〕黥布 : 布坐黥하야 論輸驪山이러니 亡之江中하야 爲群盜하다 番陽吳芮甚得江湖心하야 其衆이 已數千人이러니 芮乃以女妻하고 使將其兵擊秦하니라

黥布가 刺字하는 죄에 걸려 논죄되어 驪山으로 보내졌는데, 도중에 도망하여 揚子江의 섬으로 가서 도적떼가 되었다. 番陽의 吳芮는 江湖 지방의 인심을 크게 얻어 무리가 이미 수천 명이었는데, 吳芮가 마침내 딸을 黥布에게 시집보내고 그로 하여금 군대를 거느리고서 秦나라를 공격하게 하였다.

2) 〔釋義〕黥布者……姓英氏 : 夏紀에 封皐陶之後於英, 六하니 以英布是此苗裔라 正義曰 英은 蓋蓼字라 括地云 光州固始縣이 春秋蓼國也라 又志云 故六城은 在安豐西南百三十二里라

《史記》〈夏本紀〉에 皐陶의 후손을 英과 六에 봉하였다 하였으니, 英布는 바로 그 苗裔(먼 후손)이다. 《史記正義》에 말하였다. "英은 아마도 蓼字인 듯하다. 《括地志》에 이르기를 '光州 固始縣이 春秋時代 蓼國이다.' 하였고, 또 《括地志》에 이르기를 '옛날 六城이 安豐 서남쪽 132리 지점에 있다.' 하였다."

○ 項梁이 衆至六七萬人이라 軍下邳하고 進擊秦嘉, 景駒하야 殺之하다 ○ 沛公이 往見梁한대 梁이 予沛公卒五千人하다 ○ 項梁이 使項羽로 別攻襄城하니 襄城이 堅守不下라 已拔[1]에 皆坑之하다

項梁의 군대가 6, 7만 명에 이르렀다. 下邳에 주둔하고 진격하여 秦嘉와 景駒를 공격하여 죽였다.

○ 沛公이 찾아가 項梁을 보니, 項梁이 沛公에게 병졸 5천 명을 주었다.

○ 項梁이 項羽를 시켜 별도로 襄城을 공격하게 하였는데, 襄城이 굳게 수비하고 항복하지 않았다. 성을 함락한 뒤에 〈項羽가〉 고을 사람들을 모두 묻어 죽였다.

1) 〔譯註〕拔 : 城邑을 격파하고 취하는 것이다.

○ 梁이 聞陳王定死하고 召諸別將하야 會薛計事할새 沛公이 亦往焉하다 居鄛(소)
人范增¹⁾이 年七十이라 素居家하야 好奇計러니 往說項梁曰 陳勝이 首事²⁾에 不
立楚後而自立하니 其勢不長이라 今君이 起江東에 楚蠭(蜂)起³⁾之將이 皆爭
附君者는 以君世世楚將하야 能復立楚之後也라한대 於是에 項梁이 然其言하야
乃求得楚懷王孫心⁴⁾하야 立以爲楚懷王하니 從民望也⁵⁾러라 〈出史記項羽紀〉

　項梁은 陳王이 참으로 죽었다는 말을 듣고 여러 別將들을 불러 薛 땅에 모
여 일을 계획하였는데, 이때 沛公도 가서 참여하였다. 居鄛 사람 范增은 나
이가 70이었다. 평소 집에 있으면서 기이한 계책을 좋아하였는데, 項梁을 찾
아가서 설득하기를 "陳勝이 첫 번째로 擧事함에 楚나라 후손을 세우지 않고
스스로 서니, 그 형세가 길지 못하였습니다. 이제 君이 江東에서 起兵하자
楚 지방에서 蜂起한 장수들이 모두 다투어 君을 따르는 까닭은 君이 대대로
楚나라 장군이어서 다시 楚나라의 후손을 세울 것이라고 생각해서입니다."
하였다. 이에 項梁이 그의 말을 옳게 여겨 마침내 楚나라 懷王의 손자인 心
을 찾아서 세워 楚나라 懷王이라 하니, 이는 백성들의 바람을 따른 것이었
다. - ≪史記 項羽本紀≫에 나옴 -

1) 〔釋義〕鄛人范增 : 鄛는 音勦(초)絶之勦라 然今皆用單巢字하야 讀爲鉏交反이라 地
　　志에 廬江有居鄛縣하니 今無爲州의 巢縣이 是也라 〈荀悅〉漢紀^{*)}에 范增은 阜陵人
　　이라
　　　鄛는 음이 勦絶의 초이다. 그러나 지금은 모두 巢字만을 사용하여 鉏交反(소)라
　　고 읽는다. ≪漢書≫〈地理志〉에 "廬江郡에 居鄛縣이 있다." 하였으니, 지금 無爲
　　州의 巢縣이 이곳이다. 荀悅의 ≪漢紀≫에 "范增은 阜陵 사람이다." 하였다.
　*) 漢紀 : 東漢의 荀悅이 지은 것으로 30권이다. 袁宏이 지은 ≪後漢紀≫와 구별하
　　여 ≪前漢紀≫라고 부른다. 荀悅은 字가 仲預이고 潁陰 사람이다.
2) 〔頭註〕首事 : 最先起兵也라
　　　首事는 가장 먼저 군대를 일으킨 것이다.
3) 〔釋義〕蠭起 : 言起兵者衆하야 如蜂之飛起也라
　　　蠭起는 起兵하는 자가 많아서 벌이 날아오르는 것과 같음을 말한다.

4) 〔釋義〕 楚懷王孫心 : 心은 名也니 楚懷王槐之孫이라

　心은 이름이니, 楚나라 懷王 槐의 손자이다.

5) 〔通鑑要解〕 從民望也 : 懷王槐入秦한대 秦人留之하야 薨於秦하니 今順民望하야
以其祖諡爲號하니라

　懷王 槐가 秦나라로 들어가자, 秦나라 사람들이 억류하여 秦나라에서 죽으니,
이제 백성들의 바람을 따라 그 할아버지의 諡號를 號로 삼은 것이다.

項梁이 自號武信君하다 ○ 張良이 說項梁曰 君이 已立楚後而韓諸公子1)에
橫陽君成이 最賢하니 可立爲王하야 益樹黨이라한대 梁이 使良으로 求韓成하야 立
以爲韓王2)하다

　項梁이 스스로 武信君이라 號하였다.

　○ 張良이 項梁을 설득하기를 "君이 이미 楚나라 후손을 세웠는데, 韓나라
여러 公子 중에 橫陽君 韓成이 가장 어지니, 그를 세워 왕을 삼아서 더욱 黨
與를 만들도록 하라." 하자, 項梁이 張良으로 하여금 韓成을 찾게 하여 그를
세워 韓王을 삼았다.

1) 〔譯註〕 諸公子 : 戰國時代에는 諸王의 아들을 모두 諸公子라고 칭하였다.
2) 〔原註〕 求韓成 立以爲韓王 : 漢元年에 羽殺之하니라

　漢나라 元年에 項羽가 韓成을 죽였다.

○ 章邯이 擊魏어늘 齊王儋과 及楚將項它(타)1) 皆將兵救魏러니 章邯이 大破
齊楚軍하고 殺齊王儋하니 魏王咎自燒死라 其弟豹 亡之楚어늘 楚懷王이 予兵
數千人하야 復徇魏地하고 立爲魏王하다 田榮이 收兄儋餘兵하야 東走東阿하니
章邯이 追圍之어늘 武信君이 引兵擊破章邯軍於東阿下하고 追至濮(복)陽하야
又破之하다

　〈秦나라 將軍〉章邯이 魏나라를 공격하자, 齊王 田儋과 楚나라 장수 項它
가 모두 병력을 거느리고 魏나라를 구원하였는데, 章邯이 齊·楚의 군대를
대파하고 齊王 田儋을 죽이니, 魏王 咎는 스스로 불타 죽었다. 그 아우 魏豹

가 楚나라로 도망가자, 楚나라 懷王이 병력 수천 명을 주어서 다시 魏나라 땅을 순행하게 하고 세워서 魏王으로 삼았다.

田榮이 형 田儋의 남은 병력을 수습하여 동쪽으로 東阿로 달아나니, 章邯이 쫓아가 포위하였다. 武信君 項梁이 병력을 인솔하고 章邯의 군대를 東阿 아래에서 격파하고, 추격하여 濮陽에 이르러 또다시 격파하였다.

1) 〔釋義〕 項它 : 項羽從兄之子라
項它는 項羽의 從兄의 아들이다.

○ 郞中令趙高 恃恩專恣하야 以私怨誅殺人이 衆多라 恐大臣이 入朝奏事言之하야 乃說二世曰 天子所以貴者는 但以聞聲이요 群臣이 莫得見其面也라 陛下不如深拱禁中1)하야 與臣及侍中習法者로 待事라가 事來어든 有以揆之니 如此면 則大臣이 不敢奏疑事하야 天下稱聖主矣리이다 二世用其計하야 乃不坐朝廷見大臣하고 常居禁中하야 事皆決於趙高하다

郞中令 趙高가 은총을 믿고는 전횡하고 방자하여 사사로운 원한으로 사람을 주벌하고 죽인 것이 매우 많았다. 大臣들이 조정에 들어가 일을 아뢰다가 이것을 말할까 두려워하여 마침내 二世를 설득하기를 "天子가 귀한 까닭은 다만 음성만 들을 수 있고 여러 신하들이 그 얼굴을 볼 수 없기 때문입니다. 폐하께서는 禁中에서 깊숙이 팔짱을 끼고 앉아서 법률을 숙달한 신하와 侍中들과 일을 기다리고 있다가 일이 오면 이를 헤아리게 하는 것만 못하니, 이렇게 하면 대신들이 감히 의심스러운 일을 아뢰지 못할 것이고 천하에서는 聖主라고 칭찬할 것입니다." 하였다. 二世가 그의 계책을 따라 마침내 조정에 앉아서 대신을 만나 보지 않고 항상 禁中에 거하여, 일이 모두 趙高에게서 결정되었다.

1) 〔頭註〕 禁中 : 門戶有禁하야 非侍御者면 不得入이라 故曰禁中이라
門戶에 금함이 있어서 모시는 자가 아니면 들어갈 수 없기 때문에 禁中이라 한 것이다.

高聞李斯以爲言하고 乃曰 丞相長男李由 爲三川守[1]하야 與盜通하고 且丞相이 居外하야 權重於陛下니이다 二世以爲然하야 乃使人으로 按驗三川守與盜通狀하고 下斯吏하니 斯就獄이어늘 二世以屬趙高治之한대 具斯五刑論[2]하야 腰斬咸陽市하니 遂父子相哭而夷三族[3]하다 二世以趙高爲丞相하야 事無大小히 皆決焉하다〈出李斯傳〉

趙高는 李斯가 자신에 대하여 말한다는 말을 듣고 마침내 아뢰기를 "丞相의 장남인 李由가 三川守가 되어서 도둑들과 내통하였고, 또 丞相이 밖에 있어 권세가 폐하보다 무겁습니다." 하였다. 二世가 그 말을 옳게 여겨 마침내 사람을 시켜 三川守가 도적과 내통한 상황을 조사하여 징험하게 하고 李斯를 獄吏에게 내리니, 李斯가 옥에 나아갔다. 二世가 李斯를 趙高에게 맡겨 다스리게 하니, 李斯를 五刑으로 갖추어 논죄하여 咸陽의 저자에서 腰斬하게 하였다. 그리하여 李斯는 마침내 父子가 서로 통곡하고 三族이 멸하였다. 二世는 趙高를 丞相으로 삼아 큰 일과 작은 일을 막론하고 모두 결정하게 하였다. - 《史記 李斯傳》에 나옴 -

1) 〔釋義〕丞相長男李由 爲三川守：李斯之子名由니 爲三川郡守라 按秦三川郡을 漢高改河南郡이라 韋昭曰 洛陽에 有伊, 洛, 河三水라 故名焉이라 或謂涇, 渭, 洛亦爲三川이라

　　李斯의 아들 이름이 由이니 三川郡守가 되었다. 살펴보건대 秦나라 三川郡을 漢高祖가 河南郡으로 고쳤다. 韋昭가 말하였다. "洛陽에 伊水, 洛水, 河水의 세 물이 있기 때문에 三川이라고 이름한 것이다." 혹은 涇水, 渭水, 洛水를 일러 또한 三川이라고 한다.

2) 〔頭註〕具斯五刑論：秦法에 當三族者는 皆先黥劓하고 斬左右趾者는 笞殺之하고 梟其首者는 菹其骨肉於市하고 其誹謗罵詈者는 又先斷舌하니 謂之具五刑이라

　　秦나라 法에 三族을 멸하는 죄에 해당하는 자는 모두 먼저 刺字하고 코를 베고, 좌우의 발을 벨 자는 笞刑을 가하여 죽이고, 머리를 梟示할 자는 뼈와 살을 시장에서 젓 담그고, 비방하고 꾸짖는 자는 또 먼저 혀를 잘랐으니, 이를 일러 '五刑을 갖춘다.'고 한다.

3) 〔釋義〕夷三族：夷는 減也니 父母兄弟妻子 盡誅滅之也라 一說에 三族은 父母妻

族也라

夷는 멸함이니, 夷三族은 부모와 형제와 처자를 모두 죽여 없애는 것이다. 一說(如淳의 說)에 三族은 父族, 母族, 妻族이라 한다.

○ 項梁이 已破章邯하고 引兵至定陶[1]하야 再破秦軍하고 項羽, 沛公이 又與秦軍으로 戰於雍丘하야 大破之하고 斬李由[2]하니 梁이 益輕秦하야 有驕色이라 宋義諫曰 戰勝而將驕卒惰者는 敗하나니 臣이 爲君畏之하노이다 梁이 弗聽이러니 二世悉起兵하야 益章邯하고 擊楚軍하야 大破之定陶하니 項梁이 死하다

項梁이 章邯을 격파하고는 병력을 인솔하여 定陶에 이르러서 또다시 秦軍을 격파하였으며, 項羽와 沛公이 또 秦軍과 雍丘에서 싸워 대파하고 李由를 목 베니, 項梁이 더욱 秦나라를 경시하여 교만한 기색이 있었다. 宋義가 간하기를 "전쟁에 싸워 이기고서 장수가 교만하고 병졸이 나태한 자는 패하는 법이니, 신은 君을 위하여 두려워합니다." 하였으나 項梁이 듣지 않았다. 二世가 군대를 모두 일으켜 章邯에게 더 보태 주고 楚軍을 공격하게 하여 定陶에서 大破하니, 項梁이 전사하였다.

1) 〔釋義〕 定陶 : 定陶縣은 屬濟陰이라 按濟陰은 隋改曹州라
   定陶縣은 濟陰에 속하였다. 살펴보건대 濟陰은 隋나라 때에 曹州로 고쳤다.
2) 〔譯註〕 斬李由 : 李由는 李斯의 長男으로 三川守였다. 李由가 도적과 내통하였다 하여 二世皇帝가 사람을 보내어 죄상을 조사하게 하였는데, 도착했을 때에는 李由가 楚나라 군대에게 죽은 뒤였다.

○ 章邯이 已破項梁하고 乃渡河하야 北擊趙하니 趙數(삭)請救於楚라 楚王이 以宋義爲上將軍하고 項羽爲次將하야 以救趙할새 諸別將을 皆屬宋義하고 號爲卿子冠軍[1]이라하다 〈出項羽本紀〉

章邯이 이미 項梁을 격파하고 마침내 黃河를 건너 북쪽으로 趙나라를 공격하니, 趙나라가 여러 번 楚나라에 구원을 요청하였다. 楚王이 宋義를 上將軍으로 삼고 項羽를 次將으로 삼아 趙나라를 구원하게 하였는데, 여러 別將들

을 모두 宋義에게 속하게 하고 號를 卿子冠軍이라 하였다. - ≪史記 項羽本紀≫에 나옴 -

1) 〔釋義〕卿子冠軍：王氏曰 王之孫爲王孫이요 公之子爲公子니 卿子는 謂卿之子也라 卿子는 時人相褒尊之辭라 上將故로 言冠軍이라 張氏曰 冠者는 加於首上이니 言功冠諸軍之上也라

　　王氏가 말하였다. "王(天子)의 손자를 王孫이라 하고 公의 아들을 公子라고 하니, 卿子는 卿의 아들을 이른다. 卿子는 당시 사람들이 서로 기리고 높이는 말이다. 上將이기 때문에 冠軍이라고 말한 것이다. 張氏(張晏)가 말하기를 '冠은 머리 위에 가하는 것이니, 功이 諸軍의 위에 으뜸임을 말한 것이다.' 하였다."

○ 初에 楚懷王이 與諸將約호되 先入定關中1)者를 王之라하더니 當是時하야 秦兵彊하야 常乘勝逐北2)(배)라 諸將이 莫利先入關3)호되 獨項羽怨秦之殺項梁하야 奮身하야 願與沛公西入關이라 懷王諸老將이 皆曰 項羽는 爲人이 慓悍猾賊4)하야 嘗攻襄城에 襄城이 無遺類하고 諸所過에 無不殘滅하니 不如更(경)遣長者5)하야 扶義而西6)하야 告諭秦父兄이니 秦父兄이 苦其主久矣라 今에 誠得長者하야 往無侵暴면 宜可下니 羽는 不可遣이요 獨沛公이 素寬大長者라 可遣이니이다 懷王이 乃不許羽하고 而遣沛公하야 西略地하다 〈出史高祖紀〉

　　처음에 楚나라 懷王이 여러 장수들과 약속하기를 먼저 關中에 들어가 평정하는 자를 왕으로 삼겠다 하였다. 이때를 당하여 秦나라 군대가 강하여 항상 승세를 타고 패배하는 자를 추격하였다. 여러 장수들은 〈秦나라의 강함을 두려워하여〉 먼저 關中에 들어가는 것을 이롭게 여기는 자가 없었으나 유독 項羽만은 秦나라가 項梁을 죽인 것을 원망하여 몸을 떨쳐 일어나 沛公과 함께 서쪽으로 關中에 들어갈 것을 원하였다.

　　懷王의 여러 老將들이 모두 말하기를 "項羽는 사람됨이 사납고 잔인해서, 일찍이 襄城을 공격할 적에 襄城에 남은 무리가 없었고 지나가는 곳마다 해쳐서 멸하지 않음이 없었으니, 바꾸어 長者를 보내어 義를 잡고 서쪽으로 가서 秦나라 父兄들에게 告諭하는 것만 못합니다. 秦나라 父兄들이 그 군주를

괴롭게 여긴 지가 오래되었습니다. 이제 진실로 長者를 얻어 가서 침략하고 포악함이 없게 하면 항복시킬 수 있을 것이니, 項羽를 보내서는 안되고, 오직 沛公만이 본래 관대한 長者이니 보낼 만합니다." 하였다. 懷王이 마침내 項羽를 허락하지 않고 沛公을 보내어 서쪽으로 가서 땅을 공략하게 하였다.
- ≪史記 高祖本紀≫에 나옴 -

1) 〔譯註〕關中 : 동쪽에는 函谷關, 남쪽에는 武關, 북쪽에는 肅關, 서남쪽에는 散關이 있고, 秦나라가 그 가운데에 있으므로 關中이라고 칭하였다.

2) 〔釋義〕乘勝逐北 : 王氏曰 人好陽而惡陰하니 北方은 幽陰之地라 故軍敗曰北라 左傳註云 軍走曰北라 北은 如字요 一音佩라
   王氏가 말하였다. "사람은 陽을 좋아하고 陰을 싫어하니, 北方은 幽陰한 곳이므로 군대가 패하는 것을 北라 한다. ≪春秋左傳≫ 註에 이르기를 '군대가 도망하는 것을 北라 한다. 北은 본래 글자대로 읽고, 또 다른 음은 패(배)이다.' 하였다."

3) 〔釋義〕莫利先入關 : 莫利는 謂不以入關爲利라
   莫利는 關中으로 들어가는 것을 이롭게 여기지 않음을 이른다.

4) 〔釋義〕慓悍猾賊 : 慓는 疾也요 悍은 勇也요 猾賊은 好爲禍害而殘賊也라
   慓는 빠름이고 悍은 용맹함이며 猾賊은 禍害를 만들기를 좋아하여 잔인하고 해치는 것이다.

5) 〔譯註〕長者 : 도량이 넓고 관대한 사람을 이른다.

6) 〔釋義〕扶義而西 : 言仗大義而西往也라
   扶義而西는 大義를 내세워 서쪽으로 감을 말한다.

【甲午】三年이라

3년(갑오 B.C.207)

冬十月에 宋義行至安陽[1]하야 留四十六日[2]不進이라 羽曰 國兵이 新破에 王이 坐不安席하사 掃境內하야 以屬將軍하시니 國家安危 在此一擧어늘 今에 不恤士卒而徇其私하니 非社稷之臣也라하다 十一月에 項羽卽其帳中하야 斬宋義하고 乃悉引兵渡河하야 皆沈船하고 破釜甑, 燒廬舍하고 持三日粮하야 以示士卒

必死하다 於是에 與秦軍遇하야 九戰大破之하고 虜王離하다 ○ 當是時하야 楚兵
이 冠諸侯라 於是에 始爲諸侯上將軍하니 諸侯皆屬焉이러라 〈出項羽紀〉

　겨울 10월에 宋義가 행군하여 安陽에 이르러서 46일 동안 머물고 전진하
지 않았다. 項羽가 말하기를 "나라의 군대가 새로 격파됨에 왕이 앉아 있어
도 자리가 편치 못하여 境內를 모두 총동원해서 장군에게 맡기셨으니, 國家
의 安危가 이 한 번의 조처에 달려 있다. 그런데 지금 士卒을 구휼하지 않고
사사로움을 따르니, 社稷의 신하가 아니다." 하였다.

　11월에 項羽가 그의 장막 가운데로 나아가 宋義를 목 베고, 마침내 병력을
모두 이끌고 黃河를 건너가 모든 배를 침몰시키고 가마솥과 시루를 부수고
廬舍를 불태운 다음 3일분의 양식만을 휴대하여 사졸들에게 필사적으로 싸
워야 함을 보였다. 이에 秦나라 군대와 만나 아홉 번 싸워 크게 격파하고 王
離를 사로잡았다.

　○ 이때를 당하여 楚나라 군대가 諸侯의 으뜸이었다. 이에 項羽가 비로소
諸侯의 上將軍이 되니, 諸侯들이 모두 그에게 속하였다. - ≪史記 項羽本紀≫
에 나옴 -

1)〔釋義〕安陽 : 地形志에 己氏縣에 有安陽城하니 隋改己氏爲楚丘라하니 今宋州楚
　　丘縣西北四十里安陽故城이 是也라
　　安陽은 ≪魏書≫〈地形志〉에 "己氏縣에 安陽城이 있으니 隋나라 때 己氏를 고
　　쳐 楚丘라고 하였다." 하니, 지금 宋州 楚丘縣 서북쪽 40리 安陽의 옛 城이 이
　　곳이다.

2)〔頭註〕留四十六日 : 義遣其子襄하야 相齊하고 送之無鹽하야 高會飮酒하니 天寒
　　大雨하야 士卒凍飢라 項羽曰 今歲飢民貧하야 卒食半菽이어늘 而飮酒高會하야
　　不恤士卒而循其私하니 非社稷之臣也라하고 羽斬之하니라
　　宋義가 그 아들 襄을 보내어 齊나라의 相이 되게 하고, 襄을 無鹽에서 전송할
　　때에 성대하게 잔치를 베풀고 술을 마셨는데, 이때 날씨가 춥고 큰비가 내려서
　　士卒들이 추위에 떨고 굶주렸다. 項羽가 말하기를 "금년은 흉년이 들어 백성들이
　　가난해서 병졸들이 半菽(거친 음식)을 먹고 있는데, 宋義는 술을 마시고 성대하
　　게 잔치를 베풀어 士卒들을 구휼하지 않고 사사로움을 따르니, 社稷의 신하가 아

니다.”라고 하고, 項羽가 宋義의 목을 베었다.

○ 春二月에 沛公이 北擊昌邑¹⁾할새 過彭越하니 越이 以其兵從沛公이어늘 沛公이 拜越爲魏相하고 使將兵하야 略定魏地하다

봄 2월에 沛公이 북쪽으로 昌邑을 공격할 적에 彭越을 방문하니, 彭越이 그의 병력을 거느리고 沛公을 따랐다. 沛公이 彭越을 魏나라 정승으로 삼고, 병력을 거느리고 魏나라 땅을 공략해서 평정하게 하였다.

1) 〔釋義〕昌邑 : 括地志云 昌邑在曹州成武縣東北三十二里하니 梁丘故城이 是라
  昌邑은 《括地志》에 “昌邑이 曹州 成武縣 동북쪽 32리 지점에 있었으니, 梁丘의 옛 城이 이곳이다.” 하였다.

○ 沛公이 引兵西過高陽¹⁾할새 高陽人酈食其(역이기)爲里監門이러니 沛公의 麾下²⁾騎士 適食其里中人이라 食其見謂曰 吾聞沛公은 慢而易人이나 多大略이라하니 此는 眞吾所願從遊로라 騎士曰 沛公이 不好儒하야 諸客冠儒冠來者면 沛公이 輒解其冠하야 溲溺(수뇨)其中하니 未可以儒生說也니라 酈生曰 第言之하라 騎士從容言이러니 至高陽傳舍³⁾하야 使人召酈生하다

沛公이 병력을 인솔하고 서쪽으로 高陽을 지날 적에 高陽 사람 酈食其가 마을의 監門이 되었었다. 沛公 麾下의 騎兵이 마침 酈食其의 마을 사람이었다. 酈食其가 그를 보고 말하기를 “내가 들으니 沛公은 거만하여 사람을 함부로 대하나 큰 지략이 많다 하니, 이는 내가 참으로 從遊하기를 원하는 바이다.” 하니, 騎士가 대답하기를 “沛公은 儒生을 좋아하지 아니하여 여러 빈객 중에 儒冠을 쓰고 오는 자가 있으면 沛公은 그때마다 그 관을 벗겨 그 속에다 오줌을 누니, 儒生으로는 설득할 수가 없습니다.” 하였다. 酈生이 말하기를 “다만 말이나 해보라.” 하였다. 騎士가 조용히 말하였더니, 高陽의 驛舍에 이르러 사람을 시켜 酈生을 불렀다.

1) 〔釋義〕高陽 : 陳留圉縣에 有高陽鄉이라 括地云 圉城은 在汴州雍丘西南이라
  陳留圉縣에 高陽鄉이 있다. 《括地志》에 “圉城은 汴州 雍丘 서남쪽에 있다.”

하였다.

2) 〔頭註〕麾下 : 麾는 通作戲하니 大將之旗也니 所以指麾라

　麾는 戲와 통하니, 大將의 旗이니 지휘하는 것이다.

3) 〔釋義〕騎士從容言 至高陽傳舍 : 從容은 不迫之貌라 傳者는 轉轉相傳之義요 舍
는 亭也니 猶今館驛이라

　從容은 박절하지 않은 모양이다. 傳은 轉轉하여 서로 전한다는 뜻이고 舍는 머
무름이니, 傳舍는 지금의 驛舍와 같다.

酈生이 至하야 入謁이어늘 沛公이 方倨(踞)牀하야 使兩女子로 洗足而見酈生한대
生이 長揖不拜曰 足下必欲誅無道秦인대 不宜倨見長者[1]니라 於是에 沛公이
輟洗起攝衣하고 延生上坐謝之하다 酈生이 因言六國從(縱)橫時한대 沛公이
喜問曰 計將安出고 酈生曰 足下起糾合之衆하고 收散亂之兵이 不滿萬人
이어늘 欲以徑入彊秦하니 此는 所謂探虎口者也라 夫陳留[2]는 天下之衝이요 四
通五達之郊也라 今其城中에 又多積粟하고 臣善其令하니 請得使(시)之하야 令
下[3]足下하리니 卽不聽이어든 足下擧兵攻之하시면 臣爲內應호리이다 於是에 遣酈
生行하고 沛公이 引兵隨之하야 遂下陳留하고 號酈食其하야 爲廣野君[4]하니 酈
生이 常爲說客하야 使諸侯하다 〈出漢書食其傳〉

　酈生이 이르러 들어와 뵈었는데, 沛公이 이때 막 평상에 걸터앉아 두 여자
로 하여금 발을 씻게 하면서 酈生을 만나 보았다. 酈生이 길게 읍만 하고 절
하지 않으며 말하기를 "足下께서 반드시 무도한 秦나라를 주벌하고자 하신다
면 거만하게 〈걸터앉아서〉長者를 만나 보아서는 안 됩니다." 하였다. 이에
沛公은 씻던 것을 치우고 일어나 옷을 정돈하고 酈生을 맞이하여 上座에 앉
히고 사례하였다.

　酈生이 인하여 六國이 合從·連橫하던 때를 말하자, 沛公이 기뻐하여 묻기
를 "계책을 장차 어떻게 내어야 하는가?" 하니, 酈生이 대답하였다. "足下께
서 규합한 무리들을 일으키고 흩어져 혼란한 군사를 수습한 것이 만 명이 채
못되는데, 이들을 데리고 곧바로 강한 秦나라로 들어가고자 하시니, 이는 이

른바 범의 아가리를 더듬는다는 것입니다. 陳留는 천하의 요충지이고 四通五
達한 들입니다. 이제 그 성 안에는 또 쌓아놓은 곡식이 많고 臣이 그 縣令과
친하니, 청컨대 臣이 使者로 가서 足下에게 항복하게 하겠습니다. 만일 듣지
않으면 足下께서 군대를 일으켜 공격하면 신이 內應하겠습니다.”

이에 酈生을 보내어 가게 하고 沛公이 병력을 이끌고 뒤따라가서 마침내
陳留를 항복시키고는 酈食其를 칭호하여 廣野君이라 하였다. 이후로 酈生이
항상 遊說客이 되어 諸侯에게 사신 갔다. - ≪漢書 酈食其傳≫에 나옴 -

1) 〔譯註〕長者 : 연장자, 즉 酈食其 자신을 가리킨다.
2) 〔釋義〕陳留 : 古兗州郡이니 今開封府縣이라
　　陳留는 옛날의 兗州郡이니 지금의 開封府縣이다.
3) 〔釋義〕請得使之 令下 : 彼自歸伏曰下니 言我請得爲使而往說之면 可令其歸伏이라
　　저(상대방)가 스스로 귀순하여 항복하는 것을 下라고 하니, 자신이 청컨대 사
　　자로 가서 설득하면 항복하게 할 수 있음을 말한 것이다.
4) 〔釋義〕爲廣野君 : 廣野는 在河內山陽縣이라
　　廣野는 河內 山陽縣에 있다.

○ 夏四月에 沛公이 南攻潁川¹⁾屠之하고 因張良하야 遂略韓地²⁾하다 良이 引兵
從沛公하야 略南陽郡³⁾하니 南陽守齮(의)降⁴⁾이어늘 引兵西하니 無不下者요 所
過에 亡(毋)得鹵掠(노략)⁵⁾하니 秦民이 皆喜러라

여름 4월에 沛公이 남쪽으로 潁川을 공격하여 도륙하고, 張良을 인하여 마
침내 韓나라 땅을 공략하였다. 張良이 병력을 인솔하고 沛公을 따라 南陽郡
을 공략하니, 南陽守 齮가 항복하였다. 沛公이 병력을 인솔하고 서쪽으로 향
하니 항복하지 않는 곳이 없었으며, 지나는 곳에 노략질을 못하게 하니 秦나
라 백성들이 모두 기뻐하였다.

1) 〔釋義〕潁川 : 秦潁川郡을 漢獻徙都之하고 改〈曰〉許昌이러니 後周改許州하니라
　　秦나라 潁川郡을 漢나라 獻帝가 도읍을 옮기고 許昌이라고 고쳤는데, 後周가
　　許州라고 고쳤다.
2) 〔釋義〕因張良 遂略韓地*⁾ : 王氏曰 韓分晉하야 得南陽及潁川之父城, 定, 襄, 潁

陽, 潁陰, 長社, 陽翟하니 東接汝南하고 西接弘農하야 得新安, 宜陽이라

　王氏가 말하였다. "韓나라가 晉나라 땅을 나누어 南陽郡 및 潁川의 父城, 定陵, 襄城, 潁陽, 潁陰, 長社, 陽翟을 점령하니, 동쪽으로 汝南과 연접하고 서쪽으로 弘農과 연접하여 新安과 宜陽을 얻었다."

＊) 因張良 遂略韓地 : 河南 新鄭부터 남쪽으로 潁川까지는 모두 韓나라 땅인데, 張良이 대대로 韓나라에서 재상이 되었으므로 그의 말을 따른 것이다.

3) 〔釋義〕南陽郡 : 屬荊州라 括地志에 在鄧州東北百二十里라

　南陽郡은 荊州에 속하였다. ≪括地志≫에 "鄧州 동북쪽 120리에 있다." 하였다.

4) 〔釋義〕南陽守齮降 : 齮는 音蟻니 郡守之名이니 失其姓이라 守는 音狩라 按漢書컨대 景帝中二年에 始更(경)郡守하야 爲太守하니라

　齮는 음이 의이니, 郡守의 이름으로 그 姓은 전해지지 않는다. 守는 음이 수이다. ≪漢書≫를 살펴보건대 景帝 中元 2년에 비로소 郡守를 고쳐 太守라고 하였다.

5) 〔釋義〕亡得鹵掠 : 王氏曰 史記亡作毋라 按左傳襄二十一年에 云 周西鄙掠之라한대 註에 掠은 音亮이니 奪也라

　王氏가 말하였다. "≪史記≫에는 亡자가 毋자로 되어 있다. 살펴보건대 ≪春秋左傳≫ 襄公 21年條에 '周西鄙掠之'라 하였는데, 註에 '掠은 음이 량(략)이니 빼앗음이다.' 하였다."

○ 王離軍이 旣沒에 章邯은 軍棘原[1]하고 項羽는 軍漳南[2]이러니 秦兵이 數(삭)却이라 二世使人讓章邯한대 邯이 恐하야 使長史欣으로 請事咸陽이러니 留司馬門[3] 三日호되 趙高不見하고 有不信之心이어늘 欣이 至軍報曰 高用事于中하야 下無可爲者[4]라 今에 戰勝이면 高必嫉吾功이요 不勝이면 不免於死라한대 邯이 乃與羽約盟洹水之上하다 已盟에 邯이 見羽流涕하고 爲言趙高하니 羽乃立章邯爲雍王하야 置楚軍中하고 使長史欣으로 爲上將軍하야 將秦軍爲前行(항)[5]하다 〈出史記項羽紀〉

　王離의 군대가 이미 패몰함에 章邯은 棘原에 군대를 주둔하고 項羽는 漳水의 남쪽에 군대를 주둔하였는데, 秦나라 군대가 자주 퇴각하였다. 二世가 사람을 시켜 章邯을 꾸짖으니, 章邯이 두려워하여 長史인 司馬欣으로 하여금

咸陽에 가서 일을 청하게 하였는데, 司馬門에 3일 동안 머물러 있었으나 趙
高가 만나 보지 않고 믿지 않는 마음이 있었다.

司馬欣이 군대에 이르러 보고하기를 "趙高가 중앙에서 用事하여 아래에
서는 일을 할 수가 없습니다. 이제 싸워서 승리하면 趙高는 반드시 우리들
의 공을 질투할 것이고, 이기지 못하면 죽음을 면치 못할 것입니다." 하니,
章邯이 마침내 項羽와 약속하고 洹水의 가에서 맹약하였다. 맹약이 끝나
자, 章邯이 項羽를 보고 눈물을 흘리며 趙高에 대해 말하니, 項羽가 마침내
章邯을 세워 雍王을 삼아 楚나라 군중에 두고, 長史 司馬欣을 上將軍으로
삼아서 秦나라 군대를 거느리고 先鋒이 되게 하였다. - 《史記 項羽本紀》
에 나옴 -

1) 〔釋義〕棘原：地名이니 在鉅鹿郡南이라
   棘原은 지명이니, 鉅鹿郡 남쪽에 있다.
2) 〔釋義〕漳南：漳水之南也라 括地云 漳水는 今俗名柳河니 在邢州平鄕縣南이라
   漳南은 漳水의 남쪽이다. 《括地志》에 "漳水는 지금 俗名이 柳河이니, 邢州 平
   鄕縣 남쪽에 있다." 하였다.
3) 〔釋義〕司馬門：正義〔集解〕曰 凡言司馬門者는 宮垣中兵衛所在니 四面에 皆有司
   馬하야 主武事라 總言之하면 外門爲司馬門이라 如淳曰 宮衛令에 諸出入殿門, 公
   車司馬門에 乘軺傳者皆下호되 不如令이면 罰金四兩하니라
   《史記集解》에 말하였다. "무릇 司馬門이라고 말한 것은 宮垣 안의 兵衛가 있
   는 곳이니, 사면에 모두 司馬가 있어서 군대의 일을 주관한다. 통틀어 말하면 外
   門을 司馬門이라 한다." 如淳이 말하였다. "宮衛令에 '殿門과 모든 公車司馬門을
   출입할 때에 軺傳을 탄 자를 모두 내리게 하되, 명령대로 하지 않으면 罰金이 4
   냥이다.' 하였다."
4) 〔釋義〕下無可爲者：言不可復爲軍旅事也라
   下無可爲者는 아래에서는 다시 군대의 일을 할 수 없음을 말한 것이다.
5) 〔釋義〕前行：王氏曰 史記項籍紀註에 行은 胡郎反(항)이라 漢書本傳엔 作行
   (행)前하니 註에 置前而行也라
   王氏가 말하였다. "《史記》〈項羽本紀〉 註에 '行은 胡郎反(항)이다.' 하였고,
   《漢書》〈項籍傳〉에는 行(행)前으로 되어 있으니, 註에 '앞에 배치하여 행군하
   는 것이다.' 하였다."

朱氏曰 壅蔽之禍 其可畏也哉인저 邯鄲之役에 邯軍棘原하고 羽軍漳南하야 猶
以勢力相持하야 勝負未決也라 使二世不加誚讓하고 趙高不懷忌嫉하야 長史欣
이 請事咸陽에 無滯留扞格之苦런들 則陳餘之書 固未足以撼章邯之心이요 雖
項羽善戰이나 亦未能旬日之間에 盡坑秦卒二十餘萬之衆也리라 今掃一國之衆
하야 付之大將之手하야 存亡成敗가 係呼吸瞬息之間이어늘 司馬門奏事에 乃
留三日而不得報하니 其趣(促)亡也宜哉인저

　朱氏가 말하였다.

　"군주의 총명을 가리는 화가 참으로 두려울 만하다. 邯鄲의 戰役(전쟁)에 章邯의 군대는 棘原에 주둔하고 項羽의 군대는 漳水의 남쪽에 주둔하여, 오히려 세력을 가지고 서로 대치하여 아직 승부를 결단하지 못하였으니, 만약 二世가 견책을 가하지 않고 趙高가 시기하는 마음을 품지 않아서 長史인 司馬欣이 咸陽에 가서 일을 청했을 때에 지체되고 막히는 괴로움이 없었다면 陳餘의 편지가 진실로 章邯의 마음을 흔들지 못하였을 것이요, 비록 項羽가 전쟁을 잘했더라도 또한 열흘 만에 秦나라의 병졸 20여 만 명을 다 무찔러 죽이지는 못하였을 것이다. 지금 온 나라의 병력을 총동원하여 大將의 손에 맡겨서 국가의 존망과 성패가 숨 한 번 쉬고 눈 한 번 깜빡하는 짧은 시간에 달려 있는데, 司馬門에서 일을 아뢸 때에 마침내 3일 동안 머물러 있었으나 보고할 수가 없었으니, 멸망을 재촉함이 당연한 것이다."

○ 初에 趙高欲專秦權호되 恐群臣不聽하야 乃先設驗하야 持鹿獻於二世曰 馬也라한대 二世笑曰 丞相이 誤耶아 謂鹿爲馬온여 問左右한대 或默, 或言馬어늘 高因陰中[1]諸言鹿者以法하니 後에 群臣이 皆畏高하야 莫敢言其過러라

　처음에 趙高가 秦나라 권력을 독점하고자 하였으나 여러 신하들이 따르지 않을까 두려워하여, 마침내 먼저 시험 삼아 사슴을 가져다 二世에게 바치며 말하기를 "말입니다." 하였다. 二世가 웃으며 말하기를 "丞相이 오판하였는가? 사슴을 일러 말이라 하는구나." 하고 左右에게 물으니, 혹은 침묵하고

혹은 말이라고 하였다. 趙高는 인하여 사슴이라고 말한 자들을 법으로 은밀히 中傷하니, 뒤에 群臣들이 모두 趙高를 두려워하여 감히 그의 잘못을 말하는 자가 없었다.

1)〔釋義〕陰中 : 中은 陰中害之也라
　　中은 은밀히 中害(中傷)하는 것이다.

○ 高前數(삭)言 關東盜는 無能爲也라하더니 及項羽虜王離等하고 而章邯等軍이 數敗에 關東이 皆畔이라 高恐二世怒하야 誅及其身하야 乃謝病不朝하고 陰與其壻咸陽令閻樂으로 謀易置上하고 更立子嬰하다 樂이 將吏卒하고 入望夷宮1)하야 與二世2)曰 受命於丞相하야 誅足下3)라하고 麾其兵進하니 二世自殺이라 趙高乃立子嬰4)爲秦王하고 令子嬰으로 齋當廟見하야 受玉璽5)라한대 子嬰이 與其子二人으로 謀曰 丞相高殺(弑)二世하고 恐群臣誅之하야 乃佯(양)以義立我하고 使我齋見廟하니 我稱病不行이면 丞相이 必自來하리니 來則殺之라하더니 高果自往이어늘 子嬰이 遂刺殺高於齋宮하고 三族高家하다〈出本紀〉

　趙高가 전에 여러 번 "關東의 도둑은 상대할 것이 없다."고 말하였는데, 項羽가 王離 등을 사로잡고 章邯 등의 군대가 자주 패하자 關東이 모두 배반하였다. 趙高는 二世가 노하여 자기 몸에 주벌이 미칠까 두려워하여 마침내 병으로 사퇴하여 조회하지 않고, 은밀히 그 사위인 咸陽令 閻樂과 上을 바꿔치우고 다시 子嬰을 세울 것을 도모하였다.

　閻樂이 관리와 병졸을 거느리고 望夷宮에 들어가서 二世를 꾸짖어 말하기를 "丞相에게 명령을 받아 足下를 죽이겠다." 하고 군사들을 지휘하여 나아가니, 二世가 자살하였다. 趙高는 마침내 子嬰을 세워 秦王으로 삼고 子嬰으로 하여금 재계하고 사당에 뵈어 玉璽를 받으라고 하였다.

　子嬰은 그의 아들 두 사람과 상의하기를 "丞相 趙高가 二世를 시해하고 여러 신하들이 자기를 죽일까 두려워하여 마침내 거짓 의리를 내세워 나를 세우고는 나로 하여금 재계하고 사당에 뵙게 하니, 내가 병을 핑계대고 가지

않으면 丞相이 반드시 스스로 올 것이다. 오면 그를 죽이겠다." 하였다. 趙高
가 과연 스스로 오자, 子嬰이 마침내 趙高를 재계하던 宮에서 찔러 죽이고
趙高의 집안을 三族을 멸하였다. - ≪史記 秦始皇本紀≫에 나옴 -

1) 〔釋義〕望夷宮 : 在長陵西北하니 長平觀道東故亭處是也라 臨涇水作之하야 以望
　　北夷라 括地云 在雍州咸陽東南이라
　　望夷宮은 長陵 서북쪽에 있으니, 長平觀 길 동쪽 옛 정자가 있는 곳이 이곳이
　　다. 涇水에 임하여 지어서 北夷를 바라본다. ≪括地志≫에 이르기를 "雍州 咸陽
　　동남쪽에 있다." 하였다.

2) 〔通鑑要解〕與二世 : 樂前數二世曰 足下驕恣하야 殺無道故로 天下皆反하니 其自
　　爲計하라 二世曰 願得一郡爲王하노라 不許한대 願爲萬戶侯하노라 又不許한대
　　願與妻子爲黔首하노라 樂曰 臣受命丞相하야 誅足下라하고 麾其兵進하니 二世自
　　殺하다 曲禮註云에 與는 猶數也라
　　閻樂이 앞으로 나아가 二世를 꾸짖어 말하기를 "足下가 교만하고 방자해서 사
　　람들을 죽여 無道하기 때문에 천하가 모두 배반하니, 스스로 계책을 세우라." 하
　　였다. 二世가 말하기를 "한 郡을 얻어 왕이 되기를 원한다."고 하였으나 허락하지
　　않고, "萬戶의 侯가 되기를 원한다."고 하였으나 또 허락하지 않았다. "처자와 함
　　께 평민이 되기를 원한다."고 하자, 閻樂이 말하기를 "신이 승상에게 명을 받아
　　足下를 죽이겠다." 하고는 군사를 지휘하여 나아가니, 二世가 자살하였다. ≪禮
　　記≫〈曲禮〉의 註에 "與는 數(數罪)와 같다." 하였다.

3) 〔釋義〕誅足下＊⁾ : 群臣士庶相與言에 故呼在殿下, 閤下, 足下, 侍者, 執事者하야
　　而先與之言이니 因卑達尊之義니 皆謙辭也라
　　여러 신하들과 士庶人이 서로 함께 말할 적에 〈곧바로 가리킬 수 없기 때문에〉
　　殿下, 閤下, 足下, 侍者, 執事에 있는 자를 불러서 먼저 이들과 말을 하였으니,
　　낮은 자를 통하여 높은 자에게 전달하는 뜻이니, 모두 謙辭이다.

＊) 足下 : 그다지 높이는 말이 아니니, 二世를 陛下라고 칭하지 않고 足下라고 칭한
　　것은 그를 업신여긴 것이다.

4) 〔譯註〕子嬰 : 秦始皇의 長子인 扶蘇의 아들이다.

5) 〔附註〕玉璽 : 始皇이 得和氏璧하고 命李斯篆之하고 孫壽刻之하니 方四寸이라
　　其文曰 受命于天 旣壽永昌이요 字形이 如魚龍鳳鳥之狀하니 自漢高以來로 遂爲
　　傳國寶하니라

　　玉璽는 始皇이 和氏璧을 얻고는 李斯에게 명하여 篆字를 쓰게 하고 孫壽에게 이를 새기게 하니, 사방 4寸이었다. 그 글에 이르기를 "하늘에서 命을 받으니 이미 壽하고 길이 창성하리라." 하였고, 글자의 모양이 魚龍과 봉황새의 형상과 같았는 바, 漢高祖 이래로 마침내 傳國寶가 되었다.

○ 子嬰이 遣將將兵하야 距嶢關[1]이어늘 沛公이 欲擊之러니 張良曰 秦兵이 尙彊하니 未可輕이라 願先遣人하야 益張旗幟於山上하야 爲疑兵하고 使酈食其, 陸賈로 往說秦將하야 啗(담)[2]以利하소서 秦將이 果欲連和어늘 沛公이 欲許之한대 張良曰 此는 獨其將欲叛이니 恐其士卒不從이라 不如因其懈怠하야 擊之니이다 沛公이 引兵繞嶢關하고 踰蕢(궤)山하야 擊秦軍大破之하고 遂至藍田하야 又戰其北하야 秦兵이 大敗하다 〈出高祖紀〉

　　子嬰이 장수를 보내어 군대를 거느리고 嶢關을 막자, 沛公이 이들을 공격하고자 하였는데, 張良이 말하였다. "秦나라 군대가 아직 강성하여 경시할 수가 없습니다. 원컨대 먼저 사람을 보내어 더욱 旗幟를 산 위에 늘어놓아 의심스러운 군대를 만들고, 酈食其와 陸賈로 하여금 가서 秦나라 장수를 설득하여 이익으로 유인하게 하소서."

　　秦나라 장수가 과연 연합하여 화해하고자 하자, 沛公이 이를 허락하려 하니, 張良이 말하기를 "이는 다만 그 장수가 배반하고자 하는 것이니, 그의 사졸들이 따르지 않을까 두렵습니다. 그들이 해이해진 틈을 타서 공격하는 것만 못합니다." 하였다. 沛公이 병력을 인솔하여 嶢關을 에워싸고 蕢山을 넘어 秦軍을 공격해서 크게 격파하였으며, 마침내 藍田에 이르러 또다시 그 북쪽에서 싸워 秦나라 군대가 크게 패하였다. - ≪史記 高祖本紀≫에 나옴 -

1) 〔釋義〕嶢關 : 嶢山關은 在京兆南이라 括地志에 雍州藍田縣東南에 有藍田關하니 卽秦之嶢關也라
　　嶢山關은 京兆 남쪽에 있다. ≪括地志≫에 "雍州 藍田縣 동남쪽에 藍田關이 있으니, 秦나라의 嶢關이다." 하였다.

2) 〔釋義〕啗 : 謂以利誘之니 如以食餧之하야 令其啗食耳라

　啗은 이익으로 유인함을 이르니, 밥(미끼)을 주어 꾀어서 이것을 먹게 하는 것과 같은 것이다.

> 右秦은 自莊襄王으로 至子嬰히 合四十三年이니 子嬰爲王四十六日而降于漢하니라

　이상 秦나라는 莊襄王으로부터 子嬰에 이르기까지 모두 43년이니, 子嬰은 왕이 된 지 46일 만에 漢나라에 항복하였다.

賈誼過秦論曰 秦孝公이 據殽函之固하고 擁雍州之地하여 有席捲天下, 包擧宇內, 囊括四海, 幷呑八荒之心이라 及至始皇하여 奮六世[1]之餘烈하여 振長策[2]而馭宇內하여 呑二周而亡諸侯하고 履至尊而制六合하여 執敲扑以鞭笞天下하니 威振四海라 南取百越之地하여 以爲桂林象郡하니 百越[3]之君이 俛首係頸하여 委命下吏라 北築長城而守藩籬하여 却匈奴七百餘里하니 胡人이 不敢南下而牧馬하며 士不敢彎弓而報怨이라 於是에 廢先王之道하고 焚百家之言하여 以愚黔首하며 墮(隳)名城, 殺豪俊하고 收天下之兵하여 聚之咸陽하여 鑄以爲金人十二이라 然後에 踐華爲城하고 因河爲池하여 據億丈之城하고 臨不測之淵하여 以爲固하며 良將勁弩 守要害[4]之處하고 信臣精卒이 陳利兵而誰何하니 天下已定이라 始皇之心이 自以爲關中之固는 金城千里니 子孫帝王萬世之業也러니라 始皇旣沒에 餘威震乎殊俗이라 然而陳涉은 甕牖繩樞之子요 甿(맹)隸之人而遷徙之徒也라 躡足行伍之間하고 倔起阡陌之中하여 率罷(피)散之卒하고 將數百之衆하여 轉而攻秦할새 斬木爲兵하고 揭竿爲旗하니 天下雲合響應하고 贏粮而景(影)從하여 山東豪俊이 遂並起而亡秦族矣라 然而秦以區區之地로 致萬乘之權하여 招(교)八州而朝同列이 百有餘年矣라 然後에 以六合爲家하고 殽函爲宮이러니 一夫作難에 而七廟墮(휴)하고 身死人手하여 爲天下笑者는 何也오 仁義不施하고 而攻守之勢異也일새니라

　賈誼의 過秦論에 다음과 같이 말하였다.

　"秦나라 孝公이 殽函(殽山과 函谷關)의 험고한 요새를 점거하고 雍州의 땅

을 차지하여, 天下를 席捲하고 宇宙 안을 온통 차지하며 四海를 주머니 속에 넣고 八荒(八方)을 幷吞하려는 마음을 가지고 있었다. 그러다가 始皇帝에 이르러서는 六代가 남긴 功烈을 떨쳐 긴 채찍을 휘둘러 우주 안을 제어해서 二周를 竝吞하고 제후들을 멸망시키며 至尊의 자리에 올라 六合(온 천하)을 제어하여 채찍을 잡고서 천하를 종아리 치고 볼기 치니, 위엄이 四海에 떨쳐졌다. 남쪽으로는 百越의 땅을 취하여 桂林郡과 象郡을 만드니, 百越의 군주들이 머리를 숙이고 목에 올가미를 매어 秦나라의 낮은 관리에게 목숨을 맡겼다. 이에 북쪽으로 萬里長城을 쌓아 국경을 지키게 하여 匈奴를 7백여 리나 퇴각시키니, 오랑캐들이 감히 남쪽으로 내려와 말을 먹이지 못하고, 오랑캐 군사들이 감히 활을 당겨 원수를 갚지 못하였다.

이에 先王의 道를 폐하고 百家의 글을 불태워 백성들을 어리석게 만들며, 유명한 성을 허물고 豪傑들을 죽이며 천하의 병기를 거두어다가 咸陽에 모아 녹여서 주조하여 金人 12개를 만들었다. 그런 뒤에 華山을 밟아 성을 만들고 河水를 따라 못을 만들어 억 길이나 되는 높은 성을 점거하고 헤아릴 수 없이 깊은 못에 임하여 이로써 견고함을 삼으며, 훌륭한 장수와 강한 弓弩부대로 要害處를 지키고 신임하는 신하와 精銳兵들이 예리한 병기를 들고 통행인을 검문하니, 천하가 이미 평정되었다. 始皇이 마음속으로 스스로 생각하기를 關中의 견고함은 金城(철옹성) 千里이니, 자손들이 제왕의 지위를 만세토록 누릴 수 있는 基業이라고 여겼다.

始皇이 별세한 뒤에도 남은 위엄이, 풍속이 다른 오랑캐에게 떨쳐졌다. 그러나 陳涉은 깨진 옹기로 창문을 내고 노끈으로 문 지도리를 만든 가난한 집안의 자식이고 農奴의 천한 사람으로 이리저리 옮겨 다니는 무리였다. 行伍(兵卒)의 사이에서 출발하고 阡陌(밭두둑)의 가운데에서 일어나 피폐하고 흩어진 군사들을 이끌고 수백 명의 무리를 거느리고서 전전하여 秦나라를 공격할 적에 나무를 베어 병기를 만들고 대나무를 들어 깃발을 삼으니, 천하의 사람들이 구름처럼 모여들고 메아리처럼 호응하여, 양식을 싸 짊어지고 그림자처럼 따라와 山東地方의 호걸들이 마침내 모두 일어나서 秦나라 일족을 멸망시켰다.

그런데 秦나라는 구구한 雍州 땅을 가지고 萬乘 天子의 권세를 이룩하여 八州를 점령하고 동렬들에게 조회 받은 지가 백여 년이나 되었다. 그런 뒤에 六合을 집으로 삼고 殽函을 宮闕로 삼았는데, 한 匹夫가 난을 일으킴에 七廟가 무너지고 몸이 남의 손에 죽어서 천하의 웃음거리가 된 것은 어째서인가? 仁義를 베풀지 않아서였고, 공격과 수비의 형세가 다르기 때문이었다."

1) 〔頭註〕六世 : 孝公, 惠公, 武王, 昭王, 孝文王, 莊襄王也라
    六世는 孝公·惠公·武王·昭王·孝文王·莊襄王이다.

2) 〔頭註〕長策 : 乘馬爲喩하니 策은 所以撾馬者라
    말을 타는 것을 가지고 비유하였으니, 채찍은 말을 때리는 것이다.

3) 〔頭註〕百越 : 謂非一種也니 猶言百蠻이라 韋昭曰 越有百邑故로 曰百越也라
    百越은 한 종류가 아니니, 百蠻이라는 말과 같다. 韋昭가 말하기를 "越나라에 백 개의 읍이 있기 때문에 百越이라 한다." 하였다.

4) 〔頭註〕要害 : 在我爲要요 在彼爲害라
    要害는 나에게 있어서는 중요한 곳이 되고, 저(상대방)에게 있어서는 해가 되는 곳이다.

止齋先生曰 天下之事 有可畏之勢者는 易圖요 無可畏之形者는 難見이니 易圖者는 亦易應이요 難見者는 必難支라 故로 明智之君은 不畏乎方張之敵國하고 而深畏夫未見其隙之民心하나니라 蓋民心之搖가 慘於敵國之變이라 古者에 有畏民之君하야 是以로 無可畏之民이러니 後之人君은 狃於民不足畏하야 而民之大可畏者 始見於天下라 夫昔秦之先은 蓋七國也러니 自孝公以亟耕力戰으로 荐食東諸侯之境하야 歷七世而倂於始皇之手하니 吁亦艱矣라 始皇이 惟知天下之勢難合하고 而其患在六國也라 故로 墟其社稷하고 裂其土而守置之하야 以絶內爭之釁하니 中國은 不足慮요 而所以爲吾憂者 猶有四夷也라 於是에 郡桂林하고 城磧石하며 頸係百粵(越)而却匈奴於千里之外라 始皇之心이 自以爲天下擧無可虞하니 足以安意肆志하야 拱視乎殽函之上하야 而海內晏然者萬葉矣라하니 而不知天下之大可畏가 伏於大澤之卒하고 隱於鉅鹿之盜[1]하야 而其睥睨覘覬者 已滿於江之西, 山之東也라 一呼而起에 氓隷雲合하야 雖章邯百萬之

師가 建瓴而下라도 而全關之地가 已稅駕於霸上之劉季矣라 嗚呼라 秦以七世
亡六國이러니 而民以期月亡秦하야 以秦之彊으로 不能當民之弱하니 天下之眞
可畏者 果安在哉아

止齋先生(陳傅良)이 말하였다.

"천하의 일 중에 두려워할 만한 형세가 있는 것은 도모하기가 쉽고 두려울
만한 형세가 없는 것은 보기가 어려우니, 도모하기 쉬운 것은 또한 대응하기
가 쉽고 보기 어려운 것은 반드시 지탱하기가 어렵다. 그러므로 총명하고 지
혜로운 군주는 막 강성한 적국을 두려워하지 않고 틈을 볼 수 없는 民心을
깊이 두려워하는 것이다. 民心의 동요는 적국의 변란보다도 참혹하다. 옛날
에는 백성들을 두려워하는 군주가 있어서 이 때문에 두려워할 만한 백성이
없었는데, 후세의 군주가 백성들을 굳이 두려워하지 않음에 익숙해지자 크게
두려워할 만한 백성이 비로소 천하에 나타나게 되었다. 옛날 秦나라의 先代
는 七國이었는데, 孝公이 농사를 급하게 여기고 전투를 힘씀으로부터 동쪽
제후들의 영토를 잠식하기 시작하여 7대를 지나 秦始皇의 손에서 제후들을
겸병하였으니, 아! 또한 어려웠다.

始皇은 천하의 형세가 합하기 어렵고 그 근심이 六國에 있음을 알았다.
그러므로 六國의 社稷을 폐허로 만들고 그 땅을 나누어 수령을 두어서 內
紛의 싹을 끊었으니, 中國은 굳이 염려할 것이 없고 자신의 근심거리는 오
직 사방의 오랑캐가 있는 것이라고 생각하였다. 이에 桂林을 郡으로 만들
고 磧石에 城을 쌓으며 百越 군주의 목에 올가미를 매고 匈奴를 천리 밖으
로 퇴각시키니, 始皇의 마음에 스스로 생각하기를 천하에 모두 걱정할 만
한 것이 없으니, 충분히 안심하고서 뜻을 펼쳐 殽山과 函谷關 위에서 팔짱
을 끼고 내려다보아 海內의 편안함이 만대토록 장구할 것이라고 여겼다.
천하에 크게 두려워할 만한 것이 大澤의 병졸 속에 숨어 있고 鉅鹿의 도적
떼 속에 숨어 있어서 황제의 자리를 넘보고 엿보는 자들이 이미 揚子江의
서쪽과 山東 지방에 가득함을 알지 못하였다. 그리하여 이들이 한번 고함
치고 일어나자 백성들이 구름처럼 모여들어서 비록 章邯이 이끄는 백만의
군대가 물동이의 물을 쏟아 붓듯이 내려왔으나 全關의 땅이 이미 霸上의

劉季(劉邦)에게 들어가게 된 것이다. 아! 秦나라는 7대 만에 六國을 멸망
시켰는데 백성들은 期月(1년) 만에 秦나라를 멸망시켜서 秦나라의 강함으
로써 백성들의 약함을 당해내지 못하였으니, 천하에 참으로 두려워할 만한
것이 과연 어디에 있는가."

1) 〔頭註〕 鉅鹿之盜 : 彭越이 嘗漁鉅鹿澤中이라가 爲群盜하니라
   彭越이 일찍이 鉅鹿의 못 가운데에서 고기를 잡아먹다가 도적떼가 되었다.

通鑑節要 卷之四

漢 紀

〈按 西漢之史는 司馬遷이 作之於前하고 班固述之於後라 遷史는 止於武帝之太初하고 而班書則備西漢之一代로되 其間元成二紀는 又係班彪所作이라 大抵班書는 祖述遷史하야 其間辭語 微有改易이나 大同小異而已라 溫公所著通鑑은 武帝已前은 大槩全用遷史하고 其間亦參用班書之文이라 今逐一參攷하야 附註其下하야 庶幾學者用事不至有班馬之差라 然이나 詳考通鑑一書는 易紀傳而爲編年하야 合君臣事迹하야 貫而一之하야 興亡治亂이 了然在目이라 其間脈絡關鍵을 欲其聯屬인댄 些小增減은 所不能免이라 今將詞賦中合用要切字하야 則表而出之하고 其他不干利害處는 則不復附載라 然이나 通鑑一書는 已係經進之史하니 除詞賦押韻外에 散文用之는 卽無妨碍라 如歐陽脩撰唐史에 學者亦通用하니 以此觀之하면 則些小異同은 似亦不必太泥也니라〉

  - 살펴보건대 西漢(前漢)의 역사는 司馬遷이 앞에서 지었고 班固가 뒤에서 기술하였다. 司馬遷의 ≪史記≫는 武帝의 太初 年間에 그쳤고 班固의 ≪漢書≫는 西漢의 한 왕조를 구비하였는데, 그 사이에 元帝와 成帝의 두 本紀는 또 班彪가 지은 것이다. 대체로 班固의 ≪漢書≫는 司馬遷의 ≪史記≫를 원조로 하여 그 사이에 말을 약간 고치고 바꾼 것이 있으나 大同小異할 뿐이다. 溫公이 지은 ≪資治通鑑≫은 武帝 이전은 대체로 司馬遷의 ≪史記≫를 그대로 사용하였고 그 사이에 또한 班固의 ≪漢書≫의 내용을 참고하여 사용하였다. 이제 하나하나 이것을 참고해서 그 아래에 附註하여, 배우는 자들이 故事를 사용함에 班固와 司馬遷의 오류가 있지 않기를 바란다. 그러나 자세히 살펴보면 ≪資治通鑑≫ 한 책은 紀傳體를 바구어 編年體로 만들어서 君臣의 事迹을 합하여 꿰어서 하나로 만들어 興亡과 治亂이 분명하게 눈앞에 있게 하였다. 그 사이에 脈絡과 關鍵을 연결시키고자 한다면 약간의 增減은 면할 수가 없는 것이다. 이제 詞賦 가운데 인용할 만한 요긴한 글자를 가져다가 表出하였고, 기타 利害에 관계되지 않는 부분은 다시 附註하여 기재하지 않았다. 그러나 ≪資治通鑑≫ 한 책은 이미 황제에게 올린 역사책이니, 詞賦에 韻을 다는 것을 제외하고는 산문에 쓰는 것은 해로울 것이 없다. 예컨대 歐陽脩가 唐나라 역사를 편찬함

에 배우는 자들이 또한 통용하고 있으니, 이것을 가지고 살펴보면 약간의 차이는 또한 굳이 크게 집착할 필요가 없을 듯하다. -

太祖高皇帝[※] 上 諱邦이요 字季니 姓劉氏라 在位十二年이요 壽五十三이라

太祖 高皇帝는 諱가 邦이고 字가 季이니 姓은 劉氏이다. 재위가 12년이요, 壽가 53세이다.

※ 豁達大度하야 寬仁愛人하며 好謀能聽하고 知人善任하야 五載而成帝業이라 然이나 不事詩書하야 禮文制度 大抵襲秦하니 所以漢治不能復古니라

太祖 高皇帝는 활달하고 도량이 커서 너그럽고 인자하고 사람을 사랑하며, 도모하기를 좋아하여 남의 계책을 잘 따르고 인재를 알아 맡기기를 잘해서 5년만에 帝業을 이룩하였다. 그러나 詩·書에 종사하지 않아 禮文과 制度는 대체로 秦나라의 것을 답습하였으니, 이 때문에 漢나라의 정치가 옛날을 회복하지 못하였다.

【乙未】¹⁾ 〈楚義帝心元이요 西楚霸王項籍元이요 漢王劉邦元이요 韓三年이라 ○ 是歲에 秦亡하니 新舊大國三이요 小國十七이니 凡二十國²⁾이라〉

을미(B.C.206) - 楚나라 義帝 心 元年, 西楚霸王 項籍 元年, 漢王 劉邦 元年, 韓나라 3년이다. ○ 이 해에 秦나라가 망하니, 新舊의 大國이 3개국이고 小國이 17개국이니, 모두 20개국이다. -

1) 〔譯註〕乙未：《資治通鑑》과 달리 《通鑑節要》에서는 漢 高祖 元年부터 4년까지는 漢나라 연도를 大字로 표기하지 않고 列國과 나란히 小字로 分注^{*)}하였는데, 이는 楚나라와 漢나라의 패권 다툼이 끝나지 않아 천하에 주인이 정해지지 않았기 때문에 漢을 정통으로 인정하지 않은 것이다.

*) 分注：본문 사이에 두 줄로 나누어 작은 글씨로 注를 다는 것을 이른다.

2) 〔附註〕新舊大國三……凡二十國：楚, 西楚, 漢大國三이요 韓王成, 雍王章邯, 塞王司馬欣, 翟王董翳, 西魏王豹, 河南王申陽, 殷王司馬卬, 代王趙歇, 常山王張耳, 九江王英布, 衡山王吳芮, 臨江王共敖, 遼東王韓廣, 燕王臧荼, 膠東王田市, 齊王田都, 濟北王田安 小國十七이라 凡二十國이니 皆項王所立이라 是歲에 韓, 塞,

翟, 遼東, 膠東, 齊, 濟北七國亡이라

楚(懷王), 西楚(項羽), 漢의 大國이 3개국이요, 韓王 成, 雍王 章邯, 塞王 司馬欣, 翟王 董翳, 西魏王 豹, 河南王 申陽, 殷王 司馬卬, 代王 趙歇, 常山王 張耳, 九江王 英布, 衡山王 吳芮, 臨江王 共敖, 遼東王 韓廣, 燕王 臧荼, 膠東王 田市, 齊王 田都, 濟北王 田安의 小國이 17개국이다. 합하여 20개국이니, 모두 項王이 세운 것이다. 이 해에 韓, 塞, 翟, 遼東, 膠東, 齊, 濟北의 7개국이 망하였다.

冬十月[1]에 沛公이 至霸上하니 秦王子嬰[2]이 素車白馬[3]로 係頸以組[4]하고 封皇帝璽符節하야 降軹道旁[5]이어늘 諸將이 或言誅秦王한대 沛公曰 始에 懷王遣我[6]는 固以能寬容이라 且人已服降이어늘 殺之不祥이라하고 乃以屬吏하다 〈出本紀〉

겨울 10월에 沛公이 霸上에 이르니, 秦王 子嬰이 흰 수레와 흰 말로 목에 인끈을 매고 황제의 玉璽와 符節을 봉함하여 軹道 가에서 항복하였다. 여러 장수들이 혹 秦王을 죽일 것을 말하자, 沛公은 말하기를 "처음에 懷王이 나를 보낸 것은 진실로 寬容하기 때문이었다. 또 사람이 이미 항복하였는데, 죽이는 것은 상서롭지 못하다." 하고는 마침내 子嬰을 관리에게 맡겼다. - ≪史記 高祖本紀≫에 나옴 -

1) 〔原註〕冬十月 : 如淳註曰 以高祖十月至霸上이라 故因秦以十月爲歲首라
   冬十月은 如淳의 註에 이르기를 "高祖가 10월에 霸上에 이르렀다. 그러므로 秦나라를 따라 10월을 歲首로 삼은 것이다." 하였다.
2) 〔頭註〕秦王子嬰 : 趙高殺二世하고 曰 秦은 古王國이러니 始皇君天下故로 稱帝라 今六國復立하니 爲王如古라하고 便立子嬰爲秦王也하니라
   趙高가 二世를 시해하고 말하기를 "秦나라는 옛 왕국이었는데, 始皇이 천하에 임금이 되었기 때문에 帝라고 칭한 것이다. 이제 六國이 다시 섰으니, 옛날과 같이 王이 되어야 한다." 하고는 곧 子嬰을 세워 秦王이라 하였다.
3) 〔譯註〕素車白馬 : 흰 수레와 흰 말은 喪을 당한 사람의 복식인데, 子嬰은 자신의 죄가 중하여 죽을 것을 안다는 뜻으로 이것을 탄 것이다.
4) 〔釋義〕係頸以組 : 組는 天子之綬也라 係頸者는 以示降服이니 欲其自殺이라
   組는 天子의 綬(인끈)이다. 목에 매는 것은 항복함을 보이는 것이니, 자살하고

자 하는 것이다.

5) 〔釋義〕 軹道旁 : 軹道亭은 東去霸城觀四里요 觀은 東去霸水百步라 括地志에 軹
道在雍州萬年東北十六里苑中이라

　軹道亭은 동쪽으로 霸城觀과의 거리가 4리이고 觀은 동쪽으로 霸水와의 거리
가 100보이다. ≪括地志≫에 “軹道는 雍州 萬年縣 동북쪽 16리 苑中에 있다.”
하였다.

6) 〔譯註〕 懷王遣我 : 懷王이 關中에 項羽를 보내지 않고 劉邦을 보낸 것을 이르는
바, 이 일은 앞의 3권 二世皇帝 癸巳年條에 보인다.

〔史略 史評〕 司馬公曰 孔子曰知(智)及之라도 仁不能守之면 雖得之나 必失之
라하시니 秦之謂也라 善夫라 賈生之言[1]曰 秦以區區之地로 致萬乘之權하야
招(교)八州而朝同列이 百有餘年이라 然後에 以六合爲家하고 殽函爲宮이러니
一夫作難에 而七廟隳하고 身死人手하야 爲天下笑者는 何也오 仁義不施하고
而攻守之勢異也라하니라

　司馬溫公이 말하였다.

　“孔子가 말씀하기를 ‘지혜가 거기에 미치더라도 仁이 그것을 지킬 수 없으
면 비록 얻더라도 반드시 잃는다.’ 하셨으니, 秦나라를 두고 말한 것이다.
아, 훌륭하다. 賈生(賈誼)의 말에 이르기를 ‘秦나라가 구구한 雍州 땅을 가지
고 萬乘 天子의 권세를 이룩하여 八州를 점령하고 동렬들에게 조회 받은 지
가 백여 년이나 되었다. 그런 뒤에 六合을 집으로 삼고 殽函(殽山과 函谷關)
을 궁궐로 삼았는데, 한 匹夫가 난을 일으키자 七廟가 무너지고 황제의 몸이
남의 손에 죽어서 천하의 웃음거리가 된 것은 어째서인가? 仁義를 베풀지 않
아서였고 공격과 수비의 형세가 다르기 때문이었다.’ 하였다.”

1) 〔譯註〕 賈生之言 : 賈生은 賈誼를 가리킨 것으로, 이 내용은 過秦論에 보인다.

〔史略 史評〕 胡氏曰 攻守無異勢라 秦以詐力得之하니 豈有能施仁義之理邪아

　胡氏가 말하였다.

　“공격과 수비는 형세가 다르지 않다. 秦나라가 속임수와 무력으로 天下를
얻었으니, 어찌 仁義를 베풀 리가 있겠는가.”

○ 沛公이 西入咸陽하니 諸將이 皆爭走金帛財物之府하야 分之호되 蕭何獨先
入收秦丞相府圖籍하야 藏之[1]라 以此로 沛公이 得具知天下阨塞(액색), 戶口
多少, 彊弱之處러라〈出蕭相國世家〉

沛公이 서쪽으로 咸陽에 들어가니, 여러 장수들이 모두 다투어 금과 비단
과 재물을 보관한 창고로 달려가서 이를 나누어 가졌으나 蕭何는 홀로 먼저
秦나라 丞相府에 들어가서 지도와 호적을 거두어 보관하였다. 이 때문에 沛
公은 천하의 요새와 戶口의 많고 적음과 강하고 약한 곳을 자세히 알게 되었
다. - ≪史記 蕭相國世家≫에 나옴 -

1)〔原註〕蕭何獨先……藏之 : 漢書高祖紀云 收秦丞相御史律令圖書藏之라
  ≪漢書≫〈高祖紀〉에 이르기를 "秦나라 丞相府와 御史臺의 律令과 圖書를 거두
  어 보관했다." 하였다.

朱氏曰 高帝入關에 而蕭何獨先收秦丞相府律令圖書하니 其慮深矣라 然獨不念
治天下之道는 非圖籍之所能備요 保天下之道는 非律令之所能紀者乎아 秦人以
四方書籍으로 盡付之烈焰之中이로되 而先王遺書가 猶幸略存於博士掌故之府
하니 使何與高帝少有王天下之志하야 因丞相府하야 以收圖籍하고 因博士學官
하야 以收遺書하야 用圖籍之形勢하야 以收效於百戰搶攘之日하고 用帝王之遺
書하야 以保治於一定甫安之時런들 則漢之基業이 當與商周比隆矣리라 不知出
此하야 遂使先王遺典으로 復灰於項籍之手하야 使天下不見帝王之全書하니 蕭
何不得辭其責矣니라

朱氏(朱黼)가 말하였다.

"高帝가 關中에 들어가자 蕭何가 홀로 먼저 秦나라 丞相府에 보관되어 있
던 律令과 圖書를 수습하였으니, 생각함이 깊다. 그러나 천하를 다스리는 방
도는 圖籍(지도와 호적)으로 구비할 수 있는 것이 아니요, 천하를 보존하는
방도는 律令으로 기록할 수 있는 바가 아님을 어찌 생각하지 않았는가. 秦나
라 사람들이 四方의 서적을 모두 뜨거운 화염 속에 던져 태웠으나 先王의 遺

書(남은 책)가 오히려 다행히 博士와 掌故(故事를 맡은 관원)의 府庫에 남아 있었으니, 만일 蕭何와 高帝가 조금이라도 천하에 왕 노릇 할 뜻이 있어 丞相府를 인하여 圖籍을 수습하고 博士와 學官들을 인하여 遺書를 거두어서, 圖籍의 형세를 사용하여 백 번 싸워 혼란할 때에 효험을 거두고 帝王의 遺書를 사용하여 한 번 정하여 겨우 편안할 때에 다스림을 보존했더라면 漢나라의 基業이 마땅히 商나라, 周나라와 함께 똑같이 높았을 것이다. 그런데 이렇게 할 줄을 몰라서 마침내 先王의 남은 典籍으로 하여금 다시 項籍의 손에 불타게 하여, 천하로 하여금 帝王의 온전한 글을 보지 못하게 하였으니, 蕭何가 그 책임을 면치 못할 것이다."

○ 沛公이 見秦宮室帷帳과 狗馬重寶와 婦女以千數하고 意欲留居之러니 樊噲諫曰 沛公이 欲有天下耶잇가 將爲富家翁耶잇가 凡此奢麗之物은 皆秦所以亡也니 沛公이 何用焉이리잇고 願急還霸上하고 無留宮中하소서 沛公이 不聽이어늘 張良曰 秦爲無道故로 沛公이 得至此하니 夫爲天下除殘賊인대 宜縞素爲資[1]어늘 今始入秦하야 卽安其樂이면 此는 所謂助桀爲虐이니이다 且忠言逆耳나 利於行이요 毒藥苦口나 利於病이니 願沛公은 聽噲言하소서 沛公이 乃還軍霸上하다 〈出留侯世家 及徐廣注〉

沛公은 秦나라의 宮室과 帷帳과 개와 말과 귀중한 보물과 부녀자가 천으로 헤아려지는 것을 보고는 마음에 그대로 머물러 살고자 하였다. 이에 樊噲가 간하기를 "沛公께서는 천하를 소유하고자 하십니까? 부잣집 늙은이가 되고자 하십니까? 무릇 이 사치하고 화려한 물건들은 모두 秦나라가 멸망하게 된 이유이니, 沛公은 어디에 쓰시겠습니까? 원컨대 급히 霸上으로 돌아가고 宮中에 머물지 마소서." 하였으나 沛公이 듣지 않았다.

張良이 말하기를 "秦나라가 무도하였기 때문에 沛公이 여기에 이를 수 있었으니, 천하를 위하여 殘賊(백성을 괴롭히는 자)을 제거하려고 한다면 마땅히 흰 명주옷(검소함)을 바탕(밑천)으로 삼아야 할 것입니다. 그런데 이제

처음 秦나라에 들어와서 그들이 즐기던 것을 편안히 여긴다면 이는 이른바
'桀王을 도와 포악함을 한다.'는 것입니다. 그리고 또 충성스러운 말이 귀에
는 거슬리나 행실에는 이롭고 독한 약이 입에는 쓰나 병에는 이로우니, 원컨
대 沛公은 樊噲의 말을 들으소서." 하니, 沛公이 마침내 霸上으로 돌아와 주
둔하였다. - ≪史記 留侯世家≫와 徐廣의 注에 나옴 -

1) 〔釋義〕宜縞素爲資 : 王氏曰 縞는 繒之精白者요 素는 謂無采飾也요 資는 藉也라
　　欲令沛公으로 反秦奢泰하고 服儉素以爲藉也라
　　　王氏가 말하였다. "縞는 비단 중에 곱고 흰 것이고, 素는 채색과 꾸밈이 없는 것
　　을 이르며, 資는 바탕이다. 沛公으로 하여금 秦나라의 사치와 반대로 하고, 검소
　　함을 실천하여 바탕으로 삼게 한 것이다.

○ 十一月에 沛公이 悉召諸縣父老豪傑하야 謂曰 父老苦秦苛法이 久矣라 誹
謗者를 族하고 偶語者를 棄市러니 吾當王關中이라 與父老約하노니 法三章耳¹⁾라
殺人者는 死하고 傷人及盜는 抵罪²⁾하고 餘는 悉除去秦法하노니 諸吏民³⁾은 皆
案堵如故하라 凡吾所以來는 爲父老除害요 非有所侵暴니 無恐하라 且吾所
以還軍霸上은 待諸侯至而定約束⁴⁾耳라하고 乃使人으로 與秦吏行縣鄕邑하야
告諭之하니 秦民이 大喜하야 爭持牛羊酒食(사)하야 獻饗軍士어늘 沛公이 又讓不
受曰 倉粟多하야 非乏하니 不欲費民이라한대 民又益喜하야 唯恐沛公不爲秦王
이러라 〈出史記本紀〉

　11월에 沛公이 여러 縣의 父老와 豪傑들을 다 불러 이르기를 "父老들이 秦
나라의 까다로운 법에 고생한 지가 오래되었다. 정부를 비방하는 자는 三族
을 멸하고 둘이 모여 말하는 자는 棄市하였는데, 내가 마땅히 關中에 왕 노
릇 할 것이다. 父老들과 약속하노니, 法은 단지 3章일 뿐이다. 사람을 죽인
자는 죽이고 사람을 상해하거나 도둑질한 자는 그에 상응하는 죄에 이르게
하고, 나머지는 秦나라의 법을 모두 제거하노니, 여러 관리와 백성들은 모두
옛날과 같이 편안히 살라. 무릇 내가 여기에 온 까닭은 父老를 위하여 해로
움을 제거하려고 한 것이지 침략하고 포악하게 하려는 것이 아니니 두려워하

지 말라. 또 내가 霸上으로 돌아와 주둔한 것은 제후들이 이르기를 기다려
약속을 정하려 해서일 뿐이다." 하고는 마침내 사람을 시켜서 秦나라의 관리
와 함께 縣·鄕·邑을 순행하여 이를 告諭하게 하였다. 秦나라 백성들이 크
게 기뻐하여 다투어 소와 양과 술과 밥을 가지고 와서 바쳐 군사들에게 먹게
하였으나 沛公은 또 사양하고 받지 않으며 말하기를 "창고에 곡식이 많아 부
족하지 않으니, 백성의 재물을 허비하고자 하지 않는다." 하였다. 백성들이
또 더욱 기뻐하여 행여 沛公이 秦王이 되지 않을까 두려워하였다. - ≪史記
高祖本紀≫에 나옴 -

1) 〔譯註〕與父老約 法三章耳 : 옛날에는 대부분 約法三章으로 句를 떼어 해석하였
   으나 현재의 中國本을 따라 約에서 句를 떼었다.
2) 〔釋義〕傷人及盜 抵罪 : 抵는 至也, 當也니 除秦酷政하고 但至於罪也라 張氏曰
   秦法에 一人犯罪면 擧家及隣伍皆坐之러니 今但當其身坐하고 父子兄弟 罪不相及
   이라
   　抵는 이르고 해당함이니, 秦나라의 가혹한 정사를 제거하고 다만 〈죄를 지은 자
   만〉 죄에 이르게 한 것이다. 張氏(張晏)가 말하였다. "秦나라 法에는 한 사람이
   죄를 범하면 온 집안과 隣伍가 모두 연좌되었는데, 지금은 다만 그 사람에게만
   죄를 해당시키고 부자와 형제는 죄가 서로 미치지 않게 한 것이다."
3) 〔原註〕吏民 : 此用漢書及史記로되 作吏人하니 下同이라
   　이는 ≪漢書≫와 ≪史記≫의 내용을 인용한 것인데, 吏民이 원래 吏人으로 되
   어 있으니, 아래도 이와 같다.
4) 〔原註〕定約束 : 漢書에 作要束이라
   　約束이 ≪漢書≫에는 '要束'으로 되어 있다.

〔史略 史評〕唐氏曰 不殺子嬰, 約法三章이 此理最好하야 爲得天下之根本也
니 項羽는 一切反是니라
　唐氏가 말하였다.
　"沛公이 子嬰을 죽이지 않고 三章의 法을 약속한 것은, 이 이치가 매우 좋
아서 天下를 얻는 근본이 되었으니, 項羽는 일체 이와 반대로 하였다."

〔史略 史評〕 廬陵劉氏曰 高帝入咸陽하야는 則除秦苛法하고 光武至河北하야
는 則除莽苛政하니 二漢之興이 宜哉인저

廬陵劉氏가 말하였다.

"高帝가 咸陽에 들어가서는 秦나라의 까다로운 법령을 제거하였고, 光武帝
가 河北에 이르러서는 王莽의 까다로운 정사를 제거하였으니, 前漢과 後漢이
일어남이 당연하다."

○ 項羽旣定河北하고 率諸侯兵하야 欲西入關이러니 秦降卒이 多怨言이어늘 羽
乃夜擊하야 坑秦卒二十餘萬人新安[1]城南하다〈出羽本紀〉

項羽가 河北을 평정하고 諸侯들의 병력을 인솔하여 서쪽으로 關中에 들어
가고자 하였는데, 秦나라의 항복한 군사들이 원망하는 말을 많이 하였다. 項
羽는 마침내 밤에 이들을 공격하여 秦나라 병졸 20여만 명을 新安의 城 남쪽
에 파묻어 죽였다. - ≪史記 項羽本紀≫에 나옴 -

1)〔釋義〕 新安 : 邑名이니 去弘農東三百餘里라 括地志云 新安古城은 在洛州澠池縣
東二十里라

新安은 邑의 이름이니, 弘農 동쪽 300여 리 지점이다. ≪括地志≫에 "新安의
옛 城은 洛州 澠池縣 동쪽 20리 지점에 있다." 하였다.

胡氏管見曰 莫强於人心이로되 而可以仁結이요 可以誠感이요 可以德化요 可
以義動也며 莫柔於人心이로되 而不可以威劫이요 不可以術計요 不可以法持요
不可以利奪也라 二十萬人不服은 羽得而坑之어니와 諸侯王不服하야 四面而起
엔 羽獨且奈何哉아

胡氏의 ≪讀史管見≫에 말하였다.

"사람의 마음보다 더 강한 것이 없으나 仁으로 맺을 수 있고 정성으로 감동
시킬 수 있고 德으로 교화시킬 수 있고 義로 감동시킬 수 있으며, 사람의 마음
보다 더 유순한 것이 없으나 위엄으로 협박할 수 없고 꾀로 계산할 수 없고 법
으로 억누를 수 없고 이익으로 빼앗을 수 없다. 20만 명의 군사가 복종하지 않
은 것은 項羽가 구덩이에 묻어 죽일 수 있었으나 諸侯王들이 복종하지 않아 사

면에서 일어날 때에는 項羽가 홀로 장차 어찌할 수 있었겠는가."

○ 或說沛公曰 秦富는 十倍天下하고 地形彊이라 聞項羽號秦降將章邯하야 爲雍王하고 王關中이라하니 今卽來하면 沛公이 恐不得有此하니 可急使兵守函谷關하야 無內(納)諸侯軍하고 稍徵關中兵하야 以自益하야 距之하소서 沛公이 然其計하야 從之하다 〈出史高祖紀〉

　혹자가 沛公을 설득하기를 "秦나라는 부유함이 천하의 열 배이고 땅의 형세가 강합니다. 들으니 項羽가 秦나라의 항복한 장수 章邯을 칭호하여 雍王이라 하고 關中에 왕 노릇 하게 한다 하니, 지금 만일 項羽가 오면 沛公이 이곳을 소유하지 못할까 두렵습니다. 급히 병력으로 函谷關을 지켜 諸侯의 군대를 받아들이지 못하게 하고 차츰 關中의 병력을 징발하여 스스로 보태어 이를 막도록 하십시오." 하니, 沛公이 그 계책을 옳게 여겨 따랐다. - 《史記 高祖本紀》에 나옴 -

已而요 項羽至關하니 關門이 閉라 聞沛公已定關中하고 大怒하야 使黥布等으로 攻破函谷關하다 十二月에 項羽進至戲[1]러니 沛公의 左司馬曹無傷이 使人言 羽曰 沛公이 欲王關中하야 珍寶를 盡有之하고 欲以求封이라한대 羽大怒하야 饗士卒하고 期旦日擊沛公軍하니 當是時하야 羽兵은 四十萬이니 號百萬이라하야 在新豐鴻門[2]하고 沛公兵은 十萬이니 號二十萬이라하야 在霸上하다 范增이 說羽曰 沛公이 居山東時에 貪財好色이러니 今入關에 財物을 無所取하고 婦女를 無所幸하니 此는 其志不小라 吾令人望其氣러니 皆爲龍成五釆하니 此는 天子氣[3]也라 急擊勿失하소서

　얼마 후 項羽가 函谷關에 이르니, 關門이 닫혀 있었다. 沛公이 이미 關中을 평정했다는 말을 듣고는 크게 노하여 黥布 등으로 하여금 函谷關을 공격하여 부수게 하였다. 12월에 項羽가 전진하여 戲水에 이르렀는데, 沛公의 左司馬 曹無傷이 사람을 보내어 項羽에게 말하기를 "沛公이 關中에 왕 노릇 하

고자 하여 진귀한 보물을 모두 소유하고 關中王에 봉해줄 것을 요청하고자 합니다." 하였다. 項羽가 크게 노하여 사졸들을 먹이고 다음날 아침 沛公의 군대를 공격하기로 약속하였다. 이때에 項羽의 병력은 40만인데 100만이라 일컬어 新豐의 鴻門에 있었고, 沛公의 병력은 10만인데 20만이라 일컬어 霸上에 있었다.

范增이 項羽를 설득하기를 "沛公이 山東에 있을 때에는 재물을 탐하고 여색을 좋아하였는데, 지금 關中에 들어와서는 재물을 취하는 바가 없고 부녀자들을 총애하는 바가 없으니, 이는 그 뜻이 작지 않은 것입니다. 사람을 시켜 그 기운을 바라보게 하였는데, 모두 '龍이 되어 五采를 이루고 있다.' 하니, 이는 天子의 기운입니다. 급히 공격하여 놓치지 마소서." 하였다.

1) 〔釋義〕戲 : 水名이니 在新豐東이라
   戲는 물 이름이니 新豐 동쪽에 있다.
2) 〔釋義〕新豐鴻門 : 鴻門은 地名이니 在戲西라 姚察曰 在新豐古城東하니 未至戲水하야 道南有斷原하니 南北洞門이 是라
   鴻門은 地名이니 戲水 서쪽에 있다. 姚察이 말하기를 "鴻門은 新豐 古城의 동쪽에 있다. 戲水에 이르기 전에 길 남쪽에 끊긴 언덕이 있으니 南北의 洞門이 이곳이다." 하였다.
3) 〔譯註〕天子氣 : 《晉書》〈天文志〉에 "天子의 기운은 안은 붉고 밖은 누르니, 천자의 기운이 발하는 곳에는 마땅히 王者가 있다. 만약 天子가 가고자 하면 그곳에도 또한 이 기운이 먼저 나타나니, 혹은 城門이 은은하게 안개 속에 있는 것 같기도 하고, 혹은 龍馬나 뒤섞인 색깔과 같아서 성대하여 하늘을 찌를 듯하기도 하니, 이는 모두 帝王의 기운이다." 하였다.

〔史略 史評〕唐氏曰 入關에 不取財物하고 不幸婦女하니 此高帝創業規模也니라
   唐氏가 말하였다.
   "關中에 들어가서는 재물을 취하지 않고 부녀자들을 총애하지 않았으니, 이는 高帝가 漢나라를 創業한 규모이다."

項伯者[1]는 項羽의 季父也라 素善張良이러니 夜馳見良하야 具告以事하고 欲呼
與俱去한대 張良曰 臣爲韓王하야 送沛公이러니 沛公이 今有急이어늘 亡去는 不
義라 不可不語니라 良乃入하야 具告沛公하고 固要項伯하야 入見沛公한대 沛公이
奉巵酒爲壽[2]하고 約爲婚姻曰 吾入關하야 秋毫를 不敢有所近하고 籍吏民,
封府庫[3]하야 而待將軍호니 所以遣將守關者는 備他盜也라 豈敢反乎리오 願
伯은 明言不敢倍(背)德하라 項伯이 許諾하고 謂沛公曰 旦日에 不可不蚤(早)
自來謝니라 沛公曰 諾다 於是에 項伯이 復夜去하야 俱以沛公言報羽하고 因言
曰 沛公이 不先破關中이면 公이 豈敢入乎아 今人有大功이어늘 而擊之는 不義
也니 不如因善遇之라한대 項羽許諾하다

項伯이란 자는 項羽의 季父(叔父)이다. 평소 張良과 친하였는데 밤에 달려
가 張良을 보고서 자세히 사태를 말하고 불러내어 함께 떠나가고자 하였다.
張良이 말하기를 "신은 韓王을 위하여 沛公을 전송하는 중입니다. 沛公이 이
제 위급한 일이 있는데, 도망가는 것은 의롭지 못하니, 말하지 않을 수 없습
니다." 하고는 張良이 마침내 들어가 沛公에게 자세히 말하고 굳이 項伯에게
요청하여 들어와서 沛公을 만나 보게 하였다.

沛公이 술잔을 받들어 祝壽를 하고 혼인할 것을 약속하며 말하기를 "내가
關中에 들어와 털끝만큼도 감히 가까이한 바가 없으며, 관리와 백성을 장부
에 올리고 府庫를 봉함하여 장군을 기다렸으니, 장수를 보내어 關門을 지키
게 한 이유는 다른 도적을 대비하기 위한 것입니다. 어찌 감히 배반하겠습니
까? 원컨대 項伯은 내가 감히 은덕을 배반하지 않았음을 분명히 말해주십시
오." 하였다.

項伯이 허락하고 沛公에게 이르기를 "내일 아침에 일찍 스스로 와서 사과
하지 않으면 안 됩니다." 하니, 沛公이 이를 허락하였다. 이에 項伯이 다시
밤에 가서 項羽에게 沛公의 말을 자세히 전하고, 인하여 말하기를 "沛公이
먼저 關中을 격파하지 않았다면 公이 어찌 감히 들어올 수 있었겠는가? 이제
이 사람이 큰 공이 있는데 공격하는 것은 의롭지 못하니, 인하여 잘 대우하

는 것만 못하다.”하니, 項羽가 허락하였다.

1)〔釋義〕項伯者：伯은 其字也라 一云名纏이요 字伯陵이라

　　伯은 字이다. 一說에는 “이름이 纏이고 字가 伯陵이다.”하였다.

2)〔釋義〕奉巵酒爲壽：巵는 飮酒禮器也라 上酒爲稱壽요 非大行酒也라

　　巵는 술을 마시는 禮器이다. 술잔을 올리는 것을 壽라 칭한 것이요, 크게 술잔
　　을 돌리는 것이 아니다.

3)〔譯註〕府庫：文書와 財貨를 보관하는 곳이다.

沛公이 旦日에 從百餘騎하야 來見羽鴻門하고 謝曰 臣與將軍으로 戮力而攻秦할새 將軍은 戰河北하고 臣은 戰河南이러니 不自意先入關하야 能破秦하고 得復見將軍於此로라 今者에 有小人之言하야 令將軍與臣有隙이로다 項羽曰 此는 沛公의 左司馬曹無傷이 言之니 不然이면 籍이 何以至此리오 羽因留沛公飮할새 范增이 數(삭)目[1]羽하고 擧所佩玉玦[2]하야 以示之者三이로되 羽不應하다 增起出하야 召項莊[3]하야 謂曰 君王爲人이 不忍하니 若이 入前爲壽하고 壽畢이어든 請以劍舞하야 因擊沛公於坐하야 殺之하라 不(否)者면 若屬이 皆且爲所虜하리라 莊이 入爲壽하고 壽畢에 曰 軍中에 無以爲樂하니 請以劍舞하노이다 羽曰 諾다 項莊이 拔劍起舞어늘 項伯이 亦拔劍起舞할새 常以身翼蔽沛公하니 莊이 不得擊이라

　沛公이 다음날 아침 백여 명의 騎兵을 데리고 鴻門에 와서 項羽를 보고 사과하기를 “신이 장군과 힘을 다하여 秦나라를 공격할 적에 장군은 河北에서 싸우고 신은 河南에서 싸웠는데, 스스로 뜻하지 않게 먼저 關中에 들어와서 秦나라를 격파하고 다시 장군을 이곳에서 뵙게 되었습니다. 그런데 이제 小人의 이간질하는 말이 있어서 장군으로 하여금 신과 틈이 있게 하였습니다.” 하니, 項羽가 말하기를 “이는 沛公의 左司馬인 曹無傷이 말한 것이니, 그렇지 않으면 내가 어찌 이에 이르렀겠는가?”하였다.

　項羽가 인하여 沛公을 머물게 하고 술을 마시게 하였는데, 范增이 여러 번 項羽에게 눈짓을 하고 차고 있던 玉玦을 들어 보이기를 세 번이나 하였으나 項羽가 이에 응하지 않았다.

范增이 자리에서 일어나 나와 項莊을 불러 이르기를 "군왕의 사람됨이 차마 못하니, 그대가 들어가 앞에 나아가 祝壽하고 祝壽가 끝나거든 검으로 춤출 것을 청하여, 이 틈을 타서 沛公을 그 자리에서 쳐서 죽여라. 그렇지 않으면 그대들이 모두 장차 사로잡히게 될 것이다." 하였다.

項莊이 들어가 축수하고, 축수가 끝나자 말하기를 "軍中에 오락으로 삼을 것이 없으니, 검으로 춤을 출 것을 청합니다." 하니, 項羽가 이를 허락하였다. 項莊이 검을 뽑아 일어나 춤을 추자, 項伯 또한 검을 뽑아 일어나 춤을 추었는데, 항상 몸으로 沛公을 좌우에서 엄호하여 項莊이 공격할 수가 없었다.

1) 〔釋義〕數目 : 謂頻數動目以諭之라

　數目은 자주 눈짓을 하여 깨우침을 이른다.

2) 〔釋義〕舉所佩玉玦 : 玦은 玉佩也니 如環而有缺이라 左閔二年에 衛懿公이 與石祁子玦이라한대 註에 玦은 玉玦也니 示以當決斷也라하니 即此라

　玦은 玉佩이니, 고리(반지)와 같은데 터진 틈이 있다. ≪春秋左傳≫ 閔公 2年 條에 "衛나라 懿公이 石祁子에게 玦을 주었다." 하였는데, 註에 "玦은 玉玦이니 마땅히 결단해야 함을 보인 것이다." 하였으니, 바로 이것이다.

3) 〔譯註〕項莊 : 項伯의 從弟이다.

於是에 張良이 至軍門하야 見樊噲하고 曰 今項莊이 拔劍舞하니 其意常在沛公也니라 噲曰 此迫矣라하고 卽帶劍擁盾[1]하고 入軍門하야 披帷立하야 瞋(진)目視項羽하니 頭髮이 上指하고 目眦(자)盡裂이라 羽曰 壯士로다 賜之巵酒하라 則與斗巵酒[2]한대 噲飲之어늘 羽曰 賜之彘肩하라 則與一生彘肩한대 噲拔劍切而啗之어늘 羽曰 壯士로다 復能飲乎아 噲曰 臣이 死且不避어든 巵酒를 安足辭리오 夫秦有虎狼之心하야 殺人을 如不能舉하고 刑人을 如恐不勝하니 天下皆叛之라 懷王이 與諸將約曰 先破秦入咸陽者를 王之라하시더니 今에 沛公이 先破秦入咸陽하야 毫毛를 不敢有所近하고 還軍霸上하야 以待將軍하니 勞苦而功高如此어늘 未有封爵之賞하고 而聽細人之說하야 欲誅有功之人하시니 此는 亡秦之續耳라 竊爲將軍不取也하노이다 須臾에 沛公이 起如厠할새 因招噲出하야 間行

趣(趨)霸上하고 留張良하야 使謝羽하다 〈出項羽紀〉

이에 張良이 軍門에 이르러 樊噲를 보고 말하기를 "지금 項莊이 검을 뽑아 춤을 추는데, 그 뜻이 항상 沛公에게 있다." 하니, 樊噲가 말하기를 "이는 매우 급박하다." 하고는 즉시 검을 차고 방패를 끼고 軍門에 들어가 휘장을 헤치고 서서 눈을 부릅뜨고 項羽를 보니, 頭髮이 위를 향해 서고 눈초리가 모두 찢어졌다.

項羽가 말하기를 "壯士이다. 큰 잔에 술을 주어라." 하니, 즉시 한 말 들이 큰 술잔을 주었다. 樊噲가 이를 마시자, 項羽가 "돼지 다리를 주어라." 하니, 즉시 생돼지 앞다리 하나를 주었다. 樊噲가 검을 뽑아 이것을 베어 먹자, 項羽가 말하기를 "장사이다. 다시 더 마실 수 있겠는가?" 하니, 樊噲가 말하였다. "신이 죽는 것도 피하지 않는데, 잔의 술을 어찌 사양하겠습니까? 秦나라는 호랑이와 이리같이 사나운 마음이 있어서 사람 죽이기를 다 거행하지 못할 것처럼 여기고 사람을 형벌하기를 이루 다하지 못할 것처럼 여기니, 천하가 모두 배반하였습니다. 懷王이 여러 장수들과 약속하기를 '먼저 秦나라 군대를 격파하고 咸陽에 들어가는 자를 왕으로 삼겠다.' 하였습니다. 이제 沛公이 먼저 秦나라를 격파하고 咸陽에 들어가 털끝만큼도 감히 가까이한 바가 없고, 霸上으로 돌아와 군을 주둔하고 장군을 기다렸으니, 노고가 많고 공이 높음이 이와 같은데도 관작을 봉하는 賞은 없고 細人(小人)의 말을 듣고서 공이 있는 사람을 죽이고자 하시니, 이는 망한 秦나라를 답습하는 것일 뿐입니다. 적이 장군을 위하여 취하지 않겠습니다." 하였다.

얼마 후 沛公이 일어나 측간에 가면서 인하여 樊噲를 불러내어 샛길로 달려 霸上으로 가고 張良을 남겨두어 項羽에게 사과하게 하였다. - ≪史記 項羽本紀≫에 나옴 -

1) 〔釋義〕盾 : 兵也니 所以扞身이라
   盾은 무기이니, 몸을 막아 지키는 것이다.
2) 〔通鑑要解〕斗卮酒 : 卮는 受四升이요 斗卮는 受一斗之卮也라
   卮는 4升이 들어가고, 斗卮는 1斗가 들어가는 술잔이다.

止齋陳氏曰 昔에 鄧侯不殺楚文王하야 而楚卒滅鄧하고 楚子不殺晉文公하야 而晉卒敗楚[1]하고 項籍不殺高帝하야 而漢卒誅項하니 志士至今惜之라 嗚呼라 必殺其所忌하야 而以得國이면 則安知天下之禍 將不出於其所不足忌者哉아 夫變之來也無常하고 而英雄豪傑이 其伏也無盡하니 變之來也無常이면 則不可以逆定이요 英雄豪傑이 其伏也無盡이면 則必有出於意料之所不及이라 是故로 詳於禁者는 有法外之遺姦하고 工於謀者는 有術中之隱禍라 詩曰 魚網之設에 鴻則罹之라하니 網以伺魚也로되 而顧以得鴻하니 天下之事 又焉用專於其所忌하야 而淫怒焉以逞哉아 彼范增者는 滋羽之暴하야 徒欲斃漢於一擊하니 吾恐沛公雖死나 而天下之爲沛公者를 可得以盡殺耶아

止齋陳氏(陳傅良)가 말하였다.

"옛날에 鄧侯가 楚나라 文王을 죽이지 않아서 楚나라가 끝내 鄧나라를 멸망시켰고, 楚子가 晉나라 文公을 죽이지 않아서 晉나라가 끝내 楚나라를 패퇴시켰고, 項籍이 高帝를 죽이지 않아서 漢나라가 끝내 項籍을 죽였으니, 志士들이 지금까지 애석해한다. 아! 반드시 꺼리는 바를 죽여서 나라를 얻는다면 천하의 禍가 장차 꺼릴 만하지 않은 데에서 나오지 않는다는 것을 어찌 알겠는가.

변고가 옴은 일정함이 없고 영웅호걸이 숨어 있음은 무궁무진하니, 변고가 옴이 일정함이 없다면 미리 정할 수가 없고 영웅호걸이 숨어 있음이 무궁무진하다면 반드시 뜻으로 헤아림이 미치지 못하는 데에서 나올 경우가 있는 것이다. 이 때문에 禁令을 자세하게 하면 法 밖에 〈법망을 빠져나가는〉 간사함이 있고, 꾀하기를 공교하게 하면 꾀 속에 숨어 있는 禍가 있는 것이다. ≪詩經≫에 이르기를 '魚網을 설치하였는데 기러기가 걸렸다.' 하였으니, 魚網은 물고기를 잡기 위한 것이나 도리어 기러기를 잡았으니, 천하의 일이 또 어찌 꺼리는 바에 오로지 힘을 써서 지나치게 노여워하여 화풀이할 필요가 있겠는가. 저 范增이란 자는 項羽의 포악함을 증가시켜 단지 漢나라를 일격에 패망시키려 하였으니, 내 생각에는, 沛公이 비록 죽었더라도 천하의 沛公이 될 자를 어찌 다 죽일 수 있었겠는가."

1) 〔頭註〕鄧侯不殺楚文王……而晉卒敗楚 : 魯莊公六年에 楚文王伐申할새 過鄧이어

늘 鄧侯止而饗之한대 三甥이 請殺楚子호되 鄧侯不許러니 後楚伐鄧滅之하니라 魯僖公二十三年에 晉公子重耳出奔及楚어늘 楚子饗之한대 子玉이 請殺之호되 楚子不聽이러니 後與楚人戰于城濮하야 楚軍敗績也하니라

魯나라 莊公 6년에 楚나라 文王이 申나라를 정벌할 때에 鄧나라를 지나가자 鄧侯가 그를 머물게 하여 연향을 베푸니, 三甥이 楚王을 죽일 것을 청하였으나 鄧侯가 허락하지 않았는데, 뒤에 楚나라가 鄧나라를 쳐서 멸망시켰다. 魯나라 僖公 23년에 晉나라 公子 重耳가 망명하여 楚나라에 이르자 楚王이 그에게 연향을 베푸니, 子玉이 그를 죽일 것을 청했으나 楚王이 듣지 않았는데, 뒤에 晉나라 重耳가 城濮에서 楚人과 싸워 楚軍이 대패하였다.

○ 居數日에 項羽引兵西屠咸陽하야 殺秦降王子嬰하고 燒秦宮室하니 火三月不滅이라 收其貨寶婦女而東하니 秦民이 大失望[1]이러라 〈此句는 出高祖紀요 餘는 出項羽紀라〉

며칠 머문 뒤에 項羽가 병력을 인솔하고 서쪽으로 가서 咸陽을 屠戮한 다음, 秦나라의 항복한 王 子嬰을 죽이고 秦나라 宮室을 불태우니, 불이 3개월 동안 꺼지지 않았다. 보화와 부녀자들을 거두어 동쪽으로 가니, 秦나라 백성들이 크게 실망하였다. - 이 句는 ≪史記≫ 〈高祖本紀〉에 나오고 나머지는 〈項羽本紀〉에 나옴 -

1) 〔譯註〕居數日……大失望 : 秦나라 백성들이 처음에 沛公이 들어와 침략함이 없는 것을 보고 기뻐하였는데, 項羽가 殘滅하자 실망한 것이다.

○ 韓生[1]이 說項羽曰 關中은 阻山帶河하야 四塞之地[2]요 〈此一句는 出漢書하니 史記엔 只云 阻山河四塞이라〉 地肥饒하니 可都以霸니이다 羽見秦宮室이 皆已燒殘破하고 又心思東歸하야 曰 富貴不歸故鄉이면 如衣繡夜行[3]이니 誰知之者리오 韓生이 退曰 人言楚人은 沐猴而冠耳[4]라하더니 果然이로다 羽聞之하고 烹韓生하다 〈出項羽紀〉

韓生이 項羽를 설득하기를 "關中은 산이 막혀 있고 黃河가 띠처럼 둘러 있

어 사방이 막혀 있는 요새의 땅이고 - 이 한 句는 ≪漢書≫에 나오니, ≪史記≫에는 다만 '阻山河四塞'라고 되어 있다. - 토지가 비옥하니, 도읍하여 霸者가 될 수 있습니다." 하였으나 項羽는 秦나라 宮室이 모두 이미 불타 殘破함을 보았고 또 마음에 동쪽으로 돌아갈 것을 생각하여 말하기를 "부귀하여 고향에 돌아가지 않으면 비단옷을 입고 밤에 다니는 것과 같으니, 누가 이것을 알겠는가." 하였다.

韓生이 물러가 말하기를 "사람들이 楚나라 사람은 원숭이에게 冠을 씌운 것일 뿐이라고 말하더니, 과연 그렇다." 하였다. 項羽가 이 말을 듣고 韓生을 삶아 죽였다. - ≪史記 項羽本紀≫에 나옴 -

1) 〔原註〕韓生 : 漢書云韓生이라하고 史記云 人或說라하니라

≪漢書≫에는 韓生이라 하였고, ≪史記≫에는 "어떤 사람이 혹 설득하였다〔人或說〕"라고 하였다.

2) 〔釋義〕關中……四塞之地 : 戰國秦策에 被山帶渭라한대 註言 山關之險阻如被요 河渭之圍繞如帶라 正義曰 東有黃河, 函谷, 蒲津, 龍門, 合河等關하고 南有南山及武關, 嶢關하고 西有大隴山及隴山關, 大震, 烏闌等關하고 北有黃河, 南塞하니 是謂四塞之地라

≪戰國策≫〈秦策〉에 "산에 덮여있고 渭水가 띠처럼 에워싸고 있다." 하였는데, 註에 이르기를 "山과 關門의 험함이 이불과 같고 黃河와 渭水가 에워싸고 있는 것이 띠와 같은 것이다." 하였다. ≪史記正義≫에 이르기를 "동쪽에는 黃河·函谷·蒲津·龍門·合河 등의 關門이 있고, 남쪽에는 南山 및 武關·嶢關이 있고, 서쪽에는 大隴山 및 隴山關·大震·烏闌 등의 關門이 있고, 북쪽에는 黃河·南塞가 있으니, 이를 일러 사방이 막혀 있는 곳이라 한 것이다." 하였다.

3) 〔原註〕衣繡夜行 : 漢書에 作衣錦이라

'衣繡'가 ≪漢書≫에는 '衣錦'으로 되어 있다.

4) 〔釋義〕沐猴而冠耳 : 沐猴는 獮猴也니 雖著(착)人衣冠이나 心不類人이라 索隱曰 言沐猴(獮猴)不任久著冠帶니 以喩楚人性躁暴라

沐猴는 원숭이이니, 원숭이가 비록 사람의 옷을 입고 冠을 쓰더라도 마음은 사람과 같을 수가 없다. ≪史記索隱≫에 이르기를 "원숭이가 오랫동안 冠帶를 착용할 수 없음을 말하였으니, 楚나라 사람의 성질이 조급하고 사나움을 비유한 것이다." 하였다.

○ 羽使人致命懷王^{한대} 懷王曰 如約¹⁾^{하라} 羽曰 懷王者^는 吾家所立爾^요 非有功伐^{하니} 何以得專主約^{이리오} 春正月^에 羽陽尊²⁾懷王^{하야} 爲義帝^{하니} 實不用其命^{이러라} 〈出史高紀〉

項羽가 사람을 시켜 懷王에게 명령을 전하게 하니, 懷王이 "약속과 같이 하라."고 말하였다. 項羽가 말하기를 "懷王은 우리 집안에서 세웠을 뿐이고 공로가 없으니, 어떻게 자기 마음대로 약속을 주관할 수 있겠는가." 하고는 봄 정월에 項羽가 겉으로는 懷王을 높여 義帝라 하였으나 실제로는 그 명령을 따르지 않았다. - ≪史記 高祖本紀≫에 나옴 -

1) 〔譯註〕如約 : 먼저 關中에 들어가는 자를 왕으로 삼겠다고 한 예전의 약속대로 하라는 것이니, 沛公을 關中의 왕으로 삼겠다는 말이다.

2) 〔譯註〕陽尊 : 명색은 높여서 帝라고 하였으나 실제로는 그 권한을 박탈함을 이른다.

○ 二月^에 羽分天下^{하야} 王諸將^{하고} 羽自立爲西楚霸王¹⁾^{하야} 王梁, 楚地九郡^{하고} 都彭城²⁾^{하다} 羽與范增^{으로} 疑沛公^{이나} 而業已講解³⁾^{하고} 又惡^(오)負約^{하야} 乃陰謀曰 巴蜀⁴⁾^은 道險^{하고} 秦之遷人^이 皆居之^{라하야} 乃曰 巴蜀亦關中地也^{라하고} 故立沛公爲漢王^{하야} 王巴蜀, 漢中^{하야} 都南鄭⁵⁾^{하고} 而三分關中^{하야} 王秦降將章邯, 司馬欣, 董翳^{하야} 以距塞^(색)漢路^{하다} 〈出史項羽紀〉

2월에 項羽가 천하를 나누어 여러 장수들을 왕으로 삼고 項羽는 스스로 서서 西楚霸王이 되어 梁과 楚의 땅 아홉 郡에 왕 노릇 하고 彭城에 도읍하였다.

項羽가 范增과 함께 沛公을 의심하였으나 이미 講解(講和)하였고, 또 약속을 저버린다는 말을 싫어하여 마침내 은밀히 모의하기를 "巴・蜀은 길이 험하고 秦나라의 귀양간 사람이 모두 살고 있다." 하여, 마침내 이르기를 "巴・蜀도 關中 땅이다." 하고는 일부러 沛公을 세워 漢王으로 삼아서 巴・蜀과 漢中에 왕 노릇 하여 南鄭에 도읍하게 하고 關中을 셋으로 나누어 秦나라의 항복한 장수인 章邯과 司馬欣과 董翳를 왕으로 삼아 漢나라의 길을 막게 하였다. - ≪史記 項羽本紀≫에 나옴 -

1) 〔譯註〕西楚霸王 : 예전에 江陵을 南楚라 이름하고 吳를 東楚라 하고 彭城을 西楚라 하였는데, 項羽가 팽성에 도읍하였으므로 스스로 西楚霸王이라 한 것이다.

2) 〔釋義〕羽自立……都彭城 : 猗頓傳曰 夫自淮北沛郡, 陳州, 汝南, 南郡이 此西楚也요 彭城以東東海, 吳郡, 廣陵이 此東楚也요 衡山, 九江, 江南, 豫章, 長沙 此南楚也라
≪史記≫〈猗頓傳〉에 "淮北으로부터 沛郡·陳州·汝南·南郡은 西楚이고, 彭城以東의 東海·吳郡·廣陵은 東楚이고, 衡山·九江·江南·豫章·長沙는 南楚이다." 하였다.

3) 〔釋義〕羽與范增……業已講解 : 王氏曰 講은 和也요 解는 折伏也니 漢書作媾解라 注에 媾는 和也라 已然曰業이니 言雖有疑心이나 然事已和解也라
王氏가 말하였다. "講은 講和이고 解는 굴복함이니, ≪漢書≫에는 '媾解'라고 되어 있는데 注에 '媾는 和함이다.' 하였다. 이미 그러한 것을 業이라고 하니, 비록 의심함이 있으나 일이 이미 화해되었음을 이른다."

4) 〔釋義〕巴蜀*) : 今成都, 潼州, 夔州等路라 括地志云 巴子城은 在台州石鏡縣南五里요 蜀都益州라
巴·蜀은 지금 成都, 潼州, 夔州 등의 路이다. ≪括地志≫에 이르기를 "巴子城은 台州 石鏡縣 남쪽 5리에 있고, 蜀都는 益州이다." 하였다.

*) 巴蜀 : 巴·蜀은 四川省 일대를 가리키는 바, 巴는 重慶으로 일명 渝州인데, 현재 四川省에서 분리되었다.

5) 〔釋義〕南鄭 : 漢中郡邑이니 今興元所理縣이라
南鄭은 漢中郡의 邑이니, 지금 興元府에서 다스리는 縣이다.

○ 漢王이 怒하야 欲攻項羽한대 周勃, 灌嬰, 樊噲皆勸之러니 蕭何諫曰 雖王漢中之惡이나 不猶愈於死乎잇가 能詘(屈)於一人之下하야 而信(伸)於萬乘之上者는 湯武是也니이다 臣願大王은 王漢中하사 養其民以致賢人하시고 收用巴蜀하사 還定三秦1)하시면 天下를 可圖也리이다 漢王曰 善타하고 乃遂就國하야 以何爲丞相하다 〈出漢書蕭何傳〉

漢王이 노하여 項羽를 공격하고자 하니, 周勃·灌嬰·樊噲가 모두 이를 권하였다. 그런데 蕭何가 간하기를 "비록 漢中의 나쁜 땅에 왕 노릇 하나 죽는 것보다는 그래도 낫지 않겠습니까? 한 사람의 아래에 굽혀서 萬乘의 위에 편 것은 湯王과 武王이 바로 이러한 사람입니다. 신은 원컨대 대왕이 漢中에 왕 노릇 하시어, 백성을 길러 어진 사람을 招致하시며 巴·蜀의 인물을 거두어 등용하시고 돌아가 三秦을 평정하신다면 천하를 도모할 수 있을 것입니다." 하니, 漢王은 "좋다." 하고 마침내 나라에 나아가서 蕭何를 丞相으로 삼았다. - ≪漢書 蕭何傳≫에 나옴 -

1) 〔釋義〕三秦 : 雍王章邯, 塞王司馬欣, 翟王董翳를 項羽三分關中地而王之하니 是謂三秦이라

雍王 章邯, 塞王 司馬欣, 翟王 董翳를 項羽가 關中의 땅을 셋으로 나누어 왕 노릇 하게 하니, 이를 三秦이라 일렀다.

林之奇曰 高祖與項羽爭天下에 其勢力才氣가 相去遠甚이라 然이나 項羽所以終失天下而爲高祖之所斃者는 羽能勇而不能怯故也라 高祖之封於漢中也에 周勃, 灌嬰, 樊噲가 乃欲勸之以攻羽하니 曾不知勢力弗敵而與之抗이면 則是斃之亡耳라 故로 蕭何以爲能詘於一人之下而信(伸)於萬乘之上者는 湯武是也라 하니 高祖隱忍從之하야 卒以巴蜀之衆으로 還取三秦하야 以成漢家四百年之社稷하니 此則能勇而能怯之效也라 項羽之敗於烏江也에 亭長이 艤船待之하야 以爲江東雖小나 亦足王也니 願大王急渡하소서하니 此卽蕭何之謀耳라 使羽能從其言이면 則天下之事를 未可知矣어늘 不勝區區之忿하야 乃曰 籍與江東子弟八千으로 渡江而西러니 今無一人還하니 縱江東父兄이 憐而王我인들 我何面目見之리오하니 此所謂能勇而不能怯者也라 是故로 高祖는 百戰而百敗하니 惟其不勝也일새 一勝則必至於王하고 項羽는 百戰而百勝하니 惟其必勝也일새 一不勝則必至於亡하니라

林之奇가 말하였다.

"高祖가 項羽와 천하를 다툴 때에 그 勢力과 才氣의 차이가 매우 현격하였다. 그러나 項羽가 끝내 천하를 잃고 高祖에게 죽임을 당한 것은 項羽는 용

맹하기만 하고 두려워하지 못하였기 때문이다. 高祖를 漢中에 봉할 때에 周勃·灌嬰·樊噲가 마침내 高祖에게 권하여 項羽를 공격하고자 하였으니, 일찍이 세력이 대등하지 못한데 항거하면 이는 멸망을 재촉하는 길임을 알지 못했던 것이다. 그러므로 蕭何가 이르기를 '한 사람의 아래에 굽혀 萬乘의 위에 편 것은 湯王과 武王이 이러한 사람들입니다.'라고 한 것이다. 高祖가 분노를 참고 이 말을 따라서 마침내 巴·蜀의 병력을 가지고 다시 三秦을 취하여 漢나라의 4백 년 社稷을 이루었으니, 이는 용맹하면서도 능히 두려워한 효험이다.

項羽가 烏江에서 패했을 때에 亭長이 배를 대고 말하기를 '江東이 비록 작으나 또한 충분히 왕 노릇 할 수 있으니, 바라건대 대왕께서는 급히 건너소서.' 하였으니, 이는 바로 蕭何가 高祖에게 올린 계책인 것이다. 만일 項羽가 그 말을 따랐더라면 천하의 일을 알 수 없었을 터인데, 구구한 분노를 이기지 못하여 마침내 말하기를 '내가 江東의 子弟 8천 명과 장강을 건너 서쪽으로 왔었는데, 이제 한 사람도 돌아가는 자가 없으니, 비록 江東의 父兄들이 나를 불쌍히 여겨 왕 노릇 시킨다 한들 내 무슨 면목으로 이들을 만나 보겠는가.'라고 하였으니, 이것이 이른바 '용맹하기만 하고 두려워하지 못하였다.'는 것이다. 이 때문에 高祖는 백 번 싸워 백 번 패하였으니 오직 이기지 못하였기 때문에 한 번 이기면 반드시 왕 노릇 함에 이르렀고, 項羽는 백 번 싸워 백 번 이겼으니 오직 반드시 이겼기 때문에 한 번 이기지 못하면 반드시 멸망함에 이른 것이다."

〔新增〕 胡氏曰 人有常言호되 皆曰 用賢은 所以養民也어늘 蕭相國乃謂養民以致賢人은 何也오 曰此無所因襲獨見之言也라 夫天之立君은 以爲民也니 君之求臣은 以行保民之政也요 臣之事君은 以行安民之術也라 故로 世主無養民之心이면 則天下之賢人君子不爲之用하야 而上之所得者 莫非殘民害物之人이라 是以로 民心日離하고 君勢日孤하니 亡秦之轍이 可以鑑矣라 蕭何有見於此어늘 而高祖聞言卽悟하니 漢業之興이 不亦宜哉아

胡氏가 말하였다.

"사람들이 항상 말할 적에 모두들 말하기를 '賢者를 등용함은 백성을 기르기 위한 것이다.'라고 하는데, 蕭相國(蕭何)은 도리어 '백성을 길러서 賢人을 초치한다.'고 말함은 어째서인가? 이는 因襲한 바가 없이 홀로 안 말이다. 하늘이 군주를 세움은 백성을 위해서이니, 군주가 신하를 구함은 백성을 보호하는 정사를 행하려 해서이고 신하가 군주를 섬김은 백성을 편안히 하는 방법을 행하려고 해서이다. 그러므로 세상에 군주가 백성을 기르려는 마음이 없으면 천하의 賢人 君子가 그를 위해 쓰여지지 않아서 윗사람이 얻는 자는 모두 백성을 해치고 물건을 해치는 사람이다. 이 때문에 民心이 날로 이반하고 君主의 형세가 날로 외로워지는 것이니, 망한 秦나라의 前轍이 거울이 될 만하다. 蕭何가 이것을 알고 있었는데 高祖가 그의 말을 듣고 즉시 깨달았으니, 漢나라의 王業이 일어남이 당연하지 않은가."

○ 夏四月에 諸侯罷戲(麾)下兵하고 各就國할새 項王이 使卒三萬人으로 從漢王之國하다 張良이 送至褒中¹⁾이어늘 漢王이 遣良歸韓한대 良이 因說漢王하야 燒絶所過棧道하야 以備諸侯盜兵하고 且示項羽無東意하다 〈出漢書本紀及張良傳 史記同〉

여름 4월에 諸侯가 麾下의 군대를 해산하고 각기 봉해진 나라로 나갈 적에 項王이 병졸 3만 명으로 하여금 漢王을 따라 봉해준 나라로 가게 하였다. 張良이 褒中까지 와서 전송하자, 漢王이 張良을 보내어 韓나라로 돌아가게 하니, 張良이 인하여 漢王을 설득해서 지나는 곳의 棧道를 불태워 끊어서 제후의 침략군을 대비하게 하고, 또 項羽에게 동쪽으로 진출할 뜻이 없음을 보이게 하였다. - 《漢書》〈高帝紀〉와 〈張良傳〉에 나옴. 《史記》도 같음 -

1)〔釋義〕褒中 : 括地志云 漢中郡褒中縣은 又名南鄭이니 一云卽褒城也라
    褒中은 《括地志》에 "漢中郡 褒中縣은 또 南鄭이라고 이름하니, 일설(《史記正義》)에는 褒城이라고 한다." 하였다.

○ 初에 淮陰人韓信이 家貧하야 釣於城下러니 有漂母見信飢하고 飯信¹⁾이어늘

信이 喜하야 謂漂母曰 吾必有以重報母호리라 母怒曰 大丈夫不能自食일새 吾
哀王孫²⁾而進食호니 豈望報乎리오 淮陰屠中少年이 有侮信者하야 因衆辱之
曰 信아 能死어든 刺我하고 不能死어든 出我袴(고)下³⁾하라 於是에 信이 俛出袴下
하야 蒲伏(匍匐)⁴⁾하니 一市人이 皆笑信以爲怯이러라 及項梁渡淮에 信이 杖劍
從之하야 居麾下⁵⁾호되 無所知名이러니 項梁敗에 又屬項羽하니 羽以爲郎中이어늘
數(삭)以策干羽호되 羽不用이러라 漢王之入蜀에 信이 亡楚歸漢한대 王이 以爲治
粟都尉호되 亦未之奇也러니 信이 數(삭)與蕭何語에 何奇之러라

　처음에 淮陰 사람 韓信이 집이 가난하여 성 아래에서 낚시질하고 있었는
데, 漂母(빨래하던 부인)가 韓信이 굶주린 것을 보고 韓信에게 밥을 먹였다.
韓信이 기뻐하여 漂母에게 이르기를 “내가 반드시 漂母에게 중하게 보답하겠
소.”하니, 漂母가 노하여 말하기를 “대장부가 자력으로 먹지 못하기에 내 王
孫을 딱하게 여겨 음식을 올린 것이니, 어찌 보답을 바라겠는가.” 하였다.
　淮陰의 백정 중에 韓信을 업신여기는 자가 있어서 여러 사람 앞에서 모욕
을 주어 말하기를 “韓信아, 죽을 수 있거든 나를 찌르고, 죽을 수 없거든 내
바짓가랑이 아래로 나가라.” 하였다. 이에 韓信이 고개를 숙이고 바짓가랑이
아래로 나와 기어가니, 온 시장 사람들이 모두 韓信을 비웃으며 겁쟁이라고
하였다.
　項梁이 淮水를 건너가자, 韓信이 검을 차고 따라가 麾下에 있었으나 이름
이 알려진 바가 없었다. 項梁이 패하자 또다시 項羽에게 소속되니, 項羽가
郎中으로 삼았는데, 여러 번 계책을 가지고 項羽에게 써줄 것을 요구하였으
나 項羽가 써주지 않았다.
　漢王이 蜀으로 들어갈 때에 韓信이 楚나라에서 도망하여 漢나라에 귀의하
니, 漢王이 治粟都尉로 삼았으나 또한 기이하게 여기지 않았는데, 韓信이 여
러 번 蕭何와 말할 적에 蕭何는 그를 기이하게 여겼다.

1) 〔釋義〕漂母見信飢 飯信：以水打絮爲漂라 飯은 飼之也라
　　물로 솜을 빠는 것을 漂라고 한다. 飯은 밥을 먹여 주는 것이다.

2)〔釋義〕王孫*):如言公子也니 蓋尊稱之耳라

　王孫은 公子라고 말하는 것과 같으니 높여서 칭한 것이다.

*)王孫：秦나라가 六國을 멸하고 천하를 통일한 뒤에 封建制度를 폐하니, 六國 귀
　족의 후예들이 대부분 평민으로 전락하였다. 그러므로 젊은 사람을 公子, 또는
　王孫이라고 높여서 칭한 것이다.

3)〔釋義〕出我袴下：王氏曰 袴는 一作胯하니 胯는 股間也라 依字讀도 亦通이니 何
　須作胯下리오

　王氏가 말하였다. "袴는 다른 곳에는 胯로 되어 있으니, 胯는 다리 사이(사타구
　니)이다. 袴字로 읽어도 또한 통하니, 어찌 군이 胯下로 써야 하겠는가."

4)〔釋義〕俛出袴下 蒲伏：俛은 音免이라 蒲는 亦作匍하니 手行也요 伏은 亦作匐하
　니 伏地也라

　俛은 음이 면이다. 蒲는 또한 匍로 되어 있으니 손으로 기어가는 것이고, 伏 또
　한 匐으로 되어 있으니 땅에 엎드리는 것이다.

5)〔釋義〕居麾下：麾는 大將之旗也니 所以指麾也라

　麾는 大將의 깃발이니, 지휘하는 것이다.

漢王이 至南鄭하니 諸將及士卒이 皆歌謳思東歸하야 多道亡者라 信이 亡去어늘
何聞信亡하고 不及以聞하고 自追之러니 人有言王曰 丞相何亡이라한대 王이 大
怒하야 如失左右手러니 居一二日에 何來謁王이어늘 王이 且怒且喜하야 罵何曰
諸將亡者以十數로되 公이 無所追하니 追信은 詐也로다 何曰 諸將은 易得耳어니
와 至如信者하야는 國士라 無雙1)이니 王이 必欲長王漢中인댄 無所事信2)이어니와
必欲爭天下인댄 非信이면 無可與計事者니 顧王策安〈所〉決耳니이다 王曰 吾
亦欲東耳니 安能鬱鬱久居此乎리오 乃召信하야 拜大將한대 何曰 王이 素慢無
禮하사 今拜大將을 如呼小兒하시니 此乃信所以去也니이다 王이 必欲拜之인댄 擇
良日齋戒하시고 設壇場具禮라야 乃可耳니이다 王이 許之하니 諸將이 皆喜하야 人
人이 各自以爲得大將이러니 至拜大將하야는 乃韓信也라 一軍이 皆驚이러라

　漢王이 南鄭에 이르니, 여러 장수들과 士卒들이 모두 노래를 부르며 동쪽
(고향)으로 돌아갈 것을 생각하여 도중에 도망하는 자가 많았다. 韓信이 도

망가자, 蕭何는 韓信이 도망갔다는 말을 듣고 미처 왕에게 아뢰지도 못하고 직접 韓信을 쫓아갔다. 어떤 사람이 왕에게 말하기를 "丞相 蕭何가 도망갔습니다." 하니, 왕이 크게 노하여 좌우의 손을 잃은 것처럼 여겼다.

하루 이틀이 지나 蕭何가 와서 왕을 뵙자, 왕이 한편으로는 노하고 한편으로는 기뻐하여 蕭何를 꾸짖기를 "여러 장수로서 도망한 자가 열로 헤아려지는데 公이 이들을 쫓아간 적이 없었으니, 韓信을 쫓아갔다는 것은 거짓말이다." 하였다.

蕭何가 말하기를 "여러 장수들이야 얻기가 쉽지만 韓信과 같은 자는 國士이어서 둘도 없는 사람이니, 왕께서 반드시 오래도록 漢中에서 왕 노릇 하고자 하신다면 韓信을 쓸 곳이 없지만 반드시 천하를 다투고자 하신다면 韓信이 아니고는 더불어 일을 계획할 만한 자가 없으니, 다만 왕의 계책이 어디로 결정하시느냐일 뿐입니다." 하였다.

왕이 말하기를 "나도 또한 동쪽으로 진출하고자 하니, 어찌 답답하게 오랫동안 이곳에 거하겠는가?" 하고는 마침내 韓信을 불러 대장에 임명하려 하였다. 蕭何가 말하기를 "왕이 평소 거만하고 무례하시어 이제 대장을 임명하시기를 어린아이를 부르듯 하시니, 이것이 바로 韓信이 떠나간 이유입니다. 왕께서 반드시 그를 대장으로 임명하고자 하신다면 좋은 날을 가려 재계하시고 壇과 마당을 마련하고 禮를 갖추어야만 비로소 될 것입니다." 하였다.

왕이 이를 허락하니, 여러 장수들이 모두 기뻐하여 사람마다 각각 자신이 대장을 얻을 것이라고 여겼는데, 대장을 임명함에 이르러서는 바로 韓信이었으므로 온 군중이 모두 놀랐다.

1) 〔通鑑要解〕國士無雙 : 漢國之中에 僅有信一人也요 他無與比라 一云 國士는 國家之奇士라
   漢나라 안에 겨우 韓信 한 사람이 있을 뿐이요, 다른 사람은 더불어 견줄 자가 없는 것이다. 一說에 "國士는 국가의 기이한 선비이다." 하였다.

2) 〔釋義〕無所事信 : 謂無所用信이라
   韓信을 쓸 곳이 없음을 이른다.

信이 拜禮畢에 上坐하니 王曰 丞相이 數言將軍하니 將軍이 何以敎寡人計策고
信이 辭謝하고 因問王曰 今東鄕(向)하야 爭權天下 豈非項王邪잇가 漢王曰
然하다 曰 大王이 自料勇悍仁强컨대 孰與項王이니잇고 漢王이 良久에 曰 不如也
로라 信曰 信亦以爲大王不如也라하노이다 然이나 臣嘗事之하니 請言項王之爲
人也호리이다 項王이 暗噁叱咤(음오질타)¹⁾에 千人이 自廢²⁾나 然不能任屬(촉)賢將
하니 此는 特匹夫之勇耳요 項王이 見人에 恭敬慈愛하야 言語嘔嘔(후후)³⁾하며 人
有疾病에 涕泣分食飮호되 至使人有功當封爵者하야는 印刓敝로되 忍不能予⁴⁾하
니 此所謂婦人之仁也라 項王이 雖霸天下而臣諸侯나 不居關中而都彭城하
고 放逐義帝하며 所過에 無不殘滅하니 名雖爲霸나 實失天下心이라 故로 其彊이
易弱이니이다 今大王이 誠能反其道하사 任天下武勇하시면 何所不誅며 以天下
城邑으로 封功臣하시면 何所不服이며 以義兵으로 從思東歸之士⁵⁾하시면 何所不
散⁶⁾이리잇고 且三秦王이 爲將하야 將秦子弟數歲矣라 欺其衆하야 降諸侯⁷⁾러니
至新安하야 項王이 詐坑秦降卒二十餘萬하고 唯獨邯, 欣, 翳得脫하니 秦父兄
이 怨此三人하야 痛入骨髓라 今楚彊以威로 王此三人하니 秦民이 莫愛也요 大
王은 入關하야 秋毫를 無所害하고 除秦苛法하시니 秦民이 無不欲得大王王秦者
라 今大王이 擧而東하시면 三秦을 可傳檄而定也⁸⁾리이다 於是에 漢王이 大喜하야
自以爲得信晩이라하고 遂聽信計하다 〈以上 出史記韓信傳〉

　韓信이 임명하는 禮가 끝나자 자리에 오르니, 왕이 말하기를 "승상이 여러
번 장군을 말하였는데, 장군은 무엇으로 寡人에게 계책을 가르쳐 주겠는가?"
하였다. 韓信이 사례하고 인하여 왕에게 묻기를 "지금 동쪽을 향하여 천하에
권력을 다툴 자가 어찌 項王(項羽)이 아니겠습니까?" 하니, 漢王이 "그렇다."
고 대답하였다. 韓信이 말하기를 "대왕이 스스로 헤아려 보건대 용맹하고 사
납고 인자하고 강함이 項王과 더불어 누가 낫습니까?" 하니, 漢王이 한동안
있다가 말하기를 "내가 그만 못하다." 하였다.
　韓信이 다음과 같이 말하였다. "저도 또한 대왕이 그만 못하시다고 여깁니

다. 그러나 신이 일찍이 項王을 섬겼으니, 項王의 사람됨을 말하겠습니다. 項王이 노하여 질타하면 천 사람이 기가 꺾여 당해내지 못합니다. 그러나 어진 장수에게 맡기지 못하니, 이는 다만 匹夫의 용맹일 뿐입니다. 項王은 사람을 볼 적에 공경하고 자애로워 언어가 온화하며 사람들이 질병을 앓으면 눈물을 흘리며 음식을 나누어 주지만 사람을 부려 공이 있어서 封爵해야 할 자에 이르러서는 印章이 모서리가 닳아서 망가져도 차마 주지 못하니, 이는 이른바 婦人의 仁이라는 것입니다. 項王이 비록 천하에 霸王이 되어 諸侯들을 신하로 삼고 있으나 關中에 거하지 않고 彭城에 도읍하며, 義帝를 추방하고 지나가는 곳마다 잔인하게 멸망시키지 않음이 없으니, 이름은 비록 霸王이라고 하나 실제로는 천하의 인심을 잃었습니다. 그러므로 그의 강함은 약해지기가 쉽습니다. 이제 대왕이 진실로 그 道를 반대로 하시어 천하의 굳세고 용감한 자에게 맡기시면 어떤 사람인들 주벌하지 못하겠으며, 천하의 城邑을 가지고 공신들을 봉하시면 어떤 사람인들 굴복시키지 못하겠으며, 義로운 군대를 데리고 동쪽으로 돌아갈 것을 생각하는 군사들을 따르시면 어떤 사람인들 해산시키지 못하겠습니까? 또 三秦의 왕은 장수가 되어 秦나라 자제를 거느린 지가 여러 해였습니다. 그 무리를 속이고 諸侯에게 항복하였는데, 新安에 이르자 項王이 秦나라의 항복한 군사 20여만 명을 속여서 구덩이에 묻어 죽이고 유독 章邯과 司馬欣과 董翳만이 빠져 나오니, 秦나라 父兄들이 이 세 사람을 원통해 하는 마음이 골수에 들어있습니다. 이제 楚나라가 억지로 위엄을 가지고 이 세 사람을 왕으로 삼으니, 秦나라 백성들이 좋아하지 않습니다. 대왕께서는 關中에 들어가 털끝만큼도 해친 바가 없고 秦나라의 까다로운 법을 제거하시니, 秦나라 백성들이 대왕을 얻어 秦나라에 왕이 되기를 바라지 않는 자가 없습니다. 이제 대왕이 군대를 일으켜 동쪽으로 진출하시면 三秦은 檄文만 돌리고도 평정할 수 있을 것입니다."

　이에 漢王이 크게 기뻐하여 스스로 韓信을 얻음이 늦었다고 여기고 마침내 韓信의 계책을 따랐다. – 이상은 ≪史記 淮陰侯列傳≫에 나옴 –

1)〔原註〕暗噁叱咤 : 暗噁는 漢書에 作吾烏하고 叱咤는 漢書에 作猝嗟라〔釋義〕暗噁는 懷怒氣요 叱咤는 發怒聲이라

〔原註〕喑噁는 ≪漢書≫에 晉烏로 되어 있고, 叱咤는 ≪漢書≫에 猝嗟로 되어 있다. 〔釋義〕喑噁는 노기를 품은 것이고, 叱咤는 노한 목소리를 발하는 것이다.

2) 〔釋義〕千人自廢 : 千人皆失氣하야 不敢當也라
千人自廢는 천 사람이 모두 용기를 잃어 감히 당해내지 못하는 것이다.

3) 〔原註〕言語嘔嘔 : 悅言也라 漢書에 作姁姁*)하니 晉同이라
嘔嘔는 기쁘게 말하는 것이다. ≪漢書≫에는 姁姁로 되어 있으니, 음이 같다.

*) 姁姁 : 온화하고 사이가 좋은 모양이다.

4) 〔釋義〕印刓敝 忍不能予 : 刓은 角之刓訛缺也니 言封爵之印이 雖已刻而手弄角訛호되 不忍授也라
刓은 모서리가 닳아서 망가진 것이니, 封爵하는 印章을 비록 이미 새겨 놓았으나 손으로 만지작거려 모서리가 닳아도 차마 주지 못한 것이다.

5) 〔譯註〕以義兵 從思東歸之士 : 項羽가 義帝를 쫓아내고 지나는 곳마다 잔인하게 멸망시키며 천하를 주재함이 불공평하여 義롭지 못한데, 지금 漢나라가 이와 반대로 행하여 천하에 義를 펴므로 義로운 군대라 한 것이며, 서쪽 지방에 와 있는 병사들은 모두 關東 사람들이어서 날마다 동쪽 고향으로 돌아갈 것을 생각하므로 東歸之士라 한 것이다.

6) 〔原註〕以義兵*)……何所不散 : 師古云 散은 謂四散而立功이라 〔釋義〕索隱曰 用東歸之兵하야 擊東方之敵이면 此敵이 無不散敗也라
〔原註〕顔師古가 이르기를 "散은 사방으로 흩어지게 하여 공을 세움을 이른다." 하였다. 〔釋義〕≪史記索隱≫에 말하기를 "동쪽으로 돌아갈 것을 생각하는 병사들을 데리고 동방의 적을 공격하면 이 적이 와해되어 흩어지지 않음이 없는 것이다." 하였다.

7) 〔釋義〕三秦王……降諸侯 : 王氏曰 先是에 秦圍鉅鹿이어늘 羽遣兵救之하니 秦軍數卻이라 二世使人讓章邯한대 邯遂降羽하니 羽立爲雍王하야 置楚軍中하고 乃使長史欣爲上將하야 將秦軍前行하다 是年에 羽將諸侯兵三十萬하고 略地至河南하며 遂西到長安이러니 及秦軍降諸侯에 諸侯吏卒乘勝하야 奴虜折辱之하니라
王氏가 말하였다. "이에 앞서 秦나라가 鉅鹿을 포위하였는데 項羽가 군대를 보내어 구원하니, 秦나라 군대가 자주 퇴각하였다. 二世皇帝가 사람을 보내어 章邯을 꾸짖자 章邯이 마침내 項羽에게 항복하니, 項羽가 그를 세워서 雍王을 삼아 楚나라 軍中에 두고 마침내 長史인 司馬欣으로 하여금 上將이 되어 秦軍을 거느

리고 전진하게 하였다. 이 해에 項羽가 諸侯의 군대 30만을 이끌고 땅을 경략하여 河南에 이르렀으며 마침내 서쪽으로 長安에 이르렀는데, 秦軍이 諸侯에게 항복하자 諸侯의 吏卒들이 승세를 타고 秦나라 군사들을 노예와 포로로 대하여 노략질하고 기를 꺾어 욕보인 것이다."

8) 〔釋義〕 可傳檄而定也 : 檄은 尺書也니 傳檄書하야 以責所伐者라 師古曰 可傳檄而定은 言不足用兵也라

檄文은 한 자쯤 되는 글이니, 檄書를 전하여 토벌할 자를 꾸짖는 것이다. 顔師古가 말하기를 "檄文만 돌리고도 평정할 수 있다는 것은 군대를 쓸 필요가 없음을 말한 것이다." 하였다.

蘇老泉曰 御賢將之術은 以信이요 御才將之術은 以智니 人君이 當觀其才之大小而爲制御之術也라 漢高一見韓信에 而授之上將하야 解衣衣之하고 推食(퇴사)哺之하며 一見黥布에 而供具飲食을 皆如王者하고 一見彭越에 而以爲相國하니 當是時하야 三人者未有功於漢也라 厥後에 追項籍垓下하야 與信越期而不至어늘 捐數千里之地以畀之하야 項氏未滅하고 天下未定이로되 而三人者已極富貴矣니 高帝知三人者之志大하야 不極於富貴면 則不爲我用也라 若樊噲滕公灌嬰之徒는 則不然하야 拔一城, 陷一陳而後에 增數級之爵하고 否則終歲不遷也하니 嗚呼라 高帝는 可謂知大計者矣로다

蘇老泉이 말하였다.

"어진 장수를 제어하는 방법은 信으로써 하고, 재주 있는 장수를 제어하는 방법은 지혜로써 하니, 人君은 재주의 크고 작음을 보아 제어하는 방법을 써야 한다. 漢나라 高祖가 한 번 韓信을 보자 上將軍에 임명하여 옷을 벗어 입혀 주고 밥을 밀어 먹여 주었으며, 한 번 黥布를 보자 供具와 음식을 모두 王者와 같게 하였고, 한 번 彭越을 보자 相國으로 삼았으니, 이때를 당하여 이 세 사람은 아직 漢나라에 功이 있지 않았다. 그 후 垓下에서 項籍을 추격하여 韓信, 彭越과 회동하기로 약속하였으나 오지 않자 수천 리의 땅을 떼어서 이들에게 주어, 項氏가 아직 멸망하지 않고 천하가 안정되지 않았으나 이 세 사람이 이미 지극히 부귀하였으니, 이는 高帝가 세 사람의 뜻이 커서 부귀를 지극하게 하지 않으면 자신의 쓰임이 되지 않을 줄을 알았기 때문이다. 樊

噲·滕公·灌嬰과 같은 무리는 그렇지 않아서 한 城을 함락하고 한 陣을 무너뜨린 뒤에야 몇 등급의 작위를 올려 주고 그렇지 않으면 일 년 내내 승진시키지 않았으니, 아! 高帝는 큰 계책을 안 者라고 이를 만하다.”

○ 八月에 引兵從故道出[1]하야 襲雍하니 雍王邯은 戰敗走하고 塞王欣과 翟王翳는 皆降하다 〈以上 出漢書高紀〉

8월에 〈漢王이〉 병력을 인솔하고 故道를 따라 나와서 雍을 습격하니, 雍王 章邯은 싸우다가 패주하고 塞王 司馬欣과 翟王 董翳는 모두 항복하였다. - 이상은 ≪漢書 高帝紀≫에 나옴 -

1)〔釋義〕引兵從故道出 : 括地志에 鳳州兩當縣이 漢故道也니 故亦作固라 後魏置固道郡하고 西魏改鳳州하니라
　故道는 ≪括地志≫에 “鳳州 兩當縣이 漢나라의 故道이니, 故는 또한 固로도 쓴다. 뒤에 魏나라가 固道郡을 설치하였고 西魏가 鳳州로 고쳤다.” 하였다.

○ 王陵者는 沛人也라 先聚黨數千人하야 居南陽이러니 至是하야 始以兵屬漢하다 項王이 取陵母하야 置軍中하고 陵使至에 則東鄉(向)[1]坐陵母하야 欲以招陵이러니 陵母私送使者할새 泣曰 願爲妾語陵호되 善事漢王하라 漢王은 長者니 母以老妾故로 持二心하라 妾이 以死送使者라하고 遂伏劍而死하다 〈出漢書本紀〉

王陵이란 자는 沛縣 사람이다. 이보다 먼저 무리 수천 명을 모아 南陽에 거주하였는데, 이때에 이르러 비로소 兵力을 인솔하고 漢나라에 소속되었다. 項王이 王陵의 어머니를 데려다가 군중에 두고는 王陵의 使者가 이르자 王陵의 어머니를 東向하여 앉혀서 王陵을 부르려 하였다. 王陵의 어머니가 은밀히 使者를 보낼 적에 울며 말하기를 “원컨대 妾을 위하여 陵에게 ‘漢王을 잘 섬기라. 漢王은 長者이니 늙은 妾 때문에 두 마음을 갖지 말라.’고 말하라. 妾은 죽음으로써 使者를 보낸다.”하고는 마침내 칼에 엎드려 죽었다. - ≪漢書 高帝紀≫에 나옴 -

1)〔譯註〕東鄉 : 옛날에는 높은 분을 동향하여 앉혔다.

○ 張良이 遺項王書曰 漢王이 失職[1]하야 欲得關中하니 如約이면 卽止하야 不敢東이라하고 又以齊, 梁反書로 遺項王曰 齊欲與趙幷滅楚라하니 項王이 以此故로 無西意而北擊齊라라 〈出史記項羽紀〉

張良이 項王에게 편지를 보내기를 "漢王이 직책을 잃어 關中을 얻고자 하니, 약속대로 關中을 얻으면 즉시 중지하여 감히 동쪽으로 전진하지 않겠다." 하였으며, 또 齊나라와 梁나라의 배반을 알리는 글을 項王에게 보내며 말하기를 "齊나라가 趙나라와 함께 楚나라를 멸망시키려 한다." 하니, 項王이 이 때문에 서쪽으로 漢나라를 공격할 뜻이 없어 북쪽으로 齊나라를 공격하였다. - 《史記 項羽本紀》에 나옴 -

1) 〔譯註〕失職 : 마땅히 얻어야 할 직책을 잃은 것으로, 漢王이 본래 關中의 왕이 되어야 하는데, 옮겨서 漢中의 왕으로 봉해졌기 때문에 失職하였다고 이른 것이다.

【丙申】〈西楚二年이요 漢二年이라 ○ 是歲에 韓亡하니 凡二大國이요 小國凡十二國이라〉

병신(B.C.205) - 西楚 2年, 漢나라 2년이다. ○ 이 해에 韓나라가 망하니, 大國이 모두 2개국이고 小國이 모두 12개국이다. -

冬十月에 項王이 密使九江王布等으로 擊義帝하야 殺(弑)之江中하다 〈出黥布傳及漢書高祖紀〉

겨울 10월에 項王이 은밀히 九江王 黥布 등으로 하여금 義帝를 공격하게 하여 강 가운데에서 시해하였다. - 《史記 黥布傳》과 《漢書 高帝紀》에 나옴 -

〔新增〕愚按尹氏〈起莘〉曰 嗚呼라 君臣은 天地之大義也니 臣之事君은 猶子之事父하야 亘古今而不可易이라 是以로 陳恒之事를 孔子已告老矣사되 且沐浴請(封)〔討〕[1]하시니 豈非天地大變이라 人理之所不容故로 不忍與之並立乎世리오 此蓋萬世之通義也라 籍이 世爲楚將하야 北面事之하니 義帝는 懷王之孫이라 項梁立以爲君하야 大義已定이어늘 籍이 何得以弑之乎아 況籍起自偏裨하

야 矯殺卿子冠軍하고 宰割天下하야 率徇己私어늘 義帝不能誅籍하고 而籍反
弑帝하니 其惡을 可勝道哉아 朱子綱目에 揭而書之曰 西楚霸王項籍이 弑義帝
於江中이라하니 稱國稱爵稱名은 所以著籍强暴大逆之罪니 至是에 始無所容於
天地之間이니 然後에 義兵可擧하야 人皆得而誅之矣라 密擊江中이 果可以欺
天下乎아

　내가 살펴보건대 尹氏(尹起莘)가 다음과 같이 말하였다.

　"아! 군주와 신하는 천지의 큰 義理이니, 신하가 군주를 섬김은 자식이 부
모를 섬기는 것과 같아서 고금에 걸쳐 바꿀 수 없는 것이다. 이 때문에 陳恒
의 일을 孔子께서 이미 벼슬을 그만두었는데도 목욕재계하고서 토벌할 것을
청하신 것이니, 〈신하가 군주를 시해함은〉 어찌 천지간의 큰 변고여서 사람
의 도리에 용납될 수 없는 것이므로 차마 그와 함께 세상에 서서 살 수 없기
때문이 아니겠는가. 이는 萬世의 공통된 義理이다.

　項籍이 대대로 楚나라의 장수가 되어 北面하여 섬겼으니, 義帝는 懷王의
손자이다. 項梁이 그를 세워 군주로 삼아서 大義가 이미 정해졌는데, 項籍이
어떻게 그를 시해한단 말인가. 더구나 項籍이 偏裨(副將)로부터 일어나 義帝
의 명령을 사칭하여 卿子冠軍을 살해하였고 천하를 자기 마음대로 분할하여
자신의 사사로운 뜻을 따랐는데, 義帝가 項籍을 죽이지 못하고 項籍이 도리
어 義帝를 시해하였으니, 그 惡을 이루 다 말할 수 있겠는가. 朱子의 ≪資治
通鑑綱目≫에 게시하여 쓰기를 '西楚霸王 項籍이 義帝를 강 가운데서 시해하
였다.'라고 하였으니, 나라를 칭하고 작위를 칭하고 이름을 칭함은 項籍의 强
暴하여 大逆無道한 죄를 드러낸 것이니, 그의 죄가 여기에 이르러 비로소 천
지 사이에 용납될 곳이 없는 것이니, 그런 뒤에야 義兵을 일으켜 사람들이
모두 그를 죽일 수 있는 것이다. 은밀히 강 가운데에서 공격한다고 하여 과
연 천하 사람들을 속일 수 있었겠는가."

1) 〔譯註〕陳恒之事……沐浴請討 : 이 내용은 ≪論語≫ 〈憲問〉에 자세히 보인다.

○ 陳餘襲破常山하니 張耳敗走漢이어늘 陳餘迎趙王於代하야 復爲趙王[1]

하다 ○ 漢王이 立韓襄王孫信하야 爲韓王하니 常將韓兵하야 從漢王이러라

陳餘가 습격하여 常山을 격파하니, 常山王 張耳가 패하여 漢나라로 달아났다. 陳餘가 趙王(趙歇)을 代國에서 맞이하여 다시 趙王으로 삼았다.

○ 漢王이 韓나라 襄王의 孫子인 信을 세워 韓王으로 삼으니, 항상 韓나라 군대를 거느리고 漢王을 따랐다.

1) 〔通鑑要解〕復爲趙王 : 陳餘擊張耳破走하고 迎趙王하니 王立餘爲代王이어늘 餘留傅趙王하고 而使夏說守代하니라

陳餘가 張耳를 공격하여 패주시키고 趙王 歇을 맞이하니, 趙王은 陳餘를 세워 代王으로 삼았는데, 陳餘는 남아서 趙王의 師傅가 되고 夏說로 하여금 代나라를 지키게 하였다.

○ 初에 陽武人陳平이 家貧好讀書러니 里中社1)에 平이 爲宰2)하야 分肉食甚均이어늘 父老曰 善타 陳孺子之爲宰여 平曰 嗟乎라 使平得宰天下라도 亦如是肉矣리라하다 及諸侯叛秦에 平이 事魏王咎於臨濟하야 爲太僕이러니 說魏王호되 不聽하고 人或讒之어늘 平이 亡去하다 後에 事項羽하야 拜爲都尉러니 後에 復杖劍歸漢하야 因魏無知하야 求見漢王한대 王이 與語而悅之하야 問曰 子之居楚에 何官고 曰 爲都尉니이다한대 是日에 卽拜平爲都尉하야 使爲參乘3)하고 典護軍4)하다 諸將이 盡讙5)曰 大王이 一日에 得楚之亡卒하야 未知其高下而卽與同載하시고 反使監護長者6)온여 漢王이 聞之하고 愈益幸平이러라 〈出陳丞相世家〉

처음에 陽武 사람 陳平이 집이 가난하였으나 독서하기를 좋아하였는데, 마을 안의 社祭에 陳平이 宰가 되어서 고기와 음식을 나누어 주기를 매우 균등하게 하였다. 父老들이 칭찬하기를 "잘한다. 陳孺子가 宰 노릇 함이여." 하니, 陳平이 말하기를 "아, 만일 내가 천하에 재상이 되더라도 또한 이 고기와 같이 균평하게 하겠다." 하였다. 제후들이 秦나라를 배반하자 陳平이 魏王咎를 臨濟에서 섬겨 太僕이 되어 魏王을 설득하였으나 듣지 않았으며, 어떤 사람이 그를 참소하자 陳平이 도망하여 떠났다.

뒤에 項羽를 섬겨 都尉에 임명되었는데, 뒤에 다시 검을 짚고 漢나라로 귀의하여 魏無知를 통해서 漢王을 만나 볼 것을 요구하였다. 漢王은 陳平과 함께 말해 보고는 기뻐하여 묻기를 "그대가 楚나라에 있을 때에 무슨 벼슬을 하였는가?" 하니, "都尉였습니다." 하고 대답하였다. 漢王은 이날 즉시 陳平을 都尉로 임명하여 參乘을 하게 하고 군사들을 맡아 監護하게 하였다. 이에 여러 장수들이 모두 떠들며 말하기를 "대왕이 어느 날 楚나라에서 도망해 온 병졸을 얻어 그 신분의 高下도 알지 못하고서 곧바로 그와 수레를 함께 타시며, 도리어 그로 하여금 長者들을 監護하게 하시는구나." 하였다. 漢王이 이 말을 듣고 더욱더 陳平을 총애하였다. - ≪史記 陳丞相世家≫에 나옴 -

1) 〔釋義〕里中社 : 其里名庫上이라 蔡邕의 陳留東昏庫上里社碑云 惟斯庫里는 古陽武之〈戶〉牖鄕이니 陳平이 由此宰社하야 遂相漢高라하니라 〔頭註〕社는 后土也니 使民祀之하야 春以祈穀하고 秋以報功이라 周制에 大夫與民族居百家以上이면 則共立一社러니 秦漢以來로는 雖非大夫라도 民二十五家면 則得立社하니라

〔釋義〕그 마을 이름은 庫上里이다. 蔡邕의 陳留 東昏庫上里 社碑에 이르기를 "이 庫上里는 옛날 陽武의 戶牖鄕이니, 陳平이 이로 말미암아 社祭에 宰가 되어서 마침내 漢나라 高祖를 도왔다." 하였다. 〔頭註〕社는 后土이니, 백성들로 하여금 제사하게 하여, 봄에는 곡식이 잘 되기를 기원하고 가을에는 곡식을 거두어들인 것에 감사하였다. 周나라 제도에 大夫가 백성들과 함께 거하여 100家戶 이상이 되면 함께 한 社를 세웠는데, 秦・漢時代 이후로는 비록 大夫가 아니더라도 백성들이 25家戶가 되면 社를 세울 수 있었다.

2) 〔譯註〕宰 : 제사에 희생의 고기를 자르는 일을 맡은 사람을 이른다.

3) 〔頭註〕參乘 : 參은 一作驂이라 乘車之法은 尊者居左하고 御者居中하고 又一人處其右하야 以備傾側이라

參은 一本에는 驂으로 되어 있다. 수레를 타는 법은 높은 자가 왼쪽에 있고, 말 모는 자가 중앙에 있고, 또 한 사람이 오른쪽에 있어서 수레가 한쪽으로 기우는 것에 대비한다.

4) 〔頭註〕典護軍 : 典은 掌也요 護는 監領也라

典은 관장함이고, 護는 감독하고 거느리는 것이다.

5) 〔釋義〕諸將盡讙 : 讙은 譁也니 讙囂而議也라

讙은 시끄러움이니, 盡讙은 시끄럽게 떠들면서 비난하는 것이다.

6)〔譯註〕長者 : 여러 장수들이 자신을 가리켜 말한 것이니, 여러 장수들이 陳平보
다 나이가 많고 漢王을 따른 지가 오래되었으며 또 功이 있으므로 자칭 長者라
고 이른 것이다.

○ 漢王이 南渡平陰津하야 至洛陽新城한대 三老董公이 遮說王[1]曰臣聞順德
者는 昌하고 逆德者는 亡이라하니 兵出無名이면 事故(固)不成이라 故로 曰明其爲賊
이라아 敵乃可服이라하나이다 項羽爲無道하야 放殺(弑)其主하니 天下之賊也라 夫仁
不以勇[2]이요 義不以力이니 大王이 宜率三軍之衆하사 爲之素服하고 以告諸侯
而伐之하소서 於是에 漢王이 爲義帝發喪하고 告諸侯曰 天下共立義帝러니 今項
羽放殺之[3]하니 寡人이 親爲發喪하야 兵皆縞素하고 悉發關中兵하고 收三河[4]士
하야 南浮江漢以下하야 願從諸侯王[5]하야 擊楚之殺義帝者라하다 〈本紀〉

漢王이 남쪽으로 平陰 나루를 건너 洛陽의 新城에 이르니, 三老인 董公이
길을 가로막고 왕을 설득하기를 "신이 들으니 순한 德을 간직한 자는 창성하
고 거스르는 德을 가진 자는 망한다고 하였습니다. 군대를 명분 없이 내면
일이 진실로 이루어지지 못합니다. 그러므로 말하기를 '적이 된 이유를 밝혀
야 적이 비로소 복종한다.'고 한 것입니다. 項羽가 무도한 짓을 해서 그 군주
를 추방하여 시해하였으니, 천하의 역적입니다. 仁은 용맹으로 하지 않고 義
는 힘으로 하지 않으니, 대왕은 마땅히 三軍의 무리를 거느리고 義帝를 위하
여 素服을 입고 제후들에게 고하여 정벌하소서." 하였다.

이에 漢王이 義帝를 위하여 喪을 발표하고 제후들에게 고하기를 "천하가 함
께 義帝를 세웠는데 이제 項羽가 추방하여 시해하였으니, 寡人이 친히 義帝를
위해 喪을 발표하여 군사들에게 모두 흰옷을 입히고 關中의 병력을 총동원하
고 三河의 군사를 거두어 남쪽으로 江漢에 배를 띄워 내려가서 여러 侯와 王을
따라 楚나라의 義帝를 시해한 자를 공격하려 한다." 하였다. - ≪史記 高祖本
紀≫에 나옴 -

1)〔釋義〕三老董公[*]遮說王 : 三老는 見武帝紀라 橫道自言曰遮說라
三老는 ≪漢書≫〈武帝紀〉에 보인다. 길을 가로막고 스스로 말하는 것을 遮說

라 한다.

＊) 三老董公 : 10里마다 한 亭이 있었는데 亭에는 우두머리가 있으며, 10亭이 1鄕
인데 鄕에는 三老가 있어 교화를 맡았다. 董公은 秦나라 때의 隱士로 이름이 자
세하지 않다.

2)〔通鑑要解〕仁不以勇 : 以는 用也니 己有仁이면 天下歸之하야 可不用勇而天下自
服이요 己有義면 天下奉之하야 可不用力而天下自定也라

　以는 씀이니, 자기에게 仁이 있으면 천하가 돌아와 용맹을 쓰지 않아도 천하가
스스로 복종하고, 자기에게 의로움이 있으면 천하가 받들어 주어서 힘을 쓰지 않
아도 천하가 스스로 안정되는 것이다.

3)〔釋義〕放殺之 : 放은 逐也요 殺는 讀曰弑니 下之殺同이라

　放은 쫓아냄이요, 殺는 弑로 읽으니 아래의 殺도 같다.

4)〔譯註〕三河 : 河南, 河東, 河內를 이른다.

5)〔通鑑要解〕願從諸侯王 : 諸侯王은 謂諸侯及王也라

　諸侯王은 여러 侯와 王을 이른다.

朱黼曰 自昔帝王之興에 憂天命之坯絕하야 而求與之保合하고 憫人心之陷溺하
야 而思與之拯援하고 無所自容其力하야 不得已焉이어든 而見之兵革之間하니
亦豈其心之所欲哉아 反道敗德하고 侮慢自賢이면 則苗不可以不伐[1]이요 狎侮
五行하고 怠棄三正이면 則扈不可以不征[2]이요 僭擾天紀면 於是에 有羲和之
師[3]요 矯誣上帝면 於是에 有鳴條之攻[4]이요 謂祭無益하고 謂暴無傷하며 謂
己有天命하고 謂敬不足行이라하면 於是에 有牧野之戰[5]이라 去邪之恉不殄이
면 則采薇之役을 不可不遣也[6]요 不恭之怒方張이면 則方徂之旅를 不可不遏
也[7]요 整居之禍孔熾면 則六月之伐을 不可不亟也[8]라 誅亂之兵不出이면 則仁
義之統紀不明이요 仁義之統紀不明이면 則上下內外紊紊失敍하야 固將淪入禽
獸夷狄而不自覺者리니 雖欲私一己而安歲月이나 詎可得乎아 使高帝不聞新城
仁義之說하야 不爲洛陽縞素之擧하고 特以智力으로 與項氏相角하야 使幸而勝
之면 則是吾與天下人民으로 亦獨以智力相尙耳니 智不足以相勝이면 則凡智於
我者 孰不反面以相賊이며 力不足以相制면 則凡力於我者 孰不交臂以相戕이리
오 禍亂之來가 曷有窮已리오 自仁義之言一明으로 使天下曉然知帝王統紀가

如日月之不可掩하고 自縞素之師一擧로 使天下灼知上下定分이 如天地之不可
易하야 三綱九疇⁹⁾가 幾斷而復續하고 天命人心이 欲斁而復正이라 漢雖不純
王道나 而猶培植扶持하야 至四百年之久하야 旣絶而復振하고 或欲竊取而猶不
取者는 其由此也夫인저

朱黼가 말하였다.

"예로부터 帝王이 일어날 때에 天命이 끊어짐을 우려하여 그와 더불어 保
合(변동 없이 계속됨)하기를 구하고, 人心이 〈惡에〉 빠짐을 민망히 여겨 그
와 더불어 구원할 것을 생각하고, 스스로 그 힘을 용납하는 바가 없어 부득
이하면 전쟁의 사이에 나타냈으니, 또한 어찌 그 마음에 하고자 하는 바였겠
는가. 道를 배반하고 德을 무너뜨리고 업신여기고 태만하여 스스로 어진 체
하면 三苗를 정벌하지 않을 수 없고, 五行을 업신여기고 三正을 폐기하면 有
扈를 정벌하지 않을 수가 없고, 비로소 天紀를 어지럽히면 이에 義和를 정벌
하는 군대가 있었고, 上帝를 속이면 이에 鳴條의 공격이 있었고, 제사함은
유익함이 없다고 말하고 포악함이 나쁘지 않다고 말하며 자기가 天命을 소유
했다고 말하고 敬을 굳이 행할 것이 없다고 말하면 이에 牧野의 전쟁이 있었
다. 邠 땅을 떠나도 오랑캐의 성냄이 끊이지 않으면 采薇의 成役(전투하는
군대)을 보내지 않을 수 없고, 不恭한 침략자에 대한 노여움이 막 일어나면
침략하러 가는 군대를 막지 않을 수가 없고, 오랑캐가 침입하여 內地에 정돈
해 사는 禍가 매우 성하면 六月의 정벌을 빨리 하지 않을 수 없는 것이다.

난을 토벌하는 군대를 출동시키지 않으면 仁義의 統紀가 밝혀지지 못하고,
仁義의 統紀가 밝혀지지 못하면 上下와 內外가 문란하여 순서를 잃어서 진실
로 장차 禽獸와 夷狄의 경지에 빠져들어 가면서도 스스로 깨닫지 못할 것이
니, 비록 자기 한 몸을 사사로이 하여 세월을 편안히 보내고자 하나 어찌 될
수 있겠는가. 만일 高帝가 新城의 仁義의 말을 듣지 못하여 洛陽에서 素服을
입히는 조처를 하지 않고, 다만 지혜와 힘을 가지고 項氏와 서로 경쟁하여
다행히 이겼더라면 이는 내(高帝)가 천하의 人民과 더불어 또한 다만 지혜와
힘을 가지고 서로 숭상하는 것일 뿐이니, 지혜가 서로 이길 수 없으면 무릇
나보다 지혜로운 자가 어느 누가 얼굴을 돌려 서로 대적하지 않겠으며, 힘이

서로 제압할 수 없으면 무릇 나보다 힘이 센 자가 어느 누가 팔뚝을 교차하여 서로 해치지 않겠는가. 이렇게 되면 禍亂이 오는 것이 어찌 다함이 있겠는가.

　仁義의 말이 한 번 밝혀짐으로부터 천하 사람들로 하여금 帝王의 統紀가 해와 달처럼 가릴 수 없음을 분명히 알게 하고, 素服을 입은 군대를 한 번 일으킴으로부터 천하 사람들로 하여금 上下의 정해진 분수가 하늘과 땅처럼 바꿀 수 없음을 분명히 알게 해서, 三綱과 九疇가 거의 끊어질 뻔하다가 다시 이어지고 天命과 人心이 문란해지려 하다가 다시 바로잡혔다. 漢나라가 비록 순수한 王道는 아니었으나 오히려 북돋워 심고 부지하여 4백 년의 오램에 이르러서 이미 끊어졌다가 다시 떨쳐지고, 혹 도둑질하여 취하고자 하였으나 오히려 취하지 못한 것은 이 때문이었을 것이다."

1) 〔譯註〕反道敗德……則苗不可以不伐 : 三苗는 堯・舜 때에 자주 반역하였는 바, 이 내용은 ≪書經≫〈大禹謨〉에 보인다.

2) 〔譯註〕狎侮五行……則扈不可以不征 : 五行은 金・木・水・火・土를 가리키고, 三正은 子月・丑月・寅月을 正月로 함을 이른다. 北斗七星의 자루가 초저녁에 正北方인 子方을 가리키는 달을 子月이라 하고, 丑方을 가리키는 달을 丑月이라 하고, 寅方을 가리키는 달을 寅月이라 하는 바, 周나라는 子月을, 殷나라는 丑月을, 夏나라는 寅月을 正月로 삼았다. 有扈는 夏나라 同姓國으로 禹王의 아들 啓가 즉위하자, 복종하지 않으므로 정벌하여 멸망시켰는 바, 이 내용은 ≪書經≫〈甘誓〉에 보인다.

3) 〔譯註〕俶擾天紀……有羲和之師 : 天紀는 日・月・星・辰・曆・數를 이르며, 羲和는 曆相을 맡은 관원인 바, 이 내용은 ≪書經≫〈胤征〉에 보인다.

4) 〔譯註〕矯誣上帝……有鳴條之攻 : 鳴條는 지명으로 商나라 湯王이 夏나라 桀王을 정벌한 곳인 바, 이 내용은 ≪書經≫〈仲虺之誥〉에 보인다.

5) 〔譯註〕謂祭無益……有牧野之戰 : 牧野는 周나라 武王이 商나라 紂王을 정벌한 곳으로, 이 내용은 ≪書經≫〈泰誓〉에 보인다.

6) 〔譯註〕去邠之慍不殄……不可不遣也 : 邠은 周나라 太王이 도읍한 곳으로 당시 북쪽 오랑캐인 獯鬻이 자주 침략하자, 太王은 부득이 邠 땅을 버리고 岐山 아래 周로 천도하였다. 獯鬻은 일명 獫狁이라고 하였는 바, 太王의 손자인 文王 때에

도 침공을 계속하였다. 采薇는 ≪詩經≫〈小雅〉의 편명으로 文王 때에 서쪽으로
는 昆夷, 북쪽으로는 玁狁의 침공이 있으므로 이를 막기 위하여 군대를 보내면
서 읊은 내용이다.

7) 〔譯註〕 不恭之怒方張……不可不遏也 : 침략하러 가는 군대라는 것은 阮나라를
침략하기 위하여 共 땅으로 가는 密나라 사람들을 이르는 바, 당시 文王은 不恭
하여 침략을 자행하는 密나라를 공격하였는 바, ≪詩經≫〈大雅 皇矣〉는 바로
이 내용을 읊은 것이다.

8) 〔譯註〕 整居之禍孔熾……不可不亟也 : 六月은 ≪詩經≫〈小雅〉의 편명으로, 당
시 북쪽 오랑캐인 玁狁이 매우 강성하여 중국의 焦, 穫 지방에 침입해서 정돈하
여 살고 있었으므로 周나라 宣王이 즉위하여 尹吉甫에게 군대를 거느리고 출전
하게 하였는 바, 〈六月篇〉은 바로 이 내용을 읊은 것이다.

9) 〔附註〕 九疇 : 洪範九疇也니 曰五行, 曰敬用五事, 曰農用八政, 曰協用五紀, 曰建
用皇極, 曰乂用三德, 曰明用稽疑, 曰念用庶徵, 曰享用五福, 威用六極이라
　九疇는 ≪書經≫〈洪範〉의 九疇이니, 첫 번째는 五行이고, 두 번째는 공경하되
五事로써 함이요, 세 번째는 農事에 八政을 씀이요, 네 번째는 합함을 五紀로써
함이요, 다섯 번째는 세움을 皇極으로써 함이요, 여섯 번째는 다스림을 三德으로
써 함이요, 일곱 번째는 밝힘을 稽疑로써 함이요, 여덟 번째는 상고하기를 庶徵
으로써 함이요, 아홉 번째는 享함을 五福으로써 하고 위엄을 보이기를 六極으로
써 하는 것이다.

〔史略 史評〕 胡氏曰 天下苦秦하야 諸侯幷起하니 名其師者曰 誅無道秦이 可
矣어니와 今秦已滅하고 諸侯各有分地어늘 而漢又起兵하니 雖曰項羽爲政不平
이나 顧亦伸己私忿耳요 非義兵也러니 及董公獻言하야 漢王大臨然後에 項羽
弑君之罪가 無所容於天地之間하야 而天下歸於漢王을 可坐而策矣라 故로 隨
何가 陳此義而下九江하고 酈生이 陳此義而下全齊라 於是에 楚人이 背無所倚
하고 右斷其臂하니 雖欲不亡이나 不可得矣니라

　胡氏가 말하였다.

　"천하 사람들이 秦나라를 괴롭게 여겨서 諸侯들이 함께 일어났으니 그 군
대를 이름하여 무도한 秦나라를 토벌한다고 한 것은 괜찮지만, 지금 秦나라
가 이미 멸망하고 제후들이 각기 領地가 있는데 漢나라가 또다시 군대를 일

으켰으니 비록 項羽가 정사를 공평하지 않게 했기 때문이라고 말하나, 돌아보건대 자신의 사사로운 분노를 풀려고 했을 뿐이요, 의로운 군대가 아니었다. 그런데 董公이 말을 아뢰어 漢王이 크게 發喪한 뒤에야 군주를 시해한 項羽의 죄가 천지의 사이에 용납될 곳이 없어서 천하가 漢王에게 돌아올 것임을 앉아서도 미루어 알 수 있게 되었다. 그러므로 隨何가 이러한 의리를 말하여 九江王을 항복시켰고, 酈生이 이러한 의리를 말하여 齊나라의 전 국토를 항복시킨 것이다. 이에 楚나라 사람이 등 뒤에는 의지할 곳이 없고 그 오른팔이 잘렸으니, 비록 멸망하지 않기를 바라나 될 수가 없었다."

○ 項王이 雖聞漢東이나 欲遂破齊而後擊漢하니 漢王이 以故로 得率諸侯兵凡五十六萬人하야 伐楚하다 彭越이 將兵歸漢이어늘 漢이 遂入彭城[1]하야 收其貨寶美人하고 日置酒高會[2]러니 項王이 聞之하고 自以精兵三萬人으로 至彭城하야 大破漢軍於睢(수)水[3]하니 漢軍이 爲楚所擠하야 卒十餘萬人이 皆入睢水하야 睢水爲之不流러라 圍漢王三匝(잡)이러니 會에 大風이 從西北起하야 折木發屋하고 揚沙石하야 窈冥晝晦하니 楚軍이 大亂壞散이어늘 漢王이 乃得與數十騎遁去하다 審食(이)其從太公·呂后하야 間行求漢王이라가 反遇楚軍하니 項王이 常置軍中하야 爲質이러라 〈此用漢書句 以上竝出史高祖紀〉

項王이 비록 漢나라가 동쪽으로 진출했다는 말을 들었으나 마침내 齊나라를 격파한 뒤에 漢나라를 공격하고자 하였다. 漢王이 이 때문에 무릇 제후의 병력 56만 명을 거느리고 楚나라를 정벌하게 되었다. 彭越이 병력을 인솔하고 漢나라에 귀의하자, 漢나라가 마침내 彭城에 들어가서 그 보화와 미인을 거두고 날마다 술자리를 베풀고 크게 모여 잔치하였다. 項王이 이 말을 듣고 정예병 3만 명을 거느리고 彭城에 이르러 漢軍을 睢水에서 대파하였다. 漢나라 군사들은 楚나라 군사들에게 밀려서 병졸 10여만 명이 모두 睢水로 들어가니, 睢水가 이 때문에 흐르지 못하였다.

漢王을 세 겹으로 포위하였는데, 마침 큰 바람이 서북쪽으로부터 일어나

나무가 부러지고 지붕이 날아가며 돌과 모래가 날려 캄캄해져서 낮인데도 어두우니, 楚나라 군사들이 크게 혼란하여 무너져 흩어졌으므로 漢王이 마침내 수십 명의 기병과 도망갈 수 있었다. 審食其(심이기)가 太公과 呂后를 따라 샛길로 가서 漢王을 찾다가 도리어 초나라 군사를 만나니, 項王이 항상 이들을 군중에 두어 인질로 삼았다. - 이는 ≪漢書≫의 句를 인용한 것이고, 이상은 모두 ≪史記 高祖本紀≫에 나옴 -

1) 〔頭註〕 彭城 : 羽都니 時羽北擊齊하니라
   彭城은 項羽가 도읍한 곳이니, 이때 項羽가 북쪽으로 齊나라를 공격하러 갔었다.

2) 〔頭註〕 高會 : 皆召尊爵故로 曰高會라 一說에 大會也라하니라
   높은 爵位가 있는 사람을 모두 불렀기 때문에 高會라 한 것이다. 一說에는 손님을 크게 모으는 것이라고 하였다.

3) 〔釋義〕 睢水 : 在彭城靈壁縣하니 東入泗라 括地志에 睢水首受浚儀縣濊(랑)蕩渠水하고 東經臨慮縣하야 入泗過沛라 睢는 音雖라
   睢水는 彭城 靈壁縣에 있으니, 동쪽으로 泗水로 들어간다. ≪括地志≫에 "睢水는 처음에 浚儀縣 濊蕩渠의 물을 받아 동쪽으로 臨慮縣을 경유해서 泗水로 들어가 沛縣을 지나간다." 하였다. 睢는 음이 수이다.

〔新增〕 胡氏曰 盤水可奉이나 而志難持요 六馬可調나 而氣難御니 使漢王이 於是時에 兢兢業業하여 如初入關中, 見羽鴻門이런들 則亦何至於敗哉아 今에 志不持而氣爲帥하야 狃於小勝하야 而逸欲生焉이라 是以로 至於此耳라 且是行也에 直欲破羽之國都歟인댄 則宜亟還滎陽하야 以主待客[1]이 可也요 若欲致羽而與戰歟인댄 則宜分部諸將하야 據險邀擊이 可也어늘 今乃淹留引日하야 肆志寵樂이로되 而群臣亦寂無諫者하니 豈良平諸公이 不在行歟아 嗚呼危哉인저

　胡氏가 말하였다.

"쟁반의 물은 받들 수 있으나 뜻은 지키기가 어렵고 여섯 필의 말은 제어할 수 있으나 기운은 제어하기 어려우니, 만일 漢王이 이때에 조심하고 두려워하여 처음 〈秦나라를 격파하고〉 關中에 들어갔을 때와 鴻門宴에서 項羽를 만났을 때와 같이 했더라면 또한 어찌 패망함에 이르렀겠는가. 지금 뜻을 잡

아 지키지 않고 기운을 장수로 삼아서〈마음이 동요당하여〉작은 승리에 도
취되어 안일과 욕심이 생겨났다. 이 때문에 이 지경에 이른 것이다. 또 이번
에 군대를 출동할 때에 곧바로 項羽의 國都를 격파하려고 했다면 마땅히 빨
리 滎陽으로 돌아와서 主兵을 거느리고 客兵을 기다리는 것이 옳았을 것이
요, 만약 項羽를 불러들여 싸우려고 했다면 마땅히 여러 장수들을 나누어 배
치해서 험한 요새를 점거하고 邀擊하는 것이 옳았을 것이다. 그런데 이제 도
리어 지체하고 날짜를 끌면서 영화와 향락에 뜻을 두었으나 여러 신하들이
조용하여 간하는 자가 없었으니, 張良과 陳平 등 諸公들이 어찌 行列에 있지
않았던가. 아, 위태로웠다."

1)〔譯註〕以主待客 : 자기 지역에서 싸우는 군대를 主兵, 남의 지역에서 싸우는 군
　　대를 客兵이라 한다.

朱氏曰 自後世而觀高祖하면 攻守之心이 若出於一하야 未嘗有間이라 然이나
以史攷之하면 至咸陽則欲懷安하고 至彭城則已驕縱하고 天下旣平이면 則易敵
愎諫하야 徑踰句注하야 幾陷不測이러니 自是以還으로 始畏兵厭功하야 不輕
動妄作以禍天下하야 後世賴之라 吾嘗爲之說曰 高祖之能取天下는 本於彭城之
敗요 而其能守天下也는 則自夫白登之圍라하노라
　　朱氏가 말하였다.
　　"後世의 입장에서 高祖를 살펴보면 공격하고 수비하는 마음이 하나에서 나
와서 일찍이 간격이 있지 않은 듯하다. 그러나 역사책을 가지고 고찰해 보면
咸陽에 이르러서는 편안한 마음을 품고자 하였고, 彭城에 이르러서는 이미
교만하고 방종하였으며, 천하가 이미 평정되자 적을 하찮게 여기고 간언을
듣지 않아서 곧바로 句注를 넘어가 거의 측량할 수 없는 화에 빠질 뻔하였는
데, 이로부터 이후로 비로소 전쟁을 두려워하고 功을 싫어해서 경거망동하여
천하에 禍를 끼치지 아니하여 후세가 이에 힘입었다. 내가 일찍이 말하기를
'高帝가 천하를 취한 것은 彭城의 敗戰에서 근본하였고 천하를 지킨 것은 白
登의 포위에서 비롯되었다.'고 하였다."

○ 漢王이 問 吾欲捐關以東하야 等棄之[1]하노니 誰可與共功者오 張良曰 九江王布는 楚梟將[2]이어늘 與項王有隙하고 彭越은 與齊反梁地[3]하니 此兩人을 可急使요 而漢王之將엔 獨韓信이 可屬大事하야 當一面이니 卽欲捐之인댄 捐之此三人이면 則楚可破也리이다 〈出留侯世家〉

漢王이 묻기를 "내 函谷關 以東 지방을 남에게 떼어 주어서 버린 것과 같이 하고자 하노니, 누가 더불어 공을 함께 할 만한 자인가?" 하자, 張良이 말하였다. "九江王 黥布는 楚나라의 용맹한 장수인데 項王과 틈이 있고, 彭越은 齊나라와 함께 梁나라 땅에서 배반하였으니, 이 두 사람을 급히 부릴 수 있으며, 漢王의 장수 중에는 오직 韓信만이 큰 일을 맡겨 한 방면을 담당하게 할 만하니, 만일 한 지방을 떼어 주고자 하신다면 이 세 사람에게 떼어 주신다면 楚나라를 격파할 수 있을 것입니다." - ≪史記 留侯世家≫에 나옴 -

1) 〔譯註〕捐關以東 等棄之 : 捐은 버리는 것과 같이 하여 자신의 소유로 여기지 않음을 이르는 바, 공을 세워 漢나라와 함께 楚나라를 격파하는 사람에게 關東 지방을 봉해주겠다는 뜻이다.
2) 〔釋義〕九江王布 楚梟將 : 布는 英布也라 梟는 言勇健(捷)이라
   九江王 布는 英布이다. 梟는 용감하고 민첩함을 이른다.
3) 〔譯註〕反梁地 : 頭註에는 "反謂復其地"라고 하여 梁나라 땅을 收復하는 것으로 해석하였다.

○ 漢王이 謂左右호되 無足與計天下事로다 謁者隨何進曰 不審陛下所謂로이다 漢王曰 孰能爲我使(시)九江하야 令之發兵倍楚오 留項王數月[1]이면 我之取天下 可以萬全이리라 隨何曰 臣請使之호리이다 漢王이 使與二十人俱하다 〈出黥布傳〉

漢王이 좌우의 신하에게 이르기를 "더불어 천하의 일을 계획할 만한 자가 없다." 하였다. 謁者인 隨何가 아뢰기를 "폐하께서 말씀하시는 내용을 자세히 알지 못하겠습니다." 하니, 漢王이 말하기를 "누가 나를 위하여 九江에 사신 가서 九江王으로 하여금 군대를 내어 楚나라를 배반하게 할 수 있겠는가? 項

王을 몇 달 동안만 묶어 두면 내가 천하를 취하는 것이 만전을 기할 수 있을 것이다." 하였다. 隨何가 아뢰기를 "신이 사신으로 가겠습니다." 하니, 漢王이 隨何로 하여금 20명과 함께 가게 하였다. - ≪史記 黥布傳≫에 나옴 -

1) 〔頭註〕 留項王數月 : 言擧兵反楚면 則楚必留擊矣라

   군대를 일으켜 楚나라를 배반하면 楚나라가 반드시 머물러 공격할 것임을 말한 것이다.

○ 五月에 漢王이 至滎陽하니 諸敗軍이 皆會하고 蕭何亦發關中老弱未傅者[1]하야 悉詣滎陽하니 漢軍이 復大振이러라 楚與漢戰滎陽南京·索間[2]할새 漢王이 擊楚騎於滎陽東하야 大破之하니 楚以故로 不能過滎陽而西러라 漢이 軍滎陽하고 築甬道[3]하야 屬(촉)之河하야 以取敖倉粟[4]하다

   5월에 漢王이 滎陽에 이르니, 모든 패한 군사들이 다 모였고 蕭何 또한 關中의 노약자로서 兵籍에 올리지 않은 자들을 징발하여 모두 滎陽에 이르게 하니, 漢나라 군대가 다시 크게 떨쳤다.

   楚나라가 漢나라와 滎陽의 남쪽 京城과 索水 사이에서 싸웠는데, 漢王이 楚나라 騎兵을 滎陽 동쪽에서 공격하여 대파하니, 楚나라가 이 때문에 滎陽을 지나 서쪽으로 오지 못하였다. 漢나라가 滎陽에 군대를 주둔하고 甬道를 쌓아 黃河에 연결하여 敖倉의 곡식을 가져갔다.

1) 〔釋義〕 發關中老弱未傅者 : 王氏曰 民年二十三이 爲正이니 一歲爲衛士하고 一歲爲材官騎士하야 習射御騎馳戰陣하고 年五十六이 爲衰老니 乃得免爲庶民하야 就田里라 今老弱未嘗傅者를 悉詣軍이니 謂未二十三爲弱하고 過五十六爲老라 傅는 著(착)也니 未著名籍給公家徭役者를 悉發之하야 以至漢屯이니 所以補其空缺이라

   王氏가 말하였다. "백성의 나이가 23세면 正丁이라 하니, 1년 동안 衛士가 되고 1년 동안 材官 騎士가 되어 활쏘기와 말타기를 익히고 戰陣을 달리며, 나이 56세가 되면 衰老라 하니, 비로소 부역을 면제받아 庶民이 되어 田里로 나아간다. 이제 노약자로서 兵籍에 올리지 않은 자를 다 군에 나오게 한 것이니, 23세가 못된 자를 弱이라 하고 56세가 넘은 자를 老라고 함을 이른다. 傅는 붙임이니 兵籍에 올려 公家의 徭役을 맡기지 않은 자를 다 동원해서 漢나라 진영에 이

르게 한 것이니, 空缺(결원)을 보충하기 위한 것이다.

2) 〔釋義〕京索間：京, 索은 二地名也니 京은 卽京城이요 索水는 在河南之滎陽이라

京과 索은 모두 지명이니, 京은 곧 京城이고 索水는 河南의 滎陽에 있다.

3) 〔釋義〕築甬道：王氏曰 恐敵鈔掠輜重이라 故로 築垣墻如街巷하니 是爲甬道라
甬音踊이라

王氏가 말하였다. "적들이 輜重을 약탈할까 염려하였기 때문에 담장을 쌓아 골
목길과 같이 만든 것이니, 이것을 甬道라 한다. 甬은 음이 용이다."

4) 〔釋義〕敖倉粟：敖는 地名이니 在滎陽西北山上이라 括地志에 敖山은 在鄭州滎
陽西十五里하니 秦置大(太)倉於此라 故名敖倉이라

敖는 지명이니 滎陽 서북쪽 산 위에 있다. ≪括地志≫에 "敖山은 鄭州 滎陽 서
쪽 15리 지점에 있으니, 秦나라가 이곳에 太君을 두었기 때문에 敖倉이라 이름
한 것이다." 하였다.

○ 周勃等이 言於漢王曰 陳平이 雖美如冠玉이나 其中은 未必有也[1]라 臣聞
호니 平居家時에 盜其嫂[2]하고 事魏不容하야 亡歸楚로되 不中하고 又亡歸漢이러니
今日에 大王이 令護軍이어시늘 受諸將金[3]하니 願王察之하소서 漢王이 召讓魏無
知[4]한대 無知曰 臣所言者는 能也요 陛下所問者는 行也라 今有尾生, 孝己
之行[5]이라도 而無益勝負之數하니 陛下何暇用之乎잇가 楚漢相距에 臣進奇
謀之士하니 顧其計誠足以利國家事耳니 盜嫂受金을 何足疑乎잇가 〈出陳丞
相世家〉

周勃 등이 漢王에게 말하기를 "陳平이 비록 아름답기가 冠玉 같으나 그 속
은 반드시 있는 것이 없습니다. 신이 들으니 陳平이 집에 있을 때에 그 兄嫂
를 개가시켰고, 魏나라를 섬기다가 용납되지 못하자 楚나라로 도망갔으나 맞
지 않자 또 도망하여 漢나라로 돌아왔다 합니다. 오늘날 대왕이 그로 하여금
군사들을 監護하게 하셨는데 여러 장수들의 金을 받아먹었으니, 원컨대 왕은
이것을 살피소서." 하였다.

漢王이 魏無知를 불러 꾸짖으니, 魏無知는 말하기를 "신이 말한 것은 재능
이고 폐하께서 따지는 것은 행실입니다. 지금 尾生과 孝己와 같은 훌륭한 행

실이 있더라도 勝負의 數에는 유익함이 없으니, 폐하께서 어느 겨를에 행실이 훌륭한 선비를 쓸 수 있겠습니까? 楚나라와 漢나라가 서로 대치함에 신이 기이한 계책을 내는 인재를 올렸으니, 다만 그 계책이 진실로 국가의 일에 이로운가를 따질 뿐입니다. 형수를 개가시키고 금을 받아먹은 것을 어찌 의심할 것이 있겠습니까?" - ≪史記 陳丞相世家≫에 나옴 -

1) 〔釋義〕陳平……未必有也 : 飾冠以玉하면 光好外見(현)이나 中非所有라〔頭註〕陳平雖美如冠玉은 漢書에 作平雖美丈夫如冠玉耳라

   〔釋義〕冠을 옥으로 꾸미면 광채의 아름다움이 겉으로 드러나지만 속에 반드시 아름다움이 있는 것은 아니다.〔頭註〕陳平雖美如冠玉은 ≪漢書≫〈陳平傳〉에 "平雖美丈夫 如冠玉耳〔陳平이 비록 아름다운 장부이나 冠玉과 같을 뿐이다.〕"로 되어 있다.

2) 〔通鑑要解〕盜其嫂 : 盜는 猶私也니 私奪嫂志而改適也라 嫂는 兄之妻也라

   盜는 私와 같으니, 형수의 수절하려는 뜻을 사사로이 빼앗아 改嫁시킨 것이다. 嫂는 형의 아내이다.

3) 〔通鑑要解〕受諸將金 : 漢王이 召讓平한대 平曰 魏王不用臣故로 去하고 羽王不能信人故로 去러니 聞漢王能用人故로 來歸니이다 然이나 裸身而來하여 不受金이면 則無以資身이니이다 金具在하니 請封輸官하고 得乞骸骨하노이다

   왕이 陳平을 불러서 꾸짖으니, 陳平이 대답하기를 "魏王은 臣을 써 주지 않았기 때문에 신이 떠났고, 項王은 사람을 믿지 못하기 때문에 떠났는데, 漢王은 사람을 잘 쓴다고 하였기 때문에 漢나라에 귀의한 것입니다. 그런데 맨몸으로 떠나왔으므로 金을 받지 않으면 살 수가 없었습니다. 金이 모두 있으니, 청컨대 봉함하여 관청으로 실어 보내고 벼슬을 그만둘 것을 청합니다." 하였다.

4) 〔譯註〕召讓魏無知 : 魏無知가 陳平을 천거하였기 때문에 漢王이 魏無知를 불러서 꾸짖은 것이다.

5) 〔釋義〕尾生, 孝己之行 : 莊子曰 尾生이 與女子期於梁下러니 女子不來한대 水至不去하고 抱梁柱而死하니라 註에 一本作微生이라 或云 卽微生高也니 有信行이라 孝己는 殷高宗子니 有孝行하야 事親에 一夜五起러니 母早死어늘 高宗이 惑後妻之言하야 放之而死하니라

   ≪莊子≫에 "尾生이 女子와 다리 아래에서 만나기로 약속하였는데 女子가 오지 않자 홍수가 져서 물이 불어나는데도 떠나지 않고 다리 기둥을 안고 죽었다." 하

였는데, 註에 "一本에는 微生으로 되어 있다." 하였다. 혹자는 이르기를 "곧 微生高이니, 신실한 행실이 있었다." 하였다. 孝己는 殷나라 高宗의 아들이니, 孝行이 있어 어버이를 섬김에 하룻밤에도 다섯 번 일어났는데, 어머니가 일찍 죽자 高宗이 後妻의 말에 미혹되어 추방해서 죽게 하였다.

○ 八月에 漢王이 如滎陽하야 命蕭何守關中한대 計關中戶口하야 轉漕調兵[1]하야 以給軍하야 未嘗乏絶이러라

8월에 漢王이 滎陽에 가면서 蕭何에게 명하여 關中을 지키게 하였는데, 蕭何는 關中의 戶口를 헤아려 수레와 뱃길로 식량을 수송[轉漕]하고 군대를 조달해서 군에 공급하여 일찍이 떨어진 적이 없었다.

1) 〔頭註〕調兵 : 調는 謂計發之也라
調는 계산하여 징발함을 이른다.

〔史略 史評〕張氏曰 蕭何佐漢하여 定一代規模하니 亦宏遠矣로다 高帝征伐하여 多在外어늘 何守關中하여 營緝根本하니 漢高所以得天下者는 以關中根本固故也니라

張氏가 말하였다.

"蕭何가 漢나라를 도와 한 王朝의 규모를 정하였으니, 또한 크고 원대하도다. 高帝가 정벌하기 위해 외지에 있을 때가 많았는데 蕭何가 關中을 지키면서 근본을 잘 다스렸으니, 漢나라 高帝가 천하를 얻을 수 있었던 것은 關中의 근본이 견고하였기 때문이다."

○ 漢王이 使酈食其로 綏頰(협)[1]往說魏王豹하고 且召之호대 豹不聽이라 於是에 漢王이 以韓信, 灌嬰, 曹參으로 俱擊魏할새 漢王이 問食其호대 魏大將은 誰也오 對曰 柏直이니이다 王曰 是는 口尙乳臭[2]니 安能當韓信이리오 騎將은 誰也오 曰 馮(풍)敬이니이다 曰 是는 秦將馮無擇의 子也니 雖賢이나 不能當灌嬰이리라 步卒將은 誰也오 曰 項它니이다 曰 不能當曹參이니 吾無患矣라하더라 〈出漢書本紀〉

漢王이 酈食其로 하여금 잘 비유하여 魏王 豹에게 가서 설득하게 하고 또 불렀으나 魏王 豹가 듣지 않았다. 이에 漢王이 韓信과 灌嬰, 曹參으로 함께 魏나라를 공격하게 하였는데, 漢王이 酈食其에게 묻기를 "魏나라 대장은 누구인가?" 하니, 대답하기를 "柏直입니다." 하였다. 왕이 "이 사람은 입에서 아직도 젖내가 나니, 어찌 韓信을 당해내겠는가. 기병장은 누구인가?" 하니, "馮敬입니다." 하였다. 왕이 "이 사람은 秦나라 장수 馮無擇의 아들이니, 비록 잘하나 灌嬰을 당해내지 못할 것이다. 보병의 장군은 누구인가?" 하니, "項它입니다." 하였다. 왕이 "이 사람은 曹參을 당해내지 못할 것이니, 나는 걱정할 것이 없다." 하였다. - ≪漢書 高帝紀≫에 나옴 -

1) 〔頭註〕緩頰 : 徐言이니 引比喩也라
   緩頰은 천천히 말하는 것이니, 부드러운 낯빛으로 비유하여 말함을 이른다.
2) 〔頭註〕乳臭 : 言其少不經事하고 弱不任事하야 若未離乳保之懷者라
   乳臭는 어려서 일을 경험하지 못하고 약하여 일을 맡을 수가 없어서, 乳母와 保姆의 품을 아직 떠나지 못한 자와 같음을 말한 것이다.

○ 遂進兵한대 魏王이 盛兵蒲坂[1])하야 以塞臨晉이어늘 信이 乃益爲疑兵[2])하야 陳船欲渡臨晉하고 而伏兵從夏陽하야 以木罌(앵)渡軍[3])하야 襲安邑한대 魏王豹驚하야 引兵迎信이어늘 九月에 信이 擊虜豹하야 傳詣[4])滎陽하고 悉定魏地하다 〈出漢書高祖紀及信傳〉

마침내 진군하니, 魏王이 병력을 蒲坂에 많이 진열하여 臨晉 나루를 막았다. 韓信이 마침내 더욱 疑兵을 만들어 배를 앞에 늘어놓아 臨晉 나루를 건너려고 하는 것처럼 위장하고, 군사를 숨겨 夏陽을 따라 나무통으로 군대를 도하시켜 安邑을 습격하였다. 魏王 豹가 놀라 군대를 이끌고 韓信을 맞아 싸웠는데, 9월에 韓信이 魏王 豹를 공격하여 사로잡아 驛馬로 압송하여 滎陽에 보내고 魏나라 땅을 모두 평정하였다. - ≪漢書 高帝紀≫와 ≪史記 淮陰侯列傳≫에 나옴 -

1) 〔釋義〕蒲坂 : 在魏爲垣〈曲〉이요 入秦爲蒲坂이요 漢爲河東邑이라

蒲坂은 魏나라에서는 垣曲이라 하고, 秦나라에서는 蒲坂이라 하고, 漢나라에서는 河東邑이라 하였다.

2) 〔譯註〕疑兵 : 적을 속이기 위하여 거짓으로 많은 군대가 있는 것처럼 꾸밈을 이른다.

3) 〔釋義〕以木罌渡軍 : 罌은 謂之木柙이니 縛罌缶以渡라 罌缶는 謂甁之大腹小口者라

罌은 나무궤짝(나무통)을 이르니, 罌缶를 묶고서 물을 건너는 것이다. 罌缶는 배는 크고 주둥이는 작은 항아리를 이른다.

4) 〔譯註〕傳詣 : 傳은 역마를 이르는 바, 파발마로 압송하여 漢王이 있는 곳에 이르게 한 것이다.

○ 韓信이 旣定魏하고 使人請兵三萬하야 願以北擧燕趙하고 東擊齊하고 南絶楚粮道하고 西與漢王會於滎陽이라하야늘 漢王이 許之하고 乃遣張耳하야 與俱하다 〈出漢書本傳〉

韓信이 魏나라를 평정하고는 사람을 시켜 3만 명의 병력을 청해서 북쪽으로 燕나라와 趙나라를 함락하고 동쪽으로 齊나라를 공격하고 남쪽으로 楚나라의 군량 수송로를 끊고 서쪽으로 漢王과 滎陽에서 만나기를 원한다고 하니, 漢王이 이를 허락하고 마침내 張耳를 보내어 함께 가게 하였다. - ≪漢書 韓信傳≫에 보임 -

【丁酉】 1) 〈西楚三年이요 漢三年이라 是歲에 小國凡五라〉

정유(B.C.204) - 西楚 3년, 漢 3년이라. 이 해에 작은 나라가 모두 5개국이었다. -

1) 〔通鑑要解〕丁酉 : 是歲에 韓信定趙魏하니 西楚, 衡山, 燕, 齊, 韓 凡七國也라

이 해에 韓信이 趙·魏를 평정하였으니, 趙·魏에 西楚·衡山·燕·齊·韓을 합하여 모두 7개국이다.

冬十月에 韓信·張耳 以兵數萬으로 東擊趙하니 趙王及成安君陳餘聞之하고 聚兵井陘(형)口1)하야 號二十萬이라하다 廣武君李左車 說成安君曰 韓信·張

耳 乘勝遠鬪하니 其鋒을 不可當이라 臣聞千里餽粮이면 士有飢色하고 樵蘇[2]
後爨(찬)이면 師不宿飽[3]라하니 今井陘之道 車不得方軌하고 騎不得成列하야 行
數百里하니 其勢糧食이 必在其後라 願足下假臣奇兵三萬人하야 從間路하야
絶其輜重[4]하고 足下는 深溝高壘하야 勿與戰하시면 不十日하야 而兩將之頭를
可致於麾下[5]요 否則必爲二子所擒矣리이다 成安君이 常自稱義兵하야 不用
詐謀奇計하다

겨울 10월에 韓信과 張耳가 수만의 병력을 거느리고 동쪽으로 趙나라를
공격하니, 趙王과 成安君 陳餘가 이 말을 듣고 井陘 어구에 군대를 집결시키
고 20만 대군이라고 하였다.

廣武君 李左車가 成安君을 설득하기를 "韓信과 張耳가 승세를 타고 遠征하
니, 그 예봉을 당해낼 수가 없습니다. 신이 들으니 천 리에서 군량을 수송하
여 군사들을 먹이면 군사들이 굶주린 기색이 있고, 나무하고 풀을 벤 뒤에
밥을 지어 먹으면 군사들이 배가 든든하지 못하다고 하였습니다. 이제 井陘
의 길이 좁아서 수레가 나란히 지나갈 수 없고 騎兵이 대열을 이룰 수 없으
면서 수백 리를 가니, 형편상 양식이 반드시 그 후미에 있을 것입니다. 원컨
대 足下께서 신에게 騎兵 3만 명을 빌려주시어 샛길을 따라 그 輜重隊를 끊
게 하고, 足下는 垓子를 깊게 파고 堡壘(보루)를 높이 쌓아 저들과 더불어
싸우지 않으시면 10일이 못되어 두 장수의 머리를 휘하에 바칠 수 있을 것이
요, 그렇지 않으면 반드시 두 사람에게 사로잡히는 바가 될 것입니다." 하니,
成安君이 항상 스스로 의로운 군대라 칭하여 속임수와 기이한 계책을 쓰지
않았다.

1) 〔釋義〕 井陘口 : 陘은 山名이니 在常山이라
   陘은 山名이니, 常山에 있다.
2) 〔釋義〕 樵蘇 : 樵는 取薪也요 蘇는 取草也라
   樵는 땔나무를 채취하는 것이고, 蘇는 풀을 채취하는 것이다.
3) 〔譯註〕 宿飽 : 시속의 隔夜飽라는 말과 같으니, 저녁밥을 배불리 먹어 이튿날 아
   침까지도 배가 고프지 않음을 이른다.

4) 〔原註〕 輜重 : 行者之資糧曰輜重이라

　길 가는 자의 물자와 양식을 실은 것을 輜重이라고 한다.

5) 〔釋義〕 麾下 : 麾는 大將之旗也니 所以指麾라 正義曰 通作戲라

　麾는 大將의 깃발이니, 指麾하는 것이다. ≪史記正義≫에 "戲와 통용된다." 하였다.

韓信이 使人間視[1]하야 知其不用廣武君策하고 大喜하야 乃敢引兵遂下할새 未至井陘口三十里하야 止舍[2]하고 夜半에 傳發[3]하야 選輕騎[4]二千人하야 人持一赤幟[5]하고 從間道하야 望趙軍[6]하고 誡曰 趙見我走면 必空壁逐我하리니 若이 疾入趙壁하야 拔趙幟하고 立漢赤幟하라 令裨將傳餐[7]曰 今日에 破趙會食호리라 諸將이 皆莫信하고 佯應曰 諾다하다 乃使萬人으로 先行出背水陣하니 趙軍이 望見大笑러라 平朝(旦)[8]에 信이 建大將旗鼓하고 鼓行出井陘口하니 趙開壁擊之라 大戰良久에 信與張耳 佯棄鼓旗하고 走水上軍[9]한대 趙果空壁하야 爭漢旗鼓하고 逐信, 耳라 信耳已入水上軍하야 軍皆殊死戰[10]하야 不可敗요 信의 所出奇兵二千이 遂馳入趙壁하야 皆拔趙旗하고 立漢赤幟하다 趙軍이 已不能得信等하고 還歸壁하니 壁皆漢幟라 見而大驚하야 兵亂遁走어늘 漢兵이 夾擊하야 大破趙軍하고 斬成安君泜(지)水上[11]하고 禽(擒)趙王歇하다

　韓信이 사람을 시켜 몰래 엿보게 하여, 廣武君의 계책을 쓰지 않음을 알고는 크게 기뻐하였다. 이에 감히 병력을 인솔하고 마침내 내려갈 적에 井陘 어구에서 30리가 못되는 곳에 이르러 멈춰 휴식하고, 한밤중에 전령을 내려 군대를 동원하여 정예 騎兵 2천 명을 뽑아 사람마다 붉은 깃발을 하나씩 잡게 하고 샛길을 따라 가서 趙나라 군영을 바라보고 경계하기를 "趙나라 군사들은 우리가 달아나는 것을 보면 반드시 성벽을 비우고 우리를 추격할 것이니, 너희들은 빨리 趙나라 성벽으로 들어가서 趙나라의 깃발을 뽑아버리고 우리 漢나라의 붉은 깃발을 꽂아라." 하였다.

　그리고 裨將들로 하여금 주먹밥을 전달하게 하고 말하기를 "오늘에 趙軍을 격파하고 회식하겠다." 하니, 여러 장수들이 다 믿지 않고 건성으로 그렇게

하겠다고 대답하였다. 마침내 1만 명으로 하여금 먼저 행군하여 나가 배수진을 치게 하니, 趙나라 군사들이 이것을 바라보고 크게 비웃었다.

새벽에 韓信이 大將軍의 깃발과 북을 세우고 북을 치며 행군하여 井陘 어구를 나가니, 趙나라가 성벽을 열고 공격하였다. 한동안 크게 싸우다가 韓信과 張耳가 거짓으로 북과 깃발을 버리고 물가에 주둔해 있는 군대로 도망하니, 趙나라가 과연 성벽을 비우고서 漢나라의 북과 깃발을 다투어 취하고 韓信과 張耳를 추격하였다. 韓信과 張耳가 이미 물가에 있는 군대로 들어가서 군사들이 모두 결사적으로 싸워 패배시킬 수가 없었으며, 韓信이 내보낸 奇兵 2천 명이 마침내 달려가서 趙나라 성벽으로 들어가 趙나라 깃발을 모두 뽑아버리고 漢나라의 붉은 깃발을 세웠다. 趙나라 군사들이 이미 韓信 등을 잡지 못하고 성벽으로 돌아가니, 성벽에는 모두 漢나라 깃발이 꽂혀 있었다. 이것을 보고 크게 놀라 군사들이 혼란하여 도망가자, 漢나라 군대가 협공하여 趙軍을 대파하고 成安君을 泜水 가에서 목 베고 趙王 歇을 사로잡았다.

1) 〔釋義〕 間視 : 謂間諜窺視而得知라
   間視는 간첩이 몰래 엿보고 아는 것을 이른다.
2) 〔釋義〕 止舍 : 止舍句絶이니 舍는 猶息也라
   止舍에서 句를 떼니, 舍는 息과 같다.
3) 〔釋義〕 傳發 : 傳令軍中하야 使發이라
   軍中에 전령을 내려 출발하게 한 것이다.
4) 〔頭註〕 輕騎 : 人馬不帶甲이라
   輕騎는 사람과 말이 갑옷을 입지 않은 것이다.
5) 〔譯註〕 赤幟 : 漢나라의 깃발은 모두 적색이므로 赤幟라고 한 것이다.
6) 〔釋義〕 從間道 望趙軍 : 從間道望은 謂令從間道向前하야 望見陳餘軍營卽(往)〔住〕이라
   從間道望은 샛길을 따라 앞으로 향하여 陳餘의 軍營를 바라보고 즉시 중지함을 이른다.
7) 〔釋義〕 裨將傳餐 : 裨는 音皮니 將之(編)〔偏〕副라 史記에 餐作飱이니 註에 音餐이라 小飯曰飱이니 謂立駐傳飱而食하고 待破趙後에 方乃大食也라
   裨는 음이 피(비)이니, 장수의 偏副(副將)이다. 《史記》에는 餐이 飱으로 되

어 있으니, 註에 음이 손이라고 하였다. 간단하게 밥을 먹는 것을 殄이라고 하
니, 서서 주먹밥을 전달하여 먹고 趙나라를 격파하기를 기다린 뒤에 비로소 크게
먹음을 이른다.

8) 〔譯註〕平朝(旦) : 원문에는 平旦으로 되어 있는데, 太祖 李成桂의 改諱가 旦이
므로 旦자를 휘하여 朝자로 바꾼 것이다.

9) 〔釋義〕走水上軍 : 走는 疾趨也라 綿蔓水는 一名 阜將이요 一名 回星이니 自并州
流入井陘界라 按韓信背水陣의 陷之死地 卽此水라
　走는 빨리 달리는 것이다. 〈물가는 綿蔓水이니〉綿蔓水는 一名 阜將이고 一名
回星이니, 并州로부터 井陘의 경계로 흘러 들어간다. 살펴보건대 韓信이 背水陣
을 쳐서 死地에 빠지게 한 것이 바로 이 물이다.

10) 〔原註〕殊死戰 : 殊는 絶也니 謂決意必死라
　殊는 절대로이니, 殊死戰은 반드시 죽기를 각오함을 이른다.

11) 〔釋義〕泜水上 : 泜水는 出恒山하니 在趙州贊皇縣界라 泜音邸라 按地理志에 音
脂爲是라
　泜水는 恒山에서 나오니, 趙州 贊皇縣 경계에 있다. 泜는 음이 저이다. 살펴보
건대 ≪漢書≫〈地理志〉에 음이 지라고 한 것이 옳다.

○ 諸將이 問信曰 兵法에 右倍山陵하고 前左水澤이어늘 今者에 將軍이 令臣等
으로 反背水陣以勝은 何也잇고 信曰 此在兵法[1]이어늘 顧諸君不察耳라 兵法에
不曰陷之死地而後生하고 置之亡地而後存乎아 且信이 非得素拊循士大
夫也라 此所謂驅市人而戰이니 予之生地면 皆走하리니 寧得而用之乎아하니 諸
將이 皆服이러라

여러 장수들이 韓信에게 묻기를 "兵法에 오른쪽과 뒤에는 산과 구릉을 두
고 앞과 왼쪽에는 水澤을 두라 하였는데, 지금 장군이 신들로 하여금 도리어
背水陣을 치게 하여 승리함은 어찌된 것입니까?" 하니, 韓信이 말하였다. "이
는 병법에 나와 있는데, 다만 제군들이 살피지 못하였을 뿐이다. 병법에 '死
地에 빠진 뒤에 살고 망할 땅에 놓인 뒤에 보존된다.'고 말하지 않았는가. 또
내(信)가 평소에 어루만져 복종하게 한 군사와 大夫(軍官)를 얻은 것이 아니
니, 이는 이른바 '장꾼을 몰아서 싸운다.'는 것이다. 이들에게 살 땅을 주면

모두 달아날 것이니, 어떻게 쓰겠는가?"

　여러 장수들이 모두 탄복하였다.

1)〔通鑑要解〕此在兵法 : 孫子曰 前有高山하고 後有大水면 進不得하고 退有碍者라
　　≪孫子兵法≫에 "앞에 높은 산이 있고 뒤에 큰 물이 있으면 나아갈 수가 없고
　　물러갈 때에 장애가 된다." 하였다.

信이 募生得廣武君者면 予千金하리라하더니 有縛致麾下者어늘 信이 解其縛하고
東鄉(向)坐師事之하고 問曰 僕이 欲北攻燕하고 東伐齊하노니 若何而有功고
廣武君曰 亡國之大夫는 不可以圖存이요 敗軍之將은 不可以語勇이니이다 信이
曰 百里奚居虞而虞亡하고 之秦而秦霸하니 非愚於虞而智於秦也라 用與不
用과 聽與不聽爾니 向使成安君이 聽子計런들 僕亦禽矣리라 廣武君曰 智者
千慮에 必有一失이요 愚者千慮에 必有一得이라 故曰 狂夫之言도 聖人擇焉이
라하나이다 將軍이 虜魏王豹하고 誅成安君하야 威振天下라 然이나 欲擧倦敝之兵하
야 頓之燕堅城之下하시니 欲戰不得이요 攻之不拔이라 今爲將軍計컨대 莫如按
甲休兵하야 鎭撫趙民하고 遣辯士하야 奉咫尺之書1)하면 燕必聽從하리니 燕已從
이어든 而東臨齊하시면 雖有智者라도 亦不知爲齊計矣리이다 韓信이 從其策하야 發
使(시)使燕2)하니 燕이 從風而靡3)러라〈出史記信本傳〉

　韓信이 懸賞하기를 廣武君을 산 채로 잡는 자가 있으면 千金을 주겠다고
하였는데, 포박하여 휘하로 데려온 자가 있었다. 韓信은 그의 포박을 풀고
東向하여 앉혀 스승으로 섬기며 묻기를 "내가 북쪽으로 燕나라를 공격하고
동쪽으로 齊나라를 정벌하고자 하노니, 어떻게 하면 공이 있겠는가?" 하니,
廣武君은 대답하기를 "망한 나라의 大夫는 보존함을 도모할 수 없고 패한 군
대의 장수는 용맹을 말할 수 없습니다." 하고 사양하였다.

　韓信이 말하기를 "百里奚가 虞나라에 있을 때에는 虞나라가 망하였고 秦나
라에 가서는 秦나라가 霸者가 되었으니, 虞나라에서는 어리석고 秦나라에서
는 지혜로웠던 것이 아니다. 써 주느냐 써 주지 않느냐와 들어주느냐 들어주

지 않느냐일 뿐이니, 지난번에 만일 成安君이 그대의 계책을 따랐더라면 나 또한 사로잡혔을 것이다." 하니, 廣武君이 말하였다. "지혜로운 자가 천 번을 생각하면 반드시 한 번 실수할 때가 있고, 어리석은 자가 천 번 생각하면 반 드시 한 번 맞을 때가 있습니다. 그러므로 狂夫의 말도 聖人은 채택하는 것 입니다. 장군이 魏王 豹를 사로잡고 成安君을 목 베어 위엄이 천하에 진동하 였습니다. 그러나 지치고 피폐한 병졸을 동원하여 燕나라의 견고한 성 아래 에 주둔하고자 하시니, 싸우고자 하여도 될 수 없고 공격하여도 함락하지 못 할 것입니다. 이제 장군을 위하여 계책을 세워보건대 군대를 주둔하고 병사 들을 쉬게 하여 趙나라 백성들을 진무하고, 말 잘하는 辯士를 보내어 咫尺 (짧은)의 글을 받들어 올리게 하는 것만 못하니, 이렇게 하면 燕나라가 반드 시 들어 따를 것입니다. 燕나라가 이미 따르거든 그때 동쪽으로 齊나라에 임 하시면 비록 지혜로운 자가 있더라도 또한 齊나라를 위한 계책을 알지 못할 것입니다."

韓信이 그의 계책을 따라 使者를 내어 燕나라에 보내니, 燕나라가 풀이 바 람 부는대로 쓰러지듯이 따랐다. - ≪史記 淮陰侯列傳≫에 나옴 -

1) 〔譯註〕咫尺之書 : 顔師古가 말하기를 "8寸을 咫라 하니, 咫尺은 그 簡牘의 길이 가 혹 咫이거나 尺임을 말한 것이다." 하였다.

2) 〔原註〕燕 : 燕王은 臧荼라
　燕王은 이름이 臧荼이다.

3) 〔通鑑要解〕從風而靡 : 靡는 順也, 偃也라 東風則草靡而西하고 西風則草靡而東 하니 在風所向하야 草爲之靡라
　靡는 따르는 것이고 눕는 것으로, 동쪽에서 바람이 불면 풀이 쓰러져 서쪽으로 눕고, 서쪽에서 바람이 불면 풀이 쓰러져 동쪽으로 누워, 바람이 부는대로 풀이 쓰러지는 것이다.

○ 隨何至九江하니 九江王布 奉命至漢이어늘 漢王이 方踞牀(床)[1]洗足〈史 記, 漢書에 竝無足字라〉이라가 召布入見한대 布大怒悔來하야 欲自殺이러니 及出就 舍에 帳御飮食從官이 皆如漢王居[2]라 布又大喜過望이러라 漢이 益九江王兵

하야 **與俱屯成皐**하다 〈出黥布傳〉

隨何가 九江에 이르니, 九江王 黥布가 명령을 받들고 漢나라에 이르렀다. 漢王이 막 床에 걸터앉아 발을 씻다가 - ≪史記≫와 ≪漢書≫에는 모두 足字가 없다. - 黥布를 불러 들어와 보게 하니, 黥布가 크게 노하여 온 것을 후회해서 자살하고자 하였다. 그런데 나와서 자기 관사로 나아가자, 휘장과 사용하는 물품과 음식 및 딸린 관원이 모두 漢王의 거처와 같으므로 黥布는 또 기대했던 것보다 더함을 크게 기뻐하였다. 漢나라가 九江王에게 군사를 더 주어 함께 成皐에 주둔하였다. - ≪史記 黥布傳≫에 나옴 -

1) 〔釋義〕踞牀 : 謂伸其脚而坐于床이라

　　踞牀은 다리를 펴고 평상에 앉음을 이른다.

2) 〔釋義〕帳御飮食從官 皆如漢王居 : 御飮食者는 御用飮食也라 正義曰 漢王이 以布先久爲王이라하야 恐其自尊大라 故로 峻禮하야 令布折服하고 已而요 美其帷帳하고 厚其飮食하고 多其從官하야 以悅其心하니 權道也라

　　御飮食은 御用(왕이 사용하는 물품)과 음식이다. ≪史記正義≫에 이르기를 "漢王은 黥布가 먼저 오랫동안 왕이 되었다 해서, 그가 스스로 높은 체하고 큰 체할까 염려하였다. 그러므로 禮를 엄하게 하여 黥布로 하여금 기세를 꺾고 굴복하게 하였으며, 이윽고 帷帳을 아름답게 하고 음식을 후하게 하고 딸린 관원을 많게 하여 그 마음을 기쁘게 한 것이니, 權道이다." 하였다.

○ **楚數侵奪漢甬**(용)**道**하니 **漢軍**이 **乏食**이라 **漢王**이 **與酈食其**로 **謀撓楚權**할새 **食其曰 陛下能復立六國之後**하사 **德義已行**하시면 **楚必斂衽而朝**하리이다 **漢王曰 善**하다 **趣**(促)**刻印**하야 **先生**이 **因行佩之**[1]하라하다 **食其未行**에 **張良**이 **從外來謁**이어늘 **漢王**이 **方食**이라가 **曰 客有爲我計撓楚權者**라하고 **具以酈生語**로 **告良**한대 **良曰 畫此計**면 **陛下事去矣**리이다 **請借前箸**[2]**하소서 爲大王籌之**호리이다 **其不可者八**이니 **天下游士 離親戚·棄墳墓·去故舊**하야 **從陛下游者**는 **徒欲日夜望咫尺之地**어늘 **今復立六國之後**면 **天下游士各歸事其主**하리니 **陛下誰與取天下乎**잇가 **誠用客謀**면 **陛下事去矣**리이다 **漢王**이 **輟食吐哺**[3]하고 **罵曰**

豎儒幾敗迺公事[4])로다하고 令趣銷印하다 〈出留侯世家〉

楚나라가 자주 漢나라의 甬道를 침탈하니, 漢나라 군대가 식량이 떨어졌다. 漢王이 酈食其와 함께 楚나라 권력을 흔들 것을 도모하였는데, 酈食其가 말하기를 "폐하께서 다시 六國의 후손을 세워 德과 義가 이미 행해지면 楚나라가 반드시 옷깃을 여미고 조회할 것입니다." 하니, 漢王이 말하기를 "좋다. 빨리 인장을 새겨 선생이 인하여 가서 六國에게 주어 차게 하라." 하였다.

酈食其가 길을 떠나기 전에 張良이 밖에서 와서 뵙자, 漢王이 막 밥을 먹고 있다가 말하기를 "객 중에 나를 위하여 楚나라 권세를 흔들 것을 계획한 자가 있다." 하고 酈生의 말을 張良에게 자세히 고하였다. 이에 張良이 다음과 같이 말하였다.

"이 계책대로 하면 폐하의 일이 틀어질 것입니다. 청컨대 앞의 젓가락을 빌려주소서. 대왕을 위하여 계책(계산)해 보겠습니다. 그 不可한 것이 여덟 가지이니, 천하의 유세하는 선비들이 친척과 헤어지고 조상의 산소를 버리고 故舊들을 버리고서 폐하를 위하여 따라다니는 것은 한갓 밤낮으로 지척의 땅을 바라기 때문입니다. 그런데 이제 다시 六國의 후손을 세우면 천하의 유세하는 선비들이 각각 돌아가 자기 군주를 섬길 것이니, 폐하께서는 누구와 더불어 천하를 취하시겠습니까? 진실로 객의 계책을 따른다면 폐하의 일은 틀어지고 말 것입니다."

漢王이 식사를 중지하고 먹던 밥을 뱉고 꾸짖어 말하기를 "豎儒(못난 선비)가 하마터면 너의 公(漢王)의 일을 그르칠 뻔하였다." 하고는 빨리 인장을 녹여 없애도록 하였다. - 《史記 留侯世家》에 나옴 -

1) 〔頭註〕佩之 : 授與六國하야 使佩之也라
  佩之는 六國에게 印章을 주어서 차게 하는 것이다.

2) 〔釋義〕請借前箸 : 求借所食之箸하야 用以指畫也라 或解云 借前世湯武箸(著)明之〈事〉하야 以籌度今時之不若也라
  請借前箸는 밥을 먹고 있는 젓가락을 빌려 이것을 사용해서 指畫할 것을 요구한 것이다. 혹자는 해석하기를 "前代의 湯王과 武王의 밝게 드러난 일을 빌려서 지금은 그렇지 않음을 헤아린 것이다." 한다.

3）〔釋義〕 吐哺 : 哺는 謂食在口中者라

　　哺는 밥이 입속에 있음을 이른다.

4）〔釋義〕 豎儒幾敗迺公*⁾事 : 幾는 殆니 近也라 迺는 綱目에 作而하니 迺公은 漢王
　　自謂也라

　　幾는 거의이니 가까움이다. 迺는 ≪資治通鑑綱目≫에 而로 되어 있으니, 迺公
　　은 漢王 자신을 이른다.

*⁾ 迺公 : 너의 아버지란 뜻으로 본래 아버지가 자식에 대해 자신을 칭하는 말인데,
　　인하여 상대방을 경멸하는 말로 썼는 바, 乃公과 같다.

荀悅論曰 張耳陳餘 說陳涉以復立六國하야 自爲樹黨하고 酈生亦說漢王이로되
而得失異者는 陳涉은 未能專天下之地也니 所謂取非其有以與人하야 行虛惠而
獲實福也요 立六國은 於漢王에 所謂割己之有以資敵하야 設虛名而受實禍也라
此同事而異形者也라 故로 曰權不可預設이요 變不可先圖요 與時遷移하야 應
物變化가 設策之機也라하니라

　荀悅의 論에 말하였다.

　"張耳와 陳餘가 陳涉을 설득하여 다시 六國을 세워서 스스로 黨을 만들게
하였고 酈生 또한 漢王을 설득하였으나 得失이 다른 것은, 陳涉은 천하의 땅
을 아직 독점하지 못하였으니 이른바 '자기의 소유가 아닌 것을 취하여 남에
게 주어서 헛된 은혜를 행하여 실제 福을 얻는다.'는 것이요, 六國을 세움은
漢王에게 있어서 이른바 '자신의 소유를 떼어 적에게 주어서 헛된 이름을 베
풀어 실제 禍를 받는다.'는 것이다. 이는 일은 같으나 일의 모양은 다르다.
그러므로 말하기를 '權道는 미리 만들 수가 없고 變은 미리 도모할 수가 없
고, 때에 따라 바뀌고 변해서 사물에 대응하여 변화하는 것이 계책을 내는
기틀이다.'라고 하는 것이다."

○ 漢王이 謂陳平曰 天下紛紛하니 何時定乎아 陳平曰 項王의 骨鯁1⁾之臣은
亞父·鍾離眛(말)2⁾, 龍且(저), 周殷之屬으로 不過數人耳니 大王이 誠能出捐
數萬斤金하야 行反間3⁾하야 間其君臣하야 以疑其心이면 項王의 爲人이 意(의)

忌信讒하야 必內相誅하리니 漢이 因擧兵而攻之면 破楚必矣리이다 漢王曰 善타하
고 乃出黃金四萬斤하야 與平하야 資所爲하고 不問其出入하다 平이 多以金縱反
間於楚하야 宣言 鍾離眛等이 爲項王將하야 功多矣나 然終不得裂地而王일새
欲與漢爲一하야 以滅項氏하고 而分王其地라한대 項羽果不信鍾離眛等이러라
〈出陳丞相世家〉

漢王이 陳平에게 이르기를 "천하가 분분하니 어느 때에나 안정되겠는가?"
하니, 陳平이 말하였다. "項王의 강직한 신하는 亞父(范增)와 鍾離眛·龍
且·周殷 등의 몇 사람에 불과합니다. 대왕이 진실로 수만 근의 금을 내시어
反間을 행하여 저들 君臣間을 이간질해서 그 마음을 의심하게 하면 項王의
사람됨이 의심하고 시기하고 참소하는 말을 믿어서 반드시 안으로 서로 죽일
것이니, 漢나라가 인하여 군대를 일으켜 공격하면 楚나라를 틀림없이 격파할
것입니다."

漢王이 "좋다." 하고 마침내 황금 4만 근을 내어 陳平에게 주어서 하는 일
에 이용하게 하고 그 출납을 묻지 않았다. 陳平이 금을 가지고 楚나라에 反
間을 많이 놓아 '鍾離眛 등이 項王의 장수가 되어 공이 많은데도 끝내 땅을
分封받아 왕이 되지 못하였으므로 漢나라와 더불어 하나가 되어서 項氏를 멸
하고 그 땅을 나누어 왕 노릇 하고자 한다.'는 말을 퍼뜨리니, 項羽가 과연
鍾離眛 등을 믿지 않았다. - 《史記 陳丞相世家》에 나옴 -

1) 〔頭註〕骨鯁 : 隨事敢刺鯁하야 不從容也라 一說에 直言難受가 如骨之哯咽也라
　　骨鯁은 일을 따라 감히 풍자하고 바른말을 하여 조용하지 않은 것이다. 一說에
　　"직언을 받아들이기 어려움이 뼈가 목에 걸린 것과 같은 것이다." 하였다.
2) 〔釋義〕亞父, 鍾離眛 : 亞는 次也니 羽尊之次於父니 猶齊威(桓)公稱管仲曰仲父
　　라 鍾離는 複姓이요 眛은 名也라 字從日從末하니 莫葛反이라
　　亞는 다음이니 亞父는 項羽가 그를 아버지에 버금가게 높인 것이니, 齊나라 桓
　　公이 管仲을 일컬어 仲父라고 칭한 것과 같다. 鍾離는 複姓이고 眛은 이름이다.
　　글자가 日字를 따르고 末字를 따랐으니, 莫葛反(말)이다.
3) 〔頭註〕反間 : 以計離間敵人曰反間이라

계책으로 적을 이간시킴을 反間이라 한다.

○ 夏에 楚圍漢王於滎陽[1]急이어늘 漢王이 請和하야 割滎陽以西者爲漢이러니
亞父勸羽하야 急攻滎陽하니 漢王이 患之러라 〈出漢書本紀〉

여름에 楚나라가 漢王을 滎陽에서 포위하여 위급하자, 漢王이 화친할 것을
청하여 〈滎陽 以東은 楚나라에게 떼어 주고〉 滎陽 以西를 떼어 漢나라 영토
가 되게 하였는데, 亞父가 項羽에게 권하여 급히 滎陽을 공격하게 하니, 漢
王이 이를 걱정하였다. - ≪漢書 高帝紀≫에 나옴 -

1) 〔釋義〕 滎陽：縣名이라 屬河南하니 古虢國也니 今鄭州是라
  滎陽은 縣의 이름이다. 河南郡에 속하였으니, 옛날 虢國으로 지금 鄭州가 이곳
  이다.

○ 項王이 使使(시)至漢이어늘 陳平이 使爲太牢[1]具하야 擧進[2]이라가 見楚使하고
卽佯驚曰 吾以爲亞父使러니 乃項王使라하고 復持去하야 更(경)以惡草具進[3]
하다 楚使歸하야 具以報項王한대 王이 果大疑亞父러라 亞父欲急攻下滎陽城호
되 項王이 不聽이라 亞父聞項王疑之하고 乃怒曰 天下事大定矣로니 君王은 自
爲之하소서 願請骸骨[4]하노이다하고 歸라가 未至彭城하야 疽發背而死하니라 〈出陳丞
相世家〉

項王이 使者를 보내어 漢나라에 이르자, 陳平이 使者를 위하여 太牢를 갖
추어 차려서 올리게 하다가 楚나라의 使者를 보고는 거짓으로 놀란 체하며
말하기를 "나는 亞父의 使者라고 여겼더니, 바로 項王의 使者이다." 하고는
다시 밥상을 가지고 가서 나쁜 음식 차림으로 바꾸어 올렸다. 楚나라 使者가
돌아가서 이것을 項王에게 자세히 보고하니, 項王이 과연 亞父를 크게 의심
하였다. 亞父가 급히 滎陽城을 공격하여 함락하고자 하였으나 項王이 듣지
않았다. 亞父는 項王이 자신을 의심한다는 말을 듣고 마침내 노하여 말하기
를 "천하의 일이 크게 결정되었으니, 君王께서는 스스로 하소서. 해골을 청
하여 돌아가고자 합니다." 하고는 돌아가다가 彭城에 도착하기 전에 등에 등

창이 나서 죽었다. - ≪史記 陳丞相世家≫에 나옴 -

1) 〔譯註〕 太牢 : 소와 양과 돼지 세 가지 희생을 이른다.

2) 〔釋義〕 太牢具 擧進 : 王氏曰 凡用牲繫養曰牢니 詩傳에 牛曰大牢요 羊曰小牢라
   擧進은 謂擧鼎俎來也라
   王氏가 말하였다. "무릇 희생을 묶어놓고 기르는 곳을 牢(우리)라고 하니, ≪詩
   傳≫에 소를 太牢라 하고 양을 小牢라 하였다. 擧進은 鼎俎(음식)를 차려 들고
   올림을 이른다.

3) 〔釋義〕 惡草具進 : 草는 粗也라
   草는 거친 것이다.

4) 〔頭註〕 請骸骨 : 人臣이 委身以事君하야 身非我有라 故於其乞退에 謂之請骸骨이라
   신하가 몸을 바쳐 군주를 섬겨서 자기 몸이 자신의 소유가 아니다. 그러므로 물
   러나기를 청할 때에 '해골을 청한다.〔請骸骨〕'고 이른 것이다.

○ 將軍紀信이 言於漢王曰 事急矣라 臣請誑楚호리니 王은 可以間出이리이다 於
是에 陳平이 夜出女子東門二千餘人[1]하니 楚因擊之어늘 紀信이 乃乘王車黃
屋左纛(독)[2]하고 曰 食盡하야 漢王이 降楚라한대 楚皆呼萬歲하고 之城東觀이라
以故로 漢王이 得與數十騎로 出西門遁去러라 〈出漢書本紀〉

   장군 紀信이 漢王에게 말하기를 "사태가 급박합니다. 신이 청컨대 楚나라를
   속이겠으니, 왕께서는 이 틈을 타서 나가소서." 하였다. 이에 陳平이 밤에 〈갑
   옷을 입은〉 여자 2천여 명을 東門으로 내보내니, 楚나라가 인하여 공격하였
   다. 紀信이 마침내 黃屋을 하고 왼쪽에 纛旗를 매단 漢王의 수레를 타고 말하
   기를 "양식이 다하여 漢王이 楚나라에 항복한다." 하니, 楚나라 군사들이 모두
   만세를 부르며 성 동쪽으로 가서 구경하였다. 이 때문에 漢王이 수십 명의 騎
   兵과 함께 西門을 나가 도망할 수 있었다. - ≪漢書 高帝紀≫에 나옴 -

1) 〔譯註〕 陳平 夜出女子東門二千餘人 : ≪史記≫에는 '二千餘人' 뒤에 '被甲' 두 글
   자가 있다. 王先愼이 말하기를 "≪史記≫에 被甲 두 글자가 있는 것이 옳다. 아
   래 글에 楚나라가 인하여 공격하였다고 하였으니, 갑옷을 입었기 때문에 병사라
   고 의심하여 공격한 것이다. 班氏(班固)가 삭제하였으니 그 本旨를 잃은 것이

다.”하였다.

2) 〔譯註〕黃屋左纛 : 纛은 纛旗로 황제의 수레를 꾸미는 물건인 바, 검정색 들소의
꼬리로 만드는데 크기가 말〔斗〕만 하며, 왼쪽 곁말의 멍에 위에 매단다. 황제의
수레는 노란 비단으로 수레의 덮개를 만들고 纛旗를 왼쪽에 달므로 黃屋左纛은
제왕의 수레를 일컫는 말로 쓰인다.

○ 漢王이 出滎陽하야 至成皐¹⁾하야 入關收兵하야 欲復東이러니 轅生이 說漢王호
되 深壁勿戰하야 令滎陽, 成皐間으로 且得休息하라한대 漢王이 從其計하야 出軍
宛(원), 葉(섭)間하야 與黥布로 行收兵하다 羽聞漢王在宛하고 果引兵來어늘 漢王
이 堅壁不與戰하다 〈出漢書本紀〉

　漢王이 滎陽을 나와 成皐에 이르러서 關門에 들어가 군사들을 거두어 다시
동쪽으로 가고자 하였는데, 轅生이 漢王을 설득하기를 “성벽을 깊게 지키고
싸우지 말아서 滎陽과 成皐 사이로 하여금 우선 휴식하게 하라.”고 하였다.
漢王이 그 계책을 따라 군대를 宛 땅과 葉 땅 사이에 출동시켜 黥布와 함께
지방을 순행하며 병력을 수습하였다. 項羽가 漢王이 宛 땅에 있다는 말을 듣
고 과연 병력을 이끌고 싸우러 왔으나 漢王은 성벽을 굳게 지키고 더불어 싸
우지 않았다. - 《漢書 高帝紀》에 나옴 -

1) 〔釋義〕成皐 : 縣名이라 屬河南하니 戰國鄭虎牢關也라 括地志에 故城이 在洛州
氾水縣西南二里라
　成皐는 縣의 이름이다. 河南郡에 속하였으니 戰國時代에 鄭나라의 虎牢關이다.
《括地志》에 “옛 城이 洛州 氾水縣 서남쪽 2리 지점에 있다.”하였다.

○ 彭越이 爲漢將하야 游兵擊楚어늘 羽乃使終公守成皐하고 而自東擊彭越이
러니 漢王이 破終公하고 復軍成皐라 羽已破走彭越하고 乃引兵西하야 拔滎陽城
하고 遂圍成皐하니 漢王이 逃¹⁾하야 獨與滕公共車하야 出成皐玉門²⁾하다 〈出史記
項羽紀〉

　彭越이 漢나라 장수가 되어서 遊兵(유격병)으로 楚나라를 공격하니, 項羽

가 마침내 終公으로 하여금 成皐를 지키게 하고 자신은 동쪽으로 彭越을 공격하였다. 漢王이 終公을 격파하고 다시 成皐에 주둔하였는데, 項羽가 이미 彭越을 패주시킨 다음 군대를 이끌고 서쪽으로 와서 滎陽城을 함락하고 마침내 成皐를 포위하였다. 漢王이 도망하여 홀로 滕公(夏侯嬰)과 함께 수레를 타고 成皐의 玉門을 나왔다. - ≪史記 項羽本紀≫에 나옴 -

1) 〔釋義〕漢王逃 : 逃는 輕身而忽出也라 又史記本紀에 作漢王跳하니 註에 跳音逃니 走也라

　　逃는 몸을 가볍게 하여 갑자기 나가는 것이다. 또 ≪史記≫〈高祖本紀〉에 '漢王跳'로 되어 있는데, 註에 "跳는 음이 도이니, 달아남이다." 하였다.

2) 〔譯註〕成皐玉門 : 成皐 北門의 명칭이다.

○ 北渡河하야 宿小修武[1] 傳舍하고 晨에 自稱漢使라하고 馳入趙壁하니 張耳, 韓信이 未起라 卽其臥內하야 奪其印符하고 以麾로 召諸將易置之러니 信, 耳起하야 乃知漢王來하고 大驚이러라 漢王이 旣奪兩人軍하고 卽令張耳循行하야 備守趙地하고 拜韓信爲相國하야 收趙兵未發者하야 擊齊하다 〈出史記韓信傳〉

　　북쪽으로 黃河를 건너 小修武의 傳舍(역사)에서 유숙하고는 새벽에 漢나라 사신이라 자칭하고 趙나라 성벽으로 달려 들어가니, 張耳와 韓信이 아직 잠자리에서 일어나지 않았는데, 그들이 누워 있는 방 안으로 나아가서 그 印符(印章과 兵符)를 빼앗고 깃발로 여러 장수들을 불러 바꾸어 배치하였다. 韓信과 張耳가 일어나 비로소 漢王이 온 것을 알고 크게 놀랐다. 漢王은 두 사람의 군대를 빼앗은 다음 즉시 張耳로 하여금 순행하여 趙나라 땅을 수비하게 하고, 韓信을 相國으로 임명하여 趙나라 군사 중에 아직 징발하지 않은 자를 거두어서 齊나라를 공격하게 하였다. - ≪史記 淮陰侯列傳≫에 나옴 -

1) 〔釋義〕小修武[*] : 地志에 小修武在河內修武縣이라 括地志에 今懷州獲嘉 古修武也라

　　小修武는 ≪漢書≫〈地理志〉에 "小修武는 河內의 修武縣에 있다." 하였고, ≪括地志≫에 "지금 懷州 獲嘉가 옛날 修武이다." 하였다.

＊) 小修武 : 修武는 大와 小 두 城이 있으니, 小修武는 大修武城의 동쪽에 있다.

○ 諸將이 稍稍得出成皐하야 從漢王하다 楚遂拔成皐하고 欲西러니 漢이 使兵距之鞏하야 令其不得西하다 〈史記羽紀〉

　여러 장수들이 차츰 成皐를 탈출하여 漢王을 따랐다. 楚나라가 마침내 成皐를 함락하고 서쪽으로 공격해 오려 하였는데, 漢나라가 군사들로 하여금 鞏 땅에서 막아 서쪽으로 오지 못하게 하였다. - ≪史記 項羽本紀≫에 나옴 -

○ 漢王이 欲捐成皐以東하야 屯鞏·洛[1]하야 以拒楚러니 酈生曰 知天之天者는 王事를 可成이라 王者는 以民爲天하고 民은 以食爲天하니 夫敖倉은 天下轉輸久矣라 藏粟이 甚多어늘 楚人이 拔滎陽하야 不堅守敖倉하고 乃引而東하니 此는 天所以資漢也라 願足下는 急進兵하야 收取滎陽하야 據敖倉之粟하고 塞成皐之險하고 杜太行(항)之路하고 距蜚狐之口[2]하고 守白馬之津[3]하야 以示諸侯形制[4]之勢하시면 則天下知所歸矣리이다 王從之하야 乃復謀取敖倉하다 〈出漢書本傳〉

　漢王이 成皐 以東을 떼어 주고 鞏縣과 洛邑에 주둔하여 楚나라를 막고자 하니, 酈生이 말하였다. "하늘의 하늘을 아는 자는 王者의 일을 이룰 수 있습니다. 王者는 백성을 하늘로 삼고 백성은 식량을 하늘로 삼으니, 敖倉은 천하에서 곡식을 수송해 저축한 지가 오래되었으므로 보관된 곡식이 매우 많습니다. 그런데 楚나라 사람들이 滎陽을 함락하였으면서 敖倉을 군게 지키지 않고 마침내 병력을 이끌고 동쪽으로 갔으니, 이는 하늘이 漢나라에게 이용하게 한 것입니다. 원컨대 足下는 급히 進軍하여 滎陽을 거두어 취한 다음 敖倉의 곡식을 점거하고 成皐의 험한 요새를 막으며, 太行의 길을 차단하고 蜚狐의 어구를 막고 白馬의 나루를 지켜서 제후들에게 지형으로 제압할 수 있는 형세를 보이시면 천하가 돌아갈 바를 알 것입니다."
　왕이 그의 말을 따라 마침내 다시 敖倉을 도모하여 취하였다. - ≪漢書 酈食其傳≫에 나옴 -

1) 〔釋義〕鞏, 洛 : 鞏은 縣名이라 屬河南하니 周考王이 封威公子惠公之少子於鞏하
   고 號爲東周惠公이 卽此라 洛은 在今河南府洛陽縣東北하니 故城在焉이라
     鞏은 縣의 이름이다. 河南郡에 속하였으니, 周나라 考王이 威公의 아들인 惠公
   의 少子를 鞏에 봉하고 東周 惠公이라고 이름한 것이 바로 이것이다. 洛은 지금
   河南府 洛陽縣 동북쪽에 있으니, 옛 城이 남아 있다.

2) 〔釋義〕蜚狐之口 : 蜚는 古文飛字라 地〈道〉記云 上黨郡恒山北行四百五十里하면
   得恒山岌하니 號蜚狐口라 今蔚州蜚狐縣이 北入嬀州懷戎縣하니 卽古蜚狐口라
     蜚는 飛의 古字이다. 蜚狐口는 ≪地道記≫에 이르기를 "上黨郡 恒山에서 북쪽
   으로 450리를 가면 恒山의 산마루가 나오니 蜚狐口라고 부른다." 하였다. 지금
   蔚州 蜚狐縣이 북쪽으로 嬀州 懷戎縣으로 들어가 있으니, 바로 옛날 蜚狐口이다.

3) 〔釋義〕白馬之津 : 白馬津은 卽黎陽津也라 白馬城은 衛故之曹邑也니 今濬州 卽
   漢黎陽縣이라 州東一里五步에 有黎陽津하니 亦名白馬津이라
     白馬津은 곧 黎陽津이다. 白馬城은 衛나라의 옛 曹邑이니, 지금 濬州가 바로 漢
   나라의 黎陽縣이다. 州에서 동쪽으로 1리 5보 떨어진 곳에 黎陽津이 있으니, 또
   한 白馬津이라 이름한다.

4) 〔頭註〕形制 : 猶言形勝이니 得形勢之勝便라 地形險固故로 能勝人이니 以地形
   而制敵也라
     形制는 形勝이라는 말과 같으니, 형세의 좋음을 얻는 것이다. 지형이 험고하기
   때문에 남(적)을 이길 수 있으니, 지형을 따라 적을 제압하는 것이다.

○ 食其又說王曰 方今燕趙已定하고 唯齊未下라 諸田宗彊하야 負海, 岱하고
阻河, 濟하니 雖遣數萬師라도 未可以歲月破也라 臣이 請得奉明詔說齊王하야
使爲漢而稱東藩호리이다 上曰 善타하고 乃使酈生說齊王曰 天下之事歸漢을
可坐而策也라 王이 疾先下하면 齊國을 可得而保어니와 不然이면 危亡을 可立而
待리이다 先是에 齊聞韓信且東兵하고 使華無傷, 田解로 將重兵하고 屯歷下하야
以距漢이러니 及納酈生之言하야 遣使하야 與漢平[1]하고 乃罷歷下守戰備하다 〈出
漢書田儋傳〉

   酈食其가 또다시 漢王을 설득하였다. "방금 燕나라와 趙나라가 이미 평정

되었고 유독 齊나라만 아직 항복하지 않았습니다. 여러 田氏들은 종족이 강하여 바다와 岱山을 의지하고 黃河와 濟水로 막고 있으니, 비록 수만 명의 군대를 보내더라도 일 년이나 몇 달 이내에 격파할 수 없을 것입니다. 신이 청컨대 밝으신 임금의 詔命을 받들어 齊王을 설득하여 漢나라를 위해 동쪽 藩屛을 칭하게 하겠습니다."

上이 "좋다." 하고 마침내 酈生으로 하여금 다음과 같이 齊王을 설득하게 하였다. "천하의 일이 漢나라로 돌아올 것임을 앉아서도 미루어 알 수 있습니다. 왕이 빨리 먼저 항복하면 齊나라를 보전할 수 있지만 그렇지 않으면 위태로움과 멸망을 당장 기다릴 수 있을 것입니다."

이보다 먼저 齊나라는 韓信이 장차 동쪽으로 군대를 이끌고 오려 한다는 말을 듣고, 華無傷과 田解로 하여금 많은 병력을 거느리고 歷下에 주둔하여 漢나라를 막게 했었는데, 酈生의 말을 받아들이게 되자 使者를 보내어 漢나라와 화평하고 마침내 歷下의 지키고 전투하는 대비를 파하였다. - 《漢書 田儋傳》에 나옴 -

1) 〔頭註〕與漢平 : 平은 成也, 和也니 言成其和也라
   平은 이룸이요 화친함이니, 화친을 이룸을 말한 것이다.

○ 韓信이 引兵東할새 未度(渡)平原하야 聞酈食其已說下齊하고 欲止러니 辯士蒯(괴)徹[1]이 說信曰 將軍이 受詔擊齊어늘 而漢이 獨發間使[2]下齊하니 寧有詔止將軍乎아 且酈生은 一士로 伏軾하야 掉三寸之舌[3]하야 下齊七十餘城이어늘 將軍은 以數萬衆으로 歲餘에 乃下趙五十餘城하니 爲將數歲에 反不如一豎儒之功乎아하니 信이 然之러라

韓信이 군대를 이끌고 동쪽으로 갈 때 平原 나루를 건너기 전에 酈食其가 이미 齊나라를 설득하여 항복받았다는 말을 듣고 중지하려 하였다. 이때 辯士인 蒯徹이 韓信을 설득하기를 "장군이 詔命을 받고 齊나라를 공격하는데, 漢나라가 단독으로 중간에 使者를 보내어 齊나라를 항복시켰으니, 어찌 詔命으로 장군을 중지시킨 일이 있었습니까? 또 酈生은 한낱 선비로 수레의 軾에

기대어 세 치 혀를 놀려서 齊나라의 70여 성을 항복시켰는데, 장군은 수만
명의 병력으로 1년이 넘어서야 비로소 趙나라의 50여 성을 함락하였으니,
장수가 된 지 여러 해에 도리어 한 豎儒의 공만도 못하단 말입니까?"하니,
韓信이 그 말을 옳게 여겼다.

1) 〔原註〕 辯士蒯徹 : 徹은 避武帝名하야 史改徹作通이라
   徹은 武帝의 이름을 피하여 史書에 徹을 고쳐 通으로 썼다.
2) 〔譯註〕 間使 : 중간에 은밀히 보낸 使者를 이른다.
3) 〔釋義〕 伏軾 掉三寸之舌 : 食其本傳에 伏作馮하고 讀作憑하니 據也라 伏亦憑也
   라 軾은 註見周威烈王二十三年必式이라 索隱曰 舌은 在口하야 長三寸이니 象斗
   玉衡이라
   酈食其 本傳에는 伏이 馮으로 되어 있고 憑으로 읽으니 기대는 것이다. 伏 또한
   기댐이다. 軾은 註가 周나라 威烈王 23년조의 "반드시 式하였다.〔必式〕"라고 한
   데에 보인다. ≪史記索隱≫에 이르기를 "혀는 입속에 있어 길이가 세 치이니, 北
   斗星의 玉衡과 비슷하다." 하였다.

【戊戌】〈西楚四年이요 漢四年이라〉

  무술(B.C.203) - 西楚 4년이고 漢나라 4년이다. -

信이 襲破齊歷下軍하고 遂至臨淄하니 齊王이 以酈生爲賣己라하야 乃烹之하고
引兵東走高密[1]하다 〈出史記信本傳〉

  韓信이 齊나라 歷下의 군대를 기습 격파하고 마침내 臨淄에 이르니, 齊王
은 酈生이 자신을 속였다 하여 마침내 삶아 죽이고 군대를 이끌고 동쪽으로
高密로 도망하였다. - ≪史記 淮陰侯列傳≫에 나옴 -

1) 〔釋義〕 高密 : 齊地니 北海郡高密縣은 在臨淄之東하니 密州是라 屬益都路라
   高密은 齊나라 땅이니, 北海郡 高密縣은 臨淄의 동쪽에 있으니, 密州가 이곳이
   다. 益都路에 속하였다.

○ 楚大司馬咎 守成皐할새 項王이 令謹守勿戰하니 漢이 數挑戰[1]호되 楚軍이

不出이라 使人辱之數日한대 咎怒하야 渡兵汜(사)水²⁾어늘 士卒半渡에 漢이 擊之하야 大破楚軍하고 盡得楚國寶貨하니 咎及司馬欣이 自剄하다 漢王이 引兵渡河하야 復取成皐하고 軍廣武하야 就敖倉食³⁾하다 項羽聞成皐破하고 引兵軍廣武하야 與漢相守하다 〈出本紀〉

楚나라 大司馬 曹咎가 成皐를 지킬 적에 項王이 삼가 지키고 싸우지 말도록 명령하였다. 그리하여 漢나라가 여러 번 싸움을 걸어도 楚나라 군대가 나오지 않았다. 이에 사람을 시켜 수일 동안 욕하니, 曹咎가 노하여 군대를 이끌고 汜水를 건너려 하였다. 사졸이 반쯤 건넜을 때에 漢나라가 공격하여 楚軍을 대파하고 楚나라의 보화를 모두 얻으니, 曹咎와 司馬欣이 스스로 목을 찔러 죽었다.

漢王이 병력을 인솔하고 黃河를 건너 다시 成皐를 점령하고 廣武에 군을 주둔하여 敖倉의 곡식을 갖다 먹었다. 項羽는 成皐가 격파되었다는 말을 듣고는 군대를 이끌고 廣武에 주둔하여 漢나라와 서로 대치하였다. - ≪史記 高祖本紀≫에 나옴 -

1) 〔釋義〕數挑戰 : 挑身獨戰하고 不復須衆也니 如古之致師라 鄭氏曰 致師者는 致其必戰之志也라 古者에 將戰에 必先使勇力之士犯敵이라

挑戰은 몸소 도발하여 혼자 싸우고 다시 무리를 기다리지 않는 것이니, 옛날의 致師와 같다. 鄭氏(鄭玄)가 말하였다. "致師는 적으로 하여금 반드시 싸우려는 각오를 지극하게 하는 것이다. 옛날에 장차 싸우려 할 적에는 반드시 먼저 勇力 있는 병사로 하여금 적을 침범하게 하였다."

2) 〔原註〕汜水 : 汜는 舊讀作凡이러니 顏師古音祀라 〔釋義〕今成皐城東汜水是也라 汜水는 源出洛州汜水縣東南三十二里方山이라

〔原註〕汜는 옛날에는 범으로 읽었는데, 顏師古는 음이 사라고 하였다. 〔釋義〕汜水는 지금 成皐城 동쪽 汜水가 이것이다. 汜水는 源泉이 洛州 汜水縣 동남쪽 32리 方山에서 나온다.

3) 〔釋義〕軍廣武 就敖倉食 : 〈於〉滎陽縣西二十里에 築兩城相對하고 爲廣武하니 在敖倉西三皇山이라 山有二城하니 東曰東廣武요 西曰西廣武라 各在一山頭하야 相去百步요 汴水從廣間中東南流러니 今涸이라

榮陽縣 서쪽 20리에 두 성을 쌓아 서로 마주하게 하고 廣武라고 하였으니, 敖倉 서쪽 三皇山에 있다. 산에 두 성이 있으니, 동쪽은 東廣武라 하고 서쪽은 西廣武라 한다. 각각 한 산의 위에 있어 거리가 100보이고 汴水가 廣武 가운데를 따라 동남쪽으로 흐르는데 지금은 물이 말랐다.

○ 楚軍이 食少라 項王이 患之하야 爲高俎하야 置太公其上[1]하고 告漢王曰 今不急下면 吾烹太公호리라 漢王曰 吾與羽로 俱北面受命懷王하야 約爲兄弟하니 吾翁이 卽若翁이라 必欲烹而翁[2]인댄 幸分我一杯羹하라 項王이 怒하야 欲殺之러니 項伯曰 爲天下者는 不顧家하나니 雖殺之라도 無益也니라

楚나라 군대가 식량이 부족하니, 項王이 이를 염려하여 높은 도마를 만들어서 太公을 그 위에 올려놓고 漢王에게 통고하기를 "이제 빨리 항복하지 않으면 내가 太公을 삶아 죽이겠다." 하였다. 漢王이 말하기를 "내가 項羽와 함께 北面하여 懷王에게 명령을 받아 兄弟가 되기로 약속하였으니, 내 아버지는 바로 너의 아버지이다. 반드시 아버지를 삶아 죽이고자 한다면 부디 나에게도 한 잔의 국을 나누어 달라." 하였다.

項王이 노하여 죽이려 하였는데, 項伯이 말하기를 "천하를 위하는 자는 집안을 돌아보지 않는 법이니, 비록 죽이더라도 유익함이 없을 것입니다." 하였다.

1) 〔釋義〕爲高俎 置太公其上 : 高俎는 俎机之類라 王氏曰 按左氏컨대 楚子登巢車以望晉軍이라한대 杜預謂車上櫓也라 故謂俎爲軍〈中〉巢櫓라 括地志에 東廣武城에 有高壇하니 卽項羽坐太公俎上者니 今名項羽堆요 亦名太公亭이라 師古曰 俎는 所以薦肉이니 示欲烹之라 故置俎之上이라

高俎는 俎机(다리가 달린 도마)의 종류이다. 王氏가 말하였다. "살펴보건대 ≪春秋左傳≫에 '楚子가 巢車에 올라가 晉軍을 바라보았다.' 하였는데, 杜預가 이르기를 '수레 위의 망루이다.' 하였다. 그러므로 俎를 일러 軍中의 巢櫓라고 한다. ≪括地志≫에 '東廣武城에 높은 壇이 있으니, 바로 項羽가 太公을 俎 위에 앉혔던 곳이니, 지금 項羽堆라고 이름하고 또한 太公亭이라고 이름한다.' 하였다. 顔師古가 말하기를 '俎는 고기를 올려놓는 것이니, 삶아 죽이고자 함을 보인 것이다. 그

러므로 俎 위에 올려놓은 것이다.' 하였다."

2) 〔釋義〕吾翁……必欲烹而翁 : 若은 猶爾也요 而는 猶汝也니 後皆倣此라
　　若은 爾와 같고 而는 汝와 같으니, 뒤도 모두 이와 같다.

○ 項王이 謂漢王曰 願與王挑戰하야 決雌雄하야 毋徒苦天下之民父子爲也
하노라 漢王曰 吾寧鬪智언정 不鬪力이라하고 相與臨廣武間[1]하야 漢王이 數羽十
罪[2]한대 羽大怒하야 伏弩하야 射中漢王하니 漢王이 傷胸이라 乃捫足[3]曰 虜中
吾指라하더라 漢王이 病創臥[4]어늘 張良이 彊請漢王하야 起行勞軍하야 以安士卒
하고 毋令楚乘勝이라한대 漢王이 出行軍이라가 疾甚하야 因馳入成皐하다 〈以上 出史
記本紀〉

項王이 漢王에게 이르기를 "왕과 도전하여 雌雄(승부)을 결단해서 한갖 천
하의 백성 중에 父子間이 된 자를 고생시키지 말기를 원한다." 하였다. 漢王은
말하기를 "내 차라리 지혜로 싸울지언정 힘으로 싸우지는 않겠다." 하고 서로
廣武의 사이에 대치하였는데, 漢王이 項羽의 열 가지 죄를 열거하자 項羽가 크
게 노하여 弩手를 매복시켜 漢王을 쏘아 맞혔다. 漢王이 가슴을 다쳤으나 마침
내 발을 어루만지며 말하기를 "오랑캐가 내 발가락을 맞혔다." 하였다.

漢王이 상처로 앓아눕자 張良이 억지로 漢王에게 청하여 일어나 순행하며
군사들을 위로하여 사졸들을 안심하게 하고, 楚나라로 하여금 승세를 타지
못하게 하라고 하였다. 漢王이 나와 군영을 순행하다가 병이 심해져서 인하
여 成皐로 달려 들어갔다. - 이상은 ≪史記 高祖本紀≫에 나옴 -

1) 〔譯註〕廣武間 : 間자가 혹은 澗자로 되어 있다.
2) 〔釋義〕數羽十罪 : 按十罪는 曰 羽負約하고 王我於漢이 罪一이요 矯殺卿子冠軍
　　이 罪二요 救趙不報하고 而擅劫諸侯入關이 罪三이요 燒秦宮室하고 掘始皇塚하
　　야 私其財 罪四요 殺秦降王子嬰이 罪五요 詐坑秦子弟新安二十萬이 罪六이요 王
　　諸將善地하고 而徙逐故主 罪七이요 出逐義帝하고 自都彭城하고 奪韓梁地 罪八
　　이요 使人陰殺(弒)義帝江南이 罪九요 爲政不平하고 主約不信하야 天下所不容하
　　야 大逆無道 罪十이라
　　살펴보건대 열 가지 죄는, 項羽가 약속을 저버리고 자신을 漢中에 왕 노릇 시킨

것이 첫 번째 죄이고, 懷王의 命을 사칭하여 卿子冠軍(宋義)을 죽인 것이 두 번째 죄이고, 趙나라를 구원한 다음 懷王에게 보고하지 않고 제멋대로 諸侯들을 협박하여 關中에 들어가게 한 것이 세 번째 죄이고, 秦나라 宮室을 불태우고 始皇의 무덤을 파내어 그 재물을 사사로이 소유한 것이 네 번째 죄이고, 秦나라의 항복한 왕 子嬰을 죽인 것이 다섯 번째 죄이고, 秦나라 자제 20만 명을 新安에 묻어 죽인 것이 여섯 번째 죄이고, 諸將들은 좋은 땅에 왕 노릇 시키고 옛 군주를 딴 지역으로 옮겨 축출한 것이 일곱 번째 죄이고, 義帝를 축출하고 스스로 彭城에 도읍하였으며 韓나라와 梁나라의 땅을 빼앗은 것이 여덟 번째 죄이고, 사람을 시켜 義帝를 江南에서 몰래 시해하게 한 것이 아홉 번째 죄이고, 정사를 함이 공평하지 못하고 맹약을 주관함이 신의가 없어 천하에 용납되지 못하여 大逆無道함이 열 번째 죄이다.

3) 〔原註〕漢王傷胸 乃捫足 : 捫은 音門이니 摸也라 傷胸而捫足者는 以安衆也라

捫은 음이 문이니, 어루만지는 것이다. 가슴을 다쳤으나 발을 어루만진 것은 무리(군사)들을 안심시키려 한 것이다.

4) 〔釋義〕病創臥 : 創은 讀作瘡하니 傷也라

創은 瘡으로 읽으니, 상처이다.

○ 韓信이 已定臨淄하고 遂東追齊王한대 項王이 使龍且(저)로 將兵救齊러니 龍且曰 吾平生에 知韓信爲人易與耳로라 寄食於漂母하니 無資身之策이요 受辱於胯(袴)下하니 無兼人之勇이라 不足畏也라하더라 齊楚與漢으로 夾濰水[1]而陣이러니 韓信이 夜令人爲萬餘囊하야 盛沙하야 壅水上流하고 引軍半渡하야 擊龍且라가 佯不勝還走한대 龍且果喜曰 固知信怯也라하고 遂追信이어늘 信이 使人決壅囊하니 水大至하야 龍且軍이 太半[2]不得渡라 卽急擊하야 殺龍且하고 虜齊王하고 盡定齊地하다

韓信이 이미 臨淄를 평정하고 마침내 동쪽으로 齊王을 추격하니, 項王이 龍且로 하여금 병력을 거느리고 가서 齊나라를 구원하게 하였다. 龍且가 말하기를 "내 평소 韓信의 사람됨이 상대하기 쉬운 줄을 아노라. 漂母에게 밥을 얻어 먹었으니 資生할 만한 계책이 없는 것이요, 바짓가랑이 아래에서 욕

을 받았으니 남보다 뛰어난 용맹이 없는 것이다. 두려워할 것이 못된다." 하
였다.

　齊나라와 楚나라가 漢나라와 濰水를 끼고 對陣하였다. 韓信이 밤에 사람을
시켜 만여 개의 주머니(포대)를 만들어서 모래를 담아 물의 상류를 막게 하
고는 군대를 이끌고 반쯤 건너가 龍且를 공격하다가 거짓으로 이기지 못하는
체하고 다시 달아났다. 龍且가 과연 기뻐하여 말하기를 "진실로 韓信이 겁이
많은 줄을 알았다." 하고 마침내 韓信을 추격하였다. 韓信이 사람을 시켜 막
아놓았던 주머니를 터놓게 하니, 물이 크게 몰려와서 龍且의 군대가 태반이
나 건너지 못하였다. 〈韓信은〉 즉시 맹공을 가하여 龍且를 죽이고 齊王을 사
로잡고 齊나라 땅을 모두 평정하였다.

1) 〔釋義〕濰水 : 地志에 濰水出琅邪箕屋山東北하야 經臺昌入海라 括地志에 密州莒
　　縣山이 濰水所出이라
　　濰水는 ≪漢書≫ 〈地理志〉에 "濰水가 琅邪 箕屋山 東北에서 나와 臺昌을 경유
　　하여 바다로 들어간다." 하였고, ≪括地志≫에 "密州 莒縣山에서 濰水가 나온다."
　　하였다.
2) 〔釋義〕太半 : 太音泰니 凡數에 三分有二 爲太半이라
　　太는 음이 태이니, 무릇 수에서 3분의 2를 차지하는 것을 太半이라 한다.

○ 立張耳하야 爲趙王하다 〈出漢書本傳〉 ○ 韓信이 使人言漢王曰 齊는 僞詐
多變하야 反覆之國也요 南邊楚하니 請爲假王以鎭之하노이다 漢王이 大怒어늘 張
良, 陳平이 躡漢王足하고 因附耳語曰 漢方不利하니 寧能禁信之自王乎잇가
不如因而立之하야 使自爲守니이다 漢王이 亦悟하고 因復罵曰 大丈夫定諸侯
면 卽爲眞王耳니 何以假爲리오하고 遣張良하야 操印立信하야 爲齊王하고 徵其兵
하야 擊楚하다 〈出史記本傳〉

　張耳를 세워 趙王으로 삼았다. - ≪漢書 張耳傳≫에 나옴 -
　○ 韓信이 사람을 시켜 漢王에게 말하기를 "齊나라는 속이기를 잘하고 변
화가 많아 자주 번복하는 나라이고, 남쪽으로 楚나라와 국경이 접해 있으니,

청컨대 假王(임시 왕)이 되어 이를 진정시켰으면 합니다." 하였다. 漢王이
크게 노하자, 張良과 陳平이 漢王의 발을 밟아 제지하고 인하여 귀에 대고
말하기를 "漢나라가 현재 불리하니, 어찌 韓信이 스스로 왕이 되는 것을 금
할 수 있겠습니까? 인하여 王으로 세워서 스스로 지키게 하는 것만 못합니
다." 하였다. 漢王이 또한 깨닫고 인하여 다시 꾸짖기를 "대장부가 제후를 평
정했으면 즉시 眞王(진짜 왕)이 될 것이지, 어찌 假王이 된단 말인가?" 하고
張良을 보내어 印을 가지고 가서 韓信을 세워 齊王을 삼고 그 군대를 징발하
여 楚나라를 공격하였다. - ≪史記 淮陰侯列傳≫에 나옴 -

○ 項王이 聞龍且死하고 大懼하야 使盱台(우태)人武涉으로 往說齊王信曰 當今
에 二王之事 權在足下라 足下右投則漢王勝하고 左投則項王勝하리니 項王이
今日亡이면 則次取足下하리이다 足下與項王有故하니 何不反漢하고 與楚連和하
야 三分天下王之닛고 信이 謝曰 臣事項王에 官不過郎中[1]이요 位不過執戟이요
言不聽 畫不用이라 故로 倍楚而歸漢이러니 漢王은 授我上將軍印하고 予我數
萬衆하고 解衣衣我[2]하고 推食食我(퇴식사아)하고 言聽計用이라 故로 吾得以至於
此로라 夫人深親信我어늘 我倍之不祥이니 幸爲信謝項王하라

項王은 龍且가 죽었다는 말을 듣고 크게 두려워하여 盱台 사람 武涉으로
하여금 齊나라에 가서 齊王 韓信을 설득하게 하기를 "당금에 두 왕의 일은
권세가 足下에게 달려 있습니다. 足下가 오른쪽으로 기울면 漢王이 이기고
왼쪽으로 기울면 項王이 이길 것이니, 項王이 오늘 망하면 다음은 足下를 취
할 것입니다. 足下는 項王과 옛 정분이 있으니, 어찌하여 漢나라를 배반하고
楚나라와 連和하여 천하를 셋으로 나누어 왕 노릇 하지 않습니까?" 하니, 韓
信이 사양하기를 "신이 項王을 섬길 때에 벼슬은 郎中에 지나지 않았고 지위
는 창을 잡는 데 지나지 않았으며, 말이 먹혀들지 않고 계책이 쓰이지 않았
기 때문에 楚나라를 배반하고 漢나라에 돌아왔는데, 漢王은 나에게 上將軍의
印을 주고 나에게 수만 명의 병력을 주고, 옷을 벗어 나에게 입혀주고 밥을

밀어 나에게 먹여 주고 말이 먹혀들고 계책이 쓰였기 때문에 내가 여기에 이를 수가 있었던 것이다. 저 사람(漢王)이 나를 깊이 친애하고 믿는데 내가 배반하는 것은 상서롭지 못하니, 부디 나(信)를 위하여 項王에게 사절하라." 하였다.

1) 〔釋義〕郎中 : 宿衛執戟之人也라
   郎中은 숙직하면서 호위하여 창을 잡고 있는 사람이다.

2) 〔釋義〕解衣衣我 : 下衣字는 著(착)也라
   아래의 衣字는 입힘이다.

武涉이 已去에 蒯徹이 以相人之術로 說信曰 僕이 相君之面1)하니 不過封侯요 相君之背하니 貴不可言2)이로다 韓信曰 何謂也오 蒯徹曰 楚·漢分爭에 智勇俱困이라 當今兩主之命이 縣(懸)於足下하니 爲漢則漢勝이요 與楚則楚勝이라 誠能聽臣之計인댄 莫若兩利而俱存之니 參分天下하야 鼎足而居하면 其勢莫敢先動이라 案齊之故하야 有膠·泗之地하고 深拱揖讓이면 則天下之君王이 相率而朝於齊矣리이다 天與弗取면 反受其咎요 時至不行이면 反受其殃이니 願足下는 熟慮之하소서 信曰 漢王이 遇我甚厚하니 吾豈可以鄕(向)利而倍義乎아 蒯生曰 勇略震主者는 身危하고 功蓋天下者는 不賞하나니 今足下戴震主之威하고 挾不賞之功하야 歸楚면 楚人이 不信하고 歸漢이면 漢人이 震恐하리니 足下安歸乎잇가 信曰 先生은 且休矣어다 蒯徹이 復說曰 夫功者는 難成而易敗하고 時者는 難得而易失也니 時乎時乎여 不再來니이다 信이 猶豫3)하야 不忍倍漢하고 遂謝蒯徹하다〈出史記本傳〉

武涉이 이미 떠나가자, 蒯徹이 사람을 관상 보는 방법을 가지고 韓信을 설득하기를 "제가 군주의 얼굴을 상 보니 侯에 봉해짐에 불과하고, 군주의 등을 상 보니 귀함을 이루 말할 수 없습니다." 하였다. 韓信이 "무슨 말인가?" 하고 물으니, 이에 蒯徹이 대답하였다.

"楚나라와 漢나라가 나뉘어 다툼에 지혜와 용맹이 모두 곤궁합니다. 당금

두 군주의 운명이 足下에게 달려 있으니, 足下가 漢나라를 위하면 漢나라가
이기고 楚나라를 편들면 楚나라가 이깁니다. 진실로 신의 계책을 따른다면
둘 다 이롭고 모두 보존하는 것만 못하니, 천하를 셋으로 나누어 솥발처럼
거하면 그 형세가 감히 먼저 動하지 못할 것입니다. 齊나라의 옛 땅을 점거
하여 膠·泗의 땅을 소유하고는 깊이 팔짱 끼고서 읍하고 사양하면 천하의
군왕들이 서로 거느리고 와서 齊나라에 조회할 것입니다. 하늘이 주는 데 취
하지 않으면 도리어 그 허물을 받고 때가 이르렀는데 행하지 않으면 도리어
그 앙화를 받는 법이니, 원컨대 足下는 깊이 생각하소서."

韓信이 말하기를 "漢王이 나를 매우 후하게 대우하니, 내 어찌 이로움을 향
하여 의리를 배반할 수 있겠는가?" 하니, 蒯生이 말하였다. "용맹과 지략이 임
금을 두렵게 하는 자는 몸이 위태롭고, 공이 천하를 뒤덮는 자는 상을 줄 수
없습니다. 지금 足下가 임금을 두렵게 하는 위엄을 이고 상줄 수 없는 공을 가
지고서 楚나라로 돌아가면 楚나라 사람이 믿지 않을 것이고, 漢나라에 돌아가
면 漢나라 사람이 두려워할 것이니, 足下는 어디로 돌아가시겠습니까?"

韓信이 말하기를 "선생은 우선 쉬시오." 하니, 蒯徹이 다시 설득하기를
"功은 이루기는 어렵고 무너지기는 쉬우며 때는 얻기는 어렵고 잃기는 쉬우
니, 시기여! 시기여! 두 번 다시 오지 않습니다." 하였으나 韓信은 망설여
차마 漢나라를 배반하지 못하고 마침내 蒯徹을 사절하였다. - ≪史記 淮陰
侯列傳≫에 나옴 -

1) 〔通鑑要解〕相君之面 : 雖相面與背나 其實則面은 伏也니 面伏於漢王也요 背는
   反也니 背反漢王也라
   비록 얼굴과 등을 상 본다고 하였으나, 실제는 面은 굴복함이니 漢王에게 굴복
   하는 것이요, 背는 배반함이니 漢王을 배반하는 것이다.
2) 〔頭註〕貴不可言 : 以微言動信이니 言背漢則大貴也라
   은미한 말로 韓信의 마음을 움직인 것이니, 漢나라를 배반하면 크게 귀해짐을
   말한 것이다.
3) 〔釋義〕猶豫 : 猶는 獸名이니 性多疑하야 聞有聲이면 則豫登木하야 下上不一이
   라 故謂不一曰猶豫라

猶는 짐승의 이름이니, 성질이 의심이 많아서 소리가 들리면 미리 나무로 올라가 오르락내리락 하기를 되풀이한다. 그러므로 한 가지로 결정하지 않고 망설이는 것을 일러 猶豫라고 한다.

○ 秋에 立黥布하야 爲淮南王하다 ○ 項羽自知少助食盡하고 韓信이 又進兵擊楚하니 羽患之라 漢遣侯公하야 說羽請太公한대 羽乃與漢約하고 中分天下하야 割鴻溝[1]以西爲漢하고 以東爲楚하다 九月에 楚歸太公呂后하고 引兵解而東歸하다 漢王이 欲西歸러니 張良陳平이 說曰 漢은 有天下太半하고 而諸侯皆附하며 楚는 兵疲食盡하니 此는 天亡之時也라 今釋弗擊이면 所謂養虎自遺患也니이다 漢王이 從之하다

가을에 黥布를 세워 淮南王을 삼았다.

○ 項羽는 도와주는 이가 적고 식량이 다한 줄을 스스로 알았으며, 韓信이 또 進軍하여 楚나라를 공격하니, 項羽는 이를 걱정하였다. 그런데 漢나라가 侯公을 보내어 項羽를 설득해서 太公을 보내줄 것을 청하니, 項羽가 마침내 漢나라와 약속하고 천하를 반으로 나누어 鴻溝를 분할해서 以西는 漢나라 영토가 되고 以東은 楚나라의 영토가 되게 하였다.

9월에 楚나라가 太公과 呂后를 돌려보내고 병력을 인솔하여 포위를 풀고 동쪽으로 돌아갔다. 漢王이 서쪽으로 돌아가려 하자, 張良과 陳平이 설득하기를 "漢나라는 천하의 태반을 소유하였고 제후가 모두 따르며, 楚나라는 병사들이 피로하고 식량이 다하였으니, 이는 하늘이 멸망하게 하는 때입니다. 이제 놓아 주고 공격하지 않으면 이른바 범을 길러 스스로 화를 남긴다는 것입니다." 하니, 漢王이 그 말을 따랐다.

1) 〔釋義〕 鴻溝 : 王氏曰 於滎陽下에 引河하야 東南爲鴻溝하야 以通宋鄭(東)〔陳〕蔡曹衛하야 與濟汝淮泗로 會於楚하니 卽今官渡水也라 張氏云 大梁城이 在浚儀縣北하며 縣西北渠水 東經此城南하고 又北屈하야 分爲二渠하니 其一渠는 東南流라 始皇이 鑿引河水하야 以灌大梁하고 謂之鴻溝하니 今之汴河니 是漢楚會〈此〉處라 其一渠는 東經陽武縣南하야 爲官渡水라

王氏가 말하였다. "滎陽 아래에 黃河를 끌어다가 동남쪽에 鴻溝를 만들어서 宋, 鄭, 陳, 蔡, 曹, 衛와 통하여 濟水, 汝水, 淮水, 泗水와 함께 楚나라에서 모이니, 곧 지금의 官渡水이다. 張氏(張華)는 말하기를 '大梁城이 浚儀縣 북쪽에 있으며, 縣 서북쪽의 渠水가 동쪽으로 이 城의 남쪽을 경유하고 또 북쪽으로 굽어서 나누어져 두 도랑이 되니, 그중 한 도랑은 동남쪽으로 흐르므로 始皇이 땅을 파서 河水를 끌어다가 大梁에 대고 이를 일러 鴻溝라 하였는 바, 지금의 汴河이니 漢나라와 楚나라가 이곳에서 만난다. 그중 한 도랑은 동쪽으로 陽武縣 남쪽을 경유하여 官渡水가 된다.' 하였다."

〔新增〕程子曰 張良이 才識高遠하야 有儒者氣象이로되 而亦以此說漢王하니 則其不義甚矣로다

程子가 말씀하였다.

"張良의 재주와 식견이 高遠하여 儒者의 기상이 있었으나 또한 이것으로 漢王을 설득하였으니, 의롭지 못함이 심하다."

〔史略 史評〕陳氏曰 程子謂 張良此謀非義라하시니 固是라 然이나 項羽旣殺韓王成하야 而張良이 欲報君父之仇하니 奚暇惜其他耳리오

陳氏가 말하였다.

"程子가 張良의 이 계책이 의롭지 못하다고 말씀하였으니, 참으로 옳다. 그러나 項羽가 이미 韓王 成을 죽였으므로 張良이 〈韓나라를 위하여〉 君父의 원수를 갚고자 하였으니, 어느 겨를에 다른 것을 돌아보겠는가."

故事成語 · 熟語

通鑑節要 卷之一

○ 脣亡齒寒 : 84

입술이 없어지면 이가 시리다는 뜻으로, 상호 협력 관계에 있는 어느 한쪽이 망하면 다른 한쪽도 그 영향을 받아 온전하기 어려움을 이른다.

○ 君仁則臣直 : 92

군주가 仁하면 신하가 直言을 할 수 있다는 뜻이다. 〔同義語〕君聖則臣直, 君明則臣直

○ 家貧思賢妻 國亂思良相 : 94

집안이 가난하면 살림을 잘하는 현철한 아내가 필요하고, 국가가 혼란하면 나라를 잘 다스리는 어진 정승이 필요함을 이른다.

○ 非成則璜 : 94

魏나라에서 정승으로 삼을 사람이 魏成이 아니면 翟璜이라는 뜻으로, 적임자가 오직 두 사람뿐이어서 甲이 아니면 乙일 경우에 사용하는 말이다.

○ 居視其所親 富視其所與 達視其所擧 窮視其所不爲 貧視其所不取 : 94

거처할 때에는 그 친한 바를 살펴보며 부유할 때에는 그 주는 바를 살펴보며, 영달했을 때에는 그 천거한 바를 살펴보며 곤궁할 때에는 그 하지 않는 바를 살펴보며, 가난할 때에는 그 취하지 않는 바를 살펴본다는 뜻으로, 훌륭한 정승을 뽑을 때에 그의 평소의 행위를 살펴봄을 이르는 바, 五視라 약칭하기도 한다.

○ 殺妻求將 : 97

吳起는 衛나라 사람으로 魯나라에서 벼슬하였는데, 齊나라 사람이 魯나라를 정벌하자, 魯나라 사람이 吳起를 장수로 삼으려 하였으나 吳起가 齊나라 여자를 아내로 맞이하였으므로 魯나라 사람들이 이를 의심하였다. 이에 吳起는 아내를 죽이고 장수가 되어 齊나라 군대를 大破하였다.

○ 在德不在險：102

나라를 지킴은 군주의 德에 달려 있고, 지형의 험고함에 있지 않음을 이른다.

○ 主少國疑：105

君主가 나이가 젊고 즉위한 지 얼마 되지 않아서 민심이 의심하고 불안해 함을 이른다.

○ 取其所長 棄其所短：109

사람은 완벽한 사람이 없으므로 인물을 취할 때에 그 사람의 장점을 취하고 그 사람의 단점은 버림을 이른다.

○ 干城之將：109

국가를 튼튼히 지킬 수 있는 인물을 가리킨다. 〔同義語〕干城之材, 國家干城, 公侯干城

○ 不可使聞於隣國：109

수치스러운 일이어서 이것을 이웃이나 타인에게 알려지게 해서는 안 된다는 뜻으로, 이러한 사실이 적대 관계에 있는 사람에게 알려져 상대방이 선수를 칠 우려가 있을 경우에 사용하기도 한다.

○ 國無類：110

나라에 남는 무리가 없다는 뜻으로, 나라가 멸망하여 살아남은 자가 없음을 이른다.

○ 君之國事 將日非：110

임금의 나랏일이 장차 날로 잘못될 것이라는 뜻으로, 어떤 일이 앞으로 더욱 나쁘게 전개될 것임을 경계하는 말로 쓰인다.

○ 具(俱)曰予聖 誰知烏之雌雄：110

'모두 내가 聖人이라고 하니, 누가 까마귀의 암수를 알겠는가' 라는 뜻으로, 누가 훌륭한 사람인지 구분할 수 없음을 비유하는 말로 쓰이는 바, ≪詩經≫〈小雅 正月〉에 보인다.

○ 論至德者 不和於俗 成大功者 不謀於衆：115

지극한 德을 논하는 자는 세속과 화합하지 못하고, 큰 功을 이루는 자는 민중과 상의하지 않는다는 뜻으로, 세속 사람들은 훌륭한 계책이나 뛰어난 경륜을 논할 수 없음을 이른다.

○ 三丈之木：118

秦나라를 부강시킨 衛鞅(商鞅)이 법령을 개정할 때에 새로운 법령을 백성들이 믿지 않을까 두려워하여 먼저 세 길 되는 나무〔三丈之木〕를 國都의 시장 南門에 세워 놓고 "이것을 北門에 옮겨 놓는 자가 있으면 10金을 주겠다." 하였는데, 옮기는 자가 없었다. 다시 "50金을 주겠다." 하여 한 사람이 이것을 옮기자, 즉시 50金을 주어서 백성에게 信義를 증명하였다.

○ 道不拾(습)遺 山無盜賊 : 118
국가나 고을에 治安이 잘 유지되어 사람들이 길에 떨어진 물건을 줍지 않고 산에는 산적이 없음을 이른다.

○ 民勇於公戰 怯於私鬪 : 118
백성들이 개인적인 싸움은 하지 않는 반면, 국가간의 전쟁에는 용감하게 싸움을 이른다.

○ 明主愛一嚬一咲(笑) : 126
현명한 군주는 한 번 찌푸리고 한 번 웃는 것을 아낀다는 뜻으로, 군주는 好惡의 감정 표현을 아껴야 함을 이른다.〔同義語〕一嚬一笑

○ 千人之諾諾 不如一士之諤諤 : 132
천 사람이 옳다옳다 하고 대답하는 것이 한 선비가 바른말 하는 것만 못하다는 뜻으로, 수많은 사람들이 모두 찬성하더라도 정직한 선비가 한 번 비판하는 것만 못함을 이른다.

○ 得人者興 失人者崩 : 133
위정자는 인심을 얻으면 興王하고 인심을 잃으면 망함을 이른다.

○ 寧爲鷄口 無爲牛後 : 140
차라리 닭의 주둥이가 될지언정 소의 뒤(항문)는 되지 말라는 뜻으로, 큰 집단의 2인자가 되는 것보다는 작은 집단의 우두머리가 되는 것이 나음을 비유하는 말이다.〔同義語〕鷄口牛後

○ 車轂擊 人肩摩 連袵成帷 揮汗成雨 : 141
수레는 바퀴가 서로 부딪치고 사람은 어깨가 서로 맞닿을 정도이며 소매가 이어져 휘장을 이루고 사람들이 뿌린 땀이 비를 이룬다는 뜻으로, 도시가 번화하여 수레와 사람이 많음을 비유하는 말이다.〔同義語〕連袵成帷, 揮汗成雨

○ 勢不兩立 : 142
형세가 둘이 함께 설 수 없다는 뜻으로, 이해관계가 첨예하게 대립하여 한쪽이 잘되면 다른 한쪽이 망하는 경우를 이른다.〔同義語〕不兩立

○ 必欲致士 先從隗始 : 150

반드시 어진 선비를 초치하려고 한다면 먼저 이 郭隗부터 시작하라는 뜻으로, 훌륭한 사람을 얻으려면 자신을 먼저 등용하라는 말로 쓰인다. 戰國時代 燕나라 昭王이 나라가 패망한 뒤에 즉위하여 郭隗에게 賢者를 추천해 줄 것을 당부하자, 郭隗는 "군주께서 현자를 높이시려거든 우선 이 郭隗부터 후대하십시오. 그러면 저보다 훌륭한 자가 어찌 몰려오지 않겠습니까." 하였다. 이에 昭王은 郭隗를 스승으로 높여 섬겼는데, 과연 이 소문이 퍼져 당대의 현자들이 몰려와 燕나라를 크게 일으켰다 한다. 〔同義語〕 郭隗請始, 請自隗始, 先自隗始, 先從隗始

○ 鷄鳴狗盜 : 157

개를 가장하여 남의 물건을 잘 훔치거나 닭 울음소리를 잘 흉내 내는 하찮은 技藝를 가진 사람, 또는 하찮은 技藝도 요긴하게 쓸 곳이 있음을 이르는 바, 齊나라의 孟嘗君이 秦나라에 들어가 죽을 위기에 처했을 때 食客 가운데 개를 가장하여 물건을 잘 훔치는 사람과 닭 울음소리를 잘 흉내 내는 사람의 도움으로 위기에서 빠져나온 데서 유래하였다.

○ 忠臣不事二君 烈女不更(경)二夫 : 162

忠臣은 두 임금을 섬기지 않고 烈女는 두 남편을 섬기지 않는다는 뜻으로, 충신의 절개와 열녀의 정조를 직설적으로 나타내는 말이다.

○ 乘勝長驅 : 162

싸움에 이긴 형세를 타고 계속 몰아붙임을 이른다.

○ 倚門而望 倚閭而望 : 163

자식이 아침에 나가서 늦게 오면 부모가 문에 기대어 바라보고, 자식이 저녁에 나가서 돌아오지 않으면 부모가 마을 문에 기대어 바라본다는 뜻으로, 부모가 자식을 생각하는 마음을 가리키는 말이다. 〔同義語〕 倚閭之情, 倚閭之望

○ 完璧 : 164

完璧歸趙의 줄임말로, 어떤 물건을 어려운 상황에서 고스란히 보전함을 이르는 바, 전국시대 秦나라의 昭襄王이 열다섯 城을 和氏璧과 바꾸자고 하여 趙나라의 藺相如가 秦나라에 갔으나 昭襄王이 거짓말을 하는 것을 알고, 목숨을 걸고 그 璧玉을 고스란히 도로 찾아온 데서 유래하였다. 오늘날에는 결함 없이 완전하다는 의미로 사용하고 있으나 본래의 뜻이 아니다. 〔同義語〕 完璧全歸

○ 兩虎共鬪 其勢不俱生 : 167

두 마리 범이 서로 싸우면 그 형세가 둘 다 살지 못한다는 뜻으로, 힘이 센 두 편이 맞붙어 싸우면 한쪽이 망하거나 둘 다 망함을 이른다. 〔同義語〕 兩虎相爭, 兩

虎相鬪, 兩虎相鬪 必有一傷

○ 先國家之急而後私讐 : 167
국가를 위하여 개인적인 원한을 뒤로 함을 이른다.

○ 刎頸(문경)之交 : 167
친구를 위해 죽더라도 후회하지 않을 정도의 사이라는 뜻으로, 생사를 같이할 수 있는 아주 가까운 사이, 또는 그런 친구를 이르는 말이다. 〔同義語〕管鮑之交, 刎頸之友

○ 伐齊爲名 : 170
齊나라를 정벌하는 것을 명분으로 삼는다는 뜻으로, 겉으로는 어떤 일을 하는 체하고 속으로는 딴 짓을 함을 이르는 바, 戰國時代 燕나라 장수 樂毅가 齊나라를 칠 때에 齊나라의 장수 田單이 '樂毅가 齊나라를 정복한 뒤에 齊나라의 왕이 되려고 하여 겉으로만 齊나라를 정벌한다.'고 헛소문을 퍼뜨린 데서 유래한 말이다.

○ 單之有心 先生志之 : 173
田單이 가지고 있는 마음을 선생이 알았다는 뜻으로, 자신의 마음을 상대방이 알고 있음을 이른다. 田單이 북쪽 오랑캐를 공격하려 할 적에 魯仲連을 찾아가자, 魯仲連은 그가 오랑캐를 함락시키지 못할 것이라고 예측하였는데, 과연 그의 말대로 공격한 지 석 달이 되어도 함락시키지 못하였다. 이에 田單이 魯仲連에게 그 이유를 묻자, 魯仲連이 田單의 속마음을 훤히 꿰뚫어 알았다는 데서 유래한 말이다.

○ 遠交近攻 : 174
먼 나라와는 친교를 맺고 가까운 나라는 공격하는 것으로, 지역의 거리에 따라 외교와 전쟁을 적절히 구사함을 이른다.

○ 得寸則王之寸也 得尺則王之尺也 : 174
한 치의 땅을 얻으면 왕의 한 치 땅이 되고 한 자의 땅을 얻으년 왕의 한 자 땅이 된다는 뜻으로, 얻는 것은 작아도 자신의 실제 소득이 됨을 이른다. 〔同義語〕得寸進尺, 得寸則尺

○ 以名使括 : 177
명성만 가지고 趙括을 부린다는 뜻으로, 그 사람의 실제를 살피지 않고 헛소문에 따라 사람을 임용함을 이른다.

○ 膠柱鼓瑟 : 177
柱는 雁足으로 비파나 거문고를 탈 때 絃의 高低와 長短을 조절하는 것인데, 雁

足을 아교풀로 고정시켜 놓으면 音調를 바꿀 수 없기 때문에 고지식하여 융통성이 없음을 이른다. 〔同義語〕膠瑟, 膠柱調瑟

○ 徒能讀 不知合變 : 177
合變은 변화에 적절하게 대응하는 것으로, 책을 읽어서 이론만 알고 실제로 그것을 적절히 응용하지는 못함을 이른다.

○ 天下莫能當 : 178
천하에 자신을 당할 자가 없다고 여기는 것으로, 자신이 최고라고 생각하는 과대망상을 가리킨다.

○ 兵死地也 : 178
전쟁은 死地라는 뜻으로, 전쟁은 수많은 사람의 목숨이 달려 있는 것이므로 신중히 해야 함을 이른다.

○ 毛遂自薦 : 181
戰國時代에 趙나라 平原君이 楚나라에 구원을 청하기 위하여 수행할 인물을 물색할 때에 毛遂가 자신을 천거하였다는 데서 유래한 말로, 상대방이 자신을 인정해 주지 않는데, 스스로 천거함을 이른다.

○ 其末立見(현) : 181
송곳이 주머니 속에 있으면 그 끝이 저절로 드러나는 것으로, 재능이 뛰어난 사람은 숨어 있어도 저절로 사람들에게 알려짐을 이른다. 〔同義語〕囊中之錐, 囊錐露穎, 錐處囊中, 毛遂錐

○ 穎脫而出 : 181
穎은 송곳 끝이고 脫은 돌출하여 나온 것으로, 송곳 끝이 돌출하여 주머니 밖으로 빠져나옴과 같음을 말하는 바, 재주와 지혜가 크게 드러남을 이른다. 〔同義語〕毛遂穎脫, 脫穎囊錐, 穎出

○ 兩言而決 : 182
兩言은 利와 害를 가리킨다. 옛날에는 한 字를 一言이라 하였는 바, 이것이 아니면 저것이어서 즉시 결단할 수 있음을 이른다. 〔同義語〕兩言而定

○ 王之命 懸於遂手 : 182
왕의 목숨이 이 毛遂의 손에 달렸다는 뜻으로, 상대방의 운명이 자신의 손에 달려 있음을 이른다.

○ 爲楚 非爲趙 : 182
楚나라를 위한 것이고 趙나라를 위한 것이 아니라는 뜻으로, 외형적으로 보기에는 자신에게 유리한 것 같지만 실제로는 상대방에게 더욱 유리함을 비유한다.

○ 因人成事 : 182
자신의 능력으로 일을 이루지 못하고 남에게 의뢰함을 이른다.

通鑑節要 卷之二

○ 蹈東海而死 : 185
東海에 뛰어들어 죽겠다는 뜻으로, 포악한 강대국을 섬기지 않고 차라리 죽겠다
는 뜻으로 쓰는 말이다. 〔同義語〕蹈東海

○ 愛人下士 : 186
백성을 사랑하고 선비에게 자기 몸을 낮춤을 이른다.

○ 冠蓋相屬(촉) : 187
使者가 쓰는 큰 冠과 日傘이 서로 연이어지는 것으로, 使者를 계속 보냄을 이른다.
〔同義語〕冠蓋相望

○ 將在外 君令有所不受 : 188
≪孫子≫에 보이는 내용으로, 장군이 군대를 거느리고 외지에 있을 때에는 군주
의 명령도 따르지 않는 경우가 있음을 이른다.

○ 奇貨可居 : 191
奇貨는 미리 사귀거나 장만해 두면 후일 크게 쓸 수 있는 인물이나 재료를 가리키는
바, 좋은 기회를 놓치지 말아야 함을 이른다.

○ 吾與富貴而詘(굴)於人 寧貧賤而輕世肆志 : 201
'내 부귀하면서 남에게 절개를 잃기보다는 차라리 빈천하면서 세상을 가볍게 여
기고 내 뜻대로 살겠다.'는 뜻으로, 선비들의 고상한 지조를 이르는 말로 쓰인다.

○ 作之不止 乃成君子 : 202
작위하기를 그치지 않으면 마침내 君子를 이룬다는 뜻으로, 계속하여 善行을 쌓
으면 끝내 훌륭한 사람이 됨을 이른다.

○ 冠帶之國 : 217
冠帶는 冠을 쓰고 띠를 맨다는 뜻으로, 예의를 지키는 나라를 이른다.

○ 太(泰)山不讓土壤故 能成其大 河海不擇細流故 能就其深 : 219
泰山은 작은 흙덩이를 사양하지 않기 때문에 그 큼을 이루었고, 河海는 작은 물
을 가리지 않고 받아들이기 때문에 깊음을 이룬다는 뜻으로, '티끌 모아 태산'이

라는 속담과 통한다. 〔同義語〕 太山不讓土壤

○ 藉寇兵而齎(재)盜糧 : 219
적에게 병기를 빌려 주고 도둑에게 양식을 갖다 준다는 뜻으로, 결과적으로 자신에게는 불리하고 상대방에게는 유리한 어리석은 짓을 이른다. 〔同義語〕 齎糧藉寇

○ 切齒腐心 : 223
몹시 분하여 이를 갈며 속을 썩임을 이른다.

通鑑節要 卷之三

○ 民莫敢格 : 232
백성들이 감히 대항하는 자가 없다는 뜻으로 아무도 막지 못함을 이른다.

○ 德兼三皇 功過五帝 : 236
五帝三皇에 대해서는 여러 설이 있으나 일반적으로 伏羲·神農·黃帝를 三皇이라 하고, 少昊·顓頊·帝嚳·帝堯·帝舜을 五帝라 하는 바, 功德이 역대 제왕 중에 최고인 군주를 이르는 말로 쓰인다.

○ 三神山不死藥 : 251
三神山은 신선이 산다는 바닷속의 세 섬인 瀛洲·蓬萊·方丈으로, 三神山不死藥은 人間에서 구할 수 없는 불로장생의 약재를 이른다.

○ 人生世間 譬猶騁六驥過決隙 : 267
사람이 세상에 사는 것은 비유하면 여섯 필의 驥馬를 달려 작은 틈을 지나가는 것과 같다는 뜻으로, 인간의 한평생이 무한히 빠름을 비유한 말이다.

○ 高枕肆志 : 267
베개를 높이 베고 마음대로 한다는 뜻으로, 편안하고 한가하게 지냄을 이른다.

○ 王侯將相 寧有種乎 : 268
'王侯와 將相이 어찌 種子가 있겠는가'라는 뜻으로, 높은 자리에 오르는 것은 가문이나 혈통 따위에 따르는 것이 아니라 자신의 능력에 따른 것임을 이르는 말로 쓰인다.

○ 鼠竊狗偸 : 270
쥐나 개처럼 몰래 물건을 훔친다는 뜻으로, 좀도둑을 이르는 말이다. 〔同義語〕 鼠竊狗盜

○ 隆準龍顔 : 271

準은 코이고 顔은 얼굴(이마)로, 우뚝한 코에 용의 이마여서 용모가 비범함을 나타내는 바, 帝王의 相을 비유하는 말이다.

○ 愛人喜施 : 271
사람을 사랑하고 어려운 사람을 구제함을 이른다.

○ 不事家人生産作業 : 271
성품이 활달하여 집안의 살림살이를 보살피지 않음을 이른다.

○ 書足以記名姓而已 : 277
글은 이름과 성을 기록할 수 있으면 충분할 뿐이라는 뜻으로, 글은 많이 배울 필요가 없음을 이른다.

○ 學萬人敵 : 277
萬人敵은 萬人을 대적할 수 있는 방법으로, 兵法을 배움을 이른다.

○ 稅民深者爲明吏 殺人衆者爲忠臣 : 279
백성들에게 세금을 많이 거두는 자를 현명한 관리라 하고 사람을 죽이기를 많이 하는 자를 충신이라 한다는 뜻으로, 백성들을 수탈하여 세금을 거두고 사람을 많이 죽이는 자를 훌륭한 관리로 오인함을 이른다.

○ 戰勝而將驕卒惰者敗 : 287
싸워 이긴 다음 장수가 교만하고 병졸이 나태한 자는 패한다는 뜻으로, 전쟁의 승리에 도취된 군대는 반드시 패망함을 이른다.

○ 先入定關中者王 : 288
楚나라 懷王이 여러 장수들에게 關中에 먼저 들어가 평정하는 자를 왕으로 삼겠다고 약속한 것으로, 어려운 일을 맨 먼저 해결한 자가 그에 따른 이익이나 권리를 얻음을 이른다.

○ 乘勝逐北(배) : 288
승세를 타고 추격함을 이른다.

○ 所過無不殘滅 : 288
지나가는 곳마다 온갖 악행을 자행하여 폐해가 큼을 이른다.

○ 國家安危 在此一擧 : 289
국가의 운명이 이 한 번의 일에 달려 있음을 이른다.

○ 計將安出 : 292
계책을 장차 어떻게 세워야 하는가를 묻는 말이다.

○ 臣爲內應 : 292

자신이 內應하겠다는 뜻으로 사용한다.

○ 用事于中 : 294

中央(조정)에서 권력을 행사함을 이른다.

○ 指鹿爲馬 : 296

秦나라 趙高가 자신의 권세를 시험하기 위하여 사슴을 가져다가 二世에게 바치며 말이라고 한 데서 유래하였는 바, 군주를 농락하여 권세를 마음대로 함을 비유하는 말로 쓰인다. 〔同義語〕指鹿作馬, 指鹿道馬

通鑑節要 卷之四

○ 欲有天下耶 將爲富家翁耶 : 310

'천하를 소유하고자 하는가, 아니면 부잣집의 늙은 주인이 되려고 하는가'라는 뜻으로, 군주의 뜻은 큰 것에 있어야 함을 비유한다.

○ 助桀爲虐 : 310

桀王을 도와 포악함을 행한다는 뜻으로, 악한 사람을 부추겨 나쁜 짓을 하게 함을 이른다. 〔同義語〕助桀爲惡, 助桀爲暴

○ 忠言逆耳利於行 毒藥苦口利於病 : 310

충성스러운 말은 귀에 거슬리나 행실에는 이롭고, 독한 약은 입에 쓰나 병에는 이롭다는 뜻으로, ≪孔子家語≫〈六本篇〉에 보인다. 좋은 약이 입에 쓰다는 속담처럼 자신의 잘못을 비판하는 말은 당장은 듣기 싫지만 결국 자신에게 유익함을 이른다.

○ 約法三章 : 311

三章은 세 조항의 법으로, 사람을 죽인 자는 죽이고 사람을 상해하거나 도둑질한 자는 그에 상응하는 벌에 해당시킴을 이르는 바, 漢나라 高祖가 秦나라 군대를 격파하고 咸陽에 들어가서 지방의 父老들과 三章의 法만 약속하고 그 밖의 모든 秦나라의 악법을 폐지하여 백성을 편안하게 한 데서 유래하였다. 〔同義語〕關中新約法, 漢三章, 三章約

○ 殺人者死 : 311

고의로 사람을 죽인 자는 사형에 처하는 것으로, 고대 형법의 기본 원리가 되었다.

○ 案堵如故 : 311

예전처럼 편안히 살고 동요하지 않음을 이르는 바, 案堵는 按堵 혹은 安堵로 쓰기도 한다.

○ 鴻門宴 : 314

鴻門은 地名으로, 楚나라 項羽와 漢나라 沛公이 鴻門에서 잔치를 벌인 데서 유래한 말로, 生死가 달려 있는 결정적인 자리를 이른다.

○ 貪財好色 : 314

이익과 여색을 탐함을 이른다.

○ 急擊勿失 : 314

기회를 놓치지 말고 공격해야 함을 이른다.

○ 素善張良 : 316

평소 張良과 친하다는 뜻으로, 평소 누구와 친함을 이른다.

○ 今有急 亡去不義 : 316

친한 친구가 지금 위급한 상황에 처하였는데, 도와주지 않고 도망가서는 안 됨을 이른다.

○ 今者有小人之言 : 317

두 사람 사이를 이간질하는 소인이 있음을 이른다.

○ 彘肩切而啗之 : 318

彘肩은 돼지의 앞다리로 楚나라 項羽와 漢나라 沛公이 鴻門에서 벌인 잔치에서 沛公이 위기에 놓이자 樊噲가 뛰어 들어가 이를 질책하였다. 項羽가 이를 장하게 여겨 斗酒와 돼지 다리를 하사하니, 樊噲가 斗酒를 마시고 검을 뽑아 돼지 다리를 썰어서 호쾌하게 먹었다. 이후로 斗酒彘肩은 호쾌한 장부의 대명사로 쓰이게 되었다.〔同義語〕咀彘肩, 割彘肩, 斗酒彘肩

○ 卮酒安足辭 : 318

대장부가 술잔을 어찌 사양하겠느냐는 뜻으로, 卮는 4升이 들어가는 술잔인 바, 술잔을 사양하지 않고 마심을 이른다.

○ 亡秦之續 : 318

멸망한 秦나라의 잘못을 답습한다는 뜻으로, 이전 사람의 그릇된 일이나 행동을 그대로 따라서 되풀이함을 이른다.

○ 火三月不滅 : 321

項羽가 병력을 인솔하고 서쪽으로 가서 咸陽을 屠戮한 다음, 항복한 秦나라의 王

子嬰을 죽이고 秦나라 宮室을 불태웠는데 불이 3개월 동안 꺼지지 않았는 바, 화재가 오랫동안 계속됨을 이른다.

○ 阻山帶河 : 321

산이 막혀 있고 黃河가 띠처럼 둘러 있어 지형이 험고함을 이른다.

○ 富貴不歸故鄕 如衣繡夜行 : 321

부귀하여 고향에 돌아가지 않으면 비단옷을 입고 밤에 다니는 것과 같다는 뜻으로, 성공하였으나 남에게 알려지지 못함을 이른다.〔同義語〕衣錦夜行〔反義語〕錦衣還鄕

○ 沐猴而冠 : 321

沐猴는 원숭이로, 원숭이가 비록 겉에 사람의 옷을 입고 冠을 쓰더라도 마음은 사람과 같을 수가 없으므로 衣冠은 갖추었으나 성질이 조급하고 사나워 사람답지 못한 사람을 비유하는 말이다.〔同義語〕沐猴衣冠, 沐猴冠

○ 吾家所立 : 323

우리 집안에서 擁立했다는 뜻으로, 상대방이 지위는 비록 높으나 실제는 자기 손아귀에 있음을 이르는 말이다.

○ 養其民以致賢 : 324

백성을 편안히 길러 賢者를 초빙하는 것으로 帝王이 창업하는 원칙이다.

○ 如失左右手 : 329

좌우의 손을 잃은 것 같다는 뜻으로, 心腹을 잃어 어쩔 줄 모름을 나타내는 말이다.

○ 且怒且喜 : 329

한편으로는 화가 나고 한편으로는 기쁨을 이른다.

○ 國士無雙 : 329

國士는 나라의 훌륭한 선비라는 뜻이며, 無雙은 그와 견줄 만한 사람이 없어 오직 그 사람이 있을 뿐임을 이른다.

○ 各自以爲得大將 : 329

각각 자신이 대장의 자리를 얻을 것이라고 여겼다는 뜻으로, 사람들마다 모두 자신이 그 자리에 오를 것이라고 기대함을 비유하는 말이다.

○ 匹夫之勇 : 331

혈기만 믿고 함부로 행동하는 소인의 용기를 이른다.

○ 婦人之仁 : 331

남자로서 과단성이 부족하고 하찮은 인정을 베풂을 비유하는 말이다.

○ 痛入骨髓 : 331
억울하고 분한 마음이 골수에 깊이 사무침을 이른다.

○ 秋毫無所害 : 331
秋毫는 가을에 짐승의 털이 아주 가는 것으로, 백성들에게 조금도 폐해를 끼치지 않음을 비유하는 말이다.

○ 如約卽止 : 336
상대방이 약속대로 이행하면 자신의 행위를 즉시 중지할 것임을 나타내는 말이다.

○ 家貧好讀書 : 338
집이 가난해도 독서하기를 좋아하는 선비를 기리는 말로 쓰인다.

○ 順德者昌 逆德者亡 : 340
順德은 忠孝를 이르는 바, 충효를 하는 자는 興旺하고 패역하는 자는 망함을 이른다.

○ 明其爲賊 敵乃可服 : 340
적이 된 이유를 밝혀야 적이 비로소 복종한다는 뜻으로, 상대방의 잘못을 정확히 지적하여야 상대방이 자신의 잘못을 수긍함을 이른다.

○ 仁不以勇 義不以力 : 340
仁義는 마음으로 하는 것이지 힘이나 용맹으로 하는 것이 아님을 이른다.

○ 置酒高會 : 345
술자리를 베풀어 귀빈들을 많이 초청함을 이른다.

○ 折木發屋 : 345
큰 바람이 불어 나무가 부러지고 지붕이 날아감을 이른다.

○ 可以萬全 : 348
조금도 허술함이 없이 매우 완전함을 이른다.

○ 美如冠玉 : 350
冠玉은 관의 앞을 꾸미는 옥으로, 밖에 나타나는 빛은 아름다우나 그 내용은 변변치 못함을 이른다. 〔同義語〕 面如冠玉

○ 口尙乳臭 : 352
입에서 아직 젖내가 난다는 뜻으로, 말이나 행동이 유치함을 이른다. 〔同義語〕 乳臭未除, 乳臭未乾

○ 車不得方軌 騎不得成列 : 355

길이 좁아서 수레가 나란히 지나갈 수 없고 **騎兵**이 대열을 이룰 수 없다는 뜻으로, 험한 요새여서 길이 매우 좁음을 이르는 말이다.

○ 深溝高壘 : 355

해자를 깊이 파고 보루를 높게 쌓아 지구전에 대비함을 이른다.

○ 今日破趙會食 : 356

'오늘 **趙軍**을 격파하고 회식하겠다.'는 뜻으로, 어려운 일을 쉽게 성취하려는 의욕을 과시하는 말이다.

○ 背水陣 : 356

강이나 바다를 등지고 치는 **陣**이란 뜻으로, **韓信**이 강을 등지고 진을 쳐서 병사들이 물러서지 못하고 힘을 다해 싸우게 해서 **趙**나라의 군사를 물리친 데서 유래하였는 바, 어떤 일을 성취하기 위하여 최후의 수단을 씀을 이른다.

○ 右倍山陵 前左水澤 : 358

오른쪽과 뒤에는 산과 구릉을 두고 앞과 왼쪽에는 **水澤**을 두는 것으로, 병법에서 전투할 때 선택하는 기본적인 지형이다.

○ 陷之死地而後生 置之亡地而後存 : 358

死地에 빠진 뒤에 살고 망할 땅에 놓인 뒤에 보존된다는 뜻으로, 위급한 상황에 처하여 필사의 각오를 다져야 위기를 극복할 수 있음을 이른다.

○ 東鄉(向)坐師事 : 359

東向하여 앉혀 스승으로 섬긴다는 뜻으로, **古代**에는 동쪽을 **上方**, **尊位**로 여겼으므로 스승을 높여 받듦을 이른다.

○ 亡國之大夫 不可以圖存 敗軍之將 不可以語勇 : 359

멸망한 나라의 **大夫**는 보존함을 도모할 수 없고 패전한 군대의 장수는 용맹을 말할 수 없다는 뜻으로, 한번 크게 실패한 사람은 자신의 계책이나 용맹을 말할 수 없음을 이른다.

○ 智者千慮 必有一失 愚者千慮 必有一得 : 359

지혜로운 자도 천 번을 생각하면 반드시 한 번 실수할 때가 있고, 어리석은 자도 천 번 생각하면 반드시 한 번 맞을 때가 있다는 뜻으로, 지혜로운 사람도 간혹 잘못된 계책을 내는 경우가 있고, 어리석은 사람도 간혹 좋은 계책을 낼 수 있음을 이른다. 〔同義語〕 千慮一失, 千慮一得

○ 狂夫之言 聖人擇焉 : 359
狂夫의 말도 聖人은 채택한다는 뜻으로, 못난 사람의 의견도 취할 점이 있음을 이른다.

○ 按甲休兵 : 359
군대를 주둔하여 병사들을 쉬게 한다는 뜻이다.〔同義語〕按甲寢兵

○ 大喜過望 : 360
자신이 기대했던 것 이상의 대우나 보상을 받아 크게 기뻐함을 이른다.

○ 陛下事去矣 : 361
폐하의 일이 틀어질 것이라는 뜻으로, 모든 것이 수포로 돌아감을 이른다.〔同義語〕萬事休矣

○ 天下紛紛 何時定乎 : 363
'천하가 분분하니 어느 때에나 안정되겠는가' 라는 뜻으로, 혼란스러운 세상이 언제나 안정될지 의심하는 말이다.

○ 天下事大定 : 365
세상 일이 이미 결정되었음을 이른다.

○ 請骸骨 : 365
벼슬을 내놓고 은퇴하기를 임금에게 청원하는 것으로, 신하가 몸을 바쳐 임금을 섬기면 자기 몸이 자신의 소유가 아니므로 물러나기를 청할 때에 해골을 청한다고 이른다.〔同義語〕乞骸骨, 乞骸

○ 事急矣 : 366
사태가 급박하다는 뜻으로, 매우 급박한 상황에 처하였음을 이르는 말이다.

○ 王者以民爲天 民以食爲天 : 369
王者는 백성을 하늘로 삼고 백성은 식량을 하늘로 삼는다는 뜻으로, 식량의 중요성을 강조하는 말이다.

○ 吾翁卽若翁 : 374
나의 아버지가 바로 너의 아버지라는 뜻으로, 두 집안이 우호가 깊음을 나타내는 말이다.

○ 虜中吾指 : 375
오랑캐가 나의 발가락을 맞혔다는 뜻으로, 漢 高祖가 적이 쏜 화살에 맞아 가슴을 다쳤으나 군사들을 안심시키기 위하여 발을 어루만지며 발가락을 맞혔다고 말한 데서 유래하였는 바, 상대방이 자신에게 작은 상처를 입혔음을 이른다.

○ 爲人易與 : 376

상대방이 상대하기 쉬운 인물이라는 뜻으로, 項羽의 장수 龍且가 漢나라의 대장
韓信을 업신여긴 데에서 유래하였다.

○ 固知信怯 : 376

진실로 韓信이 겁이 많은 줄을 알았다는 뜻으로, 겁이 많은 상대방을 비하하는
말이다.

○ 權在足下 : 378

결정권이 足下(상대편)에게 달려 있다는 뜻으로, 상대방의 도움을 청할 때에 쓰
기도 한다.

○ 解衣衣我 推食食我(퇴식사아) 言聽計用 : 378

자기 옷을 벗어 나에게 입혀 주고 자기 밥을 밀어 나에게 먹여 주고 내 말을 듣고
내 계책을 써 준다는 뜻으로, 자신을 후대하고 의견과 계책을 모두 따라줌을 이
른다. 〔同義語〕推食解衣

○ 相君之面 不過封侯 相君之背 貴不可言 : 379

군주의 얼굴을 상 보니 侯에 봉해짐에 불과하고, 군주의 등을 상 보니 귀함을 이
루 말할 수 없다는 뜻으로, 얼굴〔面〕은 상대방을 향하는 것이고 등〔背〕은 상대방
에게 등을 돌리는 것으로 배반함을 이른다. 韓信이 漢나라를 배반하지 않으면 제
후에 봉해질 뿐이고, 만약 漢나라를 배반하면 제왕이 되어 크게 귀해질 수 있음
을 암시한 말이다.

○ 智勇俱困 : 379

쌍방의 지혜와 용맹이 모두 다하였음을 이른다.

○ 兩主之命 縣(懸)於足下 : 379

두 군주의 운명이 足下에게 달려 있다는 뜻으로, 대립관계에 있는 쌍방의 형세가
비슷하여 어느 쪽을 편드는가에 따라 승부가 판가름남을 이른다.

○ 兩利而俱存 : 379

둘 다 이롭고 모두 보존한다는 뜻으로, 쌍방에게 모두 유리함을 이른다. 〔反義
語〕兩敗俱傷

○ 參分天下 鼎足而居 : 379

세 사람의 英傑이 천하를 나누어 차지하여 솥발처럼 벌여 있음을 이른다.

○ 天與弗取 反受其咎 時至不行 反受其殃 : 379

하늘이 주는데 취하지 않으면 도리어 그 허물을 받고 때가 이르렀는데 행하지 않으면 도리어 그 殃禍를 받는다는 뜻으로, 순리에 맞게 오는 물건을 받지 않고 놓치면 재앙이 뒤따름을 이른다.

○ 勇略震主者身危 功蓋天下者不賞 : 379

용맹과 지략이 뛰어나 임금을 두렵게 하는 자는 몸이 위태롭고, 공이 커서 천하에 제일인 자는 상을 주지 않는다는 뜻으로, 용맹과 지략이 군주보다 뛰어나고 공로가 큰 자는 결국 제거됨을 이른다.

○ 功者難成而易敗 時者難得而易失 : 379

功은 이루기는 어렵고 무너지기는 쉬우며 때는 얻기는 어렵고 잃기는 쉽다는 뜻으로, 성공하기는 어렵고 실패하기는 쉬우며 좋은 기회는 다시 얻기 어려움을 이른다.

○ 時乎時乎 不再來 : 379

좋은 기회는 두 번 다시 오지 않음을 이른다. 〔同義語〕 時不再來

○ 養虎遺患 : 381

범을 길러서 화근을 남긴다는 뜻으로, 화근이 될 것을 길러서 후환을 당하게 됨을 이른다. 〔同義語〕 養虎自遺患, 養虎貽患, 養虎留患

周王室 世系圖(姬姓)

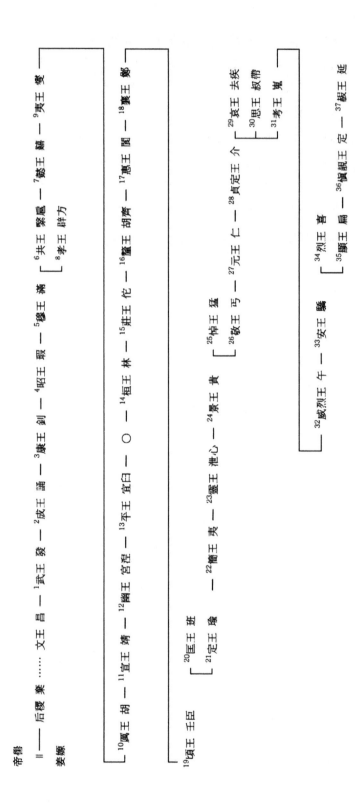

漢王室 世系圖(劉氏)

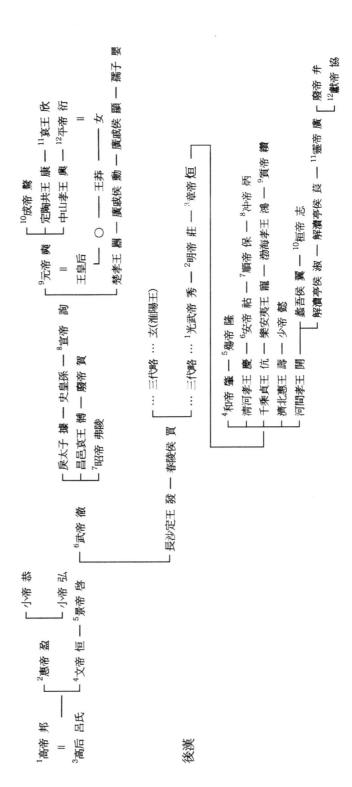

前漢

1高帝 邦 ＝ 高后 呂氏

2惠帝 盈 ─ 小帝 恭
　　　　　 小帝 弘

4文帝 恒 ─ 5景帝 啓 ─ 6武帝 徹

戾太子 據 ─ 史皇孫 進 ─ 8宣帝 詢
昌邑哀王 髆 ─ 廢帝 賀
7昭帝 弗陵

9元帝 奭
定陶共王 康 ─ 11哀王 欣
中山孝王 興 ─ 12平帝 衎
10成帝 鷔
王皇后 ＝
○ ─ 王莽
楚孝王 囂 ─ 廣戚侯 勳 ─ 廣戚侯 顯 ─ 孺子 嬰
女

長沙定王 發 ─ 舂陵侯 買

三代略 … 玄(淮陽王)

三代略 … 1光武帝 秀 ─ 2明帝 莊 ─ 3章帝 炟

後漢

4和帝 肇 ─ 5殤帝 隆
清河孝王 慶 ─ 6安帝 祜 ─ 7順帝 保 ─ 8冲帝 炳
千乘貞王 伉 ─ 樂安夷王 寵 ─ 渤海孝王 鴻 ─ 9質帝 纘
濟北惠王 壽 ─ 少帝 懿
河間孝王 開 ─ 蠡吾侯 翼 ─ 10桓帝 志
解瀆亭侯 淑 ─ 解瀆亭侯 萇 ─ 11靈帝 廣
廢帝 弁
12獻帝 協

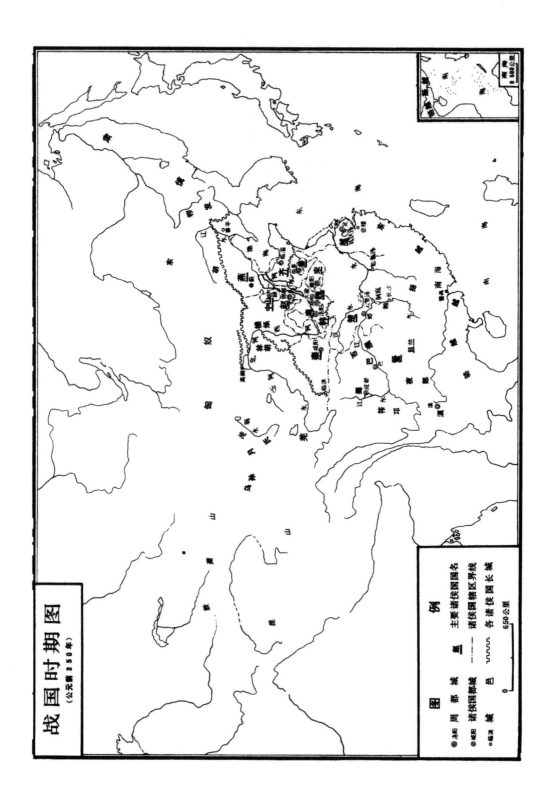

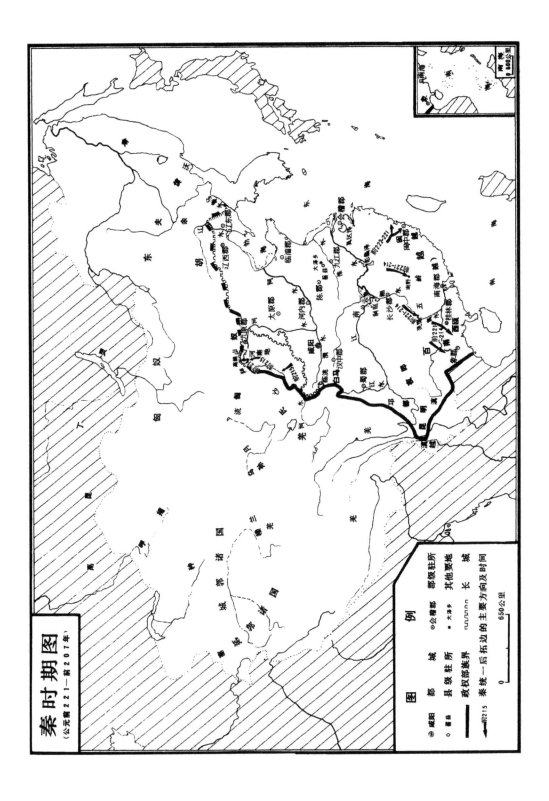

秦时期图
（公元前221—前207年）

图　例

◎咸阳　都　城
○首县　县级驻所
◎会稽郡　郡级驻所
●大泽乡　其他要地
ⅢⅢⅢ　长　城
政权部族界
秦统一后拓边的主要方向及时间

0　650公里

403

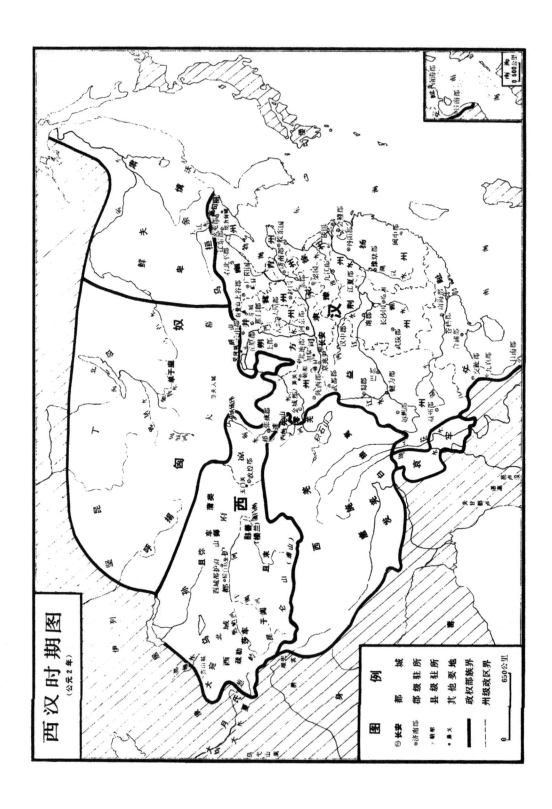

≪通鑑節要 1≫ 參考資料

1. ≪通鑑節要≫ 總目次

2. ≪通鑑節要≫ 강의 안내

譯者 略歷

忠南 禮山 出生
家庭에서 父親 月山公으로부터 漢文 修學
月谷 黃璟淵, 瑞巖 金熙鎭 先生 師事
民族文化推進會 國譯研修院 修了
高麗大學校 敎育大學院 漢文敎育科 修了
한국고전번역원 부설 고전번역교육원 名譽漢學敎授(現)
傳統文化研究會 副會長(前) 해동경사연구소 소장(現)
古典國譯賞 受賞

論文 및 譯書

〈艮齋의 性理說小考〉〈燕岩의 學問思想研究〉
四書集註 ≪詩經集傳≫ ≪書經集傳≫ ≪周易傳義≫
≪古文眞寶≫ ≪牛溪集≫ 등 數十種 國譯
≪宣祖實錄≫ ≪宋子大全≫ ≪茶山集≫ ≪退溪集≫ 등 共譯

東洋古典譯註叢書 26

譯註 通鑑節要 1   36,000원
───

2005년 12월 31일 초판 발행
2024년 12월 31일 초판 14쇄

譯　註　成百曉
編　輯　古典國譯編輯委員會

發行人　金　炫

發行處　社團法人 傳統文化研究會

　등록 : 1989. 7. 3. 제1-936호
　서울 종로구 삼봉로 81 두산위브파빌리온 1332호
　전화 : (02)762-8401　전송 : (02)747-0083
　전자우편 : juntong@juntong.or.kr
　홈페이지 : juntong.or.kr
　사이버書堂 : cyberseodang.or.kr
　온라인서점 : book.cyberseodang.or.kr
　총판 : 한국출판협동조합(070-7119-1750)

ISBN 978-89-91720-10-7 94910
　　　978-89-85395-71-7(세트)

전통문화연구회 도서목록

범례 : 毛詩正義 1~8 〔全15〕 - 전체 15책 계획, 현재 1~8책만 간행된 경우.
별도 표시 없는 경우는 완간.

新編 基礎漢文敎材

新編 四字小學·推句	고전교육연구실 編譯	11,000원
新編 啓蒙篇·童蒙先習	고전교육연구실 編譯	11,000원
新編 明心寶鑑	李祉坤·元周用 譯註	15,000원
新編 擊蒙要訣	咸賢贊 譯註	12,000원
新編 註解千字文	李忠九 譯註	13,000원
新編 原文으로 읽는 故事成語	元周用 編譯	15,000원
新編 唐音註解選	權卿相 譯註	22,000원

漢文讀解捷徑시리즈

漢文독해 기본패턴	고전교육연구실 著	15,000원
四書독해첩경	고전교육연구실 著	25,000원
한문독해첩경 - 文學篇	朴相水·李和春 외 著	17,000원
한문독해첩경 - 史學篇	朴相水·李和春 외 著	17,000원
한문독해첩경 - 哲學篇	朴相水·李和春 외 著	17,000원

五書五經讀本

論語集註 上·下	鄭太鉉 譯註	各 25,000원
孟子集註 上·下	田炳秀 外 譯註	各 30,000원
大學·中庸集註	李光虎 外 譯註	15,000원
小學集註 上·下	李忠九 外 譯註	各 25,000원
詩經集傳 上·中·下	朴小東 譯註	各 30,000원
書經集傳 上·中·下	金東柱 譯註	各 30,000원
周易傳義 元·亨·利·貞	崔英辰 外 譯註	各 30,000원
詳說 古文眞寶大全後集 上·下	李相夏 外 譯註	各 32,000원
春秋左氏傳 上·中·下	許鎬九 外 譯註	各 36,000원~38,000원
禮記 上·中·下	成百曉 外 譯註	各 30,000원

東洋古典國譯叢書

大學·中庸集註 - 개정증보판	成百曉 譯註	10,000원
論語集註 - 개정증보판	成百曉 譯註	27,000원
孟子集註 - 개정증보판	成百曉 譯註	30,000원
詩經集傳 上·下	成百曉 譯註	各 35,000원
書經集傳 上·下	成百曉 譯註	各 35,000원
周易傳義 上·下	成百曉 譯註	各 35,000원
小學集註	成百曉 譯註	30,000원
古文眞寶 後集	成百曉 譯註	32,000원

東洋古典譯註叢書

〈經部〉

〔十三經注疏〕

周易正義 1~4	成百曉 外 譯註	各 32,000원~44,000원
尙書正義 1~7	金東柱 譯註	各 25,000원~46,000원
毛詩正義 1~8 〔全15〕	朴小東 外 譯註	各 32,000원~40,000원
禮記正義 1~2, 中庸·大學	李光虎 外 譯註	各 20,000원~30,000원
論語注疏 1~3	鄭太鉉 外 譯註	各 35,000원~44,000원
孟子注疏 1~4 〔全5〕	崔彩基 外 譯註	各 29,000원~33,000원
孝經注疏	鄭太鉉 外 譯註	35,000원
周禮注疏 1~4 〔全15〕	金容天 外 譯註	各 27,000원~34,000원
春秋左傳正義 1~2 〔全18〕	許鎬九 外 譯註	各 27,000원~32,000원
春秋公羊傳注疏 1 〔全7〕	許鎬九 外 譯註	37,000원
春秋左氏傳 1~8	鄭太鉉 譯註	各 28,000원~35,000원
禮記集說大全 1~6 〔全10〕	辛承云 外 譯註	各 25,000원~40,000원
東萊博議 1~5	鄭太鉉 譯註	各 25,000원~38,000원
韓詩外傳 1~2	許敬震 外 譯註	各 29,000원~36,000원
說文解字注 1~5 〔全20〕	李忠九 外 譯註	各 32,000원~38,000원

〈史部〉

思政殿訓義 資治通鑑綱目 1~22 〔全39〕		
	辛承云 外 譯註	各 18,000원~37,000원
通鑑節要 1~9	成百曉 譯註	各 18,000원~44,000원
唐陸宣公奏議 1~2	沈慶昊 譯註	各 35,000원~45,000원
貞觀政要集論 1~4	李忠九 外 譯註	各 25,000원~32,000원
列女傳補注 1~2	崔秉準 外 譯註	各 30,000원~38,000원
歷代君鑑 1~4	洪起殷 外 譯註	各 30,000원~38,000원

〈子部〉

孔子家語 1~2	許敬震 外 譯註	各 39,000원/40,000원
管子 1~4 〔全5〕	李錫明 外 譯註	各 29,000원~33,000원
近思錄集解 1~3	成百曉 譯註	各 35,000원~36,000원
老子道德經注	金是天 譯註	30,000원
大學衍義 1~5 〔全7〕	辛承云 外 譯註	各 26,000원~30,000원
墨子閒詁 1~6 〔全7〕	李相夏 外 譯註	各 32,000원~53,000원
說苑 1~2	許鎬九 譯註	各 25,000원
世說新語補 1~5	金鎭玉 譯註	各 29,000원~42,000원
荀子集解 1~7	宋基采 譯註	各 30,000원~42,000원
心經附註	成百曉 譯註	35,000원
顏氏家訓 1~2	鄭在書 外 譯註	各 22,000원/25,000원
揚子法言 1 〔全2〕	朴勝珠 譯註	24,000원

列子鬳齋口義	崔秉準·孔勤植·權憲俊 共譯	34,000원
二程全書 1~6 [全10]	崔錫起·外 譯註	各 32,000원~44,000원
莊子 1~4	安炳周·田好根 共譯	各 31,000원~39,000원
政經·牧民心鑑	洪起殷·全百燦 譯註	27,000원
韓非子集解 1~5	許鎬九 外 譯註	各 32,000원~40,000원

〔武經七書直解〕

孫武子直解·吳子直解	成百曉·李蘭洙 譯註	45,000원
六韜直解·三略直解	成百曉·李鍾德 譯註	45,000원
尉繚子直解·李衛公問對直解	成百曉·李蘭洙 譯註	45,000원
司馬法直解	成百曉·李蘭洙 譯註	45,000원

〈集部〉

| 古文眞寶 前集 | 成百曉 譯註 | 30,000원 |
| 唐詩三百首 1~3 | 宋載卲 外 譯註 | 各 33,000원~39,000원 |

〔唐宋八大家文抄〕

韓愈 1~3	鄭太鉉 譯註	各 22,000원/28,000원
柳宗元 1~2	宋基采 譯註	各 22,000원
歐陽脩 1~7	李相夏 譯註	各 25,000원~35,000원
蘇洵	李章佑 外 譯註	25,000원
蘇軾 1~5	成百曉 譯註	各 22,000원
蘇轍 1~3	金東柱 譯註	各 20,000원~22,000원
王安石 1~2	申用浩 外 共譯	各 20,000원/25,000원
曾鞏	宋基采 譯註	25,000원

〔明淸八大家文鈔〕

1 歸有光·方苞	李相夏 外 譯註	35,000원
2 劉大櫆·姚鼐	李相夏 外 譯註	35,000원
3 梅曾亮·曾國藩	李相夏 外 譯註	38,000원
4 張裕釗·吳汝綸	李相夏 外 譯註	38,000원

東洋古典新譯

당시선	송재소·최경렬·김영죽 편역	22,000원
손자병법	성백효 역주	14,000원
장자	안병주·전호근·김형석 역주	13,000원
고문진보 후집	신용호 번역	28,000원
노자도덕경	김시천 역주	15,000원

고문진보 전집 上·下	신용호 번역	各 22,000원
신식 비문척독	박상수 번역	25,000원
안씨가훈	김창진 편역	근간

동양문화총서

동양사상 해설과 원전	정규훈 外 저	22,000원
화합의 길 《중용》 읽기	금장태 저	20,000원
호설과 시장	신용호 저	20,000원
어느 노학자의 젊은 시절	심재기 저	22,000원

문화문고

경전으로 본 세계종교 그리스도교	이정배 편저	10,000원
〃　　　　　　　도교	이강수 편역	10,000원
〃　　　　　　　천도교	윤석산 외 편저	10,000원
〃　　　　　　　힌두교	길희성 편역	10,000원
〃　　　　　　　유교	이기동 편저	10,000원
〃　　　　　　　불교	김용표 편저	10,000원
〃　　　　　　　이슬람	김영경 편역	10,000원
논어·대학·중용	조수익·박승주 공역	10,000원
맹자	조수익·박승주 공역	10,000원
소학	박승주·조수익 공역	10,000원
십구사략 1~2	정광호 저	各 12,000원
무경칠서 손자병법·오자병법	성백효 역	10,000원
〃　　육도·삼략	성백효 역	10,000원
〃　　사마법·울료자·이위공문대	성백효 역	10,000원
당시선	송재소·최경렬·김영죽 편역	10,000원
한문문법	이상진 저	13,000원
한자한문전통교재	조수익·이성민 공역	13,000원
士小節 선비 집안의 작은 예절	이동희 편역	12,000원
儒學이란 무엇인가	이동희 저	10,000원
동아시아의 유교와 전통문화	이동희 저	13,000원
현대인, 동양고전에서 길을 찾다	이동희 저	10,000원
100자에 담긴 한자문화 이야기	김경수 저	12,000원
우리 설화 1~2	김동주 편역	各 10,000원
대한민국 국무총리	이재원 저	10,000원
백운거사 이규보의 문학인생	신용호 저	14,000원